本书是国家社科基金一般项目"美国种族主义、排外主义回潮研究"（项目批准号：17BMZ090）的最终成果。

"21世纪的美国与世界"丛书（09）
Series on the United States and the World in the 21st Century

卷土重来
21世纪美国种族主义回潮研究

潘亚玲 著

Back to the Future
On Resurgence of America's Racism in the 21st Century

复旦大学出版社

复旦大学美国研究中心
"21世纪的美国与世界"丛书

主编　吴心伯（复旦大学美国研究中心）

编委（以姓氏笔画为序）
　　　　刘中民（上海外国语大学中东研究所）
　　　　吴白乙（中国社科院欧洲研究所）
　　　　宋国友（复旦大学美国研究中心）
　　　　陈东晓（上海国际问题研究院）
　　　　信　强（复旦大学美国研究中心）
　　　　姚云竹（军事科学院）
　　　　袁　鹏（中国现代国际关系研究院）
　　　　黄仁伟（上海社会科学院）

丛书总序

复旦大学美国研究中心推出的"21世纪的美国与世界"丛书旨在深入研究21世纪以来美国在政治、经济、社会、文化等方面的发展变化,美国在世界上的地位和影响力的变化,美国与世界关系的变化,以及这些变化所带来的复杂影响。

21世纪是世界加速变化的世纪,对于美国来说尤其如此。进入21世纪以来,美国政治极化的加剧使美国政治机器的运行成本上升,效率下降,公众和精英对美国政治制度的信心大打折扣。一场突如其来的金融危机和经济危机使美国经济遭受了20世纪30年代大萧条以来最严重的打击,经济复苏缓慢而乏力,就业形势空前严峻。贫富差距的增大、贫困人口数量的上升使以中产阶级为主的社会结构面临巨大挑战,"茶党运动"和"占领华尔街运动"的兴起宣泄着来自左右两端的不满。美国向何处去?这是一个重大的问题,答案只能向未来寻找。

进入21世纪以来,美国在世界上的地位和影响力也在发生重要变化。在21世纪第一个十年里,美国占世界经济的比重从30%左右下降到20%左右,美国的国际经济优势在下降。阿富汗战争和伊拉克战争使美国在军事上付出了巨大代价,也削弱了美国的战略优势。中国、印度、巴西等新兴国家的快速崛起和俄罗斯的战略复兴,加速了国际政治格局的多极化趋势,美国在后冷战时代一度在国际事务中操控全球的好景不再。在可预见的将来,虽然美国仍将是世界综合实力最强的国家,但美国的优势地位和国际影响力都在不可避免地逐步走低,在某些情况下甚至会加速下滑。可以肯定的是,21世纪美国在世界上的地位和影响力将远逊于它在20世纪创造的纪录。

就美国与世界的关系而言,奥巴马的执政意味着重要调整的开始。奥巴马任总统时不仅致力于结束旷日持久且代价高昂的伊拉克、阿富汗战争,而且要为美国介入世界事务制定新的准则。美国要更多地依赖外交等非军事手段处理外部挑战,要尽力避免在海外开展大规模的军事行动,除非面对的问题关系美国的重要利益,并且这个问题是可以用军事手段解决的。对美国的盟友,美国认为它们应该加强自身力量,在处理它们面临的各种挑战中承担更大的责任。对于新兴大国,美国要更多地利用国际机制和国际规范来影响它们的行为。在很大程度上,奥巴马开启了美国的战略内向进程。这不仅是受两场不成功的战争的影响,而且也是基于对美国自身力量变化以及国际力量对比变化思考的结果。

美国的上述变化无论是对自身还是对世界都将产生重大影响。对中国的美国研究者来说,及时、深入和全面地研究这些变化,能使我们更好地把握美国以及世界的发展趋势;客观、准确地分析这些变化所产生的种种影响,有助于我们妥善应对外部环境的变化。在21世纪,中国的力量将进一步增长,国际影响力会大大提高,这是毋庸置疑的。在新的时代环境下,中国如何发展自己的力量,如何发挥国际影响力,对这些重大问题的思考需要我们拥有开阔的视野、卓越的见解和敏锐的思维，而深入、系统地研究21世纪的美国与世界将对此大有裨益。

复旦大学美国研究中心向来注重对当代美国政治、经济、社会以及对外关系的研究，一些研究成果得到国内外学术界的重视和好评。出版这套丛书，既反映了我们长期以来的学术关注，也是为国内美国研究界提供一个展示和交流的平台。欢迎学界同仁积极为这个平台提供相关的优秀研究成果，共同推动对21世纪美国的深入研究。同时，也真诚地希望大家为这套丛书的成长献计献策。

吴心伯
2014年7月于复旦大学

目 录

绪论 …………………………………………………………… 1

第一章 "白"的等级制建构:美国种族主义的历史演变 ………… 14
 第一节 "白"的边界:"白人至上"的内部等级 …………… 17
 第二节 难以"漂白":亚裔的次等地位 …………………… 33
 第三节 不能"漂白":印第安人和非洲裔的劣等地位 …… 51

第二章 扭曲的政治正确:美国种族主义回潮的外在表现 ……… 69
 第一节 不再掩藏的个体性种族主义 ……………………… 70
 第二节 个体烙印的制度性种族主义 ……………………… 92
 第三节 持续恶化的结构性种族主义 ……………………… 110

第三章 白人的危机:美国种族主义回潮的深层根源 …………… 131
 第一节 国内根源:种族-经济-政治三重危机与白人种族
    身份建构 ……………………………………………… 133
 第二节 国际根源:帝国危机与潜在的内部敌人 ………… 163

第四章 让美国重新变白:美国种族主义回潮的内政效应 …… 190
 第一节 失真的选举政治 …………………………………… 192

第二节　迷失的政党重组 ·· 218
　　第三节　激化的社会分裂 ·· 236

第五章　让美国独行:美国种族主义回潮的外交溢出 ············ 257
　　第一节　移民与难民治理的安全化 ································· 258
　　第二节　外交决策的种族化发展 ······································ 278

第六章　卷土重来:美国种族主义回潮的中长期态势 ············ 298
　　第一节　"败而不输":后特朗普时期的美国种族主义回潮基础 ·· 300
　　第二节　"胜而不赢":拜登执政后的美国种族主义发展态势 ·· 315

主要参考文献 ·· 338

后记 ·· 350

绪　论

2016年,唐纳德·特朗普(Donald Trump)当选美国第45任总统,这的确被证明是美国当代史上的重大事件:在国际上,特朗普上台后的种种反外交行动,特别是大量的"退群"行为,很大程度上映射了美国霸权相对衰落背景下的歇斯底里;在美国国内,特朗普的上台更是触发了美国新一轮的种族主义浪潮,标志着美国种族主义的当代回潮或正卷土重来。

尽管很多人对特朗普当选感到不解,但更多是对特朗普缘何能动员如此大的种族主义和白人至上主义的支持感到不解。更重要的是,特朗普的竞选活动是对共识政治的坚决蔑视。从羞辱对手、煽动暴力、诽谤移民、贬低残疾人、公然说谎、承诺退出国际协议、威胁如果竞选失败拒绝接受"选举操纵"结果,直到煽动极端分子占领国会等,都表明他并不适合入主白宫,但普通大众并不这样认为。原因或许在于,特朗普可能代表着奄奄一息的保守派试图重现昔日光辉的"最后一根稻草"。的确,根据美国反诽谤联盟(Anti-Defamation League)的研究,2015年8月—2016年7月,共计有260万条推特含有种族主义言辞,其阅读量达到100亿次,其中出现次数最多的关键词包括"特朗普""民族主义""保守主义""美国"和"白人"。① 也正因

---

① ADL, *White Hate in Their Hearts: The State of White Supremacy in the United States*, ADL Report, July 2015, p. 1.

如此,美国最早成立的公民权利组织——全美有色人促进会(National Association for the Advancement of Colored People,NAACP)在特朗普获胜后发表一份声明,认为"2016年大选使种族主义系统化、标准化和主流化"①。就在2016年大选结束第二天,全美多地爆发反对特朗普当选总统的游行示威;同时也有多达80余起针对外来移民的暴力活动。②特朗普上台后的种种政策和言论,特别是禁穆令、对少数族裔议员的侮辱性言辞、对墨西哥移民家庭权利的侵犯以及其他带种族主义色彩的言辞,更加强化了美国国内和国际上对美国种族主义回潮的认识。根据美国著名民间调查机构皮尤研究中心(Pew Research Center)的数据,到2019年年初,全美有58%的成年人认为,美国的种族关系较差;关键在于,有53%的公众认为,美国的种族关系正在变差,只有17%的公众认为在变好。③

种族主义在美国有悠久的历史,甚至远早于美国建国。从根源上讲,种族主义是"种族统治的意识形态",它假设了一个或多个种族团体的生物或文化优越性,并用于证明或规定其他种族团体的较低待遇或社会地位。通过种族化(racialization)过程,④想象的生理性

---

① "Black Americans Fear Racism, Police Violence Post-Trump" (November 12, 2016), Aljazeera, http://www.aljazeera.com/news/2016/11/black-americans-fear-racism-police-violence-post-trump-161111113721530.html, retrieved November 15, 2016.
② Alan Neuhauser, "Racist Outbursts in U.S. in Wake of Trump's Election" (November 10, 2016), US News, http://www.usnews.com/news/national-news/articles/2016-11-10/after-donald-trumps-election-racist-outbursts-in-us, retrieved November 15, 2016.
③ Anna Brown, "Key Findings on Americans' Views of Race in 2019" (April 9, 2019), Pew Research Center, https://www.pewresearch.org/fact-tank/2019/04/09/key-findings-on-americans-views-of-race-in-2019/, retrieved April 25, 2019.
④ 自20世纪70年代起,"种族化"开始被用于讨论、描述种族界定和传播的过程,其经典著作是Michael Omi and Howard Winant, *Racial Formation in the United States: From the 1960s to the 1980s*, New York: Routledge & Kegan Paul, 1986;尽管如此,该术语事实上是1977年被引入社会学的,可参见Michael Banton, *The Idea of Race*, London: Tavistock, 1977. 有关"种族化"这一术语的起源和发展的学术史讨论,可参见Karim Murji and John Solomos, "Introduction: Racialization in Theory and Practice", in Karim Murji and John Solomos, eds., *Racialization: Studies in Theory and Practice*, Oxford and New York: Oxford University Press, 2005, pp.5-17.

差异——如肤色或眼睛形状——被用于区分不同团体,进而将其界定为"种族";当涉及对种族群体的等级和社会后果评价时,这一种族化过程的结果便转化成为种族主义。① 但需要指出的是,种族主义还暗示着两个过程:其一涉及种族不平等待遇的种族歧视;其二涉及种族间在收入、教育、医疗、社会等方面的待遇差异的种族不平等结果。② 更重要的是,上述种族主义观念、种族歧视现实及种族不平等后果如何及在何种程度上实现相互再生产的过程。

种族主义回潮在美国历史上绝非首次,尽管如此,美国种族主义的当代回潮更与20世纪20年代的本土主义——美国历史上最为严重的种族主义浪潮——高度相似。从人口比重上看,1920年,移民占美国总人口的13.2%;2018年,移民占美国总人口的比例为13.7%,约是1970年(4.8%)的3倍,数量也达到4 480万人。③ 从认知上看,无论是1920年还是2016年或2020年,普通大众和知识精英都对移民持怀疑态度,甚至有不少人对其充满敌意和恐惧,大多数人认为移民难以融入美国主流文化。从制度设置上看,20世纪20年代前后,美国政府各部门出台了大量限制移民的立法和具体举措,导致移民人口在此后几十年里持续下降;自特朗普总统上台后,美国也出台了不少类似举措——尽管相关立法明显较少,进入美国的新移民似乎正在减少,至少特定移民来源地的新移民下降态势明显,例如,2010—2018年,来自墨西哥的新移民减少了5%(超过53万人),来自意大利的新移民下降幅度更是高达11%(超过4万人),来自德国的移民下降8%(4.5万余人),来自韩国的移民下降

---

① William J. Wilson, *The Bridge over the Racial Divide: Rising Inequality and Coalition Politics*, California: University of California Press, 1999, p. 14.
② Devah Pager and Hana Shepherd, "The Sociology of Discrimination: Racial Discrimination in Employment, Housing, Credit, and Consumer Markets", *Annual Review of Sociology*, 2008, 34, pp. 181-209.
③ Abby Budiman, "Key Finding about U. S. Immigrants" (August 20, 2020), Pew Research Center, https://www.pewresearch.org/fact-tank/2020/08/20/key-findings-about-u-s-immigrants/, retrieved September 10, 2020.

6‰（6万余人）。① 正是在这一意义上，有学者认为，20世纪20年代的种族主义可能历史重演，种族主义在美国正卷土重来。②

美国种族主义会继续卷土重来吗？要回答这一问题，就必须追问一系列问题：与历史上的种族主义相比，美国当前的种族主义有何不同？特别是，其哲学性根源或认知基础是否发生了根本性的变化？为什么是2016年大选而不是2012年大选——考虑到美国首位非洲裔总统贝拉克·奥巴马（Barack Obama）已执政四年——触发了如此广泛的种族主义情绪？特朗普在2020年竞选连任失败，会不会强力扭转美国种族主义的回潮态势？美国种族主义的高涨，对美国国内政治、社会生态及美国对外战略、霸权护持等可能产生什么影响？等等。总结起来，本书所要讨论的问题包括如下方面。

第一，进入21世纪，美国种族主义回潮的具体表现是什么？

尽管相关讨论似乎不少，但系统性的学术研究仍相对缺乏。原因大致在于两个方面：一是就学术研究而言，从2016年特朗普当选至今不过数年，尚不足以充分积淀；二是数据延迟使仅讨论典型案例或历史类比存在支撑不够的缺陷。因此，即使到了2020年，有关美国种族主义的英文著作仍以百科全书或个人经历等为主。例如，哈佛大学于2020年出版的《美国种族主义读本》（*Racism in America: A Reader*）收集的是1992—2020年的一些代表性文章，特朗普上台前后的文章各占一半篇幅。③ 又如，史蒂芬·福伊（Steven Foy）的《美国种族主义参考手册》（*Racism in America: A Reference Handbook*）更类似一部微型百科全书，既有经典、档案等的收集，也有典型案例、组

---

① 笔者根据美国人口普查局（https://www.census.gov/）2010年"十年人口统计"和2018年美国社区调查（American Community Survey, ACS）数据统计得出。
② Julia G. Young, "Making America 1920 Again? Nativism and US Immigration, Past and Present," *Journal on Migration and Human Security*, 2017, 5(3), pp. 37-55.
③ Annette Gordon-Reed, ed., *Racism in America: A Reader*, Harvard: Harvard University Press, 2020.

织的简要分析——多为一页篇幅,还有部分数据的汇总——最新数据基本截至2017年。① 再如,面对美国大量恶性种族主义事件,有著作专门揭露美国警察如何依据种族主义偏见滥用权力,②或司法系统中的种族主义案例。③ 因此,截至本书成稿之际,真正可参考的学术著作更多是历史性的,对当前的讨论仍相对分散且数据支撑不够充分。即使2020年的美国人口普查已经完成,但由于其数据往往需要3—4年才能完全公布,④所以本书也依据多个相对权威的数据来源对此加以解读。

相对于学术性、综合性研究,特朗普与美国种族主义回潮之间的关联被各种评论高度关注。2016年大选期间,特朗普大量使用种族主义言辞,如提出"穆斯林禁令",声称墨西哥移民都是"强奸犯",还声称非洲裔美国人是"一无所有"的"内城"居民。特朗普的种族主义言论遭到美国内外普遍反对,就连共和党众议院议长保罗·瑞恩(Paul Ryan)都认为,这是"教科书版本的种族主义评论"⑤。以南部贫困法律中心(Southern Poverty Law Center,SPLC)、美国反诽谤联盟等为代表的机构迅速对特朗普及其引发的种族主义现象予以高度关注。南部贫困法律中心在大选结束后不到一个月,对特朗普当

---

① Steven Foy, *Racism in America: A Reference Handbook*, Santa Barbara, California: ABC-CLIO, 2020.
② Matthew Horace, *The Black and the Blue: A Cop Reveals the Crimes and Racism in America's Law Enforcement and the Search for Change*, New York: Hachetter Books, 2018.
③ Nicole Gonzalez Van Cleve, *Crook County: Racism and Injustice in America's Largest Criminal Court*, Stanford: Stanford Law Books, 2017.
④ 根据美国人口普查局规划,截至2021年10月仅公布涉及美国国会议席和选区重划的两类数据,2022年公布人口结构(年龄、性别、种族、族裔)及家庭结构等两类数据。参见"About 2020 Census Data Products", U. S. Census Bureau, https://www.census.gov/programs-surveys/decennial-census/decade/2020/planning-management/release/about-2020-data-products.html, retrieved October 2, 2021。
⑤ Jenée Desmond-Harris, "If Donald Trump Becomes the Face of American Racism, Racism Wins" (November 7, 2016), Vox News, http://www.vox.com/policy-and-politics/2016/11/7/13520690/donald-trump-wins-loses-racism-bigotry-islamophobia-election, retrieved November 15, 2016.

选引发的暴力事件做了全面调查和分析。① 美国反诽谤联盟在2015年7月发表报告,详细分析了白人至上主义的内部结构及其发展态势。② 德国罗莎卢森堡基金会纽约办公室于2016年11月出版了一份名为《唐纳德·特朗普与右翼民族主义的崛起》(*Donald Trump and the Rise of the Nationalist Right*)的评论集,认为特朗普的获胜代表右翼民族主义达到一个新的高潮,并已与法国、德国的右翼民族主义联手形成一个白人民族主义的全球性网络;该评论集还认为,特朗普主政时期的美国将导致诸多国内国际问题:在美国国内,诸如劳工与公民权利、妇女与同性恋、气候变化及其他社会运动都可能陷入危机;在国际上,既有西方文明与伊斯兰文明的关系、移民等都可能出现新的问题。③ 此外,包括《赫芬顿邮报》(*The Huffington Post*)、《华盛顿邮报》(*The Washington Post*)、《纽约客》(*The New Yorker*)等在内的主流媒体也有大量相关报道和评论。

尽管有大量报道和评论,但对特朗普参选直至上任后的美国种族主义回潮的研究仍不够系统和学理化。笔者认为,必须首先对美国种族主义的当代回潮做系统的现象分析,这至少包括两个层次。一是系统梳理2016年总统大选期间及此后美国种族主义回潮的官方言论和政策,特别是特朗普本人的言论和政策。一方面,这一系统梳理可获得有关美国种族主义当代回潮的整体数据;另一方面,基于这一整体数据,也可对特朗普在总统大选期间的言辞与此后的实际政策加以对比,从而观察其竞选言辞有多少得以真正落实,有多少只是出于选举需要。二是考察美国种族主义当代回潮的制度性和社会性体现,即这一回潮在多大程度上加剧了或改变了美国既有的可见

---

① SPLC, *Ten Days After: Harassment and Intimidation in the Aftermath of the Election*, November 29, 2016.
② ADL, *White Hate in Their Hearts: The State of White Supremacy in the United States*, ADL Report, July 2015.
③ Connor Kilpatrick, Lester K. Spence, Liza Featherstone, and Ethan Young, *Donald Trump and the Rise of the Nationalist Right*, Rosa Luxemburg Stiftung, New York Office, November 2016.

和不可见的种族主义的制度安排、文化观念、社会习俗等。相比总统和政府官员的种族主义言辞,美国自20世纪60年代民权运动以来特别是2008年奥巴马当选以来,对"后种族"或"色盲"(colorblindness)时代的讨论往往使个人的、外在的种族主义的生存空间被大为挤压,但这并不意味着整个美国在制度甚至社会层面的隐性种族主义不再存在。相反,由于"后种族"和"色盲"时代的压力,显性的种族主义逐渐为隐性的种族主义所取代,隐性种族主义更多成为显性种族主义的制度性和系统性掩护。因此,问题在于,美国种族主义的当代回潮对美国隐性的种族主义到底有何影响?

第二,美国种族主义当代回潮的根源和基本性质是什么?

考察当前的美国种族主义回潮,必须首先理解其历史演变。如前所述,种族主义在美国历史上并不陌生,但是否当前这一轮种族主义与历史上的存在根本性差异?抑或很大程度上只是一种延续?美国是一个移民社会,因此对种族主义的抬头始终高度警觉,相关学术研究也非常丰富。例如,托马斯·索威尔(Thomas Sowell)的《美国种族简史》(*Ethnic America A History*)就用大量史实和数据,讲述了各种族在美国的奋斗史和文化史,尽管该书第一版于1981年出版,但迄今仍是有关美国种族融合、多元文化的重要著述,也是反对种族主义的重要著述。[1] 迈克尔·奥米(Michael Omi)和霍华德·维南特(Howard Winant)的《20世纪60年代至20世纪80年代的美国种族塑造》(*Racial Formation in the United States: From the 1960s to the 1980s*)一书被视作后民权时代种族政治的首部重要著作。奥米和维南特将"种族"界定为"社会含义的不稳定、非中心化的复合体",曾是政治斗争的基础,同时也在政治斗争中得以建构和再建构。[2] 对种族的这一界定意味着,有益的理论发展可有效解释新

---

[1] [美]托马斯·索威尔:《美国种族简史》,沈宗美译,中信出版社2015年版。
[2] Michael Omi and Howard Winant, *Racial Formation in the United States: From the 1960s to the 1980s*, New York: Routledge & Kegan Paul, 1986, p. 68.

保守主义的"色盲"话语,揭示涉及美国种族不平等的规范、法律和政治主张,消除法律和社会政策上的实证主义种族分类。列奥波德·泽斯金(Leonard Zeskind)对白人至上主义如何从二战结束之初的社会边缘到21世纪第一个十年上升为社会主流,做了相当系统的历史性分析,并将重点放在三位人物的描写上。① 国内也有学者对美国种族主义的历史做了全面研究,例如:中央民族大学的美国种族研究团队对美国种族理论、人口结构、族裔经济、族裔利益集团等均有较深入研究;② 石毅对美国政府的种族政策发展做了全面研究,并识别出其三种类型。③ 尽管如此,将美国种族主义的历史类型与当前发展相联系的探讨,迄今仍相当缺乏。有评论人士认为,导致特朗普崛起的部分原因是,很多白人对拥有一位非洲裔总统越来越感到失望,这是种族主义反弹的重要原因。因为奥巴马当选总统被视为鼓舞了非洲裔,导致类似"黑人的命也是命"(Black Lives Matter)运动的崛起,让许多白人感到不舒服。④ 因此,当前美国种族主义回潮的核心根源是,白人至上主义者认为,在少数族裔人口数量日益上升的背景下,如果现在不采取行动,白人就可能趋于灭种。⑤ 国内学者何晓跃也认为,当前美国种族主义回潮的根源在于,以白人为中心的美国族群分层体系正受到少数族裔的有力挑战。⑥

笔者认为,考察美国种族主义当代回潮的根源和性质,首先必须

---

① Leonard Zeskind, *Blood and Politics: The History of the White Nationalist Movement from the Margins to the Mainstream*, New York: Rarrar, Straus and Giroux, 2009.
② 例如,可参见施琳:《美国族裔概论》,中央民族大学出版社2006年版;马莉:《美国穆斯林移民——文化传统与社会适应》,中央民族大学出版社2011年版。
③ 参见石毅:《从家长制到自由放任:美国政府种族政策研究》,中国社会科学出版社2007年版。
④ Mirren Gidda, "How Donald Trump's Nationalism Won over White Americans" (November 15, 2016), News Week, http://www.newsweek.com/donald-trump-nationalism-racism-make-america-great-again-521083, retrieved December 10, 2016.
⑤ ADL, *White Hate in Their Hearts: The State of White Supremacy in the United States*, ADL Report, July 2015, p. 1.
⑥ 何晓跃:《美国种族主义回潮:特征、成因及影响》,《当代世界与社会主义》2017年第3期,第104—111页。

回顾美国种族主义的发展史,考察其演变的基本轨迹,发现其一般性规律。回顾美国历史可以发现,美国种族主义经历了多次浪潮,每次往往都是对前一时期过于"自由主义"或"多元主义"的移民政策的反思和回调;换句话说,美国种族主义的历史呈现一种"开放—收缩—再开放—再收缩"的循环,很大程度上是美国在经历一段时间的开放、吸纳了大量新移民之后的一个自我缓冲,通过压缩或管制移民从而消化前一时期开放所吸纳的移民,确保不至对美国社会根基形成根本性破坏。但也必须认识到,尽管这一过程往往伴随的是白人至上主义的回归甚至大量的白人至上主义极端暴力行为,但"白人身份"(whiteness)本身也正是在这一过程中逐渐拓展,越来越多成功"漂白"的少数族裔加入"白人"阵营。当然,一部分极端保守的白人也会将这一结果视作人种"纯洁性"的受损。而正是在这样的多种力量的相互斗争中,美国的种族主义呈现出不同的阶段性特征。

如果仅从历史演变的角度,当前美国种族主义的延续性似乎远超过断裂性。但事实可能不完全是这样的。因此,考察当前美国种族主义回潮的根源和性质,还需深入分析其现实根源,从而识别其独特性或断裂性。的确,少数族裔人口数量大幅增长,正对白人传统的多数地位产生日益可见的威胁;自20世纪60年代民权运动以来,全球化进程与美国制造业萎缩、技术变革等力量,推动了美国白人对"反向歧视"的敏感度日益上升,进而产生一种"白人生存危机"。而特朗普及其政府很大程度上正是利用了广大中产阶级白人的这一心理焦虑,掀起了当前的这一轮种族主义回潮。也正是在这一意义上,有评论人士指出,特朗普的许多支持者将其竞选口号"让美国再次伟大"(Make America Great Again)解读为"让美国重新变白"(Make America White Again)。[①] 换句话说,尽管当前美国的种族主义回潮

[①] Mirren Gidda, "How Donald Trump's Nationalism Won over White Americans" (November 15, 2016), News Week, http://www.newsweek.com/donald-trump-nationalism-racism-make-america-great-again-521083, retrieved December 10, 2016.

有着明显的历史延续，但其独特却在于，先前的种族主义更多是为了确保美国种族结构的"纯洁性"，但目前的种族主义却更多关切美国白人主体地位的"可持续性"。

第三，美国种族主义当代回潮会对美国国内政治和对外关系产生何种影响？

由于其根本性质的差异，当前的美国种族主义回潮极可能对美国内政和外交产生重要影响。就美国国内政治而言，特朗普当选及其所激发的种族主义回潮对政党的竞选战略、选民结构等产生了深远影响，推动了新一轮政党重组。事实上，政党重组在 2016 年大选结束后便已经启动。① 例如，有评论认为，由于特朗普的崛起，现在几乎美国的郊区居民都成了共和党的选民。② 也有人认为，当前的种族主义回潮更可能强化美国既有的政治极化，特别是政党极化。③ 在政党政治之外，种族主义回潮也引发了美国选民结构甚至选民地理的变化，白人选民和其他少数族裔选民的地理迁移和再聚居似乎已经相当普遍；先前曾保持长时间沉默的白人中产阶级选民似乎再次实现"政治觉醒"，正如特朗普在 2020 年的国情咨文中所说的"蓝领工人繁荣"（blue collar boom）——不只是经济上的重大改善，更是政治参与上的高度积极。④ 在更深层的政治文化甚至政治

---

① 潘亚玲：《从熔炉到战场：美国政党重组中的族裔角色》，《国际关系研究》2016 年第 6 期，第 16—33 页。
② Charlie Dent, "As a Result of Trump, the Suburbs Are Nearly Gone for GOP" (November 12, 2019), CNN, https://edition.cnn.com/2019/11/12/opinions/trump-suburbs-nearly-gone-for-gop-dent/index.html, retrieved Novermber 20, 2019.
③ 唐慧云：《种族主义与美国政治极化》，《世界民族》2019 年第 2 期，第 11—21 页；W. J. Fitzgerald, "Party Realignment in the Trump Era: Right Populists vs. Progressives" (August 2, 2019), SoapBoxie, https://soapboxie.com/us-politics/The-Sixth-Shift-Party-Realignment-in-the-Trump-Era-Right-Populists-vs-Progressives, retrieved September 1, 2019。
④ Lewis K. Uhler and Peter J. Ferrara, "The Trump and Republican Election Realignment Landslide in 2020" (February 9, 2020), Washington Times, https://www.washingtontimes.com/news/2020/feb/9/the-trump-and-republican-election-realignment-land/, retrieved February 11, 2020.

哲学意义上,美国当前的种族主义回潮极可能根本性地改变美国的政治文化。特朗普在 2016 年大选中动员了历史上近乎完全不同的选民,换句话说,他很大程度上掌握了美国国内政治文化的地区性、阶层性差异,可能触发政客对美国地方性政治文化的开发。① 随着特朗普动员起各种族的身份政治,"文化战争"再次成为美国政治中的重大议题。② 因此,对美国种族主义回潮的国内政治影响,至少需要覆盖较为具象的政党政治、选举地理直至相对抽象的政治文化、文化地理等问题。也正因如此,约瑟夫·拜登(Joseph Biden)在 2020 年总统大选中胜出,并不意味着美国种族主义的基本发展趋势会被快速和有效地扭转,特别是隐性的制度性种族主义。

很显然,通过改变美国外交战略战术,美国种族主义的当代回潮也产生了重大的国际政治影响。特朗普在上台的第一周内便出台了"禁穆令",引发了重大的国际国内争议。而特朗普对墨西哥移民的态度也对美国与其周边国家关系带来了明显的影响。回顾整个美国历史可以发现,种族问题不仅困扰着美国的内部治理,更困扰着美国的对外关系。历史上美国参与的战争,不仅带来明显的种族主义色彩,更极可能在国内同时展开另一场"肃反"战争,如在第一次世界大战期间对德裔美国人的"战争"、在第二次世界大战期间对日裔美国人的"战争"等。③ 因此,尽管特朗普迄今为止并未发动正式意义上的"战争",但国内的种族主义回潮自然而然地对美国的外部"战争"或"敌人寻找"产生了明显影响。无论是在对伊朗政策还是在抗击新

---

① Patrick I. Fisher, "Definitely Not Moralistic: State Political Culture and Support for Donald Trump in the Race for the 2016 Republican Presidential Nomination", *PS (Political Science & Politics)*, 2016, 49(4), pp. 743-747.
② Michael Grunwald, "How Everything Became the Culture War" (November/December 2018), Politico Magazine, https://www.politico.com/magazine/story/2018/11/02/culture-war-liberals-conservatives-trump-2018-222095, retrieved January 10, 2019.
③ 参见 Nikhil Pal Singh, *Race and America's Long War*, California: University of California Press, 2017。

冠病毒（COVID-19）疫情期间的对华政策中，特朗普政府的决策都受到种族主义的明显影响。鉴于美国巨大的全球影响力及少数族裔与移民输出国的联系，国际社会对美国种族主义、排外主义高度关注，其中以《卫报》（The Guardian）、半岛电视台等为代表。这样，观察美国种族主义的当代回潮，也应对其国际溢出或对美国外交政策的影响加以全面评估，从相对具象的周边外交、国别外交、移民与难民外交，到较为宏观和抽象的全球性白人至上主义蔓延和"文明的冲突"。

美国当前的种族主义回潮仍在展开之中，其未来发展仍充满高度不确定性，尽管从人口趋势角度看这一回潮的物质基础明显不如从前。事实上，也正是这一根本性的人口基础的动摇，使美国白人特别是中产阶级白人有强烈的"时不我待"的危机感，助长了当前的种族主义回潮；正是在这一意义上，特朗普在2020年大选中败选，这极可能激发新的种族主义情绪，尤其是拜登政府吸纳大量少数族裔成员——其首任内阁成员结构已经展示出明显的种族多样化特征：白人成员占50%（其人口占比为61%），拉丁裔占15%（人口占比为18%），非洲裔占19%（人口占比为12%），亚裔占8%（人口占比为6%）。① 本书结合人口学、社会学、政治学和国际关系学对美国种族主义的回潮作跨学科的研究，既深入考察美国种族主义的回潮及其特征，又延伸分析其对美国政治生态、外交政策等的影响。就此而言，本书既是一项综合性和系统性的学理分析，又是一种着眼现实的动态性现象和政策分析，以期更好地理解当前美国种族主义回潮的基本特征、性质、根源、溢出及未来发展方向。正是基于更为长期和综合性的视角，本书认为：从根源上看，美国种族主义的回潮不只是长期的人口结构变化的结果，更是美国霸权相对衰落及更大范围的

---

① Nicquel Terry Ellis and Priya Krishnakumar, "Analysis: What Does Biden's Diverse Cabinet Mean for a Divided Country" (January 19, 2021), CNN, https://edition.cnn.com/2021/01/18/politics/diversity-joe-biden-cabinet-analysis/index.html, retrieved January 22, 2021.

全球性思潮、经济和技术力量的结果；美国的例外性正在降低，其种族主义回潮与其同世界的联动态势正日益明显；从未来发展趋势看，美国种族主义回潮的结果不只是"族群战争"或"边界战争"（border war），更是经济社会分层下的阶级斗争，将对美国国内政治和对外政策产生深远影响；当前美国种族主义、排外主义的回潮具有明显的极端化、低俗化和国际化特征。

除"绪论"外，本书主体部分由六章组成。"绪论"是全书总纲，简要说明本书的选题背景和现实意义。第一章是历史分析，回顾美国种族主义的历史演变，从而为考察当前美国种族主义回潮的延续性和断裂性奠定基础。第二章是现象分析，重点考察当前美国种族主义回潮的具体表现，既有相对表层的特朗普总统和政府官员的言辞分析，也有更为深层的种族主义社会植入。第三章是根源分析，重点挖掘美国种族主义当代回潮的深层动因，并指出白人的身份危机感更为重要，而人口结构变化、经济地位受威胁等发展进一步放大了白人的身份危机。第四章是内政影响分析，重点考察美国种族主义当代回潮对美国政党政治、选举政治、政治文化等的影响。第五章是外交影响分析，核心是观察美国种族主义当代回潮的国际溢出，如其对美国移民与难民政策、周边外交、大国关系等的影响。第六章简要回顾了2020年大选中的种族因素及其对美国种族主义回潮的巩固效应，并对拜登执政第一年中美国种族主义的发展加以简要总结：特朗普在2016—2020年对种族主义的动员和利用，已经很大程度上改变甚至扭曲了美国种族主义的基本形态；美国种族主义正卷土重来，其当代回潮极可能是长期性的。对此，美国国内和国际社会都应与时俱进、创新思维，并正确认识及应对。否则，美国种族主义只能带来更大更多的意外。

第一章
"白"的等级制建构：美国种族主义的历史演变

美国是当今世界最大且最为复杂的移民国家，被形象地称作"美国百衲衣"。① 但必须认识到的是，美国的移民国家构建进程不仅漫长而且复杂。由于移民到来先后有别，在时间和空间分布上存在重大差异，同时来自不同故土②的移民存在重大的宗教信仰、生活习俗、受教育水平、劳动技能等差异，美国的种族关系日益复杂。在美国移民国家建构过程中，存在两个重要且明显的平行进程。一方面是集体层次上的"种族化"现象，即通过确定不同群体的社会地位和相应待遇，一种基于种族的社会理解得以启动，导致塑造了特殊的种族身份——不只是对被奴役和处于劣等地位的群体如此，对欧洲定居者或处于优势地位的群体也是如此。③ 另一方面则是个体层次上实现"美国梦"的普遍和充分机会。如同郝时远所指出的：美国"种族熔炉"的成功之处在于凝练美国人的核心认同，但少数种族仍需谋求平等与公正；因为"无差别"的社会臆想下的个体"无差别"，在由种族划分、族群归类的政策所塑造的群体归属中产生了差别，进而导致普

---

① [美]托马斯·索威尔：《美国种族简史》，沈宗美译，中信出版社2015年版，第3页。
② 在对美国移民的研究中，往往称移民的来源地为"移出国""祖籍国""来源国""母国"或"故土"等。鉴于本书讨论的部分移民来自非主权国家，因此以"故土"指称其来源地，特此说明。
③ Michael Omi and Howard Winant, *Racial Formation in the United States: From the 1960s to the 1980s*, New York: Routledge & Kegan Paul, 1986, p.64.

遍的歧视和不平等。①

由此而来,美国种族归化史本身也就是美国程度等级制②的建构史,大致包括如下三个方面。一是白人种族的边界确立,无论是从整体还是个体意义上,白人都拥有特权地位,他们天然就是"白"的——尽管有的白皮肤的种族并未被视作"白人"。本质上,美国是一个"白人"国家,无论是在特征、结构还是文化上。尽管包括非洲裔、亚裔、拉丁裔等在内的其他种族也创造了属于自己的生活;但作为民族,他们面临着由白人多数所设定的边界和限制。因此,尽管没有公开的法律认定,即使是在今天,美国的种族关系仍相当接近于正式意义上的种族隔离制度。③ 同样需要指出的是,美国"白人"国家的性质并非一成不变的;相反,在美国,"白人身份"或"白人种族"本身也是演变的,即"白"是由社会建构的,④从最早的相对狭隘的英国新教徒移民逐渐拓展,将德国裔、爱尔兰裔、意大利裔等近乎整个欧

---

① 郝时远:《美国是中国解决民族问题的榜样吗?——评"第二代民族政策"的"国际经验教训"说》,《世界民族》2012年第2期,第1—15页。
② 迄今为止,对美国种族等级制的整体讨论相对欠缺,根本上仍源于白人地位更高的等级制已被内化;相关研究理论上主要依据社会支配理论(social dominance theory)(核心代表作为 Jim Sidanius and Felicia Pratto, *Social Dominance: An Intergroup Theory of Social Hierarchy and Oppression*, Cambridge, UK: Cambridge University Press, 1999)和制度正当化理论(System Justification Theory)[对该理论的相对全面的评述参见 Danny Osborne, Nikhil K. Sengupta, and Chris G. Sibley, "System Justification Theory at 25: Evaluating a Paradigm Shift in Psychology and Looking towards the Future", *Social Psychology*, 2019, 58(2), pp. 340-361]。对美国种族等级制的研究多集中于特定种族/族裔经历的案例研究,或一般性的种族歧视、种族等级与国家忠诚、社会抗议等,可参见: Asad L. Asad and Eva Rosen, "Hiding within Racial Hierarchies: How Undocumented Immigrants Make Residential Decisions in an American City", *Journal of Ethnic and Migration Studies*, 2019, 45(11), pp. 1857-1882; Andrew L. Stewart and Julia Tran, "Protesting Racial Hierarchy: Testing a Social Dominance Theory Model of Collective Action among White Americans", *Journal of Social Issues*, 2018, 74(2), pp. 299-316; Niambi M. Carter and Efren O. Perez, "Race and Nation: How Racial Hierarchy Shapes National Attachments", *Political Psychology*, 2016, 37(4), pp. 497-513。
③ Andrew Hacker, *Two Nations: Black and White, Separate, Hostile, Unequal*, New York: Macmillan, 1992, p. 4.
④ 有关"白"的社会建构性的较为全面的讨论可参见 Teresa J. Guess, "The Social(转下页)

洲移民纳入其中,甚至散居世界各地但移至美国的犹太裔也逐渐被纳入其中。二是由于"白人种族"的边界是有限的,在进入20世纪后逐渐得以固定,其他种族加入或"漂白"成为"白人种族"一部分的机会和空间日益被压缩。包括亚裔和拉丁裔在内的"有色"种族尽管仍有"漂白"可能,但其空间事实上相当有限;有色种族个体"美国梦"的实现主要服务于"美国熔炉"神话构建。三是印第安人和非洲裔被置于劣等种族的地位,其整体"漂白"机会近乎为零,其个体"美国梦"的实现更多服务于衬托"白人"种族的优越性。正如一位学者所指出的,美国种族关系的基本面貌主要由三个方面的历史进程所塑的:征服印第安人,强制输入非洲人,及或多或少地恳求欧洲、亚洲和拉丁美洲人的移入。① 换句话说,尽管出于多种原因,美国曾恳求欧洲、亚洲、拉丁美洲人的移入,但仅欧洲人及犹太人被全面接纳成为"白人种族"的一部分——尽管其内部也存在某种等级制,而亚洲、拉丁美洲等地的移民很大程度上只能艰难"漂白",非洲裔则被置于更加劣等的地位,"漂白"的概率低之又低,美洲土著印第安人在这一种族等级制中的地位似乎更低,处于一种近乎被隔绝的状态。但在整体性的种族"漂白"等级制建构的过程中,为凸显其"种族大熔炉"理念,美国社会为来自各种族的个体保留了实现"美国梦"的可能。由此形成了美国种族主义的两面性:从整体的种族角度看,白人内部的等级制、其他种族"漂白"机会的结构性差异的建构,充斥着美国种族主义的整个历史进程;从不同种族的个体看,由于实现个人"美国梦"的机会仍然存在,可以认为,正是由于个体层次实现"美国梦"的开放性和

(接上页) Construction of Whiteness: Racism by Intent, Racism by Consequence", *Critical Sociology*, 2006, 32(4), pp. 649-673。"白"(whiteness)是美国种族问题研究的持久主题,产生了大量的学理性研究,既有定性也有定量的。有关这一研究的综合性讨论,可参见 Hannah B. Bayne, Danica G. Hays, Luke Harness, and Brianna Kane, "Whiteness Scholarship in the Counseling Profession: A 35 - Year Content Analysis", *The Professional Counselor*, 2021, 11(3), pp. 313-326。

① Stanford M. Lyman, *The Asian in North America*, Santa Barbara, California: ABC-Clio Press, 1977, pp. 25-37.

平等性,掩盖了整体层次的种族等级制,换句话说,美国种族等级制的核心是以个体成员权利压制了群体权利。① 进而,所谓"色盲"更多是个体意义上的,而在整体意义上则是一种"后种族时代的种族主义"(racism postrace)主导着美国种族关系。②

第一节 "白"的边界:"白人至上"的内部等级

尽管是世界上最大也是最为成功的移民国家,但种族意义上的白人仍是美国社会的主体;或者说,白人仍是美国的主体民族。尽管美国自诩为"种族熔炉",但其各种族的社会地位、机遇并不平等,即使是在白人种族内部仍存在某种等级制,哪怕相比其他种族如亚裔、非洲裔或印第安人而言要小得多。今天,美国白人种族很大程度上由来自欧洲的移民(所谓的"高加索人")组成,大致涵盖英国裔、德国裔、爱尔兰裔、东南欧裔等,以及长期流散世界各地后移居美国的犹太裔。尽管如此,这一白人种族的建构或形成也经历了长期的发展;作为种族的白人本身是长期历史建构的结果。如有学者指出,1840—1924年,来自欧洲的移民纷纷加入"拆解白人"(fracturing of whiteness)行列,并通过这一努力加入既有的"白人"种族。③ 但这一拓展并非没有限制或边界,当"高加索人"和犹太人被接纳成为白人种族成员之后,这一俱乐部的大门很大程度上关闭了,尽管拉丁裔从肤色上看仍属于"白人",他们却很难被接纳为白人种族的一员,即所谓的"二等白人"④——至少在可预见的未来,这一可能性极低。

---

① 周少青:《从中西比较的视角看中国民族政策的优越性》,《中国民族报》,2019年12月17日,第5版。
② 可参见 Roopali Mukherjee, Sarah Banet-Weiser, and Herman Gray, eds., *Racism Postrace*, Durham and London: Duke University Press, 2019。
③ Matthew Frye Jacobson, "Becoming Caucasian: Vicissitudes of Whiteness in American Politics and Culture", in Paul Spickar, ed., *Race and Immigration in the United States: New Histories*, London: Routledge, 2012, pp.135-137.
④ 马戎:《美国的种族与少数民族问题》,《北京大学学报》(哲学社会科学版)1997年第1期,第135页。

一、拓展的边界:白人种族的历史建构

"种族"本身也是一个历史性概念;其当代观念是欧洲自然主义科学和欧洲殖民与帝国权力的产物;更准确地说,为了将道德、文化、领土等内涵赋予白人,一种"白人=欧洲=基督徒"的三重融合应运而生;15世纪西班牙的种族话语中贵族、肤色和基督教主题,被转变成为白人优越和非白人劣等的殖民主义话语。① 这一白人种族建构的历程在美国也同样明显,尽管因时空差异而形态迥异。自17世纪起,种族、种族主义和白人特权的社会事实被制度化为美国社会的特征。如同其他种族一样,白人种族也是社会建构的产物,因其是可被发明、塑造、分析、修改和抛弃的。如果不探讨白人种族的身份建构,也就无法理解美国种族主义的当代回潮。例如,爱尔兰人、意大利人和犹太人在特定历史时期也曾被视作非白人。② 通过回顾白人种族建构的历史进程,白人种族作为社会建构的本质就显露出来;如果不探讨白人种族的建构,那么就事实上是在推动种族主义的持续复制和再生产。③ 美国白人种族的历史建构大致经历了从最为内核的英国移民到德裔移民,再到爱尔兰移民及至以意大利移民为代表的东南欧移民,最后将犹太人接纳进入的历程。

尽管一开始并不存在明确的白人种族概念,但由于美国独特的建国史,最早移民美洲大陆的主要是来自不列颠的清教徒,并以此形成了美国白人种族的内核,即WASP——白人(White)、盎格鲁-撒克逊人(Angelo-Saxon)和新教徒(Protestant)。从地理或来源国看,WASP主要由英国、荷兰、法国等三国的移民及其后裔组成,进而成

---

① Alistair Bonnett, "Who Was White? The Disappearance of Non-European White Identities and the Formation of European Racial Whiteness", *Ethnic and Racial Studies*, 1998, 21(6), pp. 1030-1031, 1038-1039.
② Joe L. Kincheloe, "The Struggle to Define and Reinvent Whiteness: A Pedagogical Analysis", *College Literature*, 1999, 26(3), pp. 162-167.
③ Abby L. Ferber, "Constructing Whiteness: The Intersections of Race and Gender in US White Supremacist Discourse", *Ethnic and Racial Studies*, 1998, 21(1), p. 60.

为当今美国白人种族最为核心的要素。WASP在美国白人种族中的核心地位,来自其在塑造美国白人种族中的独特性。最早抵达美洲的这些欧洲移民,根本上是为了逃避在欧洲本土所遭受的种种不公特别是宗教歧视,进而期望在新世界建立一种区别于旧世界的社会秩序。① 因此,他们在抵达美洲之后,宣称自己是代表未来的民族,赋予美利坚以独特的含义和使命。尽管类似"出埃及记"一样,他们在移民过程中经历了诸多劫难,甚至"准备死在这个荒野,但是他们向主呼救,主听见了他们的声音",他们作为上帝选民,负有弥合荒野和文明之间裂隙的使命,要把上帝赋予的这块土地变成"希望之乡"。正如马萨诸塞移民领袖约翰·温斯洛普(John Winthrop)曾这样预言:"我们将如山巅之城,为万众瞻仰。"②正是"在由哥伦布发端的远征运动中,在征服荒野的过程中,面目全新的人类——美国人诞生了。在文明和荒野相互结合的神话般的过程中,荒野呼吸了文明的气息,文明得到了改善,而且荒野也可以得到维持"③。早期移民进入荒野的历程培育了美国人自称的强烈的使命感:实现所谓荒野的"文明化"。尽管这一自封的使命使早期移民在面对美洲土著时拥有某种心理甚或道德优越感,但种族意义上的白人一开始并未得以建立。根据一项有关美国劳动力市场的研究,在17世纪和18世纪,"并不存在将白人身份作为捍卫一个人作为独立工人存在的令人信服的方法";事实上,白人这个术语最初是用来指代与非洲人和美洲土著人打交道的欧洲探险家、商人和定居者。白人身份的观念随后在美国自由劳动力市场的发展中出现。白人工人要求获得"自由人"的合法地位,这一地位与白人优越性相联系,是一种排他性的职业贸

---

① 时殷弘:《理想和现实:论美国建国初期的外交》,《中美文化研究》1989年第1期,第67页。
② Daniel J. Boorstin, *The Americans: The Colonial Experience*, New York: Vintage, 1958, pp. 5-10.
③ John Bodnar, ed., *Bonds of Affections: Americans Define Their Patriotism*, Princeton: Princeton University Press, 1996, pp. 34-40.

易和公民权利。① 因此,WASP 并非一开始就成为美国白人种族的内核,而是通过一个团体内和团体外相互平行的身份建构和等级制构建过程而实现的。在团体内部的身份和等级制建构中,来自欧洲其他国家的移民的逐渐加入,帮助确立并反复巩固了 WASP 在白人种族中的核心地位。

在 WASP 之后加入美国白人种族的是德裔美国人。尽管在今天的美国社会中,德裔美国人已成为主流,但在美国发展史上,德裔美国人进入主流、成为白人种族核心成员的历程并不轻松。德国移民大规模迁入的历史,与其他国家移民并不相同,其历程多次起伏,且与美德关系波动联系密切。德国人移居美国大致经历了三个高潮:第一次发生在美国独立前不久,但在美国独立后的相当长一段时间内都较为有限;第二次是在 19 世纪 30 年代后,某种程度上与德意志内部发展、欧洲大陆王朝复辟等有密切关系,德国统一使移民美国的德国人数量大幅降低;第三次是在 20 世纪 30 年代,希特勒和纳粹主义的崛起再度掀起德国人移居美国的浪潮。由此可见,德国人移居美国的三次浪潮都与社会危机有着密切关联,在为美国带来重大的知识和人才贡献的同时,也给美国社会带来重大冲击。② 美国独立前,大量德国移民涌入不仅导致其聚居的宾夕法尼亚州粮价大幅上涨,也导致了严重的文化冲突。德意志人到美国之后,往往生活封闭,坚持自身的生活习俗和语言习惯,对 WASP 构建新世界的理念构成重大冲击。美国《独立宣言》起草人之一本杰明·富兰克林(Benjamin Franklin)曾在 1751 年表露出重大担忧:"为什么英国人建立的宾夕法尼亚,会成为外国人的殖民地?那里的外国人如此之多,以至于我们将被德国化,而不是我们去同化他们;他们永远不学

---

① David R. Roediger, *The Wages of Whiteness: Race and the Making of the American Working Class*, New York: Verso, 1991, p.20.
② [美]托马斯·索威尔:《美国种族简史》,沈宗美译,中信出版社 2015 年版,第 59、73 页。

习我们的语言或习俗。"①同年,他又警告道:"我想用不了几年的工夫,美国国会中就需要有译员来把这一半议员的发言翻译给另一半议员听。"②尽管独立战争缓解了对德国人的心理恐惧,但美国仍于1798年通过《外侨与煽动叛乱法案》(Alien and Sedition Act),以防止侨民不忠并惩治其背叛行为。1848年欧洲革命前后的德国移民潮与同期的爱尔兰移民一道,引发了严重的宗教性排斥和 WASP 的本土主义,但更为深远的影响却是在第一次世界大战爆发后才得以凸显。尽管德裔美国人在美国内战中表现积极,且经过两至三代后德裔人正逐渐接受主流的美国文化,特别是德裔不再坚持讲德语而是积极学习英语,但一战爆发仍引发了美国白人种族的强烈担忧。例如,西奥多·罗斯福(Theodore Roosevelt)在1915年曾公开指责所谓"归化的美国人"(hyphenated Americans),强调在战争期间不允许双重效忠存在。随着战争推进,美国开始刻意塑造一个敌对的德国形象,把德国皇帝甚至整个德意志民族和德国人民视作"敌人"。德裔美国人也被描述为外部敌人的内部代理。为此,德裔美国人不得不尽力证明自己对美国的忠诚,如大量购买战争公债,主动拒绝在校园里说德语,甚至将"德国泡菜"更名为"自由白菜"或"胜利白菜"。尽管如此,他们仍遭到邻居们的怀疑、蔑视、侮辱和憎恨。许多还没来得及加入美国国籍的德裔美国人遭到逮捕,被关入集中营。③ 二战前也有大批德国移民迁入美国,但由于其反纳粹性质,德裔美国人在二战中并未经历如同一战时的遭遇,尽管仍不时出现对德裔美国人的歧视。可以认为,希特勒和纳粹崛起推动的德国移民潮使德裔美国人更大程度地融入美国主流,并成为美国白人种族的核心。

---

① "Observations Concerning the Increase of Mankind, 1751", Founders Online, https://founders.archives.gov/documents/Franklin/01-04-02-0080, retrieved January 20, 2020.
② Milton M. Gordon, *Assimilation in American Life: The Role of Race, Religion & National Origins*, New York: Oxford University Press, 1964, p. 89.
③ [美]彼得·I. 博斯科:《美国人眼中的第一次世界大战》,孙宝寅译,当代中国出版社2006年版,第82—83页。

相比之下，爱尔兰移民加入美国白人种族的过程更为艰难，尽管他们移入美国的时间与德裔美国人首批大规模移入美国的时间是差不多的。爱尔兰移民进入美洲的时间其实也相当早，甚至可追溯至17世纪初。但直到1844年国际范围的马铃薯歉收前，爱尔兰人迁往美国的人数基本上都在每年2 000人左右。灾荒与英国的压迫使爱尔兰人移入美国的数量迅速增长：1844年达到5万人，1847年进一步增至8.5万人。如同当时的报道所说，1847年的爱尔兰移民"与此前的完全不同；他们实际上是为了逃离疾病和饥荒，他们的钱几乎不够支付船费……或旅行期间的餐费"①。1848—1853年，灾荒的移民效应持续了相当长时间，移民数量持续增长，在1851年甚至达到20万人。据估计，1846—1855年，至少有150万名爱尔兰移民进入美国。尽管爱尔兰移民并不完全聚居在波士顿，但的确显著改变了波士顿及周边地区的人口结构。到1855年，爱尔兰生人占波士顿总人口的25%—27%，在外国出生人口中占85%。② 在灾荒效应逐渐消退后，爱尔兰移民数量也逐渐减少并趋于稳定，但今天美国的爱尔兰裔人口数量仍相当大，远远超过其曾经的故土。尽管从迁入时间看，爱尔兰裔有相比其他来源国的移民更长的融入时间，但出于两个方面的原因，爱尔兰裔完全加入美国白人种族的时间甚至还要晚于德裔美国人。一方面，爱尔兰移民的经济基础明显比同期迁入的德国人更差。由于在本土遭受严重的生存危机，爱尔兰移民进入美国之后并不具备迅速改善自身生活条件的能力和资本，因此在移入美国后的相当长时间内仍从事着相对低级的工作，而其后代通过教育改善自身生存质量的机会也相对更少。同时，由于其宗教信仰与WASP的新教格格不入，逐渐诱发了美国内WASP的排斥，以维护"新教"为宗旨的"本土主义"逐渐滋生，认为爱尔兰人和德国人对"天

---

① Jack Tager, *Boston Riots*, *Three Centuries of Urban Violence*, Boston: Northeastern University Press, 2001, p. 127.
② Oscar Handlin, *Boston's Immigrants*, *1790 - 1880*, 50th Anniversary edition, Cambridge: Harvard University Press, 1991, pp. 243-244.

主教"的忠诚将削弱其对美国的忠诚;他们甚至预见到天主教信徒人数的增长最终将以教皇代替美国总统。另一方面,爱尔兰移民缺乏德国移民或其他国家移民那样的内部团结。如同索威尔所指出的:"在美国历史上,时常有某一特定国家的先期来美移民,设法帮助后期来美的同胞克服困难,以适应新环境的情形。但这种情形却绝对不会发生在苏格兰-爱尔兰人和他们的凯尔特-爱尔兰同胞之间。"[1]正是由于其经济基础和内部分裂的原因,尽管经过几代人的努力之后,爱尔兰裔美国人最终逐渐进入美国白人种族的队伍,但其社会和经济地位仍相对较低。

如果说爱尔兰人加入美国白人种族的步伐缓慢很大程度上是其自身的原因,那么以意大利移民为代表的东南欧移民,则是在遭遇更多的歧视后才得以加入的。与德裔和爱尔兰裔不同,意大利裔或其他东南欧裔美国人所遭遇的歧视更多是日常性的,缺乏如同前者那样的突出事件,这某种程度上源于意大利移民及其他东南欧移民迁入美国的时间较晚。意大利及东南欧移民大规模进入美国是在19世纪末20世纪初,或者说一战前时期。意大利移民在1880年首次突破1万人大关,到一战前夕的高峰时期每年约有25万人移入美国。一战结束后到1924年移民限制前,意大利移民又有一次较短时间的高潮,每年约20万人。随着二战结束、移民限制逐渐放宽,意大利移民的数量逐渐稳定下来,但数量仍然较多。意大利及其他东南欧裔美国人加入美国白人种族行列的困难,主要来自两个方面。其一,19世纪末20世纪初,白人种族意识在美国已有相当基础。1830—1900年,游吟诗人的表演很大程度上是支持奴隶制和白人至上主义政治的。[2] 而20世纪初美国兴起的"优生学"运动认为,东南欧移民很大程度上是对美国种族纯洁性的污染。他们将欧洲人种分

---

[1] [美]托马斯·索威尔:《美国种族简史》,沈宗美译,中信出版社2015年版,第27页。
[2] David R. Roediger, *The Wages of Whiteness: Race and the Making of the American Working Class*, New York: Verso, 1991, p.123.

为北部的条顿民族、中部的阿尔卑斯人种和南部的地中海人种,认为东南欧移民的大规模迁往使"美国正面临着人种异化的危险",因此,要维持美国的"种族纯洁",就需要排斥阿尔卑斯、地中海、犹太等人种。① 其二,东南欧移民特别是意大利移民往往经济基础相对较差,同时又具有较为明显的文化异质性,特别是其语言、家庭甚至黑社会等传统,与以 WASP 为内核的美国白人有着明显区别。尽管对"美国化"计划感到愤懑甚至抵制,但意大利裔仍迅速变成了地道的美国人,成为美国白人种族的一员。

此外,相比英国、法国、荷兰、德国、爱尔兰、意大利等国移民,犹太人在长达 2 000 余年的迁徙中早已难以识别其故土来源。尽管如此,犹太人仍在相对较晚大规模移入美国后,迅速改善自身地位并成功加入美国白人种族。很大程度上,犹太人大规模迁入美国是在 19 世纪末 20 世纪初的 40 年左右时间里,当时有多达 200 余万犹太人自俄罗斯及其他东欧国家进入美国。由于长期散居世界各地,犹太人发展出与当地人共处的独特方法,对其快速融入美国主流社会有着重要意义——尽管在此期间也曾面临过明显的反犹主义。② 例如,尽管反犹主义在 19 世纪末 20 世纪初一度达到顶峰,但犹太裔哲学家霍勒斯·卡伦(Horace Kallen)于 1915 年加入有关美国种族熔炉的辩论,并于 1924 年正式提出文化多元主义,认为在民主社会的框架内保持各族群的文化,将使国家文化更加丰富多彩。③ 这使犹太人在美国种族主义的发展史上占据了道德制高点。当然,犹太裔美国人成功加入美国白人种族俱乐部的秘诀并不在这里,而在于另

---

① David Heer, *Immigration in America's Future: Social Science Findings and Policy Debate*, Colorado: Routledge, 1996, pp. 226, 268.
② [美]托马斯·索威尔:《美国种族简史》,沈宗美译,中信出版社 2015 年版,第 89、92 页。
③ Horace Kallen, "Democracy versus the Melting-Pot: A Study of American Nationality: Part Ⅰ", *The Nation*, February 18, 1915, pp. 190-194; Horace Kallen, "Democracy versus the Melting-Pot: A Study of American Nationality: Part Ⅱ", *The Nation*, February 25, 1915, pp. 217-220.

外两个方面。一是犹太裔美国人的经济成功。2018年,58%的犹太裔成年人获得四年制本科学历,而全美的平均水平为30%;犹太裔美国人家庭中,有25%的年收入在15万美元以上,而全美的平均水平为8%。① 二是犹太裔美国人的政治成功。根据2010年的人口普查数据,犹太裔美国人共计650万人。尽管绝对数量不大,但犹太裔美国人居住相对集中,在8个州超过20万人,其中纽约州和加利福尼亚州超过100万人,而在大都市区也相当集中,这使犹太裔美国人的选举重要性被大大放大。犹太裔美国人组建了600多个游说团体,其中最具影响力的有美国主要犹太人组织主席联席会议(Conference of Presidents of Major American Jewish Organizations, CPMAJO)、美国以色列公共事务委员会(American Israel Public Affairs Committee, AIPAC)、犹太公共事务委员会(Jewish Committee of Public Affairs, JCPA)、美国犹太人大会(American Jewish Congress, AJC)等。于1951年成立的美国以色列公共事务委员会更是美国最大、最著名的一个游说集团。② 正因如此,犹太裔以其并非来自欧洲、并非百分之百(94%)的非拉丁裔白人的身份,成为美国白人种族中的正式一员,而且拥有不成比例的重要影响力。

二、大门关闭:拉丁裔的"非白人化"

美国白人种族的边界从最初的WASP逐渐拓展到将德裔、爱尔兰裔、意大利裔及其他欧洲裔乃至犹太裔都囊括进来,充分展示了美国作为"种族熔炉"的包容性。但必须强调的是,这种包容性或延展性很大程度上是有限的;换句话说,美国白人种族的边界并非可以无限拓展。事实上,当欧洲裔和犹太裔被纳入之后,美国白人种族的大

---

① Ira M. Sheskin and Arnold Dashefsky, "United States Jewish Population, 2018", in Arnold Dashefsky and Ira M. Sheskin, eds., *American Jewish Year Book*, 2018, Dordrecht: Springer, 2018, pp. 251–347.
② John J. Mearsheimer and Stephen M. Walt, *The Israel Lobby and U. S. Foreign Policy*, New York: Farrar, Straus and Giroux, 2007, p. 117;李伟建等:《以色列与美国关系研究》,时事出版社2006年版,第124—126页。

门便被关上了;一个极具讽刺意义的术语即"非西班牙裔白人"(white-non-Hispanic)充分印证了美国白人种族的边界有限性,以及白人种族及其他少数种族的社会建构性质。尽管拥有同样的白皮肤——欧洲白人与拉丁裔白人的肤色差异很大程度上可以忽略,但拉丁裔美国人却不被承认为"白人",原因当然不是拉丁裔"不够白"或"白得不够",而是他们被社会性地建构为"非白人"。

拉丁裔美国人的官方名称是"西班牙裔和拉丁裔美国人"(Hispanic and Latino Americans),因此有时也被称作西班牙裔或西语裔美国人。广义上,拉丁裔美国人指血统上源自伊比利亚半岛的西班牙和葡萄牙及邻国的意大利人、法兰西人等拉丁语系的群体,以及这些国家移民与美洲原住民的混血后代。但随着前述的美国白人种族的持续建构,东南欧移民特别是意大利、西班牙、葡萄牙等欧洲移民逐渐被纳入美国白人种族,因此,今天的拉丁裔更多是个狭义集合,即以西班牙语或葡萄牙语为母语的拉丁美洲印欧混血人种,主要来自墨西哥、古巴、巴西等地。根据美国官方界定,拉丁裔美国人包括来自古巴、墨西哥、波多黎各、中美洲或南美洲及其他来源地的遵从西班牙文化的个人,无论其种族是什么。美国人口普查局的数据显示,拉丁裔美国人数量在2020年达到6 210万人,而2010年仅有5 050万人;2020年拉丁裔美国人占美国人口总数的19%还多,而2010年为16%、1970年仅为5%。在拉丁裔内部,人口数量最多的是墨西哥裔美国人,占整个拉丁裔的61.5%,其后依次为波多黎各裔(9.7%)、中美洲裔(9.5%)、南美洲裔(6.3%)及古巴裔(3.9%)。[①] 拉丁裔美国人多聚居在加利福尼亚、得克萨斯、佛罗里达、纽约、伊利诺伊、亚利桑那、新泽西、科罗拉多、新墨西哥等州。[②] 根据皮尤研究中心的数据,

---

[①] Jens Manue Krogstad and Luis Noe-Bustamante, "Key Facts about U. S. Latinos for National Hispanic Heritage Month" (September 9, 2021), Pew Research Center, https://www.pewresearch.org/fact-tank/2021/09/09/key-facts-about-u-s-latinos-for-national-hispanic-heritage-month/, retrieved September 20, 2021.

[②] "Profile: Hispanic/Latino Americans", U. S. Department of Health and Human Services Office of Minority Health, https://www.minorityhealth.hhs.gov/omh/browse.aspx?lvl=3 & lvlid=64, retrieved January 20, 2020.

在拉丁裔美国人中,墨西哥裔长期占据主导地位,2000年占拉丁裔总数的59.3%,到2010年上升至64.9%,此后由于新一轮限制而有所回落;波多黎各裔在拉丁裔中也相当多,始终在9%以上;萨尔瓦多、多米尼加、危地马拉、洪都拉斯、秘鲁等国的移民在2000年后均增长较快;而阿根廷、巴拿马等国的移民则相对稳定且数量较小(如表1-1所示)。

表1-1 拉丁裔美国人的内部结构(2000—2019年)

国家名称	2000年（万人）	2010年（万人）	2015年（万人）	2019年（万人）	占拉丁裔比例（%）
墨西哥	2 086.8	3 291.6	3 575.8	3 718.5	61.5
波多黎各	332.6	458.2	521.1	584.5	9.7
古巴	124.8	188.3	211.6	238	3.9
萨尔瓦多	71.1	182.8	217.4	234.5	3.9
多米尼加	79.7	150.9	186.6	208.5	3.4
危地马拉	40.6	110.8	138.4	165.5	2.7
哥伦比亚	50.2	97.2	109.1	124	2
洪都拉斯	23.8	73.1	85.3	107.5	1.8
厄瓜多尔	27	66.4	70.7	71	1.2
秘鲁	24.9	61	65.1	65	1.1
委内瑞拉	9.3	23.8	32.1	54	0.9
尼加拉瓜	20.3	37.6	42.2	43.5	0.7
阿根廷	10.8	23.9	27.5	31	0.5
巴拿马	10.1	17.5	20.4	19.5	0.3

资料来源:笔者根据皮尤研究中心数据整理,Jens Manue Krogstad and Luis Noe-Bustamante, "Key Facts about U. S. Latinos for National Hispanic Heritage Month" (September 9, 2021), Pew Research Center, https://www.pewresearch.org/fact-tank/2021/09/09/key-facts-about-u-s-latinos-for-national-hispanic-heritage-month/; Luis Noe-Bustamante and Antonio Flores, "Facts on Latinos in the U. S." (September 16, 2019), Pew Research Center, https://www.pewresearch.org/hispanic/fact-sheet/latinos-in-the-u-s-fact-sheet/; both retrieved September 20, 2021。

尽管拉丁裔抵达美国的时间甚至远早于今天的"正统"美国白人,他们却从未被承认为种族意义上的"美国白人"。时至今日,拉丁裔仍主要在劳动密集型行业工作。根据美国劳工部的统计数据,拉丁裔在2014年的就业领域分布如下:建筑业位居第一位(27.3%),其后是农林牧渔业(23.1%),餐厅、酒店服务业(22.3%),采矿业和石油开采(17.2%)等。① 对拉丁裔美国人的种族歧视很大程度上始于1846—1848年的美墨战争。或者说,对拉丁裔的歧视很大程度上是围绕墨西哥裔美国人展开的。1848年,美国赢得美墨战争的胜利,兼并了得克萨斯、西南地区和加利福尼亚等地。那些留在被兼并领土上的墨西哥人获得了美国公民身份,墨西哥裔美国人的数量随之大幅增加,进而对这些地区的种族结构形成了挑战。为巩固来自东部和南部的白人殖民者的优势地位,美国并未赋予新加入的墨西哥裔美国公民以同等待遇,相反将其归入"棕色"或"有色"人种,从而奠定了拉丁裔美国人种族定位的基础。因此,在美墨战争后的相当长时期里,少有墨西哥人移居美国;恰好相反,一个反向移民进程在这一时期更为重要,大量墨西哥裔美国公民移出美国,重新回到墨西哥定居。②

进入19世纪90年代后,一方面,美国西南地区的新工业,特别是采矿业和农业的快速发展,对墨西哥移民有较大吸引力;另一方面,1910—1920年的墨西哥革命使不少墨西哥人背井离乡。这两个方面是墨西哥移民进入美国并形成第一次高潮的原因。在20世纪第一个十年里,平均每年进入美国的墨西哥合法移民数量为2万人,到20年代更是增至每年5万—10万人。墨西哥移民的大量进入并未引发过度的排外主义,原因主要在于两个方面:一方面,墨西哥移

---

① 贾泽驰:《美国拉丁裔人口5 885万,占比18%:他们正悄然改变着美国社会》,《文汇报》,2019年5月13日。
② Jason Steinhuer, "The History of Mexican Immigration to the U. S. in the Early 20th Century" (March 11, 2015), Library of Congress, https://blogs. loc. gov/kluge/2015/03/the-history-of-mexican-immigration-to-the-u-s-in-the-early-20th-century/, retrieved January 20, 2020.

民的工作主要集中在建筑、农业、采矿业等领域,与其他种族的交往相对有限;另一方面,鉴于美国对劳动力的需求,在农业利益集团的游说下,美国在 1917 年将墨西哥移民豁免在整体的移民限制之外,并创建了美国历史上的第一个客工计划(guest worker program),允许墨西哥人进入美国短期工作。但同样由于上述两个原因,这一时期的墨西哥移民有较高的返回率,共有 100 多万名墨西哥人在 1910—1928 年返回了墨西哥。①

墨西哥移民进入美国的第二次高潮自二战开始,一直持续到 1964 年。随着美国加入二战,大量年轻劳动力前往战场,导致美国农业劳动力严重不足,产生了对墨西哥工人的重大需求。尽管如此,墨西哥政府却强烈反对其公民移往美国,因为这意味着墨西哥本国劳动力的流失以及美国对墨西哥移民权利的进一步侵犯。而美国则更多从如何服务于其参与二战的战略角度思考这一问题,包括强化美国与墨西哥的双边关系,进而决定与墨西哥围绕客工计划展开谈判,即所谓的"布拉塞洛计划"(Bracero program)。尽管该计划曾在 1948—1951 年短暂中断,但的确对墨西哥移民进入美国产生了重要影响。1942—1964 年,该计划共计为美国引入约 460 万名墨西哥合法移民,在 20 世纪 50 年代末的高峰时期每年约有 5 万家美国农场雇佣 40 万名墨西哥工人。②

随着布拉塞洛计划于 1964 年年底结束,出于保护自身工人的目的,美国开始对西半球移民的数量施加限制,特别是禁止非技术性的季节性客工进入,受影响的主要是墨西哥移民。合法的墨西哥移民移入受限的结果是,非法移民数量迅猛增长。1965—1970 年,非法移民的数量增长了 3 倍,其中墨西哥非法移民所占比重由 50% 上升

---

① David Fitzgerald, *A Nation of Emigrants: How Mexico Manages Its Migration*, Berkeley: University of California Press, 2008.
② Kitty Calavita, *Inside the State: The Bracero Program, Immigration, and the I. N. S.*, New York: Routledge, 1992, p. 141.

至80%。① 同时，墨西哥移民获得签证的数量大幅减少，且获得批准的时间也大大延长，有的甚至要等两年半左右。到1979年，估计美国国内的非法移民有约170万人，其中墨西哥籍的就占有140万人。② 为控制非法移民的增长，美国国会于1986年通过《移民改革与控制法案》(Immigration Reform and Control Act，IRCA)。尽管如此，墨西哥移民迁入美国的数量仍持续增长，1979年墨西哥出生的移民大致为280万人，但到2009年已经增长到1 150万人；其中非法移民在新增移民中大约占60%，超过500万人。③

尽管墨西哥移民经常是美国出于内部劳动力不足而"请求"移入的，但限于被允许的就业领域，使其几乎不太可能加入美国白人种族。自1848年以来，墨西哥裔美国人也经常是被歧视的对象，且因地理邻近而经常被野蛮驱逐回墨西哥。例如，1917年，在亚利桑那州比斯比(Bisbee)铜矿工作的约2 000名工人，其中大多是墨西哥裔，要求改善工作条件和提高薪水而举行罢工。但罢工显然是失败的，当地治安官和2 200名武装治安人员不仅阻止罢工，还将拒绝放弃罢工的工人送到一个车程达16小时的沙漠里，使其处于没有钱、食物和水的绝望境地。由于新墨西哥州州长并不想在本州境内处理这1 300名无家可归的工人，于是召集美军把他们护送到附近一个城市，让他们从那里回家。④ 尽管该事件并不广为人知，但的确显示了墨西哥裔在美国的次等地位及其不被美国白人种族接纳的现实。

---

① U. S. Congress, Senate Committee on the Judiciary, Subcommittee on Immigration and Refugee Affairs, *U. S. Immigration Law and Policy: 1952-1986*, 100th Cong., 1st sess., December 1987, S. Rept. 100-100, Washington: GPO, 1988, pp. 33, 42.
② Jennifer Van Hook and Frank D. Bean, "Estimating Unauthorized Mexican Migration to the United States: Issues and Trends", in US Commission on Immigration Reform, ed., *Binational Study: Migration Between Mexico and the United States*, Washington, DC: US Commission on Immigration Reform, 1998, pp. 538-540.
③ Ibid.
④ Colleen O'Neill, "Domesticity Deployed: Gender, Race, and the Construction of Class Struggle in the Bisbee Deportation", *Labor History*, 1993, 34(2-3), pp. 256-273; Marjorie H. Wilson, "Governor Hunt, the 'Beast' and the Miners", *Journal of Arizona History*, 1974, 15(2), pp. 119-138.

即使到 20 世纪后期,墨西哥裔的地位也未得到明显提升。例如,1965 年墨西哥裔美国人在塞萨尔·查韦斯(César Chávez)及美国农场工人联合会(United Farmer Workers)的动员下发动了德拉诺葡萄园罢工(Delano Grape Strike),时任州长罗纳德·里根(Ronald Reagan)却称其为"不道德的"。① 在另一个场合,里根曾轻蔑地称中美洲移民为"赤脚汉"(feet people)。②

如果说墨西哥裔美国人不被美国白人种族接纳更多是由于其经济地位的原因,那么古巴裔则更多出于政治原因,尤其是其内部分裂。在美国,第一个古巴裔社区的出现是在 1831 年,但直到 1959 年古巴革命前,并未出现古巴人大规模移居美国的现象。古巴导弹危机前的"黄金流放"(Golden Exiles)时期(1959—1962 年),大约有 24.8 万名古巴人来到美国。③ 古巴于 1965 年首次开放卡马里奥港(Camarioca),允许那些在美国有亲属的人自由出境,古巴人移居美国进入了第二阶段,即一直持续到 1973 年的自由通航(Freedom Flights)时期;这一时期进入美国的古巴人数约为 29 万人。第三阶段始于 1980 年的马列尔船民偷渡事件(Mariel Boatlift),直到 80 年代末,这一时期的古巴移民约为 20 万人。第四阶段是自冷战结束至今,其代表性事件是 1994 年的木筏漂流潮。这一时期的移民速度大为放缓,在约 20 年的时间里,古裔美国人的数量总计增加约 30 万人,其中还包括大量在美国出生的古裔美国人口。④ 到 2017 年,古巴

---

① Nathan Heller, "Hunger Artist: How Cesar Chavez Disserved His Dream" (April 14, 2014), *New Yorker*, https://www.newyorker.com/magazine/2014/04/14/hunger-artist-2, retrieved January 20, 2020.
② Roger Daniels, *Guarding the Golden Door: American Immigration Policy and Immigrants since 1882*, New York: Hill and Wang, 2004, p. 222.
③ Maria Cristina Garcia, *Havana USA: Cuban Exiles and Cuban Americans in South Florida, 1959-1994*, Los Angeles: University of California Press, 1996, p. 13;钱皓:《美国西裔移民研究——古巴、墨西哥移民历程及双重认同》,中国社会科学出版社 2002 年版,第 49 页。
④ "Cubans in the United States" (August 25, 2006), Pew Hispanic Center, https://www.pewresearch.org/hispanic/2006/08/25/cubans-in-the-united-states/, retrieved January 20, 2020.

裔美国人的数量共计达到230万人,占整个拉丁裔人口的约4%。2000—2019年,古巴裔美国人的数量增长超过90%,同时外国出生的古巴移民数量增长也超过90%。①

四次移民潮使古巴裔美国人的人口结构高度分裂,进而阻止了其内部团结。② 在第一、第二次移民潮时期抵达美国的古巴移民,大都属于政治性移民,有的甚至与革命前的政权有着非常密切的联系。在第一次移民潮中,只有6%的是由于经济原因而移民美国的,而出于政治原因移民的高达77%;其中,37%对卡斯特罗政府的改革政策不满。③ 第二次移民潮的重要动因是到美国投亲,所以这一时期的移民也大多出于政治原因。但与前一阶段有所区别的是,由于在第一阶段中绝大多数古巴商人、小企业主和地主首先将其妻儿送到美国,因此这批移民主要是上次移民潮中未来得及逃出古巴的中小企业主和商人——尽管其政治原因也同样明显。进入20世纪80年代后,无论是第三次还是第四次移民潮,都更多地出于经济原因。1980年,一方面由于卡斯特罗政权邀请流亡者回国探亲给古巴人以强烈冲击,另一方面古巴国内经济正经历衰退,直接诱发第三次移民潮。这次移民潮的人口结构发生了重大变化:一是非洲裔和混血人种数量大增,从前两次移民潮的3%跃升至40%;二是性别比例发生逆转,由于第二次移民潮以投亲为主,因此女性占58%,而第三次移民潮更多以劳动工人和技术工人为主,因此男性达到前所未有的70.2%。④ 就此而言,第三次移民潮更多是经济性质的。与第三次

---

① Jens Manue Krogstad and Luis Noe-Bustamante, "Key Facts about U. S. Latinos for National Hispanic Heritage Month" (September 9, 2021), Pew Research Center, https://www.pewresearch.org/fact-tank/2021/09/09/key-facts-about-u-s-latinos-for-national-hispanic-heritage-month/, retrieved September 20, 2021.
② 潘亚玲:《古巴裔美国人的政治游说》,《国际论坛》2011年第1期,第57—61页。
③ Thomas D. Boswell and James R. Curtis, *The Cuban-American Experience: Culture, Images, and Perspectives*, Totowa, New Jersey: Rowman & Allanheld Publishers, 1983, p. 43.
④ Peter J. Duignan and L. H. Gann, *The Spanish Speakers in the United States*, New York: University Press of American, 1998, p. 108.

移民潮相类似,第四次移民潮也以经济移民、劳动工人和技术工人为主,但第四次移民潮的经济性质更加凸显,因为移民主要是青壮年,且往往以家庭为单位。正是由于移民动机的重大差异,第一、二次移民潮抵达美国的古巴裔更愿意参与政治,第三、四次移民潮抵达的则更倾向于提升自身经济水平。同时,由于第一、二次移民潮的古巴移民更多是政治性的,美国政府不仅很宽松地赋予其"难民"地位,有时甚至赋予其"流亡人士"地位;相比之下,经济移民的待遇就要差得多,因此其政治参与能力和意愿都要低得多。这样,一个内部分裂的古巴裔族群,是很难得到美国白人种族的正式认可的。

除墨西哥和古巴裔之外,仍有大量其他来源地的拉丁裔美国人存在,其中波多黎各裔相对独特。由于美西战争,波多黎各在1898年成为美国的从属自由邦,波多黎各人从1917年起自出生便是法定的美国人。二战结束前,波多黎各人迁入美国本土的速度相当慢。1900年,美国本土上的波多黎各人只有2 000多人,大部分是商人、政治活动家和烟草商人,且主要居住在纽约。二战后,波多黎各人开始大规模迁入美国本土,尽管也有大量人口返回波多黎各。① 到21世纪第二个十年,波多黎各人是美国第二大拉丁裔次群体。2019年,美国本土共计有584.5万名波多黎各人,在2000年的基础上增长了75%。② 尽管如此,波多黎各人并未被认定为美国白人种族的一员,而是被归于拉丁裔,因其属于西班牙人、非洲人和印第安人的混血种族。

第二节　难以"漂白":亚裔的次等地位

美国种族等级制的核心目的是维护白人种族的整体和个体优越

---

① [美]托马斯·索威尔:《美国种族简史》,沈宗美译,中信出版社2015年版,第239—245页。
② Jens Manue Krogstad and Luis Noe-Bustamante, "Key Facts about U. S. Latinos for National Hispanic Heritage Month" (September 9, 2021), Pew Research Center, https://www.pewresearch.org/fact-tank/2021/09/09/key-facts-about-u-s-latinos-for-national-hispanic-heritage-month/, retrieved September 20, 2021.

地位或特权,但同时需要利用各种手段掩盖这一事实,或证明其正当性。为实现上述目的,白人之外的种族事实上被分为两个群体:有色种族,主体是亚裔与拉丁裔;印第安人与非洲裔。美国对待这两个群体的策略是不同的,用以服务不同的目标。因其来源复杂多样,有色种族对塑造美国"种族熔炉"神话有重要意义,因此被"宽容"地赋予整体性的"漂白"空间——尽管其可能性很小,同时确保个人实现"美国梦"的机会。也就是说,在敞开个人实现"美国梦"大门的同时,美国事实上关闭或最大程度地限制整体意义上的少数种族或族裔得以"漂白"的大门,哪怕是那些最为"模范"的少数族裔也是如此。当然,为彰显美国"种族熔炉"的"优越性"和"吸引力",美国社会从未公开宣告他们成为"正统美国人"——成为美国白人种族的一分子——的可能性已经消失。相反,美国社会为其他肤色的人民留下了一定的空间以实现个人层次的"美国梦"。更为重要的是,尽管几乎没有可能,但由于没有公开的宣示,作为整体的有色人种的"漂白"努力仍得到承认;但对不同肤色的种族而言,这一"漂白"努力被承认的概率也存在明显差异。在有色人种中,以亚裔为主体的黄种人经常被称作"模范种族"或"模范族裔",作为对其"漂白"努力的肯定,尽管这并不意味着其"漂白"机会的增加。正因如此,为争取难得的"漂白"机会,有色种族间及其内部极可能相互竞争而非相互团结,从而使白人维持其优越地位变得更加简单。

一、从"恳求"到排斥再到消极接纳

亚裔美国人指来自远东、东南亚及印度次大陆的具有亚洲血统的美国公民,包括华裔、菲律宾裔、印度-巴基斯坦裔、越南裔、韩国裔、日本裔或其他亚洲血缘的美国人。亚裔内部的十余个次族裔在大规模移民美国的时间上有着较大差异:华裔和日本裔最早,其次是韩国裔、菲律宾裔和印度裔,最后是越南、老挝、柬埔寨、马来西亚和印度尼西亚裔等。亚裔美国人的形成是一个渐进且艰难的过程,特别是在 1965 年《移民与国籍法修正案》出台之前,美国对亚洲移民的态度曾经历了从"恳求"到"选择性排斥"再到"全面排斥"的演变;尽管 1965 年《移民与国籍法修正案》出台后,似乎不再存在明显的制度性排斥,但亚裔内部的多样性却使其难以实现整体性的"漂白"。

亚洲移民早在 18 世纪后期就已进入美国,最早抵达美国的应当是 1760 年从菲律宾来的海员,[①]其次是 1785 年来自中国的华工。美国早在 1790 年便开始世界上首次大规模人口普查,但主要由于亚裔人口数量过少而未将亚裔人口单列出来。直到 1860 年,美国才开始收集华裔人口的数据,1870 年开始计算日本裔人口,1910 年又开始收集菲律宾裔、韩国裔等其他亚裔人口的数据。到 1980 年,美国才正式将亚裔人口单独统计,显示出亚裔美国人作为一个种族的正式形成。[②]

从美国社会对亚洲移民的态度演变看美国种族主义的历史演变,可以发现亚洲移民的"漂白"机会的确不大;更严格地说,亚裔美国人的"漂白"努力尽管很大程度上得到肯定,但美国从未真正严肃思考亚裔美国人的"漂白"可能。从移民进入美国的角度看,亚裔美国人作为一个种族的形成与发展主要经历了四个时期。

第一个时期是在 1882 年美国《排华法案》出台之前的自由移民时期,事实上是美国"恳求"亚洲劳工进入的时期。出于社会经济发展需要,这一时期美国政府对外来移民相当欢迎,亚洲移民很大程度上可自由移入美国。例如,19 世纪中期的加利福尼亚"淘金热"和 60 年代的中央铁路建设,都吸引了大量中国移民前往。为了招募更多华工、实现在华招募劳工合法化目的,中美两国政府于 1868 年签署了《蒲安臣条约》。[③] 这样,到 1870 年,华工占美国总人口的 0.7%,加州人口的 8.8%,加州劳动力的 25%。根据美国政府官方

---

① 陈致远:《多元文化的现代美国》,四川人民出版社 2003 年版,第 115 页。
② 陈奕平:《当代美国亚裔人口的特点及其影响分析》,《世界民族》2003 年第 2 期,第 50—51 页。
③ 曾少聪、王晓静:《美国亚裔族群的认同》,《世界民族》2009 年第 6 期,第 50 页。

记录,1820—1880年,亚洲移民总计28.1665万人,其中来自中国的有28.0420万人,来自印度的有402人,来自日本的有351人。①

亚裔移民发展的第二个时期事实上是美国逐渐扩大限制范围——从中国延伸至几乎整个亚洲——的过程,或者说是从"选择性排斥"到"全面排斥"的过程。自1882年《排华法案》至第二次世界大战结束,是亚洲移民遭到严重限制的时期。尽管华工为美国经济发展作出了重要贡献,但大量华工的到来仍被认为是对美国社会"纯洁度"的"威胁",再加上19世纪70年代美国的经济危机,导致了美国"排华"气氛的高涨,并推动美国国会于1882年通过第一个旨在针对少数种族的《排华法案》,亚裔美国人的发展逐渐进入了冰冻时期。1882年《排华法案》规定10年内禁止华工入境,只有商人、外交家、学生、教师和旅行者可以进入美国,华人不得加入美国籍。②《排华法案》极大地缩减了华人社区的规模和人口增长,却保证了商人精英在社区的主导地位。但与此同时,廉价华工的终止意味着有必要招募其他亚洲移民来替代,以促进美国资本主义的发展。因此,从19世纪80年代中后期起,大量日本人来到美国大陆,20世纪初期起开始有少量的韩国人和印度人来到美国。但曾发生在中国移民身上的故事也很快在其他亚裔身上重演:1908年,日美《君子协定》禁止日本劳工来美;1917年,针对印度移民出台"亚洲禁区令";1924年,移民法禁止日本妇女赴美;1935年,美国国会通过专门法案终止对菲律宾的自由移民政策。

亚裔美国人发展的第三个阶段是自二战结束至1965年《移民与国籍法修正案》出台,即恢复性的缓慢增长时期,亚裔美国人内部的某种等级制正日益得到建构。二战期间,美国与中国建立了盟友关系,为抗击日本,美国政府于1943年废除了长达61年的《排华法

---

① 邓蜀生:《美国与移民——历史·现实·未来》,重庆出版社1990年版,第17页。
② Pei-te Lien, *The Making of Asian American: Through Political Participation*, Philadelphia: Temple University Press, 2001, p. 3.

案》,允许华人进入美国并可入籍美国,但每年只有象征性的 105 个移民配额。随后这一法令也适用于印度人和菲律宾人,各拥有 100 个移民配额。1952 年,美国移民政策出现积极变化:一是解除了日本裔移民的归化限制;二是取消了亚洲移民不得入籍的禁令。尽管政策放松有限,但仍导致亚洲移民数量快速增加。到 1960 年,美国的亚裔移民数量超过 100 万人,其中日本裔高达 46 万余人,位居第一,其后依次为华裔(23.7 万人)、菲律宾裔(17.6 万人)、韩国裔(7.5 万人)、印度裔(6.9 万人)。① 具体而言,中国移民在 1951—1955 年仅为 1 948 人,而在 1956—1965 年达到 15 865 人;与此同时,亚洲移民的入籍率也有显著上升。以中国移民为例,从废除《排华法案》到 1952 年的 10 年内,仅有 8 140 人入籍;而在 1952—1960 年,入籍人数达到 15 190 人。② 在移民数量总体增加的同时,亚裔内部的性别比例也渐趋平衡,而这又进一步推动美国本土出生的亚裔人口数量持续增长。根据 1960 年的人口统计数据,美籍华人为 236 084 人,增长了 67.4%。③

1965 年《移民与国籍法修正案》通过后,亚裔美国人逐渐成长为一个种族团体,进入快速发展时期,但同时也显示出美国社会对亚裔移民的无奈或消极接纳态度。1965 年后,亚洲移民的快速增长极大地改变了亚裔美国人的结构,并使得泛亚裔种族的形成和发展成为可能。亚洲移民占美国新移民的比例从 20 世纪 50 年代的仅 5% 上升到 60 年代的 11%,而到 70 年代则上升到 33%,自 80 年代以来一直保持在 35% 左右。④ 就数量而言,亚裔美国人数量从 1970 年的

---

① 梁茂信:《美国移民政策研究》,东北师范大学出版社 1996 年版,第 109 页。
② Leonard Dinner Stein and David Reamers, *Ethnic Americans: A History of Immigration and Assimilation*, New York: Harper & Row, 1982, p.109.
③ Robert Divine, *American Immigration Policy, 1924–1952*, New York: Ad Capo Press, 1972, pp.178-186.
④ Min Zhou and James V. Gatewood, "Introduction: Revisiting Contemporary Asian America", in Min Zhou and James V. Gatewood, eds., *Contemporary Asian America: A Multidisciplinary Reader*, New York and London: New York University Press, 2000, p.9.

140万人,增长到1990年的730万人,到2000年增长到1 185万人,到2010年高达1 470万人,2019年更是达到创纪录的2 240万人。在这一增长中,新移民约占2/3。① 部分新的次种族团体——主要包括印度裔、韩国裔、柬埔寨裔、老挝裔和红色高棉裔——的人口增长几乎完全来自移民。美国人口普查局的趋势预测表明,亚裔人口将从1995年的900万人增长到2050年的3 400万人,占美国人口的比例将从3%增长到8%。② 随着亚裔人口数量的快速增长,美国社会对亚裔美国人可能对美国种族的"纯洁性"构成威胁的担忧与日俱增,但限于"政治正确"而不能如同此前那样公然排斥或表现出公开的种族主义,只能将个体性的种族主义立场更多转换成为制度性、系统性的举措,以达到确保所谓美国白人种族"纯洁度"的目的。因此,在亚裔美国人个体层次上的"美国梦"依然可见的同时,作为整体的亚裔美国人"漂白"的机会却在持续降低。

二、亚裔"百衲衣"与内部分裂

尽管作为整体的亚裔美国人的"漂白"机会持续降低,但并未激发亚裔整体的"漂白"努力;相反,这导致了亚裔内部对稀缺性资源的竞争。究其根源,亚裔内部多样性及由此而来的内部分裂使亚裔实现整体性"漂白"的可能进一步降低。

在持续迁入美国的过程中,亚裔美国人的内部结构逐渐从相对单一变得日益多样,塑造了作为种族的亚裔多样性,且在不同时期这

---

① Min Zhou and James V. Gatewood, "Introduction: Revisiting Contemporary Asian America", in Min Zhou and James V. Gatewood, eds., *Contemporary Asian America: A Multidisciplinary Reader*, New York and London: New York University Press, 2000, p. 14; Abby Budiman and Neil G. Ruiz, "Key Facts about Asian Americans, A Diverse and Growing Population" (April 29, 2021), Pew Research Center, https://www.pewresearch.org/fact-tank/2021/04/29/key-facts-about-asian-americans/, retrieved September 20, 2021.
② James P. Smith and Barry Edmonston, eds., *The New Americans: Economic, Demographic and Fiscal Effects of Immigration*, Washington, DC: National Academy Press, 1997.

一多样性有如下几点明显的差异。

第一,整体而言,亚洲新移民是亚裔人口增长的主要来源,但不同次族裔的贡献在不同时期里是不同的(如表 1-2 所示)。1960—1970 年,亚洲新移民对亚裔人口增长的贡献为 64%;1970—1980 年,这一比例增长到 88%;1980—1990 年,降至 64%;1990—2000 年,降至 60%;进入 21 世纪,进一步降至 40%。就华裔而言,在 20 世纪 60 年代新移民并非其人口增长的主要因素,但到 20 世纪七八十年代上升为主要因素,90 年代后新移民对人口增长的贡献率逐渐降低,不足 50%。日本裔新移民的贡献在 60 年代很小,70 年代占主要地位,此后又重新成为不太重要的因素。菲律宾裔则是在七八十年代占据主导,在 60 年代和 90 年代都贡献了 48%。韩国裔新移民在 70 年代后都占据主要地位,尽管逐渐下滑。在 20 世纪八九十年代,印度裔新移民占印度裔人口增长的一半以上。越南裔新移民在整个八九十年代都是绝对要素,但此后有所下降。简而言之,这六大亚裔主要次族裔的人口增长中,新移民的贡献大多数是在 70 年代,在 80 年代仍相当重要(日本例外),但此后逐渐下降。

第二,日益多样化的来源地使美国"百衲衣"现象在亚裔内部也得到明确体现。在 1965 年后移民猛增之前,亚裔美国人主要由三个次族裔团体构成:日本裔、华裔和菲律宾裔。1970 年,日本裔美国人是最大的亚裔团体,占亚裔总人口的 41%;其次是华裔占 30%,菲律宾裔占 24%;其他的次族裔团体(主要是朝鲜裔)总计不到 5%。[①] 在 20 世纪 60 年代,本土出生的日本裔和华裔美国人构成了亚裔美国人的主体,集中在西海岸和东北部地区。[②] 相比之下,2000 年,美国人口普查局统计了来自 24 个亚洲国家的亚裔次族裔团体人口数量,没

[①] Min Zhou and James V. Gatewood, "Introduction: Revisiting Contemporary Asian America," in Min Zhou and James V. Gatewood, eds., *Contemporary Asian America: A Multidisciplinary Reader*, New York and London: New York University Press, 2000, p. 13.

[②] Yen Le Espiritu, *Asian American Panethnicity: Bridging Institutions and Identities*, Philadelphia: Temple University Press, 1992.

表 1-2 亚裔美国人的内部多样化发展(1860—2019 年)

单位:人

年份	总量	华裔	日本裔	菲律宾裔	韩国裔	印度裔	越南裔
1860	34 933	34 933					
1870	63 254	63 199	55				
1880	105 613	105 465	148				
1890	109 527	107 488	2 039				
1900	114 189	89 863	24 326				
1910	146 863	71 531	72 157	160			
1920	182 137	61 639	111 010	5 603			
1930	264 766	74 954	138 834	45 208			
1940	254 918	77 504	126 947	45 563			
1950	321 033	117 629	141 768	61 636			
1960	980 337	237 292	464 332	176 310			
1970	1 439 562	435 062	591 290	343 060	69 150		

(续表)

年份	总量	华裔	日本裔	菲律宾裔	韩国裔	印度裔	越南裔
1980	3 309 519	806 040	700 974	774 652	354 593	361 531	261 729
1990	6 908 638	1 645 472	847 562	1 406 770	798 849	815 447	614 547
2000	11 898 828	2 879 636	1 148 932	2 364 815	1 228 427	1 899 599	1 223 736
2010	17 320 856	4 010 114	1 304 286	3 416 840	1 706 822	3 183 063	1 737 433
2015	20 417 000	4 948 000	1 411 000	3 899 000	1 822 000	3 982 000	1 980 000
2019	22 400 000	5 400 000	1 500 000	4 200 000	1 900 000	4 600 000	2 200 000

资料来源:作者整理制作。1860—1960 年数据来自 Susan B. Carter, et al., eds., *Historical Statistics of the United States*, Millennial Edition, New York: Cambridge University Press, 2006, Table Ad145-184;1970—2010 年数据来自美国人口普查局,http://www.census.gov;2019 年数据来自 Abby Budiman and Neil G. Ruiz, "Key Facts about Asian Americans, A Diverse and Growing Population"(April 29, 2021), Pew Research Center, https://www.pewresearch.org/fact-tank/2021/04/29/key-facts-about-asian-americans/,最后浏览日期:2021年9月20日。

有任何一个超过亚裔总人口的25%;在日本裔移民增加大幅放缓的同时,中国、菲律宾、韩国、印度和越南自20世纪80年代以来始终占据亚裔移民数量的前十名。① 如果比较2000年、2010年和2019年的数据可以发现,亚裔内部结构总体变化不大:华裔的主体地位基本未变,印度裔和菲律宾裔增长较快,韩国裔、日本裔则呈下降态势(如表1-3所示)。

表1-3 主要次族裔团体占亚裔人口的比重

单位:%

年份	华裔	菲律宾裔	印度裔	韩国裔	越南裔	日本裔
2000年	24	18	17	11	11	8
2010年	22.8	17.4	19.4	9.7	10.6	5.2
2019年	24	19	21	9	10	7

资料来源:笔者自制;Jessica Barnes and Claudette E. Bennett, *The Asian Population 2000*, Washington, D.C.: U.S. Department of Commerce, 2002; Elizabeth M. Hoeffel, Sonya Rastogi, Myoung Ouk Kim, and Hasan Shahid, *The Asian Population 2010*, Washington, D.C.: U.S. Department of Commerce, 2012, p.15; Abby Budiman and Neil G. Ruiz, "Key Facts about Asian Americans, A Diverse and Growing Population" (April 29, 2021), Pew Research Center, https://www.pewresearch.org/fact-tank/2021/04/29/key-facts-about-asian-americans/, retrieved September 20, 2021。

第三,亚裔内部的代际结构也日益向着多样化方向发展。20世纪40年代至60年代,当时亚裔移民被严格限制,本土生亚裔美国人占据亚裔美国人的多数。但到70年代,外国出生亚裔人口再次占据多数。2000年,外国出生的亚裔美国人达到720万人,约占亚裔人口的70%。② 除日本裔外,外国出生人口主导了亚裔美国人团体;有超过60%的菲律宾裔美国人、近80%的越南裔美国人及其他亚裔人都

---

① U.S. Immigration and Naturalization Service (USINS), *Statistical Yearbook of the Immigration and Naturalization Service, 1995*, Washington, D.C.: U.S. Government Printing Office, 1997.
② U.S. Census Bureau, "Coming to America: A Profile of the Nation's Foreign Born (2000 Update)", *Census Briefs: Current Population Survey*, February 2002.

是在外国出生的。① 作为历史上排外主义的后果,只有少数几个最早抵达美国的亚裔团体即日本裔和华裔,存在数量较大的第三代和第四代移民。在 18 岁以下的亚裔美国人中,超过 90% 的都是外国出生的或其父母是外国出生的。② 2010 年,外国出生的亚裔美国人数达到 1 128.6 万人,占亚裔总人口的 66%。③ 到 2019 年,外国出生人口仍占亚裔人口的 57%。④

最后,亚裔美国人内部的阶层结构也朝着多样化方向发展。与二战前非技术移民占主导相比,1965 年后的新移民不仅有低工资的服务业工人,也有大量的白领职业技术人员。例如,1990 年,在 25 岁以上的印度裔和华裔(主要来自中国台湾地区)中,完成本科学习并获得学士学位的比例高达 60%,但柬埔寨裔和老挝裔则不足 5%;印度裔和华裔中从事管理或专业工作的也多达 45%,而柬埔寨裔约为 10%,老挝裔仍不足 5%;印度裔、菲律宾裔和华裔的平均家庭收入超过 4.5 万美元,而柬埔寨裔和老挝裔则不到 2 万美元。⑤ 考虑到其经济背景的多样性,亚裔美国人在美国的各个阶层中都存在。换句话说,今天亚裔人既与白人一样收入高、受过高等教育、从事白领工作,也与拉丁裔一样从事收入低的服务业和制造业工作。⑥ 由于技术移

---

① Min Zhou and James V. Gatewood, "Introduction: Revisiting Contemporary Asian America", in Min Zhou and James V. Gatewood, eds., *Contemporary Asian America: A Multidisciplinary Reader*, New York and London: New York University Press, 2000, p. 14.
② Ibid., p. 23.
③ Elizabeth M. Grieco, et al., *The Foreign-Born Population in the United States: 2010*, Washington, D. C.: U. S. Department of Commerce, 2012, p. 2.
④ Abby Budiman and Neil G. Ruiz, "Key Facts about Asian Americans, A Diverse and Growing Population" (April 29, 2021), Pew Research Center, https://www.pewresearch.org/fact-tank/2021/04/29/key-facts-about-asian-americans/, retrieved September 20, 2021.
⑤ Min Zhou, "Coming of Age: The Current Situation of Asian American Children", *Amerasia Journal*, 1999, 25(4), pp. 1–27.
⑥ Paul Ong and Suzanne J. Hee, "Economic Diversity", in Paul Ong, ed., *The State of Asian Pacific Americans: Economic Diversity, Issues & Policies*, Los Angeles: LEAP Asian Pacific American Public Policy Institute and UCLA Asian American Studies Center, 1994, pp. 31–56.

民的就业机会有限,因此也有不少的亚裔移民自创事业。①

亚裔的内部多样性,使"亚裔"作为一个描述拥有相似种族特征的人口的术语——如特定的肤色、发色和眼睛——的准确性遭到质疑,因为"亚裔"将许多来自不同国家的、拥有不同文化、语言甚至人口特征的人都归为一类。因此,尽管被当作一个统一的族裔对待,但事实上"具有讽刺意味的是,亚裔美国人这一术语就在新亚裔团体进入美国之际变得更为含糊,他们使这一术语变得更成问题"②。正是由于这一术语本身所蕴含的深层次问题,原本较小的"漂白"机会并没有成为亚裔团结克服困难的动力,反而成为加剧亚裔分裂的催化剂,主要体现为三个方面。

第一,先期抵达与后期抵达的移民之间的相互分裂,哪怕是在同一次族裔团体内部。尽管种族相同往往移民聚居的重要理由,但移民时间差异也是影响同一种族内部关系的重要因素。先期抵达的移民不仅具有物质优势,还对移居国的文化、政治、法律等有所了解,甚至已经拥有一定社会地位;但这未必是其视本族后来者为兄弟的理由。事实上,在部分种族(如意大利人)内部,先期移居的对后期抵达的百般发难并不罕见。正如托马斯·索威尔所指出的,北部意大利人就曾公开指责南部意大利人,且其态度之激烈实在是美国任何少数种族所望尘莫及的。③ 这种情况曾经发生在犹太人内部:一句话,东欧犹太人使在美的德国犹太人感到十分丢脸。④

---

① Paul Ong and Suzanne J. Hee, "Economic Diversity", in Paul Ong, ed., *The State of Asian Pacific Americans: Economic Diversity*, *Issues & Policies*, Los Angeles: LEAP Asian Pacific American Public Policy Institute and UCLA Asian American Studies Center, 1994, pp. 31-56.
② Michael Omi, "Out of the Melting Pot and into the Fire: Race Relations Policy", in *The State of Asian Pacific Americans: Policy Issues to the Year 2000*, Los Angeles: LEAP Asian Pacific American Public Policy Institute and UCLA Asian American Studies Center, 1993, p. 205.
③ [美]托马斯·索威尔:《美国种族简史》,沈宗美译,中信出版社2015年版,第117—118页。
④ 同上书,第87页。

显而易见，这种情况在亚裔美国人内部也广泛存在。许多学者批判性地指出，对亚裔美国人的研究主要指向东亚人（"老"亚裔美国人），而没有太多关注南亚和东南亚的亚裔（"新"亚裔美国人），这是泛亚裔内部的历史、认知和声音的多样性的明确指标。例如，在名为《一部分，但被割裂了：亚裔美国人中的南亚人》（*A Part, Yet Apart: South Asians in Asian America*）的著作的前言中，作者哀叹，来自南亚的亚裔人"发现自身如此地不受关注，感觉到似乎自身不过是个秘密团体，往往被涵盖在亚裔美国人之内，简单地被边缘化了"①。许多亚裔学者考察了亚裔美国人的阶层分裂，指出多样的运动类型和不同的命运轨迹的存在。更糟糕的是，阶层差异往往与次族裔相结合，导致一种次族裔的身份定位的内部冲突。例如，华裔、日本裔、菲律宾裔、韩国裔和印度裔的中产阶级正在增加。但许多其他次族裔团体，特别是新近的难民团体，仍在美国社会底层苦苦挣扎。②

第二，亚裔美国人各次族裔团体之间的分裂。在19世纪抵达美国之际，来自亚洲国家的移民从来没有认为自身是"亚洲人"。来自不同国家的特定地区或省份，亚裔团体甚至没有把自身当作华人、日本人、韩国人或其他国家的人，而是认为自己是广东的台山人（Toishan）或开平人（Hoiping），或者日本的广岛市人或山口县人。每个团体的成员都认为自身在文化和政治上是独特的，但亚裔之外的美国人对亚裔团体内部的独特性严重缺乏理解。对他们来说，亚裔有着共同的体态和面部特征。的确，美国对亚裔移民的排斥很大

---

① Rajiv Shankar, "Foreword: South Asian Identity in Asian America", in Lavina Dhingra Shankar and Rajini Srikanth, eds., *In A Part, Yet Apart: South Asians in Asian America*, Philadelphia: Temple University Press, 1998, p. x.

② Min Zhou and James V. Gatewood, "Introduction: Revisiting Contemporary Asian America", in Min Zhou and James V. Gatewood, eds., *Contemporary Asian America: A Multidisciplinary Reader*, New York and London: New York University Press, 2000, p. 19; Paul Ong and Evelyn Blumenberg, "Welfare and Work among Southeast Asians", in Paul Ong, ed., *The State of Asian Pacific Americans: Economic Diversity, Issues & Policies*, Los Angeles: LEAP Asian Pacific American Public Policy Institute and UCLA Asian American Studies Center, 1994, p. 113.

程度上基于亚裔人都是相同的假设。①

在20世纪60年代以前,亚裔美国人往往都团结在自身族裔财团周围,尽量使自身与其他亚裔次种族团体保持距离,避免成为其他团体的不当行为的替罪羊。② 也就是说,不是团结起来对抗反亚裔的力量,早期的亚洲移民团体往往在面对外部攻击时,首先从内部瓦解,尽量撇清自己和其他次族裔团体的关系。③ 例如,19世纪末,注意到美国的排华情绪,日本裔移民领袖尽一切可能使自身与华裔移民相区别,④但最终日本裔的努力仍失败了。随着1924年移民法案的通过,日本人与华人一样成为注定无法归化为美国人的移民。不到20年,在珍珠港事件后,华裔则试图使自身不被误认为日本裔。担忧自身成为反日活动的靶子,许多华裔穿上传统中国服装,声称"我是华人"。有些华裔移民,还有韩国裔和菲律宾裔人,甚至与白人一道排斥日本裔,表明"我恨日本人更甚于你(白人)"。⑤ 这充分说明,在亚裔内部不仅不存在凝聚力量,相反存在大量且强烈的分裂力量。

当然,亚裔内部不同次族裔团体的分裂,有时也被美国社会所意识到,特别是在战争时期。例如,二战期间美国《时代》(Time)杂志便刊登了一篇教导美国人区分华裔和日本裔的文章:"并不存在一贯

---

① Lisa Lowe, "Heterogeneity, Hybridity, Multiplicity: Marking Asian American Differences", *Diaspora: A Journal of Transnational Studies*, 1991, 1(1), p. 28.
② David Hayano, "Ethnic Identification and Disidentification: Japanese-American Views of Chinese Americans", *Ethnic Groups*, 1981, 3(2), p. 162.
③ David Hayano, "Ethnic Identification and Disidentification: Japanese-American Views of Chinese Americans", *Ethnic Groups*, 1981, 3(2), p. 161; Roger Daniels, *Asian America: Chinese and Japanese in the United States since 1850*, Seattle: University of Washington Press, 1988, p. 133.
④ Yuji Ichioka, *The Issei: The World of the First Generation Japanese Americans, 1885-1924*, New York: Free Press, 1988, p. 250.
⑤ Roger Daniels, *Asian America: Chinese and Japanese in the United States since 1850*, Seattle: University of Washington Press, 1988, p. 205; Ronald Takaki, *Strangers from a Different Shore: A History of Asian Americans*, Boston: Little, Brown, 1989, pp. 370-371.

正确的方式将(华裔和日本裔)区别开来。就算是个人类学家,拥有测径器和充分的时间来量其头、鼻、肩、臀,有时也会出错。有一些并非一贯可靠的经验方法……日本人,除了相扑运动员,极少有胖的;他们往往随着年龄增长而变得干瘦、佝偻。中国却往往会随年龄增长而体重增加。中国人的表情更为平静、友善、开放,日本人的表情更富于变化、专横、傲慢。日本人走路笔直、后跟似乎是直的。中国人则更为放松,步履轻松,有时甚至拖着脚走。"①

第三,亚裔美国人内部的分裂还集中体现为难以有效地建立和运作泛亚裔组织。泛亚裔联合来源于两个方面的发展,一个是亚裔内部大的族裔的种族主义意识,另一个是对亚裔美国人自身建构的反映。将亚裔人建构为一个同质的且可相互等同的团体,有助于促进亚洲移民的联合。② 但很显然的是,亚裔美国人的多样性增长,为其界定本身带来了问题;随之而来的是,泛亚裔认同和实践的可行性和恰当性也成为问题。一份有关亚裔美国人现状的重要报告指出,泛亚裔认同是"破碎的",因为该团体内部存在诸多次族裔和经济多样性,以及承认自身的双重乃至多重混合种族属性的亚裔美国人的人口增长。③ 与之类似,另一份报告也指出,"移民的经济背景差异和融入模式的不同,可能阻碍泛亚裔认同的形成"。通过对富裕的华裔和逃难的柬埔寨裔的比较,一位学者认为,划定"亚裔美国人"必然会导致由强加的团结而产生的内部矛盾和不稳定,而这是由该团体内部的阶级、次族裔和种族分层所导致的。④ 的确,自 20 世纪 60 年

---

① Ronald Takaki, *Double Victory: A Multicultural History of America in World War II*, Boston: Little Brown, 2000, p. 111.
② Michael Omi and Howard Winant, *Racial Formation in the United States: From the 1960s to the 1980s*, New York: Routledge and Kegan Paul, 1986.
③ Paul Ong, "The Asian Pacific American Challenge to Race Relations", in Paul Ong, ed., *The State of Asian Pacific Americans: Transforming Race Relations*, Los Angeles: LEAP Asian Pacific American Public Policy Institute and UCLA Asian American Studies Center, 2000, pp. 13-39.
④ Aihwa Ong, "Citizenship as Subject Making: New Immigrants Negotiate Racial and Ethnic Boundaries", *Current Anthropology*, 1996, 25(5), p. 751.

代末泛亚裔概念产生以来的30多年里,亚裔社团发生了重大的变化。不再为基于种族的排外法律所限制,亚裔移民数量日益增加。许多1965年后的亚裔移民少有参与亚裔美国人的社会运动,也没有多少人视自身为亚裔美国人而不是视自身为如华裔或越南裔。① 而且,新亚裔移民在文化、代际、经济和政治等方面都存在重大差异,所有这些都使得亚裔联合变得相当困难。相反,亚裔议员、社区领袖及组织却"团结"起来,共同反对美国人口普查局用单一代码指代所有亚裔团体。部分是由于其政治游说,美国人口普查局最终作出让步,在统计整个亚裔人口的同时也详细列出各次族裔团体的人口统计。

三、"模范族裔"与"漂白"等级制建构

随着亚洲移民的增加,美国的种族关系变得更加复杂,特别是层次更加丰富。如有学者所指出的,美国的种族等级结构正在发生变化。② 美国正从当前的白人与有色人种的二元关系,迈向一个新的等级结构;只谈论黑白关系是不够的;必须考虑多种族和多族裔关系,大量的"非黑人"正成为第三类别甚或其余类别。换句话说,美国种族的等级制建构需要新的思维:除开传统的"白人"范畴没有明显变化之外,"黑人"的范围现在略有拓展,包括非洲裔美国人、加勒比及其他黑人,深肤色人或黑人西班牙裔人,土著美国人及其他黑皮肤的人等;而"非黑人"则不仅包括已"漂白"的"白人"和正在"漂白"中的亚裔与白人西班牙裔等"半白人",即所谓的第三类别,还包括亚裔、西班牙裔、中南美印第安人中尚未进入"漂白"进程的"不富裕部

---

① Yen Le Espiritu, "Possibilities of a Multiracial Asian America", in Teresa Williams-Leon and Cynthia L. Nakashima, eds., *The Sum of Our Parts: Mixed Heritage Asian Americans*, Philadelphia: Temple University Press, 2001, p.131.
② Edward Bonilla-Silva, "From Bi-racial to Tri-racial: Towards a New System of Racial Stratification in USA", *Ethnic and Racial Studies*, 2004, 27(6), pp.931-950; Steve Gold, "From Jim Crow to Racial Hegemony: Evolving Explanations of Racial Hierarchy", *Ethnic and Racial Studies*, 2004, 27(6), pp.951-968.

分",即所谓其余类别。① 从积极的角度看,亚裔人口数量的大幅增长,使美国社会变得更加多元化;但从消极的角度,特别是美国种族主义的角度看,亚裔人口数量的大幅增长,不仅使美国的白人与有色人种的种族结构的层次更加"丰富",也使亚裔内部次族裔的结构层次更加"丰富"。

换句话说,从美国社会的"种族化"角度看,亚裔人口数量的快速增长,不仅使各有色人种的"漂白"等级制更加完整,也使亚裔内部的"漂白"等级制更加完整。如同有学者所指出的,美国正从双种族黑白体系转向三种族体系,从被美国白人种族接纳的程度看,可区分为白人种族、"漂白"种族和所有非洲裔。白人种族的结构如前所述,由来自欧洲的移民和犹太裔组成。在"漂白"种族内部,亚裔是核心团体,但即使是在"漂白"种族内部,仍存在普通亚裔"白人"、受尊敬的亚裔"白人"及仍在"漂白"的亚裔三类:部分亚裔人被认为是"白人";而日本裔、韩国裔、华裔、印度裔和菲律宾裔成为受尊重的"白人";越南裔、洪族和老挝裔的地位最低。拉丁裔在所有三个类别中都存在。无论如何,美国的多元种族结构已经形成。② 如果从亚裔内部的"漂白"等级制看,日本裔和菲律宾裔可能有更高的地位,印度裔、韩国裔等可能居于第二层次,华裔的地位是复杂的(尽管其在美国的社会经济地位可能不低,但其地位一旦与其故土即中国相联系就变得岌岌可危),其他亚裔仍处于"漂白"过程中。由此可见,亚裔仍很大程度上不可能完全"漂白",不可能被视作美国白人种族的一部分;这也是亚裔被称作所谓"模范少数种族"的根源。

整体"漂白"的困难催生了亚裔内部"漂白"的等级制,也丰富了整个美国有色人种的"漂白"等级制。这种等级制的形成使亚裔内部

---

① Herbert Gans, "The Possibility of a New Racial Hierarchy in the Twenty-first-century United States", in Michael Lamont, ed., *The Cultural Territories of Race: Black and White Boundaries*, Chicago: University of Chicago Press, 1999, pp. 371-390.
② Edward Bonilla-Silva, "From Bi-racial to Tri-racial: Towards a New System of Racial Stratification in USA", *Ethnic and Racial Studies*, 2004, 27(6), pp. 931-950.

的次族裔甚至个体分裂更加凸显,尤其是无法团结争取更大的"漂白"可能。表面上看,亚裔美国人的政治影响似乎很大,但实际上该团体是"随处可见且富有,却听不到声音"。① 如同有学者指出的,"作为一个族裔选举团体而言,今天,没有一个亚裔美国人团体在外交政策讨论中有重要作用"②。与其他有色种族特别是非洲裔相比,亚裔严重缺乏相对一致的政治参与立场。例如,曾经有研究表明,亚裔美国人更可能认同于共和党而非民主党,③但随即就有学者发现,亚裔美国人某种程度上更倾向民主党。④ 田野研究所(Field Institute)于1994年在加利福尼亚州的一项民意调查结果显示,48%的亚裔美国人声称自己是民主党人,32%声称为共和党人,20%声称是独立党派。南加州亚太美国人法律中心(Asian Pacific American Legal Center of Southern California)在1998年对亚裔选民的一项调查也显示,投民主党票的为42%,而投共和党的票的为34%。但《洛杉矶时报》在1992—1997年的一项民意调查的结果却略有不同。该调查发现,就投共和党与投民主党的票的比例来讲,华裔和韩国裔的投票行为都相对对称,华裔为33%:30%,韩国裔为47%:44%,越南裔则强烈偏向共和党(61%:24%),菲律宾裔略倾向于民主党(38%:40%)。亚裔美国人法律保护与教育基金会(Asian American Legal Defense and Education Fund)在1994年和1996年对纽约市的亚

---

① Sanjeev Khagram, Manish Desai, and Jason Varughese, "Seen, Rich, but Unheard? The Politics of Asian Indians in the United States", in Gordon H. Chang, ed. , *Asian Americans and Politics: Perspectives, Experiences, Prospects*, Washington, DC: Woodrow Wilson Center Press and Stanford University Press, 2001, pp. 258-284.
② Tony Smith, *Foreign Attachments: The Power of Ethnic Groups in the Making of American Foreign Policy*, Cambridge, MA: Harvard University Press, 2000, p. 3.
③ Bruce Cain and Roderick Kiewiet, "California's Coming Minority Majority", *Public Opinion*, 1986, 9, pp. 50-52; Bruce Cain, Roderick Kiewiet, and Carole Uhlander, "The Acquisition of Partisanship by Latinos and Asian Americans", *American Journal of Political Science*, 1991, 35, pp. 390-442.
④ Donald Nakanishi, "The Next Swing Vote: Asian Pacific Americans and California Politics", in Bryan Jackson and Michael Preston, eds. , *Racial and Ethnic Politics in California*, Berkeley: Institute of Governmental Studies, 1991, pp. 25-54.

裔选民的调查结果显示,亚裔更倾向于民主党,1994年民主党对共和党为43%∶24%,而1996年为54%∶20%。①

如果说缺乏统一政治立场令人失望,那么缺乏政治参与热情就令人绝望。《亚裔周刊》(Asian Week)在1996年发现在亚裔中党派分野较为均衡,28%为民主党、27%为共和党,41%不属于任何一派。② 全美亚裔政治试点调查(Pilot National Asian American Political Survey, PNAAPS)于2000—2001年对洛杉矶、纽约、火奴鲁鲁、旧金山和芝加哥的华裔、日本裔、韩国裔、菲律宾裔、越南裔及印度裔的调查也显示,亚裔美国人中倾向于民主党的占36%,倾向共和党的占16%,另有13%的为独立党派,但与倾向民主党相当的人(35%)并没有特定党派认同。③ 因此,亚裔的问题不是忠诚哪一个党派,而是有无党派信仰的问题。的确,无论是华裔还是日本裔,尽管被尊称为"模范族裔",却不像非洲裔或其他有色人种一样轰轰烈烈地为自己争取权益,就算遭到歧视,也多选择默默地承受。同样,"美国化"程度最高的日本裔和菲律宾裔,事实上都可被称作"看不见的少数族裔"(invisible minority)。④

第三节 不能"漂白":印第安人和非洲裔的劣等地位

就其本质而言,美国种族等级制的历史建构是白人种族优越地

---

① Paul Ong and David Lee, "Chang of the Guard? The Emerging Immigrant Majority in Asian American Politics", in Gordon Chang, ed., *Asian Americans and Politics*, Stanford: Stanford University Press, 2001, Table 6.5.
② "Asian Americans on the Issues: The Results of a National Survey of Asian American Voters", *Asian Week*, August 23, 1996.
③ Pei-te Lien, Margaret Conway, and Janelle Wong, *The Politics of Asian Americans: Diversity and Community*, New York: Routledge, 2004, Table 4.2.
④ Don T. Nakanishi and James S. Lai, eds., *Asian American Politics: Law, Participation, and Policy*, London and New York: Rowman & Littlefield, 2003, p.121; Jon Sterngass, *Filipino Americans*, New York: Infobase Publishing, 2006, p.104.

位的历史建构。美国种族等级制的建构与其政治发展史紧密相关，事实上基于其移民国家建构的三个历史进程，即征服印第安人，进口非洲人，以及恳求欧洲、亚洲和拉美人（移民美国）。① 对美国国家发展而言，这三个群体发挥了完全不同的功能，因此被置于种族等级制的不同层级上。相对有色种族，美洲土著特别是印第安人和非洲裔在美国种族等级制建构中扮演着完全不同的角色。如果说前者更多凸显美国"种族熔炉"的神话，那么后者就更直接地映射白人种族的优越性。就作为整体的种族而言，美洲土著和非洲裔事实上都被列入不能"漂白"之类，但两者的种族等级地位仍存在重大差异。从时间序列上看，亚裔和拉丁裔大规模迁入美国的时间都相对较晚。相比之下，以印第安人为主体的美洲土著原本是这片土地的主人，而非洲裔则是在欧洲殖民者或作为美国白人种族的 WASP 进入美国之后的劳动力主要来源。由此产生了美国种族等级制建构中对待土著和非洲裔的完全不同的路径：对待这片土地原本的主人美洲土著，美国白人种族一方面要体现出其与欧洲大陆传统不同的一面，其中特别重要的是要体现出其对建设"新世界"的追求，另一方面又要设法侵占土著的土地及附着于土地之上的各类资源，因此白人对土著的态度经历了复杂的演变，最终形成一种"诋毁部落、同化个人"的为土著"量身定制"的政策组合。而对待被强制输入美国作为劳动力主体的非洲裔，为更好地开发其经济价值，白人一方面维持非洲裔可持续生存的最低水准，另一方面将非洲裔整体建构为天然的"劣等"种族，使其甘愿接受自身更为低等的种族地位。当然，对待美洲土著和非洲裔的差异性方法还服务于另一战略目的，即由于白人数量相对较少，因此必须确保其他种族无法有效团结，进而维持白人在美国种族等级制中的特权地位。

---

① 转引自 Stanford M. Lyman, *The Asian in North America*, Santa Barbara, CA: Clio Press, 1977, pp. 25-37。

一、落后的印第安部落

在早期白人迁至美国时,他们发现已有大量土著生活在这里。一方面,为体现白人的道德优势地位,显然不能以欧洲奴役其他种族的方法对以印第安人为主体的土著。另一方面,白人并不需要将土著当作其劳动力来源,因为有从非洲强制输入且劳动技能更高的黑人奴隶可用。因此,在美国种族等级制的建构中,作为种族的印第安人的核心功能在于,印证白人种族的优越性。换句话说,由于没有必要将印第安人塑造为低等个体从而为不公平的劳动条件和经济待遇等辩护,白人更关心的是获取印第安人的部落资源,并利用部落衬托白人及其文化的优越性。因此,自殖民时期起,白人便尝试将部落社会理论化为低等种族,同时强调作为个体的印第安人只要脱离部落便能被美国白人社会所接受。这样,早期有关土著是"善良的印第安人"或"高贵的野蛮人"的观点很快就被摧毁,取而代之的是使美洲印第安人"非人化"的联邦政策,土著被视为"野蛮人"。但这一"野蛮"标签仅贴在印第安人部落身上,印第安人个体却仍有融入美国白人社会的可能。

在殖民时期和建国后的相当长时间里,印第安部落很大程度上拥有与白人社会平等且平行的地位。例如,宾夕法尼亚殖民地的创建者威廉·佩恩(William Penn)在抵达之前,就写信给其殖民地内的特拉华部落酋长,称"吾国国王已赐予我一片巨大的领地","但是我希望在享有它的同时得到阁下的友爱和应允,我们可以永远作为邻居和朋友生活在一起"。佩恩承认印第安人对其封地的合法拥有权,保证不会再从当地酋长手中购买之前出售的土地,还承诺严格管理贸易,禁止酒类买卖等。① 正是通过这种表面的平等权,英国新教徒的海外努力证明了其与更早进入美洲的西班牙人的差异,即英国新教徒比传统欧洲人更加优越。为证明英国人获取印第安人的部落

---

① [美]加里·纳什等:《美国人民:创建一个国家和一种社会》(第6版·上卷1492—1877年),刘德斌主译,北京大学出版社2008年版,第95—97页。

土地是正当的,在英国国内宣传中,有关西班牙人残酷对待印第安人的报道甚至成为重要主题。① 英国移民自认为,可为北美带去三重种族解放:与逃跑的非洲裔奴隶和被压迫的印第安人一道,抵抗西班牙人的征服。②

随着殖民地的扩张,印第安人部落所拥有的土地及附着于其上的各种资源越来越重要,上述三重种族解放理论迅速被放弃,转而塑造一种具有明显等级制的种族观念,但同时仍需要显示出新世界的优越性。新的种族等级制观念的确延续了此前的理念,特别是要彰显英国移民的相对优越性。这一新的理念同样包含三个核心要素,即印第安人部落的劣等性、英国人的吸引力和印第安人个体的可塑性。很大程度上这三个核心要素是此后甚至直至今天美国对待印第安人的一贯逻辑。在短期内,这三个核心要素导致的具体行动方法也包括三个要素:英国移民将为印第安人带去真正的宗教信仰,只会通过平等购买而获得印第安人的土地,并将教导印第安人如何利用其土地实现繁荣。这样的理念和方法使殖民者将获得印第安人的土地甚至性命视作上帝意志的体现。例如,约翰·温斯罗普(John Winthrop)这样谈论天花流行对印第安人的灭绝效应,"上帝……为我们扫清了通往这个地方的障碍",并认为这是上帝"对我们继承这些地方感到满意",因为印第安人"长期篡夺了上帝对这些地方的统治,并滥用上帝的创造物"。③ 而针对不愿意接受白人文化的印第安人的战争,对从种族上区分白人和印第安人,或者说印第安部落的"种族化"有重要的作用。例如,有学者指出,1675—1676 年的菲利普国王战争(King Philip's War)"在英国人与印第安人之间……在

---

① Edmund S. Morgan, *American Slavery, American Freedom: The Ordeal of Colonial Virginia*, New York: W. W. Norton & Co., 2003, pp. 6-8.
② Ibid., pp. 12-14.
③ "Letter from John Winthrop to John Endecott (January 3, 1634)", and "Letter from John Winthrop to Sir Simonds D'Ewes (July 21, 1634)", both in Allyn Bailey Forbes, ed., *The Winthrop Papers*, Vol. 3, 1631-1637, Boston: Massachusetts Historical Society, 1943, pp. 149, 171-172.

'英国人'与'印第安人'的含义之间划出新的明确的边界"①。战争使对印第安人的认知从"迷失的英国人"变为不可信任的"他者",并使印第安人的生命价值大为降低,进而对任何不接受白人文化的印第安人的杀戮得到允许,无论他是否为"敌人"。这样,殖民者开始对印第安人的强制性同化努力,以证明其文化的优越性。对于那些不接受同化的人,统统被归入"野蛮人"的行列,进而杀戮并劫掠其土地及资源都不再面临道德困难。因此,早期解决"印第安人问题"的策略事实上是种系统性的"种族清洗",包括暴力入侵、侵占印第安人的土地和家园、野蛮屠杀或"种族灭绝"。尽管没有准确的数字,但多数研究认为,在欧洲殖民者进入后的四个世纪里,大约有 1.5 亿名美洲印第安人被灭绝。到 18 世纪末,由于欧洲入侵者带来的战争和疾病,土著人口已经减少到原来的 10%。②

英国移民始终坚持,是印第安人部落本身落后,而非个体的印第安人存在问题。在美国独立革命时期,印第安与美国人的个体特征被认为相当接近,且都有从英国殖民统治中独立出来的愿意。在波士顿倾茶事件后,爱国主义卡通漫画经常将美国人描绘为高贵的却被囚禁的印第安人。③ 例如,法国人声称,由于美国的环境不利于生命,因此美国本土生长的动物、植物和人类都个头不大且质量不佳,因此美国人及其新生的国家永远都不可能变得重要。作为回应,托马斯·杰斐逊(Thomas Jefferson)于 1785 年发表的一份声明暗示,土著在生理上与白人是一样的。因此,谈论印第安人的高大往往是与赞美美国白人联系在一起的。④

---

① Jill Lepore, *The Name of War: King Philip's War and The Origins of American Identity*, New York: Knopf, 1998, p. xiii.
② Eugene F. Pichette, "Red as an Apple: Native American Acculturation and Counseling with or without Reservation", *Journal of Counseling & Development*, 2000, 78(1), pp. 3-13.
③ Philip J. Deloria, *Playing Indian*, Yale: Yale University Press, 1998, pp. 30-32.
④ Thomas Jefferson, "Notes on the State of Virginia", in Adrienne Koch and William Peden, eds., *The Life and Selected Writings of Thomas Jefferson*, New York: Modern Library, pp. 205-206, 213.

正是基于美国独立战争中的民族主义幻象,美国即使在建国后的一段时间里,仍延续着对印第安人的表面平等方法。例如,联邦政府禁止各州插手印第安事务,沿用英国移民的办法与土著部落谈判签订条约,向有关部落派驻代表以便处理有关土地、贸易和司法等问题。即使是在最初的征服失败之后,联邦政府也承认印第安人对其土地的所有权。但进入19世纪20年代后,印第安人问题逐渐凸显:随着美国社会经济发展,印第安人所拥有的土地及附着于土地上的资源日益重要,因此必须展开新的努力掠夺印第安人的土地及其资源。1829年,切罗基人(Cherokee)长期生活的领地发现金矿,使该族根据与联邦政府签订的条约而来的对领地的独立主权面临严峻挑战。大量白人进入切罗基人领地采矿,并带来各种破坏。切罗基人对此坚决反对,并上诉至美国最高法院,由此导致了两项重大的最高法院判例,即切罗基族诉佐治亚州(Chrokee Nation v. Georgia)和伍斯特诉佐治亚州(Worcester v. Georgia)。根据这两个判例,印第安部落的地位从原来与白人相平等的"民族"(nation)降至美国"国内依附民族集团"(domestic dependent nations)。① 自此印第安人成为白人的"被监护者",因为在"社会状态之外的部落发展"不可能被"促进或被允许","更加复杂的社会状态意味着希望的永久破灭"。②

随着系统的种族清洗过程越来越不被认可,白人再次以部落的落后和个体的可塑性为由,开始使用更多的控制或"社会可接受"的方法来废除美洲印第安人的文化。19世纪30年代,美国对待印第安人的政策很大程度上是只有作为个人而非作为部落成员被同化,印第安人才可能赢得在美国社会中的地位。这些由美国联邦政府制定的战略,开始把美国印第安人转移到国内贫困、不太理想的地区;或者把他们安置在联邦政府通过条约、行政命令或立法而划出的保留

---

① [美]加里·纳什等:《美国人民:创建一个国家和一种社会》(第6版·上卷1492—1877年),刘德斌主译,北京大学出版社2008年版,第389页。
② Francis P. Prucha, ed., *Documents of United States Indian Policy*, Nebraska: University of Nebraska Press, 1990, pp. 58-62.

地,以维持其被隔离的状态。安德鲁·杰克逊(Andrew Jackson)总统上台后,迅速于1930年签署了《印第安人迁移法》,要求印第安人撤往密西西比河对岸,以便白人进入居住。① 美国联邦政府认为,将印第安人部落迁往密西西比河以西的所谓保留地,使其在那里"追求其文化计划",而不妨碍"文明社会对未开化部落的主张所具有的天然优越性"。这样,为"文明地"解决土地和资源争端,许多部落被强行迁移到今俄克拉何马州,当时白人对这个地区并没有特别的用途或愿望。但这种"文明"的方式破坏了部落文化,印第安人的所有生存手段都依赖其故土,无数印第安人在这一"血泪之路"(Trail of Tears)中丧失生命。②

对印第安人的"种族化"在19世纪70年代后得到官方启动,此前更多是在部落主权与种族化之间摇摆。1871年,美国国会在印第安人拨款法案中加入一条修正案,强调印第安人不能被视作独立的族群、部落或国家,不能通过条约方式与美国政府交往。③ 这意味着印第安人被种族化的重要一步,即美国联邦政府对待印第安人的政策正式转向种族化。1887年的《道威斯法案》(Dawes General Allotment Act,也可称作 Dawes Severalty Act)授权联邦政府将部落保留地分配给印第安个人,而未被划分的土地则被宣布为剩余土地,白人可以免费获取。尽管白人视这为培育在其看来负责任的印第安农户的重要举措,并被视作补偿白人过去对印第安人的不当行为的万能药,但该法事实上是个"强大的粉碎机",并将个人从部落中剥离出来。④ 因为

---

① 黄兆群:《美国的民族、种族和同性恋——关于美国社会的历史透视》,东方出版社2007年版,第56页。
② Eugene F. Pichette, "Red as an Apple: Native American Acculturation and Counseling with or without Reservation", *Journal of Counseling & Development*, 2000, 78(1), pp. 3-13.
③ 李剑鸣:《美国土著部落地位的演变与印第安人的公民权问题》,《美国研究》1994年第2期,第30—51页。
④ D. S. Otis, *The Dawes Act and The Allotment of Indian Lands*, Oklahoma: University of Oklahoma Press, 1973; Kenneth H. Bobroff, "Retelling Allotment: Indian Property Rights and the Myth of Common Ownership", *Vanderbilt Law Review*, 2001, 54(4), pp. 1564-1570.

该法的真正目的,是通过对部落经济的强制和直接侵入,从而最终将印第安种族融入国家政治体系之中。与这一法律相配合的手段是,在印第安人内部建立一套完全独立于部落的权力体系,最终摧毁部落和酋长的权力。印第安儿童的教育在这里变得相当关键,白人采取一种"杀死印第安人,拯救儿童"策略,①将四五岁大的印第安儿童抓到由政府支持建立以宗教为基础的寄宿学校,禁止他们说自己的母语、强迫其放弃自身文化传统,至少 8 年左右不会被释放回家。② 用一位曾参与创建此类学校的白人的话说,"所有仍留在部落中的印第安人都该死;杀掉他体内的印第安传承,拯救印第安人",而杀掉"印第安传承"的方式是通过在印第安人个体身上植入"对部落的叛逆和对国家的忠诚"而杀掉部落。③

对印第安人部落的贬抑和个体"开化"可能的赞扬,随着美国对印第安人种族化操作的发展而日益深化。美国历史学家弗雷德里克·杰克逊·特纳(Frederick Jackson Turner)对比了"迅速消失的土著生活的不同方面"和就读于"模范"印第安寄宿学校的孩子,认为这是"整个大陆的文明进步",尽管他并没有如同西奥多·罗斯福那样将其称作"种族斗争"。④ 随着这一种族化操作逐渐成熟并产生了现实效果,美国联邦政府开始启动授予印第安人公民权的努力,从而

---

① Debra K. S. Barker, "Kill the Indian, Save the Child: Cultural Genocide and the Boarding School", in Dane A. Morrison, ed., *American Indian Studies: An Interdisciplinary Approach to Contemporary Issues*, New York: Peter Lang Inc., 1997, pp. 47-68.
② Debra K. S. Barker, "Kill the Indian, Save the Child: Cultural Genocide and the Boarding School", in Dane A. Morrison, ed., *American Indian Studies: An Interdisciplinary Approach to Contemporary Issues*, New York: Peter Lang Inc., 1997, pp. 47-68; Eugene F. Pichette, "Red as an Apple: Native American Acculturation and Counseling with or without Reservation", *Journal of Counseling & Development*, 2000, 78(1), pp. 3-13.
③ Richard H. Pratt, "Indian Education", in Francis Paul Prucha, ed., *Americanizing the American Indians: Writings by the "Friends of the Indian" 1880 - 1900*, Harvard: Harvard University Press, 1973, pp. 263, 269.
④ Robert A. Trennert, Jr., "Selling Indian Education at World's Fairs and Expositions, 1893-1904", *American Indian Quarterly*, 1987, 11(3), pp. 206-207.

进一步瓦解印第安部落。事实上,《道威斯法案》中便有印第安人个体可以成为美国公民的规定,但被1905年的最高法院判决所否决。进入20世纪后,一战期间及其后的爱国主义情感使印第安人获得公民权的限制有所放松。美国国会在1919年通过立法,规定一战中服役的印第安退伍军人可申请获得公民权。① 以此为基础,美国国会于1924年通过的《印第安人公民权法》宣布:"在美国境内出生的非公民印第安人,就此宣布为美国公民:兹规定,授予这种公民权不得以任何形式损害或影响任何印第安人对部落或其他财产的权利。"②尽管法律为印第安人提供了进入非印第安社区的法律权利,但它也象征着美国对印第安部落的主导地位,进而使对印第安人的种族化更具法律和制度的支撑。

面对自身逐渐被种族化的命运,印第安人并非毫无知觉,也并非消极接受。进入20世纪30年代后,印第安人的反抗日益强化。新一代的印第安人日渐利用其获得的教育手段,宣扬白人对印第安人的压迫并组织反抗。加上这一时期人类学中文化相对主义的逐渐兴起,推动美国政府对印第安人政策的转型,尽管其实际后果可能是使对印第安人的种族化操作更加隐性和更具系统性。1934年,美国国会出台《印第安人改组法》(Indian Reorganization Act,IRA),被认为是"印第安新政"(Indian New Deal)立法的基石,试图重建并巩固部落领地,为部落经济发展提供贷款,并促进印第安人的部落治理结构。③ 但随着二战爆发及一系列政策设计者逐渐离开,"印第安新政"事实上在20世纪40年代就已终结。此后50年代的"自治期满

---

① 李剑鸣:《美国土著部落地位的演变与印第安人的公民权问题》,《美国研究》1994年第2期,第30—51页。
② Francis P. Prucha, ed., *Documents of United States Indian Policy*, Nebraska: University of Nebraska Press, 1990, p. 218; Joseph William Singer, "The Stranger Who Resides with You: Ironies of Asian-American and American Indian Legal History", *Boston College Law Review*, 1999, 40, pp. 171-177.
③ Francis P. Prucha, ed., *Documents of United States Indian Policy*, Nebraska: University of Nebraska Press, 1990, pp. 222-225.

政策"(Termination Policy)重新转向不承认印第安部落权利,而是将印第安人安置到城市以鼓励其融入主流社会。新政策再次引发印第安人的反抗高潮,1954年全美印第安人代表大会(National Congress of American Indians)成立,专注于促进部落权利。① 到20世纪60年代末,"自治期满政策"遭到全面反对,1969年总统大选的所有候选人都对此表示反对;1970年,理查德·尼克松(Richard Nixon)对该政策表示谴责,认为无论是道德上还是法律上该政策都是不可接受的,并提出了印第安人自决政策。1975年,美国国会迫于各方压力通过《印第安人自决法案》和《教育援助法案》,印第安部落拥有过半的政府服务功能,并得以保护自身文化和自然资源,促进部落经济发展等。

必须强调的是,自决政策更多是部分恢复了印第安部落的政府权力,而非使已被种族化的印第安人的种族地位得以提升。事实上,种族意义上的印第安人尽管仍享有自决权,但也遭受着全面的文化暴力、歧视和不公平待遇,而美国社会对此却表现得麻木不仁。例如,源于19世纪60年代的一句可恨的谚语声称,"唯一善良的印第安人就是死去的印第安人"(the only good Indian is a dead Indian),这在当前美国社会仍不时被引用。表面上,这个谚语为大规模屠杀印第安人找借口;但更深层次上,它传播出这样的信念,即只有遵从基督教和白人文化的印第安人才是"善良"的。② 另一句谚语也同样充满种族歧视,即"印第安人就是印第安人"(Indians will be Indians),它意味着,无论作为主导的欧美文化如何尝试改变他们,印第安人永远也不可能被"开化"。

---

① Kenneth R. Philp, *Termination Revisited: American Indians on the Trail to Self-Determination, 1933-1953*, Nebraska: University of Nebraska Press, 1999, p. 2.
② Wolfgang Mieder, "'The Only Good Indian Is a Dead Indian': History and Meaning of a Proverbial Stereotype", *The Journal of American Folklore*, 1993, 106, pp. 38-60.

二、非洲裔处于劣等地位

与美国的所有其他种族或族裔相比,非洲裔是一个虚构却真实的种族。的确,17世纪晚期前的欧洲人并不使用"黑人"来指代包括非洲人在内的任何种族。只是在约1680年左右奴隶制种族化后,白人和黑人才开始代表种族类别。① 非洲裔美国人大多是奴隶贸易及奴隶制的受害者,他们的来源地相当多元,因此一开始并不具备形成种族的基础。一方面,出于劳动力稀缺而产生的更好地使用黑人的渴望,使如何驯服黑人成为一种必需,因此对非洲裔的种族化便致力于将原本离散的黑人塑造为"想象的共同体";另一方面,尽管来源不一、文化传统互异,但出于到美国后的共同遭遇,黑人自觉不自觉地实现了一种团结,进而逐渐实现了自身的主动种族塑造。换句话说,非洲裔的种族化事实上是两个方向的共同作用:一方面,白人种族为使用其劳动力而对黑人的贬抑、奴役的种族化建构;另一方面,非洲裔为抵抗白人的贬抑和奴役而来的团结及其逻辑后果,即种族塑造。

1619年,第一批非洲人进入美国,他们并没有被奴役,而是在与白人平等的基础上交往。② 事实上,第一代到非洲的欧洲传教士都将非洲人称作盟友和贸易伙伴;"直到18世纪,这些传教士对非洲是种族弃儿这一点并毫无概念",并视他们为"平等的,远比许多其家乡的人要优秀"。③ 因此,前种族主义时代美国的第一批非洲人拥有自由人的社会地位,或至少是契约仆役的地位。④ 但随着美国作为国家和社会经济力量的诞生,世界范围内对烟草、棉花和糖的需求以及对劳动制度的需求等,17世纪的殖民地需要大量劳动力以满足来自

---

① Joe L. Kincheloe, "The Struggle to Define and Reinvent Whiteness: A Pedagogical Analysis", *College Literature*, 1999, 26(3), p. 167.
② Lerone Bennett, Jr., *Before the Mayflower: A History of Black America*, New York: Penguin Books, 1988, pp. 36-37.
③ Ibid., p. 33.
④ William G. Roy, *Making Societies: The Historical Construction of Our World*, California: Pine Forge Press, 2001, p. 85.

欧洲和美洲的市场需求。这样，寻找有一定素质的劳动力便成为殖民者的重要目标之一。尽管17世纪的种族理论不科学，但它的确"导致后来被诉诸种族理论而正当化的制度和关系的形成"①。例如，尽管都被视作异教徒，但殖民者发现，土著美国人并不适合于被奴役，而"……欧洲基督徒不愿奴役其他基督徒，如爱尔兰人"②。相反，黑人已经习惯于屈从其在非洲的部落酋长。通过与有着相对较高文明程度的西非社会的贸易关系，无论是新世界还是欧洲都发现，非洲人奴役非洲人"……出于与欧洲人（奴役欧洲人）相同的原因：债务、犯罪、征服、父母出售"③。同时，奴隶贸易本身尽管有违人道，却符合美国、欧洲乃至非洲的社会需要。特别是，西非国家也可通过奴隶贸易而换取武器及其他资源以更好地实现国内统治，并可改变地区内部均势从而实现地区野心。这样，奴役非洲人对殖民者和后来的美国南方奴隶主而言，其好处都是显而易见的：经济上，非洲人是开化的且相对温顺，对热带农业很了解，是熟练的铁匠，对旧大陆的疾病有免疫力，对奴隶主来说这是更安全的投资；非洲人对美国经济来说是首选的劳工，并非因为其不够开化或是部落性的，相反恰好是因为他们远比其他地方的劳动力更加开化。从道德和政治上，将种族理论应用于黑人更为容易，因为无论是欧洲、美国还是非洲的统治者，对之都有利可图。在110年（1700—1810年）的时间里，大约有600万名非洲人被运送到美国，成为动产奴隶或财产。④

为支持南方农业经济，以及为使黑人和欧洲仆人的地位差异合法化，弗吉尼亚和马里兰州在17世纪60年代颁布了奴隶法典，从而"将美国经济体系置于围绕肤色上黑色素的分布而来的奴隶制的基

---

① Thomas F. Gossett, *Race: The History of an Idea*, Dallas: Southern University Press, 1963, p.17.
② William G. Roy, *Making Societies: The Historical Construction of Our World*, California: Pine Forge Press, 2001, p.83.
③ Ibid., p.84.
④ Ibid.

础上"①。对黑人而言,奴隶法典将动产奴隶的地位从奴隶身份拓展至终身奴隶,也就是将"终身奴隶"地位强加于被奴役的非洲人身上。正是通过奴隶的制度化,"奴隶主的权力得以保证,通过采纳'种族'作为整个美国社会的压倒性组织原则"②。在这一种族化努力下,到 17 世纪 90 年代,一些西方学者声称"在人类的等级中,黑人是唯一仅比同样来自非洲的猿猴高级一点的人",诸如约翰·洛克(John Locke)、大卫·休谟(David Hume)等盎格鲁-撒克逊学者甚至"公开表达过流行的观点,即黑皮肤与道德和心理自卑相关"。③ 尽管也存在大量怀疑声音,但出于对现实经济利益的考虑,最终黑人被界定为劣等种族;其最直接体现便是所谓"五分之三"条款,即黑人奴隶的人口折为五分之三后,计入各州人口总数。

尽管反对奴隶制的声音持续增长,绝大多数的北方州到 1800 年要么废除了奴隶制,要么已开始实施黑奴解放措施,但对非洲裔的终身奴隶身份强加仍一直持续到 1863 年。当年,《解放奴隶宣言》得以签署成为法律,奴隶制由此终结,400 万名非洲裔获得自由,这打破了白人社会中多数人认为是天然形成的种族等级制度。但由于刚获得解放的黑人既没有教育基础,也缺乏经济基础,加上大多数南方人仍认为奴隶制是合理的,因此帮助黑人改善生活的"重建"(reconstruction)努力很快就结束了,被以"吉姆·克劳法"(Jim Crow Law)命名的"隔离但平等"制度取代,并一直持续到 20 世纪 60 年代民权运动成功。

需要强调的是,奴隶制的废除很大程度上推动了美国对非洲裔的种族化建构的改头换面,其中最重要的是寻找黑人低人一等的所

---

① Lerone Bennett, Jr., *Before the Mayflower: A History of Black America*, New York: Penguin Books, 1988, p. 45.
② Michael Banton, "Race as a Social Category", *Race*, 1966, 18(1), p. 11.
③ Martin Bernal, *Black Athena: The Afrosaic Roots of Classical Civilization, The Fabrication of Ancient Greece 1785-1985*, Vol. 1, New York: Rutgers University Press, 1987, p. 203.

谓"科学依据"从而为白人至上主义辩护。一开始，白人至上主义者试图从生理的角度寻找证据。塞缪尔·乔治·莫顿（Samuel George Morton）被认为是科学种族主义的鼻祖。莫顿的理论基础是一位瑞典植物学家卡罗卢斯·林奈乌斯（Carolus Linnaeus）所创建的种族分类体系，后者将人类分为四类：美洲人、亚洲人、非洲人和欧洲人。其中，美国人是"无罪、快乐、自由"且"遵守习俗"的，而非洲人"狡诈、懒惰、无知"且"无所约束"。① 不是简单地根据种族特征归类，莫顿为其种族类型学增加了头盖骨容量这一生理内容。根据莫顿的测量，白种人的头盖骨容量最大，因此其宣称白种人是最聪明的种族。② 其他人也追随莫顿的想法，特别是在达尔文的物竞天择理论观点于1859年发表后。例如，亚拉巴马州内科医生约西亚·诺特（Josiah Nott）基于对病人的观察和宗教理论，认为黑人和白人是完全不同的物种。③

到19世纪末，颅骨测量法被黑人"劣等"的另一"证据"取代：犯罪统计。这一基于统计的新型社会科学似乎提供了一种客观手段，以衡量黑人在摆脱奴隶制后对生活的适应水平。德国出生的统计学家弗雷德里克·霍夫曼（Frederick Hoffman）的第一篇有关种族犯罪统计的长篇研究报告《种族特征与美国黑人倾向》（*Race Traits and the Tendencies of the American Negro*）在黑人与犯罪之间建立了永久的联系。④ 根据1890年公布的人口统计数据，霍夫曼将研究时间覆盖了奴隶制废除后的25年，以证明"毫无例外，黑人的犯罪率超过其他任何重要的种族"。⑤ 尽管很多人都强调，黑人与白人的生

---

① Audrey Smedley and Brian D. Smedley, *Race in North America: Origin and Evolution of a Worldview*, 4th edn., Philadelphia: Westview Press, 2012, pp. 218-219.
② Ann Fabian, *The Skull Collectors: Race, Science, and America's Unburied Dead*, Chicago: University of Chicago Press, 2010, pp. 1, 15-16.
③ Khalil Gibran Muhammad, *The Condemnation of Blackness: Race, Crime, and the Making of Modern Urban America*, Cambridge: Harvard University Press, 2010, pp. 22-23.
④ Ibid., p. 33.
⑤ Frederick L. Hoffman, *Race Traits and the Tendencies of the American Negro*, New York: American Economic Association, 1896, p. 228.

活环境完全不同,且执法机关对待白人和黑人的犯罪行为的界定标准完全不同,但对霍夫曼而言都不重要。例如,尽管爱尔兰裔和意大利裔的犯罪率也很高,他们却被认为在进入美国后"就像糖加到茶里一样融化了",而黑人仍"在物理和精神方面都完全还是非洲式的"。① 更重要的是,霍夫曼的论证强调"数据和理性而非激情和感情",从而赋予种族主义观念"科学"的外衣;"霍夫曼的创新和持久重要性不仅在于他第一次提供了数据,更在于设定了术语并塑造了分析框架"。②

这样,到 20 世纪初,"黑人问题"不再是生理问题或优生学问题,而是犯罪问题。但真正的问题并非黑人对白人的犯罪,而是相反。白人代表着对黑人的更大威胁;白人经常利用黑人犯罪的神话来为自身的暴力做注解。三 K 党代表着对黑人的特别严峻的威胁,他们殴打、鞭打、绑架甚至杀害在其看来违反了种族界限的黑人。进入 20 世纪之际,一群黑人学者、记者驳斥了"黑人天生易犯罪""黑人无可救药"等指责。其中最著名的是社会学家杜·波依斯(W. E. B. Du Bois)和记者艾达·威尔斯(Ida Wells)。在他的两本著作《费城黑人:一项社会学研究》(The Philadelphia Negro: A Social Study)和《美国黑人的健康与体格》(The Health and Physique of the Negro American)中,杜·波依斯根据环境对统计数据进行了重新处理,显示社会和经济条件是黑人犯罪率、发病率和疾病率更高的原因。③ 而威尔斯驳斥了当时流行的观点,即私刑是对黑人男性性暴力的回应。相反,私刑是白人通过恐惧来维持对黑人的社会控制的一种策略。她还把白人男性描绘成性暴力的实施者,描述了他们

---

① Frederick L. Hoffman, *Race Traits and the Tendencies of the American Negro*, New York: American Economic Association, 1896, p. 195.
② Khalil Gibran Muhammad, *The Condemnation of Blackness: Race, Crime, and the Making of Modern Urban America*, Cambridge: Harvard University Press, 2010, pp. 53, 51.
③ W. E. B. DuBois, *The Philadelphia Negro: A Social Study*, Philadelphia: University of Pennsylvania Press, 1899; W. E. B. DuBois, *The Health and Physique of the Negro American*, Atlanta: Atlanta University Press, 1906.

对黑人女性构成的非常真实的威胁,这些女性基本上无法获得社会或法律援助。①

20世纪60年代黑人民权运动的成功,使对非洲裔的种族化操作很大程度上受到了抑制,也推动了此后七八十年代的美国种族关系朝着相对和谐的方向发展。但这并不意味着白人种族对非洲裔的种族化的停止,相反转向了更加隐性和系统的方法,特别是强调法律和秩序、向犯罪宣战等方面。到20世纪80年代初,"向毒品宣战"主要针对黑人和棕色男性和年轻人,尽管有色人种中的毒品使用和交易要低于白人,其结果是不成比例的监禁率、家庭和社区分裂,以及比任何其他发达工业国家还要多的犯人数量。

为了适应民权运动的发展,白人至上主义者开始寻找新的方法证明非洲裔事实上"低人一等",这一次的主要方法是利用遗传学的新近发展。遗传学的进步,特别是在1953年发现双螺旋即DNA结构,证实了人类遗传的复杂性并继续削弱优生学的简单理论和其他种族主义科学家们有关种族等级固定的观念;但它也为种族主义者"利用和操纵"遗传学提供了语言和方法。② 遗传学为白人至上主义者提供了强有力的工具,以证明基于科学和遗传的种族差异是不可改变的。种族主义学者认为,智力、健康、冲动和犯罪等因素都是基于不同种族的遗传特征。推动将遗传学应用于对非洲裔的种族化操作的核心机构是由马萨诸塞州纺织业大亨维克里夫·德雷珀(Wickliffe Draper)于1937年创设的先锋基金(Pioneer Fund),其宗旨是通过研究遗传和基因问题而确保"种族改良"。③ 该基金的首要目标是资助那些证明黑人基因劣势的研究,以证明美国黑人低下的

---

① Ida B. Wells, *Southern Horrors: Lynch Law in All Its Phases*, New York: Create Space Independent Publishing Platform, 2011.
② Michael Yudell, "A Short History of the Race Concept", in Sheldon Krimsky and Kathleen Sloan, eds., *Race and the Genetic Revolution: Science, Myth, and Culture*, New York: Columbia University Press, 2011, pp. 20-21.
③ William H. Tucker, *The Funding of Scientific Racism: Wickliffe Draper and the Pioneer Fund*, Chicago: University of Illinois Press, 2002, pp. 6-7.

经济和社会地位是"天然的",进而包括提供福利、平权运动等形式的政策干预可能是无效和不必要的。先锋基金为几乎所有认为黑人在基因上不如白人聪明的社会科学家提供了资助。例如,完全没有生物学或遗传学研究基础的斯坦福大学教授威廉·肖克利(William Shockley)教授在1965年诺贝尔大会上发表演讲,认为美国黑人的基因不合格,将导致整个人口认知能力下降;此后,先锋基金开始为他提供大量相关的优生学研究资助。① 1994年,美国企业研究所(American Enterprise Institute)研究员查尔斯·默里(Charles Murray)和哈佛大学教授、心理学家理查德·赫恩斯坦(Richard Herrnstein)将接受先锋基金资助者和《人类季刊》(*Mankind Quarterly*)的作者们所持有的关于种族、智力、行为和犯罪的遗传学观点汇编成书,即《钟形曲线:美国社会中的智力与阶层结构》(*The Bell Curve: Intelligence and Class Structure in American Life*)。该书以先锋基金会资助的种族主义科学家的研究为基础,向公众介绍了种族主义学术界流传的观点。由于把自己的研究描述为主流科学共识,该书为白人至上主义者改变美国人讨论种族问题的方式提供了帮助,进而迅速成为畅销书。该书的核心观点是,美国"下层阶级"的形成不是因为种族或社会经济劣势,而是因为遗传缺陷。下层阶级与上层精英的差距正在拉大,而且处于智力阶梯底层的人所带来的社会问题会恶化,因为"毒瘾、暴力、找不到工作、虐待儿童和家庭崩溃将使大多数下层社会的人无法自立"。② 尽管没有得到学术性承认,但这本书却产生了重大的政治影响。总而言之,先锋基金自其成立以来,一贯坚持"白人不欠黑人任何东西,因为黑人受限是遗传差异的副产品,而非白人造成的伤害"③。

---

① 如以2008年美元价格计算,1968—1976年,先锋基金共为肖克利提供了150万美元资助。William H. Tucker, *The Funding of Scientific Racism: Wickliffe Draper and the Pioneer Fund*, Chicago: University of Illinois Press, 2002, pp. 144-145.
② Richard J. Herrnstein and Charles Murray, *The Bell Curve: Intelligence and Class Structure in American Life*, New York: Free Press, 1994, p. 523.
③ Michael Levin, *Why Race Matters: Race Differences and What They Mean*, California: Praeger Publishers, 1997, pp. 2, 10, 13.

2008年,奥巴马成为美国首位非洲裔总统,不少人据此认为美国已经进入"后种族社会"或"色盲社会"。但很显然这是白人至上主义者为自己脸上贴金的口号之一。无论是奥巴马总统上台后不久茶党运动的兴起,还是特朗普参加总统竞选后日益凸显的美国种族主义回潮,都表明种族主义在美国仍根深蒂固,而其中受害最深的无疑是非洲裔,尤其是在保守的南方。例如,在20世纪60年代民权运动后陷入低迷的种族主义组织白人公民理事会(White Citizens' Council)在1985年后逐渐复苏,并以保守主义公民理事会(Council of Conservative Citizens,CCC)的面目重新出现。1998年,前国会众议员鲍伯·巴尔(Bob Barr,共和党,佐治亚州)和当时的参议院多数党领袖特伦特·洛特(Trent Lott,共和党,密西西比州)被揭露与这一种族主义组织有联系。巴尔曾在当年的保守主义公民理事会大会上发言,而洛特也曾5次在该组织发表演讲。① 另据报道,2000—2004年,共计有38位在任选举官员曾参加过保守主义公民理事会组织的活动。② 即便在今天,保守主义公民理事会仍相当活跃,英国《卫报》2015年透露,保守主义公民理事会仍继续向共和党高级官员如得克萨斯州参议员特德·克鲁兹(Ted Cruz)捐献大额经费,克鲁兹在消息透露后承诺将退还上述经费。③ 很显然,特朗普总统上任后进一步强化了美国社会对非洲裔的种族主义歧视,而2020年5月下旬明尼苏达州白人警察对非洲裔的暴力执法所诱发的全美性种族主义骚乱更是非洲裔在美国种族等级中的最底层地位的最新例证。

---

① "Extremist Profile: Council of Conservative Citizens", Southern Poverty Law Center, https://www.splcenter.org/fighting-hate/extremist-files/group/council-conservative-citizens, retrieved September 22, 2023.
② "Dozens of Politicians Attend Council of Conservative Citizens Events", *Intelligence Report*, October 14, 2004.
③ Jon Swaine, "Leader of Group Cited in 'Dylann Roof Manifesto' Donated to Top Republicans", *The Guardian*, June 22, 2015.

第二章
扭曲的政治正确：美国种族主义回潮的外在表现

美国种族主义的历史演变事实上涵盖两个进程：一是不同肤色甚至同一肤色内部的不同群体的种族化建构；二是整个种族化建构从个体性的种族主义朝更加制度化、系统化的方向发展，或者说从显性的种族主义朝隐性的种族主义演变。如同著名美国学者伊布拉姆·肯迪（Ibram Kendi）在其《天生的标签：美国种族主义思想的历史》(Stamped from the Beginning: The Definitive History of Racist Ideas in America)一书中指出：美国的种族主义史是一部由显性歧视转向隐性歧视的历史；种族主义的目的逐渐变得更加隐蔽，政策逐渐变得更加系统化。肯迪强调，并不存在单向的"进步"，美国种族主义史是一部种族进步与种族主义同时发展的双重的、相互斗争的历史；种族主义始终与种族进步如影随形。肯迪将美国的种族主义思想界定为三种，即种族隔离主义、社会同化主义和反种族主义。种族隔离主义认为种族不平等的根本原因在于黑人的"劣等性"且不可改变；社会同化主义则认为，黑人虽然"劣等"，却是可以改善的，只有在黑人实现自我提升后，种族不平等才可能消除；反种族主义认为种族不平等的根本原因在于从思想、理论直到政策、行为等的全方位歧视，最为极端地体现为整个美国社会甚至完全意识不到"黑人唯一有问题的地方就是我们认为黑人有问题"①。很大程度上,自特朗普政府时期启动的美国种族主义当代回潮进程,便是在新的历史背景下美国社会内部的种族隔离主义、社会同化主义和反种族主义的新一轮再生产过程,但很显然更多是种族歧视、种族不平等的再生产。其中最引人注目的是其显性或个体性的种族主义的上升,无论是不同种族的个体的具体感受还是更为明显的白人至上主义似乎正重归美国社会主流,都是其具体表现;此外,以特朗普总统为代表的美国政府部门的种族主义也明显较其前任们更加突出,进而制度化的种族主义回潮也正在展开;更应强调的是,在上述相对可见的种族主义回潮之外,更加隐性、更为长期的种族主义回潮也在推进,使美国历史上取得的种族融合进展正遭到威胁,也使诸如"后种族时代"或"色盲时代"等字眼更多成为白人种族主义的遮羞布,从而塑造了"后种族的种族主义"(racism postrace)时代。②

第一节 不再掩藏的个体性种族主义

在谈论当前美国种族主义的回潮态势时,人们首先想到的是个体性的种族主义情绪的显著上升。的确,由于其长期的种族主义历史,体现在个人态度中的显性、个体性种族主义很大程度上不仅被认为不合时宜,也被塑造为"政治不正确"(political incorrectness)③。

---

① [美]伊布拉姆·肯迪:《天生的标签:美国种族主义思想的历史》,朱叶娜、高鑫译,社会科学文献出版社 2020 年版,序章,第 2—13、10—13 页。
② 对美国所谓"后种族的种族主义"时代的最新论著,可参见 Roopali Mukherjee, Sarah Banet-Weiser, and Herman Gray, eds., *Racism Postrace*, Durham and London: Duke University Press, 2019.
③ "政治不正确"是相对美国政治中"政治正确"(political correctness)而言的。"政治正确"指为避免攻击或冒犯具有特定社会特征——如种族、性别、性取向等——的群体而刻意使用的书面或口头语言。在这一意义上,政治正确主要包含四种形式:避免公开贬损甚或攻击;避免使用可能强化负面印象的语言;避免使用微攻击(microaggression)——通过貌似赞美的话语有意无意地表达对任何边缘化或少数群体的消极成见;避免"男性化解释"(mansplaining)——以男性话语居高临下地提出解释从而使对方被边缘化。参见:Anne-Christine Trémon, "'PC Worlds': Ethno-nationalist Identitarian Theories of Anti-Political Correctness", *Anthropological Theory*,(转下页)

这也正是缘何特朗普总统经常性的种族主义言论遭到如此广泛批评的基本原因。但很显然，政治领导人的公开言论对刺激整个美国社会的个体性种族主义的回潮有着明显的作用，特别是对增加美国社会内部的种族主义分裂甚至是仇恨犯罪（hate crime）而言。根据一项研究，特朗普的言论极可能"鼓励了仇恨犯罪"；证据表明，特朗普在2016年总统竞选期间曾到美国各县举行过共计275场竞选集会，与特朗普没有举行过竞选集会的县相比，前者的仇恨犯罪在随后的一年里增长了226％。① 对特朗普种族主义言论的更短期效应的分

（接上页）2021，21（1），pp. 107 - 128；George Dent，"A Strategy to Remedy Political Correctness"，*Academic Questions*，2017，30（3），pp. 272 - 280；Christopher Newfield，"What Was Political Correctness? Race, the Right, and Managerial Democracy in the Humanities"，*Critical Inquiry*，1993，19(2)，pp. 308-336。需要强调的是，政治正确本身的意涵也在不断演变。在美国，"政治正确"一词最早出现于1793年最高法院对奇泽姆诉乔治亚州案（Chisholm v. Georgia）的判决中，强调州公民有起诉州政府的权利。自20世纪60年代民权运动以来，政治正确被赋予重要的种族、性别等内涵；到20世纪70年代末80年代初，该术语更多被温和自由派用于讽刺极左自由派在一些不太重要的问题上的僵硬立场；到20世纪90年代初，该术语则被保守派用于贬抑左翼思潮在美国高校和媒体中的疯狂传播。参见：Randy E. Barnet，"The People or the State?：Chisholm v. Georgia and Popular Sovereignty"，*Virginia Law Review*，2007，93（7），pp. 1729 - 1759；Norman Faircough，"'Political Correctness'：The Politics of Culture and Language"，*Discourse and Society*，2003，14(1)，pp. 17-28；T. A. Martseva, Yu. V. Kobenko, O. V. Solodovnikova, and E. S. Riabova，"Evolution of Political Correctness Phenomenon in the English Language (On Material of Paralympic Vocabulary)"，*Scientific Newsletter of Voronezh State University of Architecture & Civil Engineering*，2020，31（4），pp. 10-17。更关键的是，自20世纪90年代以来，美国社会对政治正确的反思或挑战日益增长。反对将政治正确等同于"思想警察"，一系列质疑政治正确既无法消除种族主义、性别歧视和仇恨，又限制言论自由的讨论在特朗普上台后变得愈发合理。参见：Augusto Zimmermann and Lorraine Finlay，"A Forgotten Freedom：Protecting Freedom of Speech in an Age of Political Correctness"，*Macquarie Law Journal*，2014，14，pp. 185-204；Jerry Alder and Mark Starr，"Taking Offense：Is This the New Enlightenment on Campus or the New McCarthyism?"，*Newsweek*，December 24，1990，p. 48；Dinesh D'Souza，*Illiberal Education: The Politics of Race and Sex on Campus*，New York：Free Press，1998。

① Aris Folley，"Hate Crimes Rose by 226 Percent in Counties Where Trump Hosted Campaign Rallies in 2016：Study"（March 23，2019），The Hill，https://thehill.com/blogs/blog-briefing-room/news/435458-hate-crimes-rose-by-226-percent-in-counties-where-trump，retrieved January 20，2020。

析显示,这种鼓动效应更加明显。例如,在 2017 年 8 月弗吉尼亚夏洛茨维尔(Charlottesville)的白人至上主义与抗议者之间的暴力冲突后,特朗普总统不当地声称冲突双方"都是好人"——事实上变相地鼓励白人至上主义者的行为,由此导致全美国的仇恨犯罪在随后一个月增加到 663 起,创下自 2008 年以来的第二高纪录;2008—2017 年,这十年间的最高纪录发生在特朗普 2016 年 11 月总统竞选成功之后,该月美国仇恨犯罪增至 758 起;第三高纪录也是在特朗普时期创下的,在 2015 年一对穆斯林夫妇在加州圣贝纳迪诺(San Bernardino)开枪打死 14 人后,特朗普在竞选活动中呼吁"彻底禁止穆斯林进入美国",直到议员们"搞清楚到底发生了什么",在接下来的 10 天里,全国范围内针对穆斯林和阿拉伯人的仇恨犯罪上升了 23%。① 由此可见,美国当前种族主义回潮的最直接表现是显性、个体性种族主义的明显增长。

一、寒意袭人的民意感知

回顾而言,自特朗普参加 2016 年总统竞选后,美国种族主义的当代回潮便以难以阻挡的态势显现出来。随着特朗普当选总统及就任后的一系列政策举措,美国社会中种族主义的回潮便日益明显地被人所感知,这最为明显地体现在各类民意调查之中。

最为直观和直接的是,大量民意调查显示,自特朗普当选以后,美国种族主义认同度持续上升。其一,在特朗普上任的第一年中,美国民众普遍认为,美国的种族关系在持续变差。例如,路透社在 2017 年年初的一项民意调查显示,约有 36%的受访者认为种族主义的危险度已经极高,是美国面临的"迫在眉睫的威胁",这与 2015 年相比上升了 29 个百分点。不只是少数族裔感受到族群关系紧张,非

---

① "Trump Words Linked to More Hate Crime? Some Experts Think So" (August 7, 2019), Associated Press, https://www.snopes.com/ap/2019/08/07/trump-words-linked-to-more-hate-crime-some-experts-think-so/, retrieved January 20, 2020.

洲裔对特朗普的获胜也很愤怒。调查也发现,46%的民主党受访者认为种族主义对美国国家构成"迫在眉睫的威胁",比 2015 年增长了 35 个百分点;尽管共和党人对此的看法要乐观得多,但认为种族主义构成美国国家"迫在眉睫的威胁"的比例也略有增长,从 2015 年的 24%增长到 27%。[1]

美国皮尤研究中心于 2017 年 11 月底的一次全国性民意调查考察了特朗普就任总统一年后民众对种族关系变化的认知。结果显示,公众对美国整体的种族关系的看法趋于消极。在特朗普执政近一年后,认为美国种族关系变差的人数增加了 6 个百分点,从 2016 年 5 月的 38%增长至 2017 年 11 月的 44%;同期,认为美国种族关系变好的人数降低了 2 个百分点,从 19%降至 17%。需要指出的是,不同种族群体对美国种族关系变化的认知并不相同。白人是最为自信的,认为美国种族关系变差的人数仅增长了 2 个百分点,从 2016 年 5 月的 39%增至 2017 年 11 月的 41%;非洲裔的感知最为强烈,认为种族关系变差的人数增长了 14 个百分点,从 37%增至 51%;拉丁裔也增长了 9 个百分点,从 41%增至 50%。换句话说,最为悲观的群体非洲裔与最为乐观的群体白人,对美国种族关系正在变差的认知相差了 10 个百分点。从党派角度看,共和党在特朗普的煽动下,认为美国种族关系正在变好的人数增长了 4 个百分点,而认为种族关系在变差的人数反而减少了 7 个百分点,分别从 2016 年 5 月的 16%增至 2017 年 11 月的 20%,和从 45%降至 38%;相比之下,民主党认为种族关系在变好的人数减少了 10 个百分点,认为种族关系在变差的人数增长了 17 个百分点,分别从 23%降至 13%和从 32%增至 49%。这显示出高度的政党分裂,并且该现象在白人内部也相当明显。白人共和党人认为种族关系在变好的从 2016 年 5 月的 14%增至 2017 年 11 月的

---

[1] John Whitesides, "More Americans Say Race Relations Deteriorating: Reuters Poll" (April 28, 2017), Reuters, http://www.reuters.com/article/us-usa-trump-poll-race/more-americans-say-race-relations-deteriorating-reuters-poll-idUSKBN17U1JU, retrieved May 10, 2017.

21%,增长了7个百分点,认为种族关系在变差的从45%降至39%,减少了6个百分点;白人民主党人对种族关系的两种认知则分别从27%降至15%,以及从31%增至46%(如表2-1所示)。

表2-1 特朗普就任一年后的种族关系认知

单位:%

群体	2016年5月			2017年11月			变化对比	
	变好	不变	变差	变好	不变	变差	变好	变差
总体	19	41	38	17	37	44	−2	+6
白人	20	39	39	20	37	41	0	+2
非洲裔	15	45	37	10	38	51	−5	+14
拉丁裔	16	42	41	13	36	50	−3	+9
政党分布								
共和党	16	37	45	20	39	38	+4	−7
民主党	23	44	32	13	36	49	−10	+17
白人内部								
共和党	14	37	45	21	38	39	+7	−6
民主党	27	41	31	15	36	46	−12	+15

资料来源:"Most Americans Say Trump's Election Has Led to Worse Race Relations in the U. S."(December 19, 2017), Pew Research Center, http://assets.pewresearch.org/wp-content/uploads/sites/5/2017/12/19140928/12-19-2017-race-relations-release.pdf, p. 5, Table 1, retrieved January 10, 2018。

其二,如果对比特朗普总统与其前任们,可以更为明显地看出美国种族主义的回潮。在2004年、2007年和2015年、2016年的多次民意调查中,盖洛普公司均就八个与总统、种族仇视相关的问题进行过调查。对这些问题的综合评估显示,尽管有人声称首位非洲裔总统奥巴马的执政可能导致美国种族关系恶化,特别是白人的种族主义情绪上升,但这一论点是站不住脚的。盖洛普的研究将2004年和2007年的数据整合为一组以观察奥巴马当选前的种族仇视水平,

2015年和2016年的数据整合为一组以观察奥巴马执政期间的种族仇视水平,并加以比较。结果显示,奥巴马总统执政事实上缓解了美国的种族仇视情绪,总体水平从0.82下降到0.75;其中,民主党人从0.75下降到0.62,降幅最大,独立党人从0.86下降到0.77,共和党人维持在0.87的水平。① 事实上,在特朗普当选之初,美国社会对其种族关系影响的预期并不是太消极;特朗普在竞选期间所发表的大量涉及种族主义的不当言论,往往被理解为一种竞选策略。2016年11月,接近一半(46%)的人认为,特朗普当选可能导致种族关系变差,但仍有25%的预计会变好。当然,2008年奥巴马当选时的情况要乐观得多。2008年11月,有52%的选民期待种族关系会变好,尽管一年后只有36%的选民认为真的变好了,但认为变差的选民也仅有13%(如表2-2所示)。

表2-2 奥巴马和特朗普当选时和就任一年后的种族关系变化预期

单位:%

预期	奥巴马		特朗普	
	2008年11月预期	2009年11月	2016年11月预期	2017年11月
变好	52	36	25	8
没变化	36	43	26	30
变差	9	13	46	60

资料来源:"Most Americans Say Trump's Election Has Led to Worse Race Relations in the U. S."(December 19, 2017), Pew Research Center, http://assets.pewresearch.org/wp-content/uploads/sites/5/2017/12/19140928/12-19-2017-race-relations-release.pdf, p.1, Figure 1, retrieved January 10, 2018。

其三,从特朗普上任后一直到2020年,美国公众对美国种族关

---

① Robert Bird and Frank Newport, "White Racial Resentment before, during Obama Years" (May 19, 2017), Gallup News, http://news.gallup.com/opinion/polling-matters/210914/white-racial-resentment-before-during-obama-years.aspx, retrieved June 25, 2017.

系变化的趋势总体认知消极。NBC 新闻和《华尔街日报》(*The Wall Street Journal*)于 2020 年 5 月底、6 月初开展的联合民意调查显示,自特朗普就任总统以来,普遍认为种族关系在持续变差。总体上,仅有 10% 的美国人认为自特朗普就任总统以来,美国种族关系在变好;而认为美国种族关系变差的人达到 53%。① 这与 2019 年 8 月的调查结果高度相似。2019 年 8 月的调查也显示,白人最为乐观,但也仅有 11% 认为在变好;仅 5% 非洲裔认为在变好。相比之下,有 56% 的美国人认为,自特朗普就任总统以来美国种族关系变差了;白人同样是最为乐观的,但其中的 47% 认为变差了;高达 86% 的非洲裔认为变差了,也有 74% 的拉丁裔认为变差了(如表 2-3 所示)。

表 2-3 NBC 新闻和《华尔街日报》对特朗普就任后种族关系变化的调查(2019 年)

单位:%

群体	变好	变差	不变	不确定
总体	10	56	33	1
白人	11	47	41	1
非洲裔	5	86	9	0
拉丁裔	7	74	19	0

资料来源:"Race and Ethnicity",PollingReport.com,http://www.pollingreport.com/race.htm,retrieved January 28,2021。

皮尤研究中心于 2019 年 4 月发布的《美国种族 2019》民意调查显示,到 2019 年,认为特朗普上台致使种族关系更加恶化的人正越来越多。总体上,56% 的人认为,自特朗普上台以来,美国种族关系持续变差且仍在变差,认为在变好的人仅占 15%;有 13% 的人认为,特朗普曾尝试改善种族关系,却失败了,但也有 14% 的人认为特朗普根本没有尝试改善种族关系。各个种族群体对特朗普就任总统以来的美国种族关系的认知不同,但即使最为乐观的白人也有 49% 认为

---

① "Race and Ethnicity",PollingReport.com,http://www.pollingreport.com/race.htm,retrieved January 28,2021。

正在变差,仅20%认为在变好;认为特朗普曾尝试改善种族关系却失败的白人仅有15%;其他种族的认知总体差异不大,认为美国种族关系自特朗普上任以来持续恶化的非洲裔高达73%,拉丁裔69%,亚裔65%;认为变好的非洲裔仅2%,拉丁裔也仅7%,亚裔略高,为10%(如表2-4所示)。总体上,有色种族都不太相信特朗普曾尝试改善种族关系。从党派分布看,民主党人压倒性地认为,特朗普使种族关系变差了(84%),其中白人民主党人(86%)和非洲裔民主党人(79%)是最为认同这一观点的。相比之下,对奥巴马总统在种族关系上的看法要积极得多:有37%的人认为奥巴马总统改善了种族关系,25%的人认为他使种族关系变差了;有27%的人认为奥巴马总统曾尝试改善种族关系但失败了,只有8%的人认为奥巴马没有做任何尝试。①

表2-4 特朗普就任后种族关系的变化(2019年)

单位:%

群体	正在变差	变好	尝试但失败	没有尝试
总体	56	15	13	14
白人	49	20	15	14
非洲裔	73	2	9	13
拉丁裔	69	7	9	13
亚裔	65	10	13	10
政党分布				
民主党	84	1	5	9
共和党	20	34	25	19

资料来源:"Race in America 2019"(April 9, 2019), Pew Research Center, https://www.pewsocialtrends.org/2019/04/09/race-in-america-2019/, p. 18, retrieved April 28, 2019。

① "Race in America 2019" (April 9, 2019), Pew Research Center, https://www.pewsocialtrends.org/2019/04/09/race-in-america-2019/, p. 7, retrieved April 28, 2019.

其四,如果从更为长期的角度看,更能看出自特朗普就任以来,美国种族关系的总体恶化态势。结合 CBS 新闻和皮尤研究中心的民意调查数据可以发现,冷战结束以来,美国种族关系逐渐改善,到奥巴马政府时期达到自冷战以来的最好时期,但自 2014 年起随着白人至上主义者的仇恨犯罪的增长,美国种族关系开始恶化,而特朗普参加竞选和当选更是加速了这一恶化趋势(如图 2-1 所示)。事实上,随着特朗普上台,越来越多的美国人(65%)认为,种族主义言辞正变得更加普遍,另有 29% 的人认为较为普遍,加起来有多达 94% 的美国人认为种族主义言辞越来越普遍;与此同时,认为种族主义言辞越来越被人接受的比例也大幅上升,达到 76%。民主党人显然更加倾向于认同上述说法,认为种族主义言辞越来越普遍的民主党人达到 84%,认为其越来越被人接受的达到 64%;相比之下,共和党内分别有 42% 和 22% 的人认为种族主义言辞越来越普遍、越来越被人接受。①

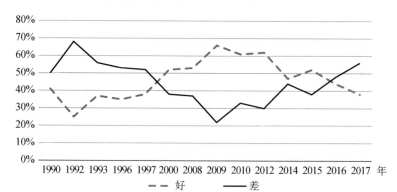

图 2-1　美国种族关系趋势(1990—2017 年)

资料来源:"Most Americans Say Trump's Election Has Led to Worse Race Relations in the U. S."(December 19, 2017), Pew Research Center, http://assets.pewresearch.org/wp-content/uploads/sites/5/2017/12/19140928/12-19-2017-race-relations-release.pdf, p. 15, retrieved January 10, 2018。

---

① "Race in America 2019" (April 9, 2019), Pew Research Center, https://www.pewsocialtrends.org/2019/04/09/race-in-america-2019/, p. 6, retrieved April 28, 2019.

第二章 扭曲的政治正确:美国种族主义回潮的外在表现 79

最后,从更为具体的议题领域看,尽管各种族所感受的种族主义回潮程度不一,但的确都认同种族主义回潮这一趋势正在发生。例如,拥有不同种族和社会经济背景的美国人,对安全的感受并不相同。就全球来看,男性的个人安全感(75%)明显高于女性(61%)。相比之下,美国男性与女性的差距更大。整体而言,美国男性有85%认为自身是安全的,而女性则只有64%;在最低收入的女性中,只有55%认为在晚上行走是安全的。非白人女性的安全感更低,只有54%认为在晚上行走是安全的;而白人女性的这一比例则为66%。类似地,认为晚上在自己社区里行走是安全的非白人男性有71%,而白人男性则达到88%。在收入低于4.8万美元/年的非白人家庭中,女性的安全感更低,只有52%的女性认为在晚上行走是安全的,而男性也只有60%认为夜间外出安全。而在白人低收入成年人中,有安全感的女性为61%,男性为85%。同样,对警察的信心也存在明显的种族差异,但种族内不同性别的人对警察的信心差距不大。非白人男性对警察有信心的只有68%,女性为71%;相比之下,对警察有信心的白人男性和女性均超过80%,分别为83%和82%。①

必须强调的是,非洲裔对美国社会的种族主义回潮的感知最为强烈。根据皮尤研究中心2017年11月的调查,有近2/3的公众认为,非洲裔美国人与白人的冲突相当强烈(27%)或较强烈(38%);有约1/4(26%)的公众认为"不太强烈",只有4%的公众认为"不存在冲突"。其中,非洲裔对美国社会种族冲突的感知最为强烈,认为"非常强"或"较强"的总人数占受访者的76%,拉丁裔也占69%,相比之下,只有61%的白人持上述观点。但如果从党派分布看,民主党人中认为美国社会种族冲突"非常强烈"或"较强烈"的比例比共和党内的

---

① Sofia Kluch, "Race, Income, Gender and Safety in America"(July 13, 2018), Gallup Blog, https://news. gallup. com/opinion/gallup/236972/race-income-gender-safety-america. aspx? g_source=link_NEWSV9&g_medium=TOPIC&g_campaign=item_&g_content = Race%2c%2520Income%2c%2520Gender%2520and%2520Safety%2520in%2520America, retrieved August 10, 2018.

要高出 20 个百分点,前者高达 74%,后者也达到 54%。在共和党内部,白人认为美国社会种族冲突"非常强烈"或"较强烈"的比例仅为 54%,而民主党内的白人持上述观点的则达到 70%,非洲裔民主党人持上述观点的比例最高达 80%(如表 2-5 所示)。

表 2-5 不同群体对美国社会种族冲突的感知(2017 年)

单位:%

群体	非常强烈	较强烈	共计
总体	27	38	65
白人	21	40	61
非洲裔	38	38	76
拉丁裔	42	27	69
共和党	20	34	54
民主党	31	43	74
共和党白人	19	35	54
民主党内			
白人	23	47	70
非洲裔	38	42	80
拉丁裔	47	30	77

资料来源:"Most Americans Say Trump's Election Has Led to Worse Race Relations in the U. S."(December 19, 2017), Pew Research Center, http://assets.pewresearch.org/wp-content/uploads/sites/5/2017/12/19140928/12-19-2017-race-relations-release.pdf, p. 9, Figure 6, retrieved January 10, 2018。

尽管奴隶制已经结束了 150 余年,但大多数美国人仍认为,奴隶制对当前美国人特别是非洲裔的生活产生着重要影响。例如,皮尤研究中心在 2019 年的调查显示,认为奴隶制仍消极影响非洲裔生活的美国人仍占 63%,也有 58% 的白人持这一观点,更是有 84% 的非洲裔美国人这样认为;有 45% 的美国人认为非洲裔与白人不太可能实现同权,白人中也有 37% 的这样认为,而持这一观点的非洲裔占比则高达78%。① 而芝加哥大学美联社与全国民意公共事务研究中心(The Associated Press-NORC Center for Public Affairs Research, AP-NORC)于2019年的调查也显示,仍有多达60%的美国人认为奴隶制对今天非洲裔美国人的生活产生着重大影响,而持这一观点的非洲裔多达83%;认为美国政府应当为此道歉的美国人占46%,但认为应当补偿的仅占29%;当然,认为联邦政府应道歉的非洲裔美国人高达77%,认为应当补偿的人也有74%(如表2-6所示)。

表2-6 奴隶制对今天非洲裔美国人生活的影响(2019年)

单位:%

群体	影响很大	没有影响	应当道歉	应当补偿
总体	60	39	46	29
白人	54	45	35	15
拉丁裔	69	29	64	44
非洲裔	83	16	77	74

资料来源:"The Legacy of Slavery"(September 2019), AP-NORC, http://www.apnorc.org/projects/Pages/The-Legacy-of-Slavery.aspx, retrieved January 10, 2020。

可以认为,在奴隶制结束150余年后,非洲裔在美国社会仍遭遇严重的不公正待遇。例如,在警察执法、司法、雇佣、贷款、选举、医疗等领域,非洲裔都面临着严重的种族不公正待遇。整体而言,有67%的美国人认为,非洲裔在警察执法和司法方面遭遇不公正待遇;对非洲裔而言,在警察执法、司法、雇佣、贷款、商店酒店等领域所遭受的不公正待遇仍是相当明显的,持这一观点的人数占比均接近70%;而白人也认同非洲裔在警察执法和司法领域往往会遭遇不公正待遇,其比例均超过60%(如表2-7所示)。

---

① "Race in America 2019" (April 9, 2019), Pew Research Center, https://www.pewsocialtrends.org/2019/04/09/race-in-america-2019/, p. 4, retrieved April 28, 2019.

表 2-7 对非洲裔所遭遇的不公正待遇的认知(2019 年)

单位:%

领域	总体	白人	非洲裔
警察执法	67	63	84
司法	65	61	87
雇佣、薪酬与升职	52	44	82
贷款与抵押申请	45	38	74
商店酒店	45	37	70
选举投票	35	30	58
医疗救助	33	26	59

资料来源:"Race in America 2019"(April 9, 2019), Pew Research Center, https://www.pewsocialtrends.org/2019/04/09/race-in-america-2019/, p. 11, retrieved April 28, 2019。

尽管上述领域更多是隐性的,但对非洲裔美国人而言,其在改善自身处境方面所面临的障碍还涉及显性的或个体性的种族主义。例如,有 84% 的非洲裔认为,种族歧视是其改善自身处境的重大困难,而仅有 54% 的白人持这一观点。对白人而言,非洲裔难以改善自身处境的困难更多是因为他们难以进入好的学校(如表 2-8 所示)。

表 2-8 对非洲裔难以改善自身处境的认知差异(2019 年)

单位:%

议题	白人	非洲裔
种族歧视	54	84
难以获得高薪岗位	51	76
难以进入好的学校	60	72
家族不稳定	50	42
缺乏好的角色模型	45	31
缺乏努力工作的动机	22	22

资料来源:"Race in America 2019"(April 9, 2019), Pew Research Center, https://www.pewsocialtrends.org/2019/04/09/race-in-america-2019/, p. 10, retrieved April 28, 2019。

仍需看到的是，尽管美国种族主义回潮态势明显，但美国社会中反对种族主义的积极力量仍然存在。例如，尽管种族主义言辞正变得越来越普遍，但总体上仍有多达65％的美国人并不赞同特朗普处理种族关系的政策理念和具体举措，即使是白人内部也有55％的人对此表示反对，非洲裔和拉丁裔的反对人数更是多达92％和83％。① 同时，有多达60％的美国人认为，种族多样性有助于美国变得更加强大，相比之下认为多样性可能侵蚀美国文化、价值观的美国人仅有12％；白人内部也有56％认为多样性是有益的，而非洲裔和拉丁裔持这一观点的人就更多。② 上述积极力量在拜登政府上台后是否得到鼓励并限制美国种族主义回潮，目前尚无法得知；原因很大程度上在于，自2020年美国总统大选进程开启之后，有关种族主义的民意调查几乎都中止了；以致连特朗普最后一年执政对美国种族主义回潮的影响都难以寻找直观数据加以考察。

二、"迅猛抬头"的白人至上主义

如果说民意调查中的个体性种族主义回潮给人印象深刻，那么自特朗普当选以来美国社会白人至上主义的发展往往给其他种族带来严重的身体伤害甚至危及生命，体现出更为明显的个体性种族主义。自2016年美国总统大选竞选活动启动以来，白人至上主义明显呈复苏态势，尽管该运动内部的逻辑并不一贯，却吸引了来自社会各阶层的群体参加，宣扬白人至上主义并激起了大量的仇恨犯罪③——基于对种族、肤色、宗教、祖籍国、性别、性取向或残疾等偏见的犯罪，使

---

① "President Trump and Race Relations"（September 2019），AP-NORC，http://apnorc.org/projects/Pages/President-Trump-and-Race-Relations.aspx, retrieved January 10, 2020.
② "Diversity and Immigration in America"（September 2019），AP-NORC，http://apnorc.org/projects/Pages/Diversity-and-Immigration-in-America.aspx, retrieved January 10, 2020.
③ "Learn about Hate Crime"，U.S. Department of Justice, https://www.justice.gov/hatecrimes/learn-about-hate-crimes/chart, retrieved January 10, 2020.

美国社会的种族主义情绪和水平明显上升。

美国种族主义在当代回潮的核心表现是白人至上主义的迅猛抬头甚至"强势回归"。白人至上主义者认为,在犹太人控制和非白人数量日益上升的背景下,除非现在就采取行动,否则白人最终将趋于灭种。① 白人至上主义的兴起在很大程度上与2008年奥巴马当选美国总统有关,其代表是另类右翼(alt-right)运动。另类右翼是一场混杂的运动,吸引了来自不同地区和不同亚文化的人参与,其中可能包括另类右翼、白人民族主义、另类精英(alt-lite)、主流、自由派、怀疑派、男性权利主义甚至阴谋论者。尽管另类精英和另类右翼都是反建制的保守主义,但前者声称坚持公民民族主义(civic nationalism,这是一种界定含糊的、信奉本土主义但拒绝更激进的种族主义的立场),而另类右翼明确坚持白人至上主义。传统白人民族主义者如杰瑞德·泰勒(Jared Taylor)、帕特里克·布坎南(Patrick Buchanan)、保罗·克西(Paul Kersey)等尽管在另类右翼内部很受欢迎,但在该标签出现之前他们却是白人民族主义运动的一部分。②

大多数白人至上主义者并不属于有组织的团体,但仇恨团体的确为白人至上主义者提供了采取行动的大部分意识形态和动机。大多数白人至上主义者并没有加入特定的仇恨团体,且白人至上主义者团体的成员远多于仇恨团体;而在白人至上主义者团体中,各种帮派正在增加且变得更为重要。白人至上主义运动内部有多个组成要素:新纳粹主义者、肤色种族主义者、传统白人至上主义者、新教教徒和有犯罪前科的白人至上主义者。其中,有犯罪前科的白人至上主义者帮派正在快速壮大,而其他四类实际上在萎缩。据统计,在2020年,美国共计有仇恨团体838个,其中白人至上主义团体多达

---

① ADL, *White Hate in Their Hearts: The State of White Supremacy in the United States*, ADL Report, July 2015, p. 1.
② Hatewatch Staff, "McInnes, Molyneux, and 4chan: Investigating Pathways to the Alt-Right" (April 19, 2018), Southern Poverty Law Center, https://www.splcenter.org/20180419/mcinnes-molyneux-and-4chan-investigating-pathways-alt-right, retrieved January 27, 2020.

613个,占73.15%。在白人至上主义团体内部充斥着多样性,其中最多的是白人民族主义团体有128个,一般性仇恨团体333个,反穆斯林及其他宗教性团体共计78个,更加极端的三K党和种族主义光头党两类共计有58个团体,反移民的团体也有19个。① 就地理分布看,移民越多的州仇恨团体也相应更多。有6个州的仇恨团体数量超过30个,其总数占美国仇恨团体总数的40%,分别是加利福尼亚(72个)、佛罗里达(68个)、得克萨斯(54个)、纽约(37个)、宾夕法尼亚(36个)、田纳西(34个)、佐治亚(33个)。此外,还有6个州有超过20个仇恨团体。这12个州的仇恨团体数量就超过美国总数的55%。② 在美国国内的极端主义运动中,白人至上主义者最具暴力倾向,在2005—2014年的十年中,美国发生的极端主义谋杀案件中有83%是白人至上主义者所为,而在极端分子与警察的枪击案中有52%是白人至上主义者所为。③

在特朗普时代,美国白人至上主义的发展呈现出重大差异。很大程度上,由于互联网技术的快速发展,很多新的白人至上主义团体相对松散,组织性并不强。具体而言,白人至上主义团体的组织形式大致有如下八种方式:(1)毕业(graduation),即在一个或多个仇恨团体中历练之后创建新的白人至上主义团体;(2)另立山头(offshooting),即由于认知不同而造成的脱离既有组织单干的现象;(3)派系分裂(factionalization),是整个团体的分裂形成多个小的团体;(4)复活(resurrection),即一度不再活跃的白人至上主义团体重新活跃,其最典型的例子是三K党;(5)亚文化团体(subcultural groups),由某些

---

① "Number of Hate Groups in the United States in 2020, by Type"(February 2021), Statista, https://www.statista.com/statistics/740008/us-hate-groups-by-type/, retrieved February 14, 2021.
② "Number of Hate Groups in the United States in 2020, by State"(February 2021), Statista, https://www.statista.com/statistics/290746/us-hate-groups-by-state-2013/, retrieved February 14, 2021.
③ ADL, *White Hate in Their Hearts: The State of White Supremacy in the United States*, ADL Report, July 2015, p. 1.

亚文化团体吸纳了白人至上主义团体之后而来,如在加利福尼亚活跃的"头号公共敌人"(Public Enemy Number One,PEN1)团体;(6)模仿者(copycats),即在其他地方复制某一特定类型的白人至上主义团体,但大多生命力不长;(7)社交媒体团体,即从线上虚拟转至线下实体活动的白人至上主义团体,但其线下人数往往远远少于线上人数;(8)变异(mutation),即随着时间推移从原来的组织形式演变更加极端的白人至上主义团体。①

尽管有如此复杂的组织形态,但白人至上主义运动日益将宣传目标放在年轻的大学生身上。根据美国反诽谤联盟极端主义中心的研究,自2016年以来,白人至上主义者一直大力强化在美国大学校园里的宣传活动,包括散发种族主义、反犹太主义和仇视伊斯兰的传单、贴纸、横幅和海报等,覆盖47个州和哥伦比亚特区的287所大学校园。一方面,白人至上主义运动针对大学生的宣传活动总量增长快速,2017年为428起,2018年迅速增至1 214起,2019年更是达到2 713起,年均增长率超过260%。另一方面,相比之下,校外宣传增长远远快于校内宣传:校内宣传从2017年的294起增至2019年的630起,年均增长率接近60%;同期校外宣传从134起增至2 083起,年均增长率达到惊人的720%。需要指出的是,在大学校园里宣传白人至上主义是另类右翼的各个团体更偏爱的策略。例如,特朗普当选后才成立的"爱国阵线"(Patriot Front)宣传白人至上主义在2017年有90起,但在2019年却占宣传事件总数的66%。这些宣传所使用的语言既有直白的个体性种族主义言辞,也有隐蔽的白人至上主义言论,经常攻击包括犹太人、非洲裔、墨西哥等种族群体,穆斯林群体,甚至同性恋群体。②

---

① "How Hate Groups Form", ADL, https://www.adl.org/resources/backgrounders/how-hate-groups-form, retrieved Match 25, 2020.
② "White Supremacists Double Down on Propaganda in 2019" (February 11, 2020), ADL, https://www.adl.org/blog/white-supremacists-double-down-on-propaganda-in-2019; "White Supremacist Propaganda Nearly Doubles on Campus in 2017 - 18 Academic Year" (June 27, 2019), ADL, https://www.adl.org/resources/reports/white-supremacist-propaganda-nearly-doubles-on-campus-in-2017-18-academic-year; both retrieved February 14, 2020.

根据美国司法部自 1999 年起以来有关仇恨团体的相关数据,可以发现美国仇恨团体的发展大致经历了四个阶段的发展。第一阶段是自 1999 年开始记录至 2011 年,美国仇恨团体数量呈持续上升态势,从 1999 年的 457 个增长至 2011 年的 1 018 个。第二阶段是 2011—2014 年,即奥巴马总统第一任期后期和第二任期前期,仇恨团体数量呈显著下降态势,从 2011 年的 1 018 个迅速下降至 2014 年的仅 784 个,仅比 2005 年略高。第三阶段是自 2015—2018 年,很大程度上与 2016 年美国总统大选启动直接相关,仇恨团体数量增长速度明显快于历史上几乎所有时期,并于 2018 年创下 1 020 个的历史新纪录。第四阶段是特朗普执政后期的 2019 年和 2020 年,美国仇恨团体的数量持续回落,2020 年为 838 个,为自 2006 年以来的次低。但需要强调的是,这一新低纪录,未必意味着美国仇恨犯罪的下降;相反,正是由于美国种族主义的持续上涨,使美国社会内部的反种族主义力量持续觉醒。尽管有人认为,奥巴马当选是仇恨团体迅速增长的一个动因,但增长速度却显示出不同的态势。在奥巴马执政时期,仇恨团体数量明显增长仅发生在 2010 年和 2015 年,其原因很大程度上是白人警察对非洲裔的滥用职权。除了这两个年份之外,在奥巴马总统执政时期,美国仇恨团体的数量总体上都呈下降态势(如图 2-2 所示)。

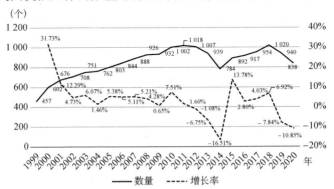

图 2-2　美国仇恨团体的发展(1999—2020 年)

资料来源:"Number of Hate Groups in the United States from 1999 to 2020" (February 2021), Statista, https://www.statista.com/statistics/739551/number-of-hate-groups-in-the-us/, retrieved October 11, 2021.

尽管从数量上看,特朗普执政以来美国仇恨团体的总量变化并不是非常明显,但这些团体却变得更加愤怒和更易被煽动,结果是白人至上主义相关的暴力数量大幅上升。自特朗普参加竞争特别是当选以来,美国的仇恨犯罪大幅增长,其中部分事件甚至引发了全美乃至整个国际社会的关注。例如,2015年6月的一个周三晚上,美国白人青年迪兰·鲁夫(Dylann Roof)冲进位于南卡罗来纳州查尔斯顿市(Charleston)的一座非洲裔卫理圣公会教堂,枪杀了9名参加每周圣经学习小组的非洲裔教区居民。鲁夫在人群中安静地坐了大约一个小时,然后掏出他的格洛克手枪,共发射70发子弹,中间曾五度停下重新装弹。法庭证词显示,在枪击过程中,鲁夫高呼"你们强奸我们的白人妇女。你们正抢走世界"。必须指出的是,鲁夫的仇恨犯罪本身是有预谋的,其行为目的是最大程度地煽动种族仇恨;因此,即使面临死刑指控,他也毫无悔意。① 又如,2017年8月,因抗议夏洛茨维尔市(Charlottesville)政府的一项塑像移除计划而带来的白人至上主义游行,引发了一场特朗普上任以来的最大种族主义骚乱。对此,联合国消除种族歧视委员会(Committee on the Elimination of Racial Discrimination, CERD)主席安那斯塔西亚·克里克雷(Anastasia Crickley)表示,"我们对白人民族主义者、新纳粹和三K党以公开的种族主义口号和仪式进行的种族主义游行感到极度震惊,这种行为助长了白人至上主义并煽动种族歧视和仇恨"。克里克雷对美国政府未能明确反对种族暴力行径提出了批评,认为美国"在政治最高层没有坚决反对种族主义暴力",并呼吁美国的政治家和政府官员对发生在夏洛茨维尔和全美国的种族仇恨演讲及犯罪予以无条件的、明确的谴责与抵制。② 此类

---

① Hatewatch Staff, "The Biggest Lie in the White Supremacist Propaganda Playbook: Unraveling the Truth about 'Black-on-White Crime'" (June 14, 2018), Southern Poverty Law Center, https://www.splcenter.org/20180614/biggest-lie-white-supremacist-propaganda-playbook-unraveling-truth-about-'black-white-crime', retrieved January 27, 2020.
② "Charlottesville: United Nations Warns US over Rise of Racism" (August 23, 2017), The Guardian, https://www.theguardian.com/world/2017/aug/23/charlottesville-un-committee-warns-us-over-rise-of-racism, retrieved August 26, 2017.

恐怖暴力的发生,可追溯至一个极其破坏性的自美国诞生之日就存在的观念,即白人至上主义的观念:非洲裔对白人来说是一种物理性的威胁。认为非洲裔男性天生有暴力倾向,天生想要强奸白人妇女,这样的说法已经流传了好几个世纪。这一观点也是通过所谓压迫非洲裔以便保护公共善——或白人的善——的主要理由。

冷战结束后,美国国会于1990年4月立法要求统计全美仇恨犯罪情况。美国司法部的相关数据从1996年起开始公布。尽管仍有大量仇恨犯罪没有被报告,但既有数据的确显示特朗普总统执政以来美国仇恨犯罪呈明显增长态势。如图2-3所示,自1996年有数据记录以来,美国的仇恨犯罪总体呈现民主党执政时期持续下降,而共和党执政时期则可能上升或保持在较高水平。在克林顿政府时期和奥巴马政府时期,美国仇恨犯罪的下降都相对明显,尽管仇恨犯罪在两者执政最后一年左右都开始增长——这很大程度上说明总统大选对仇恨犯罪可能有较明显的刺激作用。到共和党执政时期,小布什总统时期除第一年因"9·11"恐怖主义袭击而使仇恨犯罪大幅增长外,其余年份总体保持稳定,并无明显上升或下降。但到特朗普总统

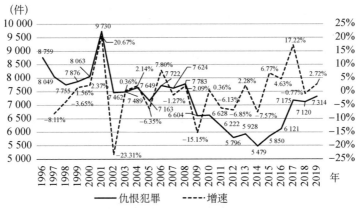

图2-3 美国仇恨犯罪数量与增速(1996—2019年)

资料来源:笔者根据美国联邦调查局(FBI)网站"仇恨犯罪统计数据"(Hate Crime Statistics)(https://www.fbi.gov/services/cjis/ucr/publications)计算并制作,最后浏览日期:2021年10月11日。

上台后,美国的仇恨犯罪明显上升。2017年,美国仇恨犯罪达到7 175件,打破了奥巴马总统整个8年执政期间均低于7 000件的纪录,重新回到小布什总统任职时期的水平,比2005年略高;尽管2018年略有下降,但仍高于7 000件;2019年,美国仇恨犯罪总量再次上扬至7 300余件。从增长速度的角度看,奥巴马政府时期美国仇恨犯罪年均下降约2.6个百分点,而特朗普上任后年均增长超过6个百分点(如图2-3所示),充分印证了特朗普执政与美国种族主义回潮之间的相互关联性。

需要指出的是,仇恨犯罪并非全部源于种族主义动机。美国司法部对仇恨犯罪的界定中还包括如针对性别、性取向及残疾人等的犯罪。尽管如此,根据美国联邦调查局的数据,基于种族/族群/祖先/偏见的仇恨犯罪,或者说与种族主义动机相联系的仇恨犯罪,始终是美国仇恨犯罪中的主体。根据这一数据仍可发现,特朗普参加总统竞选及其执政对美国种族主义回潮有明显的刺激作用。如图2-4所示,1996—2014年,基于种族/族群/祖先/偏见的仇恨犯罪总体呈下降态势,尽管在2001年"9·11"恐怖主义事件后有所回升并在较长时间维持在略高于50%的水平上,但奥巴马当选并就任总统后,此类仇恨犯罪的下降就更加明显,尤其是其绝对数量下降显著。在奥巴马政府时期,基于种族/族群/祖先/偏见的仇恨犯罪在2014年创下了2 568件的历史最低纪录。但随着白人警察执法不公及2016年总统大选拉开大幕,基于种族/族群/祖先/偏见的仇恨犯罪于2015年开始起快速上升,重新回到55%以上的水平。2019年,美国仇恨犯罪中基于单一偏见的相比2018年仍在上升,达到7 103件(2018年为7 036件),基于种族/族群/祖先/偏见的仇恨犯罪仍居高不下(如图2-4所示)。如果计算增长速度,特朗普参加2016年总统竞选及其当选、执政更是推高了美国基于种族/族群/祖先/偏见的仇恨犯罪:2015年,美国基于种族/族群/祖先/偏见的仇恨犯罪大幅增长28.9%,创下有数据记录以来的最高增速;而2017年即特朗普上台执政第一年,美国基于种族/族群/祖先/偏见的仇恨犯罪再次大幅增长18.4%,创下有数据记录以来的次高增速;而2016年大选年,美国基于种族/族群/祖先/偏见的仇恨犯罪也增长5.4%,是有数据记录以来的第四高增速。换句话说,特朗普参加2016年美国总统大选及其当选、执政共计5年,相关数据统计仅4个年份,却占据了美国基于种族/族群/祖先/偏见的仇恨犯罪增长速度的第1、2、4位,不能不承认其对推高美国种族主义回潮的巨大影响。

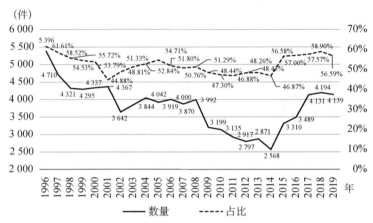

图2-4 基于种族/族群/祖先/偏见的仇恨犯罪数量与增速(1996—2019年)

资料来源:笔者根据美国联邦调查局(FBI)网站"仇恨犯罪统计数据"(Hate Crime Statistics)(https://www.fbi.gov/services/cjis/ucr/publications)计算并制作,最后浏览日期:2021年10月11日。

最后,从作案者和受害者的角度来看,白人往往是仇恨犯罪的主要作案者,而非洲裔则成为最主要的受害者。仅比较2016—2019年的数据就可看出,即使不考虑在美国人口结构中,白人数量远多于非洲裔,仅从作案者与受害人的比例看,也能发现严重的种族主义回潮现象。自特朗普上台以来,白人在美国仇恨犯罪中的作案率持续快速上升,到2018年已经超过40%,而非洲裔总体维持在18%甚至更低的水平上;尽管如此,白人却并非仇恨犯罪的主要受害者,其作案者与受害者的比例维持在0.5的低位;而非洲裔始终在2.5倍甚至3倍以上(如表2-9所示)。如果将白人与非洲裔的人口数量差异纳入考虑,非洲裔在美国仇恨犯罪中成为受害者的概率可能是白人的

15倍以上。

表2-9 美国仇恨犯罪中的作案者与受害者比较(2016—2019年)

单位:%

年份	作案者		受害者	
	白人	非洲裔	白人	非洲裔
2016	41.97	18.47	20.71	50.18
2017	44.78	14.36	17.47	48.80
2018	46.61	18.31	20.21	46.93
2019	48.49	15.57	15.78	48.37

资料来源:笔者根据美国联邦调查局(FBI)网站"仇恨犯罪统计数据"(Hate Crime Statistics)(https://www.fbi.gov/services/cjis/ucr/publications)计算并制作,最后浏览日期:2021年10月11日。

第二节 个体烙印的制度性种族主义

个体性的种族主义更多指向具体的个人,尽管其影响可通过整体性的民意调查得以体现,但仍更多是局部的。相比之下,政治领导人的言行及其领导下的政府决策,由于其制度性特征而可能产生更大的影响,其涉及面更广、影响更为深远。某种程度上,民意调查数据所显示的个体性种族主义的回潮,更大程度上源于公众对制度性乃至下一节所要讨论的更加隐性的系统性、社会性种族主义的认知。例如,CBS新闻在2019年年初开展的一项民意调查显示,有近60%的美国人认为特朗普总统的行为对拉丁裔和穆斯林是不利的,有一半的人认为他对非洲裔美国人不友好,甚至有57%的人认为特朗普本人是种族主义者。① 尽管对绝大多数研究者而言,制度性种族主

---

① "Poll Shows a Majority of Americans Think Race Relations under Trump Are 'Generally Bad'" (July 16, 2019), Market Watch, https://www.marketwatch.com/story/poll-shows-views-on-race-relations-under-trump-are-generally-bad-2019-07-16, retrieved August 8, 2019.

义本身也是系统性的隐性的种族主义，但虑及特朗普总统的独特性——尤其是他自20世纪70年代起一贯的种族主义立场特别是在2016年总统大选期间及就任总统后持续的种族主义言论及相关政策，本节单独讨论特朗普总统本人及其政府所推行的制度性种族主义，因其具有明显的特朗普个体烙印。

一、特朗普本人的种族主义言辞

美国种族主义的当代回潮与政治领导人本身的相关言辞直接相关。由于总统是最主要的立法者、议程设定者、公众舆论和新闻报道引领者，总统讨论移民问题的频度和方式，对于总体上解释移民政策相当重要，特别是对移民政策随时间推移的塑造与采纳来说。尽管总统在全国性议程上的引领可能因政策领域而不同，但总统在全国性政策辩论的设定中仍处于核心地位。根据一项对总统言辞的研究，冷战结束后特别是进入21世纪以来，美国历任总统都更多利用"权威主义"的言辞；其中尤以特朗普总统为甚，更加地固执己见和自我肯定（self-referential），达到自二战结束以来所有总统的最高点。尽管奥巴马与特朗普总统的言辞风格存在明显差异，但都高度自我肯定，更喜欢使用第一人称。奥巴马使用自我肯定的方式比二战结束以来所有总统的平均值高出69%，而特朗普则比奥巴马总统还要高20个百分点；特朗普使用第一人称的频率相当于整个二战后所有总统平均值的2倍。[①] 很大程度上，正是特朗普独特的言辞推高了美国种族主义回潮；因此，唯有理解特朗普本人种族主义言论的发展，才能更为全面地理解美国种族主义回潮。

特朗普的种族主义立场或认知是一贯的。《纽约时报》（*New York Times*）自20世纪70年代就开始报道他有关种族主义的言论，

---

① Donald R. Krebs and Robert Ralston, "Trump and Obama Have One Surprising Thing in Common" (August 8, 2017), The Conversation, https://theconversation.com/trump-and-obama-have-one-surprising-thing-in-common-the-words-they-use-81309, retrieved September 10, 2017.

尽管当时特朗普并不出名，从其被《纽约时报》曝光的种族主义言行可以发现，特朗普的种族主义立场逐渐发展，从一开始主要是在经营场所针对非洲裔的种族主义言行，到逐渐介入政治领域、公然表达政治不正确的种族主义言论。早在1973年，美国司法部起诉特朗普物业公司(Trump Management Corporation)违背《公平住房法》(Fair Housing Act)，联邦官员发现特朗普拒绝租房给非洲裔并对非洲裔租户撒谎称无房可租的证据。特朗普称，政府要他将住房租给享受福利的人，随后，他在1975年签署一项协议，同意不对有色族裔租户采取歧视性的做法，但不承认此前有歧视行为。20世纪80年代，一位曾受雇于特朗普城堡(Trump's Castle)的职员，在离开该公司后指控特朗普的另一家企业存在歧视。他说："当特朗普和伊万卡来赌场时，老板会让所有非洲裔离开；那是20世纪80年代，我还是十几岁的孩子，但我记得：他们把我们都安排到后面。"特朗普广场酒店和赌场(Trump Plaza Hotel and Casino)前总裁约翰·奥唐纳(John O'Donnell)在1991年出版的著作中引用特朗普对一名非洲裔会计师的批评："黑人在数我的钱。我很讨厌这样！我希望替我数钱的人是那些每天戴着圆顶小帽的矮个子。……我认为那家伙很懒。这可能不是他的错，因为懒惰是黑人的特征。真的，我是这样认为的。这不是他们能控制的。"特朗普起初否认了这些言论，但他后来在1997年《花花公子》(*Playboy*)的一次采访中说"奥唐纳写的关于我的东西可能是真的"。特朗普广场酒店和赌场的种族歧视显然是真的，因其为迎合一个大赌户而将非洲裔和女性荷官调离赌桌，事发后于1992年不得不缴纳高达20万美元的罚款。随着其生意经营日渐成功，特朗普开始在公开场合表达其对非洲裔的歧视。在2004年的职场竞争真人秀节目《飞黄腾达》(*The Apprentice*)第二季中，特朗普否决了非洲裔选手凯文·艾伦(Kevin Allen)，理由是他的受教育程度过高。特朗普在节目中说："在教育方面，你是一个令人难以置信的天才，你什么都没做。""有时候你不得不说，'够了'。"次年，同样

第二章　扭曲的政治正确:美国种族主义回潮的外在表现　95

是在《飞黄腾达》真人秀中,特朗普公开宣扬"白人 vs. 黑人"主题;他表示自己对最近一季的节目"不是特别满意",所以在考虑"一个颇具争议的想法——组建一支成功的非裔美国人球队 vs. 一支成功的白人球队。不管人们是否喜欢,这某种程度上是我们这个非常邪恶的世界的反映"①。除了针对非洲裔之外,特朗普其实也歧视美国土著。1993 年,特朗普在国会作证时说,不应允许一些印第安人保留区经营赌场,因为"在我看来他们不像印第安人"。2000 年,特朗普还反对圣里吉斯莫霍克部落(St. Regis Mohawk tribe)修建赌场的建议,认为这是对其在亚特兰大市的赌场的威胁,并秘密采取了一系列措施,暗示该部落"有切实的犯罪记录"。②

　　特朗普自 20 世纪 80 年代起开始刻意利用种族主义提升自己的政治影响力。在利哈伊大学(Lehigh University)1988 年毕业典礼的演讲中,特朗普用了大量时间谴责日本等国家"剥夺了美国的经济尊严"。这与其参选总统后一系列有关中国的言论非常相似。次年,纽约市发生了一起充满争议的刑事案件,4 名非洲裔少年与 1 名拉丁裔少年,即所谓的"中央公园五人帮",被指控攻击和强奸纽约的一名慢跑者。尽管情况不明,但特朗普立即对该案加以炒作并在当地报纸上刊登广告,要求"恢复死刑,恢复警察"! 由于 DNA 证据不符,这几名青少年分别在监狱待了 7—13 年后被无罪释放,纽约市共计为他们支付了 4 100 万美元赔偿金。尽管如此,特朗普在 2016 年 10 月仍称,相信这几名青少年有罪。在 2001 年"9·11"恐怖主义袭击后,美国于 2010 年计划在曼哈顿下城靠近"9·11"袭击遗址的地方建造一个穆斯林社区中心,即"归零地清真寺"(Ground Zero Mosque)提议。该提议引发一场全国性的争论。特朗普也积极参与其中并表示强烈反对,他称该提议"麻木不仁",并提出买断该项目投资者之一的股份。

---

① German Lopez,"Donald Trump's Long History of Racism,From the 1970s to 2019"(July 15, 2019), Vox News, https://www.vox.com/2016/7/25/12270880/donald-trump-racist-racism-history, retrieved January 27, 2020.
② Ibid.

在大卫·莱特曼(David Letterman)的《深夜秀》(The Late Show)节目中,特朗普在提到穆斯林时说:"嗯,有人把我们炸了。有人在炸毁建筑物,有人在做许多坏事。"①更具讽刺性的是,特朗普在散布美国第一位非洲裔总统奥巴马不是美国出生的谣言中扮演了重要角色。2011年,他甚至派人到夏威夷调查奥巴马的出生证明。奥巴马随后公布了他的出生证明,称特朗普是"嘉年华小丑"。据报道,特朗普一直在私下暗示奥巴马不是在美国出生的同时,他也认为奥巴马可能不够优秀,无法进入哥伦比亚大学或哈佛法学院,并要求奥巴马公布自己的大学成绩单。特朗普声称:"我听说他是个糟糕的学生。糟透了。一个坏学生怎么能先去哥伦比亚大学,然后去哈佛呢?"②

在2015年参加美国总统大选后,特朗普多次发表明确的种族主义言论和其他偏执言论,甚至因此而吸引了无数选民,并成为其最终胜出的"制胜法宝"之一。特朗普在竞选期间的种族主义言论近乎无所不包,从美国近邻墨西哥到传统的非洲裔、土著歧视,再到反犹太主义、反穆斯林等。首先,墨西哥裔和穆斯林移民被特朗普视作必须排除在外的,无论是通过隔离墙还是其他方式。早在2015年6—7月谈到墨西哥移民时,特朗普就在推特上写道,他热爱"墨西哥人民",但美国在面对"不是朋友"的墨西哥时正丧失"就业和贸易",因为"数十亿美元通过边境进入墨西哥",而美国得到的却是"杀手、毒品和犯罪"。因此,美国"必须停止非法移民的犯罪和杀戮机器",并且"夺回我们的国家"。2016年1月,特朗普在一条简短的信息中写道:"加强边境,我们必须保持警惕和智慧。不要再空谈政治正确。"③特朗普还在竞选活动中将墨西哥移民称作

---

① German Lopez, "Donald Trump's Long History of Racism, from the 1970s to 2019" (July 15, 2019), Vox News, https://www.vox.com/2016/7/25/12270880/donald-trump-racist-racism-history, retrieved January 27, 2020.
② Ibid.
③ Jessica Gantt Shafer, "Donald Trump's 'Political Incorrectness': Neoliberalism as Frontstage Racism on Social Media", Social Media + Society, 2017, 3(3), p. 6.

"强奸犯",给美国带来了"犯罪"和"毒品",因此建议修建边境墙把墨西哥移民挡在美国之外。2016 年,特朗普提出,负责监督其大学诉讼案的法官贡萨洛·库列尔(Gonzalo Curiel)应该回避此案,因为他有墨西哥血统,而且是一个拉丁裔律师协会的会员。支持特朗普的众议院议长保罗·瑞安(Paul Ryan)后来称这是"教科书式的种族主义言论"。同样是在 2015 年,特朗普也曾呼吁禁止所有穆斯林进入美国;在 2016 年的一次共和党党内辩论中,当被问及是否所有 160 万穆斯林都仇恨美国时,特朗普说:"我是说他们中的很多人。"①

其次,与墨西哥和穆斯林移民带来"威胁"不同,特朗普更强调的是非洲裔和土著的落后。例如,在 2016 年 8 月 22 日对俄亥俄州阿克隆(Akron)的非洲裔和拉丁裔选民的演讲中,特朗普说:"你们生活在贫困中,你们的学校不好,你们没有工作,你们 58% 的年轻人没有工作。你们还有什么丧失的呢?"②他还在 2016 年的共和党全国大会上,接手了"法律与秩序"的旗帜,明显针对白人的所谓"黑人犯罪恐惧"——尽管美国的犯罪率处于历史低位且白人对非洲裔的犯罪更加值得关注。

最后,特朗普在竞选中对其他政治家的攻击也显示出他的种族主义偏见。例如,他曾多次将参议员伊丽莎白·沃伦(Elizabeth Warren,民主党人,马萨诸塞州)称作"波卡洪塔斯"(Pocahontas),因为后者认为印第安人遗产存在争议;③他也曾在推特上发过一张

---

① "US Election 2016: Trump and Rubio Row over Islam 'Hate'" (March 11, 2016), BBC News, https://www.bbc.com/news/election-2016-35781225, retrieved October 11, 2021.
② "Donald Trump Campaign Rally in Akron, Ohio" (August 22, 2016), C-Span, https://www.c-span.org/video/?414214-1/donald-trump-makes-pitch-hispanics-african-american-voters, retrieved October 11, 2021.
③ Ali Vitali, "Trump Calls Warren 'Pocahontas' at Event Honoring Native Americans" (November 28, 2017), NBC News, https://www.nbcnews.com/politics/white-house/trump-calls-warren-pocahontas-event-honoring-native-americans-n824266, retrieved October 11, 2021.

照片,显示希拉里·克林顿(Hillary Clinton)站在一堆钱前面,还有一名犹太明星大卫·克林顿(David Clinton)说:"(这是)有史以来最腐败的候选人!"这条推特带有明显的反犹色彩,但特朗普坚称那颗星是警长徽章。① 尽管这些针对沃伦和希拉里的攻击最后都被删除了,但特朗普显然坚持他是对的。

与人们普遍的预期不同,特朗普从未认为自身有关种族主义的言论只是选举策略。当选并就任总统后,特朗普事实上在一直在有计划地落实其种族主义构想,尽管可能打了一些折扣;同时,其种族主义言辞并未因其入主白宫而变得收敛。

一方面,特朗普继续坚持对非洲裔、土著等的成见。例如,在2017年2月的一次记者招待会上,当一位非洲裔女记者提问特朗普是否会会见并与国会黑人连线(Black Caucus)组织合作时,特朗普反复要求后者安排会面,尽管后者声明自己"只是个记者"。又如,在2016年6月美国职业橄榄球联盟的一次比赛中,球员柯林·凯珀尼克(Colin Kaepernick)为抗议美国对有色种族的迫害,在比赛中的升国旗仪式时单膝下跪,拒绝起立。特朗普此后在2017年、2018年多次对此表示谴责,警告球员们要站稳立场,奏国歌时不能下跪,否则将被停薪甚至禁赛。但作为对特朗普种族主义言行的回应,这一行为事实上变得更加流行。② 在特朗普看来,美国正处于一个"反动的"世界之中,尤其是非洲裔有着"天生"的暴力倾向。但如同《华盛顿邮报》所指出的,特朗普的数据几乎全是假的。特朗普声称"黑人是白人的主要杀手",但事实"恰好相反"(如表2-10所示)。

---

① Elisha Fieldstadt and Ali Vitali, "Donald Trump's 'Star of David' Tweet about Hillary Clinton Posted Weeks Earlier on Racist Feed" (July 4, 2016), NBC News, https://www.nbcnews.com/politics/2016-election/donald-trump-s-star-david-tweet-about-hillary-clinton-posted-n603161, retrieved October 11, 2021.
② Yossi Mekelberg, "Trump Is Widening America's Ethnic Divide" (October 3, 2017), Arab News, http://www.arabnews.com/node/1171851, retrieved June 5, 2020.

表 2-10 关于特朗普对非洲裔和白人犯罪指控的错误率统计

指控内容	特朗普数据	FBI 数据	错误率
被白人杀害的非洲裔	2%	8%	4 倍
被非洲裔杀害的非洲裔	97%	90%	略有误差
被白人杀害的白人	16%	82%	5.4 倍
被非洲裔杀害的白人	81%	15%	5.4 倍

资料来源:Jon Greenberg, "Trump's Pants on Fire Tweet that Blacks Killed 81% of White Homicide Victims"(November 23, 2015), Politi Fact, https://www.politifact.com/truth-o-meter/statements/2015/nov/23/donald-trump/trump-tweet-blacks-white-homicide-victims/, retrieved January 29, 2020。

另一方面,特朗普的种族主义不仅有明显的制度性体现,也有明显的个体性,尤其明显地表现为毫无顾忌的人身攻击。例如,2017 年,特朗普曾称从海地来美国的人"全都携带艾滋病毒";他还说,那些从尼日利亚来的人一旦看到美国,就"再也不会回到他们的小屋"。白宫否认特朗普曾发表此类言论。在 2018 年 1 月的一次两党会议上,特朗普在谈到移民问题时提到海地和非洲国家时甚至问道:"为什么我们让这些来自茅坑(shithole)国家的人来这里?"据报道,他随后建议美国应该从挪威等国家接收更多移民。① 这意味着,来自以白人为主的国家的移民是好的,而来自以非洲裔为主的国家的移民是坏的。尽管此后特朗普否认发表了"茅坑"言论,一些出席会议的参议员表示他确实那样说了。

随着 2020 年美国总统大选拉开帷幕,特朗普的种族主义言论再次张扬。例如,随着伊丽莎白·沃伦宣布参加 2020 年总统竞选,特朗普无情嘲笑她,并再次在推特上称她为"波卡洪塔斯",前面加上一句"在 TRAIL 选战中见"。这个大写的"TRAIL"似乎指的是 19 世

---

① Ali Vitali, Kasie Hunt, and Frank Thorp V, "Trump Referred to Haiti and African Nations as 'Shithole' Countries"(January 12, 2018), NBC News, https://www.nbcnews.com/politics/white-house/trump-referred-haiti-african-countries-shithole-nations-n836946, retrieved October 11, 2021.

纪美国迫使土著迁移的"血泪之路"(Trail of Tears)。① 这一对美国种族主义历史的无知甚或无视,遭到大量批评。又如,2019年7月,围绕犹太人游说、移民等议程,特朗普与4位少数族裔女议员发生争论,并于14日发表多条推特对后者进行攻击,甚至称后者为"四人帮"(Four Squad)。特朗普写道:"看到'进步主义的'民主党国会女性众议员恶意地大声告诉美国人民,这个地球上最伟大、最强大的国家,是如何运作的,的确非常有趣。这些民主党女性众议员来自那些其政府完完全全就是世界上灾难性的、最坏的、最腐败的和最无能的国家(如果它们还有能正常运转的政府的话)。她们为什么不回去,帮助修复那些完全崩溃和充满犯罪的地方。然后她们回来告诉我们怎么办就行了。那些地方非常需要你们的帮助,你们越快回去越好。我相信,南西·佩罗西会尽快安排你们的免费旅行!"②特朗普带有明显种族主义色彩的言辞遭到美国国内普遍反对,国会众议院甚至在16日晚通过一项决议对其表示谴责。再如,特朗普总统的竞选团队在2020年4月发布了一个新的在线广告,对拜登展开攻击,因为后者批评特朗普过早转向"恐惧症"(xenophobia)。然而,这则广告无意中揭示了特朗普竞选团队所谴责的"恐惧症"。正如许多观察人士指出的那样,这则广告断章取义地引用了拜登的言论,并将华盛顿州前州长骆家辉(Gary Locke)描绘成中国共产党的官员。③

---

① Sarah Mervosh, "Trump Mocks Warren with Apparent Reference to Trail of Tears, Which Killed Thousands"(February 10, 2019), The New York Times, https://www.nytimes.com/2019/02/10/us/trump-trail-of-tears.html, retrieved October 11, 2021.
② Jason Silverstein, "Trump Tells Democratic Congresswomen of Color to 'Go Back' to Their Countries"(July 15, 2019), CBS News, https://www.cbsnews.com/news/donald-trump-racist-tweets-progressive-democratic-congresswomen-go-back-to-countries-nancy-pelosi-slam-president/; Kate Sullivan, "Here Are the 4 Congresswomen Known as 'The Squad' Targeted by Trump's Racist Tweets"(July 16, 2019), CNN, https://edition.cnn.com/2019/07/15/politics/who-are-the-squad/index.html; both retrieved July 20, 2019.
③ "Trump Ad Links Asian Americans to COVID-19 Crisis as Hate Crimes against Asian Americans Spike"(April 10, 2020), American Voices, https://americasvoice.org/press_releases/trump-ad-links-asian-americans-to-covid-19-crisis-as-hate-crimes-against-asian-americans-spike/, retrieved April 15, 2020.

尽管种族煽动和仇外心理将成为特朗普总统2020年竞选连任的动力,但美国公众并不认同这一做法。事实上,从很多方面来看,公众正变得更加支持移民。根据2019年12月底的一项民意调查,民主党人将一系列与移民相关的政策列为他们的首要任务之一:在50多个问题中,民主党人最优先考虑的是"不要在南部边境隔离移民儿童",高达92%的民主党人反对这项政策;其他与移民相关的议题也被认为高度优先,包括支持梦想者获得公民身份的途径、反对穆斯林禁令、反对修建边境墙等。哪怕是在共和党内部,也有69%的共和党受访者支持梦想者获得公民身份的途径,54%的人反对边境地区的家庭分离。①

二、特朗普政府的制度性种族主义

如果说特朗普的言辞更多带来的是心理冲击的话,那么他在上台后大力推进另类右翼的政策议程,系统性地侵犯公民权利,事实上助推了种族主义的回潮。特朗普就任总统后任命的首届内阁被称作"白人内阁",因其根本没有能反映美国社会的种族多样性特征。例如,白人在2017年年初占美国总人口的61.5%,而在特朗普的内阁中所占比例高达86.4%;非洲裔占美国人口12.3%,在特朗普内阁白人中所占比重为4.5%;亚裔占美国人口5.3%,在特朗普内阁中占9.1%;而拉丁裔及其他种族尽管占美国人口的20.9%,但在特朗普的首届内阁中没有一位代表。与自20世纪80年代以来的历位总统的第一任期的组阁情况相比,特朗普内阁存在明显的种族歧视,特别是对非洲裔和拉丁裔而言(如表2-11所示)。正是由于白人的过度代表与其他种族的代表性不足,使得特朗普总统本人的种族主义立场及其效果得到进一步放大。执政后,特朗普不仅签发了禁穆令,

---

① "Deep-Dive Polling Project by UCLA and Democracy Fund Finds the American People Oppose Trump's Xenophobia" (December 20, 2019), American Voices, https://americasvoice.org/press_releases/deep-dive-polling-project-by-ucla-and-democracy-fund-finds-the-american-people-oppose-trumps-xenophobia/, retrieved January 20, 2020.

削减教育部、司法部、劳工部及其他美国政府机构的民权部门,还试图剥夺数千万美国人的医疗保险,要求延长刑期、没收公民资产、强化警察暴力等。凡此种种,形成了系统性的制度性种族主义,本节将重点讨论其对内对公民选举权的侵蚀,对外强化对非法移民的警察执法等相对更加直观的制度性种族主义,下一节将重点放在相对而言更为隐性的系统性和制度性种族主义上。

表 2-11 1981—2017 年美国总统第一任期首次组阁的种族代表性

单位:%

族裔		1981年里根政府	1989年老布什政府	1993年克林顿政府	2001年小布什政府	2009年奥巴马政府	2017年特朗普政府
白人	人口占比	79.6	79.6	75.6	70.8	64.9	61.5
	内阁成员占比	90.5	86.4	65.2	70.8	56.5	86.4
非洲裔	人口占比	11.5	11.5	11.8	12.1	12.1	12.3
	内阁成员占比	4.8	4.5	21.7	8.3	21.7	4.5
拉丁裔	人口占比	6.5	6.5	9.0	12.6	15.8	17.6
	内阁成员占比	4.8	9.1	8.7	8.3	8.7	0

资料来源:Amaya Verde and Patricia Velez Santiago, "Trump's Cabinet Is Far from Reflecting the Racial Diversity of the United States"(January 24, 2017), Politica, https://www.univision.com/noticias/politica/trumps-cabinet-is-far-from-reflecting-the-racial-diversity-of-the-united-states, retrieved January 30, 2017.

自 1965 年《选举权法》(Voting Rights Act)为各种族的选民提供选举权保护以来,美国选民的权利在进入 21 世纪第二个十年特别是特朗普执政以后,首次面临较大规模的倒退。自通过以来,《投票权法》减缓或停止了各州和地方政府阻止少数种族社区选民投票的努力,这些努力包括人头税、识字测试、公民身份要求证明、选择性投票地点和选民恐吓。根据 2015 年政治经济研究联合中心的一份报告,在前南方邦联州,各种族选民自我汇报的选民登记率差距在 20 世纪 60 年代初接近 30%,但在 10 年之后缩小到 8%。① 尽管如此,随着 2012 年非洲裔美国人的投票率首次超过白人公民,②加上美国最高法院的两项近乎毁灭性的裁决取消了对核心投票权的保护,使包括总统大选和中期选举在内的美国选举中的种族主义回潮更加明显。③

其一,以严格的身份证件要求限制少数种族选民的投票权。2013 年,美国最高法院对谢尔比县诉霍尔德案(Shelby County v. Holder)的判决,破坏了《投票权法》第 5 条,并宣布辖区确定方式违宪。④ 如果没有辖区确定方式,第 5 条基本上是不可执行的,这意味着有明显的白人至上和压制选民历史的州可以再次操纵它们的投票政策和程序,而无须首先征求联邦政府的批准。许多先前就存在明显的投票权种族歧视的地方对谢尔比县诉霍尔德案判决的反应相当迅速。例如,在北卡罗来纳州,议员们原本试图实施一项严格的选民身份要求,"只允许白人持有比例过高的带照片的身份证,而不允许非洲裔美国人持有比例过高的带照片的身份证"。该法律对大量非洲裔选民的投票权构成威胁,直到联邦法院裁定北卡罗来纳州试图

---

① Danyelle Solomon and Michele L. Jawando, "Voter Suppression Is Real: Americans Must Remain Vigilant" (October 18, 2016), Center for American Progress, https://www.americanprogress.org/issues/race/news/2016/10/18/145727/voter-suppression-is-real-americans-must-remain-vigilant/, retrieved January 20, 2020.
② Jens Manuel Krogstad and Mark Hugo Lopez, "Black Voter Turnout Fell in 2016, Even as a Record Number of Americans Cast Ballots" (May 12, 2017), Pew Research Center, https://www.pewresearch.org/fact-tank/2017/05/12/black-voter-turnout-fell-in-2016-even-as-a-record-number-of-americans-cast-ballots/, retrieved May 30, 2017.
③ "Shelby County v. Holder" (August 4, 2018), New York University School of Law Brennan Center for Justice, https://www.brennancenter.org/legal-work/shelby-county-v-holder; "Husted v. A. Philip Randolph Institute" (June 11, 2018), New York University School of Law Brennan Center for Justice, https://www.brennancenter.org/legal-work/husted-v-philip-randolph-institute-0; both retrieved August 25, 2018.
④ *Shelby County v. Holder*, 570 U.S. 529, June 25, 2013, https://supreme.justia.com/cases/federal/us/570/529/, retrieved August 25, 2018.

"以近乎精确的外科手术般的方式针对非洲裔美国人"后才被废除。① 又如,北达科他州通过了一项针对印第安人选民的严格的选民身份法案,其中要求公民在投票时出示身份证和有效的居住街道地址。② 但许多住在保留地的印第安人并没有居住地址,而是通过邮箱接收邮件。根据这项新法律,如果没有街道地址,即使是部落身份证也无法参加选举投票,这意味着每5个印第安合法选民中就有1个因该法案而无法参加2018年国会中期选举投票。尽管印第安社团组织作出大量努力,但仍有大量印第安合法选民受到影响。③ 正是由于谢尔比县诉霍尔德案的判决,使非洲裔、拉丁裔和土著等种族的合法选民遭到更加严重的政治参与歧视,分别是白人的4倍、3倍和2倍。④ 据统计,2019年,美国共计有36个州有明确的选民身份认证法规,要求符合条件的选民在投票前出示某种形式的政府签发的身份证。其中,执行最为严格的"身份证+照片"要求的有7个州,3个州对身份证要求严格(对照片要求不那么严格),另有26个州相对不那么严格。11%的美国人没有这些法律所要求的那种由政府发放的有照片的身份证,而少数种族、低收入的美国人以及学生比其他美国人更不可能有合格的身份证。⑤ 美国政府问责局(GAO)的一项

---

① N. C. State Conference of the NAACP v. Patrick McCrory, U. S. Court of Appeals for the Forth Circuit, No. 16-1468(L), July 29, 2016, http://www.ca4.uscourts.gov/Opinions/Published/161468. P. pdf, retrieved August 25, 2018.
② "North Dakota Again Passes Discriminatory Voter ID Law" (May 9, 2017), Native American Rights Fund, https://www.narf.org/north-dakota-voter-id-law/, retrieved May 25, 2017.
③ "Voting in North Dakota's 2018 Election" (October 18, 2018), Native American Rights Fund, https://www.narf.org/north-dakota-2018-election/, retrieved October 20, 2018.
④ "Discrimination in America: Experiences and Views on Affects of Discrimination Across Major Population Groups in the United States" (October 2017), Harvard T. H. Chan School of Public Health, Robert Wood Johnson Foundation, and NPR, https://www.npr.org/assets/img/2017/10/23/discriminationpoll-african-americans.pdf, retrieved November 20, 2017.
⑤ "Voter Identification Requirements: Voter ID Laws" (February 24, 2020), National Conference of State Legislatures, http://www.ncsl.org/research/elections-and-campaigns/voter-id.aspx, retrieved March 10, 2020.

研究发现,选民身份证法规可使参加选举的人数减少 2%—3%。①

其二,通过选民剔除实现选举中的种族歧视。2018 年,美国最高法院对胡斯特德诉菲利普·伦道夫研究所案(Husted v. A. Philip Randolph Institute)作出裁决,支持俄亥俄州的决定,将 84.6 万人从选民名单中剔除(purging),其中主要是非洲裔选民,因为他们在过去六年中很少参加投票。② 最高法院的判决打开了将数百万美国少数种族从选民名单上除名的大门。根据布伦南司法中心(Brennan Center for Justice)于 2018 年的一份报告,2014—2016 年,美国多个州从选民名单中剔除了近 1 600 万名选民,该数据与 2006—2008 年的数据相比增加了近 400 万人。值得注意的是,选民剔除在有歧视性投票惯例历史的州尤其普遍。③ 例如,自 2012 年以来,乔治亚州共剔除了约 150 万名合格选民,其中 10.7 万人是因为没有参加前两次大选而被除名。④ 这些举措不成比例地影响了非洲裔美国人,其被剔除的概率在有的县是白人的 1.25 倍。⑤ 与生活在以白人为主的富裕社区的人相比,少数种族社区和低收入社区的选

---

① Government Accountability Office, "Elections: Issues Related to State Voter Identification Laws" (September 2014), GAO Report to Congressional Requesters, GAO-14-634, https://www.gao.gov/assets/670/665966.pdf, retrieved March 25, 2020.
② Danielle Root and Liz Kennedy, "Voter Purges Prevent Eligible Americans from Voting" (January 4, 2018), Center for American Progress, https://www.americanprogress.org/issues/democracy/reports/2018/01/04/444536/voter-purges-prevent-eligible-americans-voting/, retrieved March 10, 2020.
③ Jonathan Brater, et al., "Purges: A Growing Threat to the Right to Vote" (July 20, 2018), Brennan Center for Justice, New York University School of Law, https://www.brennancenter.org/sites/default/files/publications/Purges_Growing_Threat_2018.pdf, retrieved March 10, 2020.
④ Morgan Gstalter, "107 000 Purged from Georgia Voter Rolls for Not Voting in Past Elections: Report" (October 19, 2018), The Hill, https://thehill.com/homenews/campaign/412195-georgia-purged-more-than-100000-people-from-voter-rolls-because-there-didnt, retrieved March 10, 2020.
⑤ Geoff Hing, Angela Caputo, and Johnny Kauffman, "Georgia Purged about 107 000 People from Voter Rolls: Report" (October 19, 2018), WABE, https://www.wabe.org/georgia-purged-about-107000-people-from-voter-rolls-report/, retrieved March 10, 2020.

民更有可能被从选民名册上除名。需要强调的是,这些州之所以这样做,是因为"从未"和"极少"投票的选民往往将选票投给民主党候选人。①

其三,以重罪及其他名义剥夺合法选民的投票权,最主要的是随犯罪前科和居住区域而来的歧视。一方面,在种族隔离时期,因重罪而剥夺非洲裔投票权是最有力的一种方式。尽管《退伍军人权利法案》(GI Bill)发挥了一定的作用,但这一歧视性政策仍在全国范围内持续了几十年。值得注意的是,反毒品战争将少数种族作为逮捕和监禁的目标,放大了全国范围内剥夺公民选举权的重罪的影响。仅 2016 年,就有 610 万美国人(其中大多数是少数种族)因被判重罪而不能参加投票。② 另一方面,拒绝给予华盛顿特区和领地居民以全面的选举权的现象,长期没有得到关注。每到选举年,都有数以百万计的美国军人、外交官和旅居海外的美国人通过缺席投票的方式投票。但住在华盛顿特区、波多黎各、美属维尔京群岛、关岛、北马里亚纳群岛和美属萨摩亚的美国成年人仍缺乏充分的投票权。华盛顿特区居民在军队服役,缴纳联邦税,但他们只有一张总统选举人票,没有众议院或参议院的代表。美国领地上的居民代表性更少,他们没有总统选举人票。2016 年,由于居住在华盛顿特区或领地,有 340 万美国人无法参加投票,其中大多数是少数种族。这样,大量公民因重罪和居住在华盛顿特区及领地而被剥夺投票权,导致 2016 年大选中有 950 万名美国人事实上不能合法行使投票权,这一数字超过怀俄明州、佛蒙特州、阿拉斯加州、北达科他州、南达科他州、特拉华州、罗

---

① Larry Elder, "'Never' and 'Infrequent' Voters Vote Democrat" (November 26, 2020), Real Clear Politics, https://www.realclearpolitics.com/articles/2020/11/26/never_and_infrequent_voters_vote_democrat_144734.html, retrieved December 3, 2020.
② Christopher Uggen, Ryan Larson, and Sarah Shannon, "6 Million Lost Voters: State-Level Estimates of Felony Disenfranchisement, 2016" (October 6, 2016), The Sentencing Project, https://www.sentencingproject.org/publications/6-million-lost-voters-state-level-estimates-felony-disenfranchisement-2016/, retrieved March 10, 2020.

得岛州、蒙大拿州、夏威夷州、新罕布什尔州、缅因州和爱达荷州合格选民的总和。这12个州——其中大部分是白人占多数——总共有17名众议员、24名参议员和41张选举人团票。

在通过各种制度设计限制合法公民的投票权之外,特朗普自上任后对移民的歧视更为明显,最集中地体现为终止奥巴马政府于2012年启动的"抵美儿童暂缓遣返"(Deferred Action for Childhood Arrivals, DACA)行动,并极大地强化了非法移民犯罪逮捕。"抵美儿童暂缓遣返"行动自实施以来,使近80万人受益——他们也被称作"追梦人"(dreamer):他们因此获得了工作和受教育机会,能够养活自己和家人。特朗普上台后,要求终止"抵美儿童暂缓遣返"行动;与此相应,他还要求司法部于2018年4月起实施所谓"零容忍"(zero tolerance)政策,对所有非法越境进入美国的移民实施刑事起诉,并将父母送往拘留中心,而其未成年子女则另行拘押。"零容忍"政策的直接后果是拆散移民家庭,使未成年儿童处于无人照顾的局面。根据2021年年初的一项政府报告,"零容忍"政策导致超过3 000个家庭被拆散,并对那些孩子造成了持续的情感伤害。① 特朗普的政策提议不仅引发了重大的移民危机,在美国国内也引发重大争议,美国最高法院要求政府在裁决前停止执行。根据皮尤研究中心2019年年底的一项民意调查,有2/3的美国公众(67%)认为,设法让非法移民合法化相当重要。但两党对此分歧明显,民主党人中有82%认为使非法移民合法化相当重要,而仅有48%的共和党人持这一观点。大量的美国人也认为其他政策目标也是重要的,如68%认为强化美墨边境安全很重要,另有73%认为接收逃离战争和暴力的难民很重要。对驱逐非法移民的看法存在较大分歧,有54%的美国人赞同,但也有45%的美国人反对。两党对移民政策目标的看法

---

① Colleen Long, "Watchdog: DOJ Bungled 'Zero Tolerance' Immigration Policy" (January 15, 2021), American Press, https://apnews.com/article/aclu-doj-zero-tolerance-policy-failure-b8e6e0a189f5752697335f51d57b1628, retrieved January 24, 2021.

存在严重分歧。共和党更加强调强化边境安全,加大驱逐出境力度;而民主党人更强调提供非法移民合法化途径,加大接收难民的力度等。认为强化边境安全"非常重要"的共和党人占比达70%,共计91%的共和党人认为强化边境安全"非常"或"较为"重要。相比之下,民主党人中只有49%认为强化边境安全"非常"或"较为"重要。两党在驱逐非法移民出境的问题上分歧更大。共计83%的共和党人认为,强化驱逐非法移民出境"非常"或"较为"重要,而只有31%的民主党持相同观点。但随着全球难民问题的上升,两党都认为接收因战争和暴力而产生的难民是个重要目标,但民主党人(85%)显然比共和党人(58%)更强调这一问题的重要性。共和党内部对难民问题的认识也有明显改变,2016年,只有40%的共和党人认为接受因战争和暴力的难民"非常"或"较为"重要,但到2019年这一比例上升到58%。尽管共和党人认为"非常"重要的比例未明显增加(从2016年的13%升至2019年的15%),但认为"较为"重要的从28%上升到43%。①

尽管"抵美儿童暂缓遣返"行动仍可为非法移民及其子女提供短期性的保护,但特朗普政府却以强化非法移民执法的手段继续贯彻其种族主义。根据美国联邦法律,非法进入美国或其他违反移民法的人可能面临民事或刑事处罚。民事处罚由司法部下属的行政法庭审理,并可能被驱逐出境。刑事处罚在联邦初审法院审理,在驱逐出境之前可能会被监禁。行政部门拥有广泛的权力来决定如何执行联邦移民法。自20世纪90年代以来,美国联邦政府越来越视移民案件为刑事案件;而到特朗普上台后,这一趋势变得更加明显。特朗普上台后,美国司法部强化了对非法入境者的刑事逮捕和起诉力度。2017年4月,时任司法部部长杰夫·塞申斯(Jeff Sessions)要求联邦检察官优先对移民犯罪提起刑事诉讼,以遏制非法移民。一年后,随

---

① Andrew Daniller, "Americans' Immigration Policy Priorities: Divisions between-and within-the Two Parties" (November 12, 2019), Pew Research Center, https://www.pewresearch. org/fact-tank/2019/11/12/americans-immigration-policy-priorities-divisions-between-and-within-the-two-parties/, retrieved January 27, 2020.

着越境移民人数的增加,塞申斯宣布了一项"零容忍"政策,敦促联邦检察官对所有非法入境移民提起刑事诉讼。①

这样,在特朗普上台后的第一个完整财年里,被逮捕和指控有罪的移民数量创下新的纪录。根据美国司法部统计局(Bureau of Justice Statistics)的统计,2018财年因移民犯罪而被逮捕的人数从2017年的58 031人激增至108 667人,增幅达87%,这一数字高于此前20年来的任何一个财年。类似地,2018财年涉嫌移民的犯罪嫌疑人人数也在2017财年的基础上增长了66%(如表2-12所示)。相比之下,移民犯罪数量在奥巴马政府的第二个任期内急剧下降。这一移民犯罪数量大幅增长,极可能是特朗普上台后政策变化的结果,即对非法入境者实施刑事处罚而非民事处罚,加上由此而来的美墨边境地带移民的不满情绪急剧上升。尽管因非法入境而逮捕和诉讼的数量都创下新纪录,但其原因并不是非法入境人数大大增加,而是涉移民的逮捕率大大增加:从2017财年到2018财年,美墨边境涉非法入境的逮捕率从12.2%上升到21%。②

表2-12 因移民犯罪被逮捕的人数及犯罪嫌疑人人数(1998—2018财年)

单位:人

财年	被逮捕人数	涉嫌移民的犯罪嫌疑人人数
1998	20 942	13 249
1999	22 849	15 187
2000	25 205	16 053
2001	24 794	15 309
2002	25 270	16 171

---

① John Gramlich, "Far More Immigration Cases Are Being Prosecuted Criminally under Trump Administration" (September 27, 2019), Pew Research Center, https://www.pewresearch.org/fact-tank/2019/09/27/far-more-immigration-cases-are-being-prosecuted-criminally-under-trump-administration/, retrieved January 27, 2020.

② Ibid.

(续表)

财年	被逮捕人数	涉嫌移民的犯罪嫌疑人人数
2003	27 346	20 347
2004	39 135	37 326
2005	38 041	36 559
2006	47 013	36 226
2007	54 620	38 926
2008	78 033	80 615
2009	84 748	88 313
2010	82 255	85 545
2011	83 206	83 324
2012	85 458	92 345
2013	96 374	94 273
2014	81 881	81 305
2015	71 119	73 028
2016	68 315	70 237
2017	58 031	59 797
2018	108 667	107 794

资料来源：Mark Motivans, "Immigration, Citizenship, and the Federal Justice System, 1998-2018"(August 2019, revised January 27, 2021), Bureau of Justice Statistics, https://bjs.ojp.gov/content/pub/pdf/icfjs9818.pdf, pp.1, 11, Tables 4&12, retrieved September 22, 2023。

第三节 持续恶化的结构性种族主义

联合国人权理事会(UN Human Rights Council)下属非洲裔专家工作组(UN Working Group of Experts on People of African Descent)在2016年8月公布的一份报告中指出，美国政府没有尽职

保护非洲裔美国人的权利,非洲裔美国人仍面临大量的各类结构性种族主义限制。尽管民权运动迫使美国政府最终于20世纪60年代终止"吉姆·克劳法",但种族主义的系统性意识形态仍占据主导,对非洲裔美国人的公民、政治、经济和社会文化权利等都产生了重大的消极影响。这种结构性种族主义有多种表现形式,如警察粗暴执法、大量监禁、极端贫困、资源和社会服务严重不均等。① 的确,尽管在特朗普时期,无论是以白人至上主义运动为代表的个体性种族主义,还是以特朗普总统的言行及其政府举措为代表的制度性种族主义,都似乎比更加隐性的却更为系统的结构性种族主义表现得更为明显。但必须强调的是,隐性但更加系统的结构性种族主义的回潮有更为深远的影响,更值得关注。本节将重点从美国各种族间的贫富差异、住房歧视、受教育与就业歧视三个方面对其结构性的种族主义加以考察。

一、种族贫富差异

收入不平等及由此而来的种族间贫富差距,是美国结构性种族主义的最直接表现,其背后是美国经济体系中的结构性种族主义。皮尤研究中心自2014年起就美国经济体系是否公平展开民意调查,总体上美国公众的认知保持稳定。2018年9月的调查结果显示,多达63%的受访者认为,美国经济体系极不公平,对强大的利益集团有利;只有33%的受访者认为,对大多数美国人而言总体公平。与此同时,不同政党对这一问题的认知分歧也在加剧。2018年调查第一次明确显示,有超过半数(57%)的共和党人认为,美国经济体系对大多数人来说是公平的;此前在2016年1月的民意调查中,还有54%的共和党人认为,美国经济体系是不公平的。相比之下,民主党人一贯

---

① UN Human Rights Council, *Report of the Working Group of Experts on People of African Descent on Its Mission to the United States of America*, UN General Assembly, A/HRC/33/61/Add.2, August 18, 2016, pp.4, 7-15.

认为,美国经济体系对强大的利益集团更为有利,且持这一观点的人数还在增加:2016年1月时为76%,2018年9月达到84%。① 共和党人自2018年起首次出现认为美国经济体系是公平的人超过半数这一事实,颇具讽刺性地印证了美国种族主义的回潮,更暗示着美国结构性种族主义的进一步深化与固化;因为它表明,共和党人某种程度上正将美国种族主义的当前回潮视作一种"进步",而非倒退。美国种族间收入不平等主要体现为三个方面。

第一,历史地看,尽管各种族的收入水平均在增长,但种族间收入不平等却在加剧,种族间贫富差异不是缩小而是拉大了。

的确,过去50年里,美国人的平均财富持续增长,但各个种族群体间的增长却并不平均。1963—2016年,收入最低的10%家庭从平均为零资产发展为负债1 000美元;而中间层次的家庭资产平均翻了一番;收入最高的10%家庭的资产增长了5倍;最为富有的1%家庭的资产增长了7倍。这使美国的贫富不均进一步恶化。1963年,最富有的1%家庭的资产相当于中间层次的6倍;而到2016年达到了12倍。② 导致家庭资产差距拉大的根本原因在于收入不平等,而种族间财富不平等更加明显。尽管非白人种族的人口数量快速增加,但白人仍拥有美国人财富的大多数。1963年,白人家庭的平均资产比非白人家庭高12.1万美元;但到2016年,白人家庭的平均资产(91.9万美元)比非洲裔家庭(14万美元)和拉丁裔家庭(19.2万户)都要高70余万美元。也就是说,2016年,白人家庭的平均资产是拉丁裔家庭的5倍,是非洲裔家庭的7倍。根据2019年的消费者财务调查(Survey of Consumer Finances),白人家庭的平均资产达到

---

① Amina Dunn, "Partisans Are Divided over the Fairness of the U. S. Economy—and Why People Are Rich or Poor" (October 4, 2018), Pew Research Center, https://www. pewresearch. org/fact-tank/2018/10/04/partisans-are-divided-over-the-fairness-of-the-u-s economy-and-why-people-are-rich-or-poor/, retrieved January 27, 2020.
② "Nine Charts about Wealth Inequality in America" (October 5, 2017), Urban Institute, http://apps. urban. org/features/wealth-inequality-charts/, retrieved January 27, 2020.

98.34万美元;相比之下,非洲裔家庭平均资产仅为14.25万美元,拉丁裔略高,为16.55万美元。换句话说,在白人家庭平均收入持续增加的同时,非洲裔基本没有变化,而拉丁裔甚至有所下降(如表2-13所示)。

表2-13 美国白人、非洲裔、拉丁裔种族家庭平均财富

单位:美元

年份	白人	非洲裔	拉丁裔
1963	140 633		
1983	324 058	67 270	62 562
1989	424 082	78 092	84 398
1992	373 826	80 779	90 752
1995	394 522	68 909	96 488
1998	497 581	94 972	128 519
2001	662 337	97 930	119 857
2004	715 453	146 128	158 725
2007	802 520	156 285	215 534
2010	715 067	110 569	128 039
2013	717 069	102 106	111 160
2016	919 336	139 523	191 727
2019	983 400	142 500	165 500

资料来源:1963—2016 年的数据来自"Nine Charts about Wealth Inequality in America"(October 5, 2017), Urban Institute, http://apps.urban.org/features/wealth-inequality-charts/, retrieved January 27, 2020;2019 年的数据来自 Neil Bhutta, et al., "Disparities in Wealth by Race and Ethnicity in the 2019 Survey of Consumer Finances" (September 28, 2020), FEDS Notes, Washington, D. C.: Board of Governors of the Federal Reserve System, federalreserve.gov/econres/notes/feds-notes/disparities-in-wealth-by-race-and-ethnicity-in-the-2019-survey-of-consumer-finances-20200928.htm, retrieved January 20, 2021。

由于不同种族内部也存在贫富差异,因此家庭收入中位数往往

也是衡量种族贫富差距的另一重要指标。如表 2-14 所示,从不同种族的家庭收入中位数同样可以看出,在特朗普当选后,种族间贫富差距也有所拉大。根据统计,2020 年美国家庭收入中位数为 67 521 美元,但各种族差距相当大。亚裔最高,达到 94 903 美元,白人也达到 74 912 美元,其他种族明显较低,拉丁裔为 55 321 美元,而非洲裔仅有 45 870 美元。从历史趋势看,1990 年,非洲裔家庭收入中位数相当于整个美国家庭收入中位数的 65.05%,白人的 58.46%;2000 年,这两个数据分别上升至 70.65% 和 65.03%;2010 年,这两个数据又回落至 63.68% 和 57.61%。在特朗普总统上台前的 2016 年,这两个数据分别为 66.89% 和 60.72%,意味着奥巴马政府时期非洲裔的家庭收入状况改善明显。特朗普政府时期略有起伏:在 2017—2019 年,这两项指标均低于 2016 年;2020 年,非洲裔家庭收入中位数占整个美国家庭收入中位数的比例略有回升,超过 2016 年(67.93%),但与白人相比则仍低于 2016 年(59.74%)。

表 2-14 美国不同种族家庭收入中位数

单位:美元

年份	整体	白人	亚裔	拉丁裔	非洲裔
2000	63 292	68 768	84 043	49 995	44 718
2005	61 553	67 476	81 175	47 789	41 001
2010	58 627	64 794	76 453	44 772	37 331
2011	57 732	63 912	75 120	44 549	37 173
2012	57 623	64 391	77 523	44 055	37 635
2013	57 808	64 854	74 643	45 592	38 704
2014	58 725	65 948	81 315	46 505	38 742
2015	61 748	68 778	84 310	49 328	40 314
2016	63 683	70 157	87 837	51 425	42 596
2017	64 806	71 958	85 882	53 311	42 511

(续表)

年份	整体	白人	亚裔	拉丁裔	非洲裔
2018	65 127	72 820	89 882	53 036	42 636
2019	69 560	77 007	99 400	56 814	46 005
2020	67 521	74 912	94 903	55 321	45 870

资料来源：Emily A. Shrider, Melissa Kollar, Frances Chen, and Jessica Semega, "Income and Poverty in the United States: 2020", in Current Population Reports, U. S. Census Bureau, September 2021, Table A-2, pp. 28-38. 本表中的美元金额均按 2020 年的美元价格估算。

第二，种族间家庭收入或财富的重大不平等，导致收入更低的种族更易陷入贫困，这也意味着美国结构性种族主义的深化与固化。

作为世界上最为发达的国家之一，美国的贫困标准远高于其他国家且自 20 世纪 60 年代以来基本保持固定。因此，美国贫困发生率的数据变化本身不具明显的国际比较意义，但对观察美国国内各种族和族裔的地位相对变化却具有重要意义。

首先，尽管时有起伏，但美国的贫困发生率在过去半个多世纪中基本保持稳定。根据美国人口普查局数据，1959—2020 年，美国的贫困发生率时有起伏：1960 年，美国整体贫困发生率为 22.2%；自 1973 年降至 11.1%，但此后几乎每 10 年一次明显反弹——1983 年回升至 15.2%后回落，1993 年再度回升至 15.1%，2010 年又回升至 15.1%；2019 年曾降至 10.5%的低点，但 2020 年新冠肺炎疫情暴发又回升至 11.4%。①

其次，尽管整体稳定，但不同群体和种族的贫困发生率变化明显。例如，1973—2020 年，白人的贫困发生率只有在 20 世纪 80 年代初曾有三个年份以及 2013 年、2014 年等共计 5 个年份超过 10%，但均低于 11%；最低为 2019 年的 7.3%，2020 年有所反弹也仅为

---

① Emily A. Shrider, Melissa Kollar, Frances Chen, and Jessica Semega, "Income and Poverty in the United States: 2020", in Current Population Reports, U. S. Census Bureau, September 2021, Table B-4, p. 56.

8.2%。相比之下,非洲裔的贫困发生率在1960年高达55%,尽管在2020年已经降至19.5%,但这仍是白人自二战以来未曾达到过的"高度"。事实上,非洲裔的贫困发生率在2018年仍为20%以上;换句话说,非洲裔的贫困发生率低于20%的年份,自1960年以来只有2个。拉丁裔情况略好于非洲裔,1972—2020年,大多数时间在20%—30%徘徊,2020年,因新冠疫情从2019年的15.7%回升至17%。①

最后,各种族和族裔在遭遇经济冲击之后的恢复力存在明显差异。2010—2019年,美国各种族的贫困发生率事实上都在下降,尽管不同种族的贫困改善幅度不一。整体而言,拉丁裔和亚裔的改善幅度最大,分别从2010年的26.5%、12.2%降至2019年的15.7%、7.3%,下降幅度均超过40个百分点;贫困发生率本来就较低的白人也下降了26个百分点,但其实最为贫困的非洲裔反而改善幅度只有30%,这充分说明了美国隐性种族主义的存在。如果从18岁以下人口的贫困发生率的改善幅度看,美国隐性的系统性的种族主义就更加明显。2010—2019年,贫困发生率最低的白人18岁以下人口,实现了32.5个百分点的改善,比境况最差的非洲裔18岁以下人口高近4个百分点,后者同期的改善幅度为28个百分点。类似地,如果考察2020年新冠肺炎疫情的冲击,也可看出:无论是就整体而言还是就18岁以下人口而言,白人的反弹幅度明显小于非洲裔和拉丁裔(如表2-15所示)。非洲裔感染新冠肺炎和因此死亡的比例都远远高于其他族裔,且得到救治的机会也要少得多;以每10万人计,非洲裔的新冠死亡人数高达150.2人,而白人则为120.9人。②

---

① Emily A. Shrider, Melissa Kollar, Frances Chen, and Jessica Semega, "Income and Poverty in the United States: 2020", in *Current Population Reports*, U.S. Census Bureau, September 2021, Table B-4, pp. 56-61.
② "Racial Inequality and Covid-19", Inequality.org, https://inequality.org/facts/racial-inequality/#racial-inequality-covid, retrieved March 1, 2021.

表2-15　美国不同族裔群体贫困发生率(2010—2020年)

单位：%

族裔		2010年	2011年	2012年	2013年	2014年	2015年	2016年	2017年	2018年	2019年	2020年
整体	白人	9.9	9.8	9.7	10.0	10.1	9.1	8.8	8.5	8.1	7.3	8.2
	非洲裔	27.4	27.6	27.3	25.3	26.0	23.9	21.8	21.7	20.7	18.8	19.5
	拉丁裔	26.5	25.3	25.6	24.7	23.6	21.4	19.4	18.3	17.6	15.7	17.0
	亚裔	12.2	12.3	11.7	13.1	12.0	11.4	10.1	9.7	10.1	7.3	8.1
18岁以下	白人	12.3	12.5	12.3	13.4	12.3	12.1	10.8	10.2	8.9	8.3	9.9
	非洲裔	39.0	38.8	37.9	33.4	36.0	31.6	29.7	29.7	28.5	26.4	27.7
	拉丁裔	34.9	34.1	33.8	33.0	31.9	28.9	26.6	25.0	23.7	20.9	23.1
	亚裔	14.4	13.5	13.8	14.7	14.0	12.3	11.1	10.4	11.3	7.3	8.4

资料来源：Emily A. Shrider, Melissa Kollar, Frances Chen, and Jessica Semega, "Income and Poverty in the United States: 2020", in *Current Population Reports*, U.S. Census Bureau, September 2021, Tables B-4&B-5, pp. 56-69。

第三,美国结构性种族主义还意味着不同种族的美国人实现"美国梦"的机会存在明显差异。

实现"美国梦"的具体衡量指标主要是单个美国人的终身财富积累情况,但对不同种族的美国人而言,其终身财富积累差异巨大。随着年龄增长,种族间的贫富不均事实上在持续恶化。在 30—40 岁时,白人家庭的平均财产比非洲裔家庭高 14.7 万美元,前者相当于后者的 3 倍;到 60 岁后,白人家庭的平均财产比非洲裔家庭高 110 万美元,前者相当于后者的 7 倍。白人一生的平均收入为 270 万美元,而非洲裔为 180 万美元,拉丁裔为 200 万美元。这一终身性收入差距,使白人和其他种族的家庭收入差距持续拉大。2016 年,白人家庭的平均可用退休储蓄比非洲裔和拉美裔家庭多 13 万美元,或多出 6 倍。这一差距在过去 25 年里增加了 5 倍多:1989 年,白人家庭的平均可用退休储蓄比非洲裔和西班牙裔家庭多 2.5 万美元,或多出 5 倍多。随着流动性退休储蓄工具取代更传统的固定收益养老金计划,这一缺口的影响变得更加重大。导致这一差距的,不仅是收入不平等;即便收入相同,非洲裔和拉丁裔家庭获得退休储蓄手段的机会也较少,而所获得的退休储蓄手段中的参与率也较低。此外,非洲裔员工参与雇主提供的退休计划的可能性也要低,2013 年非洲裔的参与率为 40%,而白人则为 47%。①

更令人沮丧的是,由于不同种族的起点差异,事实上少数种族更多经历的是贫困的积累而非财富的积累。就贫困发生率和持续时间而言,白人和非洲裔的经历完全不同。1974 年,所有 18 岁以下的儿童贫困发生率为 15.4%,其中非洲裔儿童贫困发生率是白人儿童的 4 倍。40 年后,儿童贫困发生率更高了,达到 21.1%,而非洲裔儿童贫困发生率仍是白人的 3 倍。1974—2014 年,始终有至少 1/3 的非

---

① "Nine Charts about Wealth Inequality in America" (October 5, 2017), Urban Institute, http://apps.urban.org/features/wealth-inequality-charts/, retrieved January 27, 2020.

洲裔儿童生活在贫困状态中。① 非洲裔家庭的贫困状态远比白人家庭更为持久;也就是说,非洲裔家庭摆脱贫困所需时间更长。在那些至少经历了一年贫困生活的儿童中,非洲裔儿童成年后也会贫穷的可能性是白人儿童的一倍,前者为 43%,后者为 20%。更令人吃惊的是,无论在儿童时期是否经历贫困,非洲裔的贫困发生率都差不多:儿童时期经历过贫困在成年后的贫困发生率为 43%,未经历贫困的为 41%。这一现象说明,非洲裔家庭付出了高昂的不公平的社会和经济代价。②

二、住房歧视

相比工作收入而言,拥有住房是几乎所有国家的公民实现财富积累和财务状况改善的关键工具。几个世纪以来,美国立法者采取了大量措施,以扩大财产所有权和经济适用房的财富积累能力。但这些机会几乎垄断性地为白人所享受,通过结构性种族主义,美国经常把少数种族赶出家门,剥夺他们创造财富的机会,并把他们安置在与世隔绝的社区,造成了严重和持续的种族性财富差异,特别是非洲裔和白人家庭之间的差异。到特朗普政府时期,美国各种族间的财富差距已经大到难以逆转;相反,按当前趋势,非洲裔家庭不仅永远无法追上白人家庭,即使要达到今天白人家庭的水平也还需要 200 多年。③

第一,住房政策事实上将对少数种族的歧视固定化,从而实现种族的获益不平等。

在整个 20 世纪中,美国政府制定了大量政策以促进住房所有

---

① Diana Elliott, "Two American Experiences: The Racial Divide of Poverty" (July 21, 2016), Urban Institute, https://www.urban.org/urban-wire/two-american-experiences-racial-divide-poverty, retrieved January 27, 2020.
② Ibid.
③ Chuck Collins, et al., "The Ever-Growing Gap" (August 8, 2016), Institute for Policy Studies, https://ips-dc.org/report-ever-growing-gap/, retrieved January 20, 2020.

权,并为中产阶级提供一条道路。但这些计划在很大程度上使白人家庭受益,把非洲裔家庭排除在外。1933年和1934年,富兰克林·罗斯福(Franklin Roosevelt)总统签署了《房主贷款法案》(Owners' Loan Act)和《国家住房法案》(National Housing Act),以防止丧失抵押品赎回权,并使租房和拥有住房变得更容易负担。1944年,罗斯福总统签署了《军人调整法案》(Servicemen's Readjustment Act,通常被称为《退伍军人权利法案》),该法案为二战老兵提供了一系列的福利,如有担保的抵押贷款。但如同历史学家艾拉·卡兹尼尔森(Ira Katznelson)所说,"这项法律是为了容纳种族歧视而设计的"①。例如,《退伍军人权利法案》允许地方银行歧视非洲裔退伍军人,尽管联邦政府会为他们的抵押贷款提供担保,但仍不给他们发放住房贷款。在密西西比州,退伍军人管理局在1947年担保的3 000笔抵押贷款中,只有两笔给了非洲裔美国人,尽管非洲裔美国人占全州人口的一半。② 因此,尽管《退伍军人权利法案》为数百万以白人为主的退伍军人进入中产阶级铺平了道路,但它也进一步巩固了美国的种族等级制度。③

联邦住房贷款计划允许房主(其中大部分是白人)跨代建造和转移资产,这加剧了住房所有权和财富方面的种族差异。与白人家庭相比,即使在控制了诸如教育、收入、年龄、地理区域、州和婚姻状况等保护性因素之后,少数种族家庭仍然不太可能拥有自己的房子。非洲裔和白人家庭之间的差距特别明显:只有41%的非洲裔家庭拥

---

① Nick Kotzm, "'When Affirmative Action Was White': Uncivil Rights" (August 28, 2005), New York Times, https://www.nytimes.com/2005/08/28/books/review/when-affirmative-action-was-white-uncivil-rights.html, retrieved January 8, 2019.
② Edward Humes, "How the GI Bill Shunted Blacks into Vocational Training", *The Journal of Blacks in Higher Education*, 2006, 53, pp. 92-104.
③ Sarah Turner and John Bound, "Closing the Gap or Widening the Divide: The Effects of the G. I. Bill and World War Ⅱ on the Educational Outcomes of Black Americans", Working Paper, No. 9044, National Bureau of Economic Research, July 2002, https://www.nber.org/papers/w9044.pdf, retrieved January 20, 2020.

有自己的住房,而白人家庭的这一比例超过 73%。① 事实上,受过大学教育的非洲裔拥有自己房子的可能性甚至比没有完成高中学业的白人还要小。故意排除在联邦计划之外已经产生了住房所有权的结构性障碍,继续破坏少数种族社区的财富积累。

第二,作为住房政策最核心保障的贷款政策系统性地将少数种族排除在联邦住房所有权计划之外,推动种族等级制的持续生产和再生产。

在 20 世纪的大部分时间里,掠夺性的放贷者系统性地剥夺少数种族的住房财富,而政府官员则基本上视而不见。在 1968 年《公平住房法》(Fair Housing Act)颁布前的几十年里,政府政策让许多美国白人认为,少数种族对当地的房产价值构成了威胁。例如,美国各地的房地产专家都试图利用种族恐惧心理来获取最大的利润,他们说服白人房主,让他们相信非洲裔家庭也搬到附近来了,并提出以折扣价购买他们的房子;然后,他们将房产以更高的价格和利率卖给非洲裔家庭——这些家庭获得联邦住房管理局贷款或《退伍军人权利法案》福利的渠道有限。而在购买过程中,这些房屋通常是按合同而不是用传统的抵押贷款购买的,这使得房地产专业人员可以在非洲裔家庭哪怕有一次拖欠还款的情况下将其驱逐出去,然后再对其他非洲裔家庭重复这一过程。在此期间,仅在芝加哥,超过 80% 的非洲裔房屋是按合同而非标准抵押贷款购买的,这导致了高达 40 亿美元的累计损失。

在这一过程中,最为明显的种族歧视举措是美国业主贷款公司(Home Owners Loan Corporation,HOLC)的"划红线"(redlining)方法,即通过创建风险地图来评估抵押贷款再融资风险,并为联邦承保设定新的标准。② 联邦房屋管理局(FHA)使用这些地图来确定它将担

---

① U. S. Census Bureau, "Quarterly Residential Vacancies and Homeownership, First Quarter 2019" (April 25, 2019), Press release, https://www.census.gov/housing/hvs/files/currenthvspress.pdf, retrieved January 20, 2020.
② Bruce Mitchell and Juan Franco, "HOLC 'Redlining' Maps: The Persistent Structure of Segregation and Economic Inequality" (March 20, 2018), National Community Reinvestment Coalition, https://ncrc.org/holc/, retrieved January 20, 2020.

保抵押贷款的领域。但风险评估地图制作的部分依据是社区种族构成，它将主要由非白人组成的社区定为危险社区，并将这些区域涂成红色。这一过程被称为"划红线"，使少数种族尤其是非洲裔美国人难以获得抵押贷款再融资和联邦担保的机会，同时也使少数种族存在财务风险。其后果之一是，在联邦住房管理局于1934—1962年发放的1 200亿美元贷款中，只有2%给了非白人家庭。① 在20世纪30年代，每4个社区中就有近3个（74%）被划定为"危险"的；在这些社区中，主要居住的是低到中等收入的家庭，其中超过60%是非白人。简而言之，虽然联邦政府的干预和投资帮助无数白人家庭扩大了住房拥有率和经济适用房的数量，却破坏了非洲裔社区的财富积累。②

尽管《公平住房法》禁止歧视性的住房做法，但许多贷款机构仍在不公平地针对少数种族，他们受到的联邦、州和地方监管或问责相当有限。进入21世纪前后，银行不成比例地向非洲裔和拉丁裔购房者发放投机性贷款，即使他们有资格获得风险较低的选择。这些"次级贷款"的利率高于平均水平，可能会让房主额外支付数十万美元的利息。③ 在金融危机期间，非洲裔和拉丁裔家庭分别损失了48%和44%的财富，部分原因就在于这些做法。④ 少数种族不得不长期面对住房市场上明显的种族歧视，根据一项调查，不同种族的人在租房或买房时曾遭受的歧视种族明显不同，非洲裔最高达45%，其次是拉

---

① "Race-The Power of an Illusion", PBS, https://www.pbs.org/race/000_About/002_06_a-godeeper.htm, retrieved January 20, 2020.
② Michela Zonta, "Racial Disparities in Home Appreciation: Implications of the Racially Segmented Housing Market for African Americans' Equity Building and the Enforcement of Fair Housing Policies"（July 15, 2019）, Center for American Progress, https://www.americanprogress.org/issues/economy/reports/2019/07/15/469838/racial-disparities-home-appreciation/, retrieved January 20, 2020.
③ Michael Powell, "Bank Accused of Pushing Mortgage Deals on Blacks"（June 6, 2009）, New York Times, https://www.nytimes.com/2009/06/07/us/07baltimore.html, retrieved January 8, 2019.
④ Joe Valenti, Sarah Edelman, and Julia Gordon, "Lending for Success"（July 13, 2015）, Center for American Progress, https://www.americanprogress.org/issues/economy/reports/2015/07/13/117020/lending-for-success/, retrieved January 20, 2020.

丁裔为31%,亚裔也达到25%,而白人只有5%。① 种族歧视和偏见对不同的种族而言,不仅会影响住房的获得,还会影响住房的价值。种族歧视和偏见往往使少数种族的房产价值被低估。平均而言,非洲裔家庭的住房被低估了4.8万美元/套,由此给整个非洲裔带来的损失累计高达1560亿美元。②

第三,尽管《公平住房法》和民权运动都已有50余年历史,但美国大多数社区仍存在种族隔离,进而固化了种族和族裔间的住房歧视。

首先,现有的居住模式不是少数种族聚居的结果,而是各类政策的结果。种族隔离导致在获取公共物品——如公园、医院、路灯和保养良好的道路——等方面的持续不平等,并破坏了少数种族社区的财富积累。例如,唐人街根本不是华裔聚居的结果,而是其遭到的种族歧视的结果。150多年前,成千上万的中国移民来到美国西部,修建了第一条横贯大陆的铁路,参与了加利福尼亚淘金热。但当他们进入城市寻找工作时,遇到了暴力和仇外主义的抵抗。当暴徒恐吓华人社区,甚至颁布法律限制中国移民的就业机会,限制其流动性,禁止其投票或购买财产时,议员们大多袖手旁观。由于可供选择的安全住房很少,中国居民集中在少数种族聚居区,他们几乎完全自给自足才能生存。唐人街通常不是自我隔离的自然倾向的结果,而是由联邦、州和地方的各种政策禁止美籍华人充分参与美国的住房和就业市场导致的。③

---

① "Discrimination in America: Final Summary" (January 2018), Harvard T. H. Chan School of Public Health, Robert Wood Johnson Foundation, and NPR, https://cdn1.sph.harvard.edu/wp-content/uploads/sites/94/2018/01/NPR-RWJF-HSPH-Discrimination-Final-Summary.pdf, retrieved January 20, 2020.
② Andre M. Perry, Jonathan Rothwell, and David Harshbarger, "The Devaluation of Assets in Black Neighborhoods: The Case of Residential Property" (November 2018), Brookings Institution, https://www.brookings.edu/research/devaluation-of-assets-in-black-neighborhoods/, retrieved December 20, 2019.
③ Braden Goyette, "How Racism Created America's Chinatowns" (May 22, 2019), The Huffington Post, https://www.huffpost.com/entry/american-chinatowns-history_n_6090692, retrieved January 20, 2020.

其次，美国立法者还制定了将非洲裔与白人分开居住的政策，尽管被美国最高法院以这可能限制白人房主出售房产的能力为由而判为非法。随着时间推移，单一家庭分区制（single-family zoning）出现并取代了以种族为基础的区划，成为最受欢迎的社区隔离方法。这一政策阻止在某些社区建设公寓楼和多户住宅，确保只有那些买得起单独住宅的人才能住在那里。由于白人家庭通常收入较高并能获得一系列联邦住房贷款项目，因此单一家庭分区制可在没有明确的种族歧视的情况下制造出种族隔离的社区。在单一家庭分区制实施的同时，城市规划者又将邻近的地区划作工业和商业用地，建造公寓大楼和多户住宅以供低收入家庭和少数种族家庭居住。这些分区决定集中了贫穷，使易受伤害的人面临危险的环境危害。单一家庭分区制一直持续到今天，并帮助维护了全美各地社区现存的种族隔离模式。

最后，美国政府还通过一种"中产阶级化"（gentrification）的策略将收入较低的往往也是少数种族的居民排挤出去。所谓中产阶级化是指，在一个日益恶化的地区修复和重建房屋和企业的过程……伴随着中产阶级或富人的涌入，这往往会导致先前居住在此的但通常更贫穷的居民流离失所。① 中产阶级化的影响在美国首都华盛顿最为明显。1970—2015 年，非洲裔居民占华盛顿人口的比例从 71%下降到 48%；同一时期，白人人口却增加了 25%。② 2000—2013 年，华盛顿经历了全美最高的中产阶级化比例，导致超过 2 万名非洲裔美国人流离失所。③ 今天，华盛顿几乎每 4 个非洲裔居民中就有 1 个

---

① Merriam-Webster, "Gentrification", https://www.merriam-webster.com/dictionary/gentrification, retrieved January 20, 2020.
② David Rusk, "Goodbye to Chocolate City" (July 20, 2017), D. C. Policy Center, https://www.dcpolicycenter.org/publications/goodbye-to-chocolate-city/, retrieved January 20, 2020.
③ Jason Richardson, Bruce Mitchell, and Juan Franco, "Shifting Neighborhoods: Gentrification and Cultural Displacement in American Cities" (March 19, 2019), National Community Reinvestment Coalition, https://ncrc.org/gentrification/, retrieved January 20, 2020.

(23%)生活在贫困中;相比之下,只有3%的白人生活在贫困中——这是整个美国最低的。① 如果不进行干预,目前的趋势可能会持续下去,进一步减少长期居住在华盛顿的居民的住房拥有率和租房的机会。

三、受教育和就业歧视

美国有色人种和少数族裔所面对的财富不均和住房歧视,尽管有相关政策的直接根源,但更深层次的根源却在于那些导致少数种族能力不足或难以发挥能力的方面。例如,有52%的美国人认为,少数种族的收入较低和住房难以获得,更大程度上是由个人无法控制的外部环境决定的,尽管也有31%的美国人认为与努力或勤奋程度有关。② 在这些导致少数种族能力不足或难以发挥能力的要素中,受教育和就业机会不平等高居首位;换句话说,受教育和就业机会不平等是美国结构性种族主义中隐藏更深但影响更大的方面,其存在推动了美国结构性种族主义的持续生产和再生产。

一方面,尽管少数种族的受教育状况得到明显改善,但种族间不平等并未得到改善。

首先,整体而言,非洲裔受教育情况明显好于民权运动刚获得胜利时的1968年,但在整体的受教育情况方面仍远远落后于白人。就高中毕业率而言,1968年,只有54.4%的非洲裔青年人(25—29岁)获得高中毕业证;2018年,高中毕业的非洲裔青年人比例达到92.3%。由此而来,非洲裔与白人青年的高中毕业率差距大幅缩小:1968年,白人高中毕业率为75.0%,2018年为95.6%。尽管高中毕

---

① Henry J. Kaiser Family Foundation, "Poverty Rate by Race/Ethnicity", KFF website, https://www.kff.org/other/state-indicator/poverty-rate-by-raceethnicity/, retrieved January 20, 2020.
② Amina Dunn, "Partisans Are Divided over the Fairness of the U.S. Economy—and Why People Are Rich or Poor" (October 4, 2018), Pew Research Center, https://www.pewresearch.org/fact-tank/2018/10/04/partisans-are-divided-over-the-fairness-of-the-u-s-economy-and-why-people-are-rich-or-poor/, retrieved January 27, 2020.

业率大幅提升,但获得本科学位的非洲裔数量仍相当少,1968年为9.1%,而2018年仅增长为22.8%。相比之下,白人的增长幅度也差不多,从1968年的16.2%增长到42.1%。换句话说,50年过去了,非洲裔获得本科学位的比例仍只有白人的一半,2018年(54.2%)相比1968年(56%)甚至出现了某种程度的下降。① 与此同时,对不同族裔的学生的教育歧视仍然相当明显。例如,在K-12公立学校中,非洲裔学生因纪律问题而被退学的比例远远高于白人学生,大约相当于后者的4倍甚至更高。②

其次,非洲裔和拉丁裔学生完成学士学位的时间明显长于白人和亚裔学生。最令人担忧的是,非洲裔学生完成学士所需课程的平均时间为5年零4个月学业,比白人毕业生整整长了一年。拉丁裔毕业生完成学业的平均时间为4年零8个月,也要比白人毕业生长4个月。如果衡量6年或更长时间毕业的学生比例可以发现,种族不平等现象仍明显存在:40%的非洲裔和34%的拉丁裔需要6年或更长的时间才能毕业,白人学生的这一比例为23%,相差都在10个百分点以上。这意味着非洲裔和拉丁裔毕业生将花更多的时间待在学校,其赚取工资的时间更少,并可能承担更高的债务。③

最后,非洲裔学生的确比他们的同龄人更频繁地借贷并承担更高水平的债务:非洲裔学生的贷款比例为86%,拉丁裔学生为70%,

---

① Janelle Jones, John Schmitt, and Valerie Wilson, "50 Years after the Kerner Commission: African Americans Are Better Off in Many Ways but Are Still Disadvantaged by Racial Inequality" (February 26, 2018), Economic Policy Institute, https://www.epi.org/publication/50-years-after-the-kerner-commission/, retrieved January 27, 2020.
② United States Government Accountability Office, "K-12 Education: Discipline Disparities for Black Students, Boys, and Students with Disabilities" (March 22, 2018), GAO-18-258, A Report to Congressional Requesters, https://www.gao.gov/products/gao-18-258, retrieved August 10, 2020.
③ Ariana De La Fuente and Marissa Navarro, "Black and Latinx Students Are Getting Less Bang for Their Bachelor's Degrees" (January 23, 2020), Center for American Progress, https://www.americanprogress.org/issues/education-postsecondary/news/2020/01/23/479692/black-latinx-students-getting-less-bang-bachelors-degrees/, retrieved January 20, 2020.

而白人学生则为67%；同时，非洲裔学生的债务更加沉重，其平均贷款额为3.69万美元，而白人学生的平均贷款额为3.05万美元，拉丁裔学生的贷款相对更低，平均为2.69万美元。上述数据说明，非洲裔可能面临着一场独特的学生贷款危机，而拉丁裔学生可能去的是学费相对较低的社区大学。当然，亚裔学生因为家庭收入相对更高，进而其助学贷款相对较低。①

另一方面，对少数种族而言，受教育水平的提高并不意味着相应的就业回报的提高，种族性就业歧视事实上呈深化趋势。

首先，不同种族群体的就业机会存在重大差异，少数种族面临更高的失业风险。数据显示，包括亚裔毕业生在内的少数种族毕业生在就业方面面临更多挑战。69%的亚裔毕业生、四分之三的非洲裔和拉丁裔毕业生在毕业后一年内找到了工作，而白人毕业生的这一比例为83%。另一个不同之处是，在获得学士学位一年后，70%的非洲裔毕业生通过雇主获得了福利，而白人和拉丁裔毕业生的这一比例分别为76%和75%。此外，非洲裔毕业生的收入中位数为3.6万美元，而白人毕业生的收入中位数为4万美元。② 如果以失业率衡量，非洲裔在2017年的失业率为7.5%，比1968年还高0.8个百分点；而白人在这两个年份的失业率分别为3.8%和3.2%。这说明50年来，白人和非洲裔的就业不平等仍基本没有变化。③ 事实上，自2009年以来，美国的失业率一直在下降，改善了许多群体的就业前

---

① Ariana De La Fuente and Marissa Navarro, "Black and Latinx Students Are Getting Less Bang for Their Bachelor's Degrees" (January 23, 2020), Center for American Progress, https://www.americanprogress.org/issues/education-postsecondary/news/2020/01/23/479692/black-latinx-students-getting-less-bang-bachelors-degrees/, retrieved January 20, 2020.

② Ibid.

③ Council of Economic Advisers, "Table B-43. Civilian Unemployment Rate by Demographic Characteristic, 1968-2009", in GAO, *Economic Report of the President 2010*, https://obamawhitehouse.archives.gov/administration/eop/cea/economic-report-of-the-President/2010; Bureau of Labor Statistics Data, Data Tools, http://www.bls.gov/data/#unemployment; both retrieved January 20, 2020.

景。到 2019 年 10 月,美国 16 岁及以上工人的失业率降至 3.5%,从 2009 年 10 月的 10% 的高点,达到了 50 年来的最低点。随着劳动力市场的改善,非洲裔美国人的失业率也从 2010 年 3 月的 19.3%,降至历史低点 5.5%,白人的失业率也达到 50 年来的最低水平为 3.2%。更重要的是,2018 年 11 月—2019 年 10 月,在 25—54 岁的黄金年龄工人中,非洲裔的失业率降至平均 5.2%,白人的则为 2.8%。尽管有如此大的进展,但必须指出的是,非洲裔美国人的失业率依然相当于白人的 2 倍。在新冠肺炎疫情暴发后,各族裔的失业率都迅速上升,但种族不平等现象高度明显:2020 年 2 月,亚裔美国人失业率为 3%,白人为 3.1%,非洲裔为 6%;疫情期间,白人失业率峰值达到 14.2%,亚裔达到 15%,而非洲裔则升至 16.8%;到 2020 年 12 月,非洲裔的失业率仍高达 9.9%,白人回落至 6%,亚裔为 5.9%。①

其次,即使获得就业,少数种族劳动力也必须接受因种族而来且持续恶化的同工不同酬。相比 1968 年,尽管少数种族劳动力的工资、收入等都有了明显增长,但如果以不变价格计算的小时工资而言,非洲裔的待遇在 1968—2016 年增长了 30.5%,平均每年增长 0.6%。相比之下,白人的真实小时工资增长速度更慢(0.2%),这意味着非洲裔与白人的小时工资有缩小趋势。但 2016 年,同样的工作量,如果白人可获得 1 美元工资,非洲裔只能获得 82.5 美分。② 如表 2-16 所示,尽管差距似乎在缩小,但白人与非洲裔、拉丁裔劳动力的小时工资仍有较为明显的差异。如果比较更长时期的发展,可以发现这种同工不同酬的种族主义歧视仍相当明显。例如,白人与非洲

---

① "Unemployment Rates During the COVID-19 Pandemic: In Brief", *CRS Report*, R46554, Updated January 12, 2021, pp. 8-9.
② Janelle Jones, John Schmitt, and Valerie Wilson, "50 Years after the Kerner Commission: African Americans Are Better Off in Many Ways but Are Still Disadvantaged by Racial Inequality" (February 26, 2018), Economic Policy Institute, https://www.epi.org/publication/50-years-after-the-kerner-commission/, retrieved January 27, 2020.

裔的同工不同酬现实事实上就加剧了：在同等工作量的情况下，1979年，高中以下学历的非洲裔劳动力的工资相当于白人的83.2%，2017年相当于83.5%，略有提高，但其他全部都下降了；1979年，高中学历的非洲裔劳动力的工资相当于白人的86.9%，这一比例在2017年为78.1%；专科学历的非洲裔劳动力在1979年为89.7%，在2017年为80.5%；本科学历的非洲裔劳动力在1979年为87.2%，而在2017年为78.7%；本科以上学历的非洲裔劳动力在1979年为88.4%，而在2017年为81%。①

表2-16 美国白人、非洲裔、拉丁裔劳动力的时薪比较

单位：美元

年份	种族	高中以下	高中	专科	本科	本科以上
2000	白人	12.81	18.60	20.98	32.15	39.97
	非洲裔	12.10	15.75	18.02	26.60	34.98
	拉丁裔	12.48	15.88	18.52	26.62	35.55
2018	白人	13.77	19.75	21.58	34.75	44.46
	非洲裔	11.42	15.57	17.15	27.46	36.23
	拉丁裔	14.11	17.28	18.66	28.49	38.47

资料来源：Elise Gould, "State of Working America Wages 2018: Wage Inequality Marches On—And is Even Threatening Data Reliability" (February 20, 2019), Economic Policy Institute, https://www.epi.org/publication/state-of-american-wages-2018/, retrieved January 27, 2020. 本表中的美元金额均按2018年的美元价格估算。

最后，少数种族的女性所遭遇的就业种族主义歧视就更加明显。与其他种族妇女相比，非洲裔妇女的劳动力市场参与率始终是最高的，无论是从年龄、婚姻状态或是否生育的角度看，很大程度上是因为她们的工资远较其他种族的女劳动力低。1880年，有35.4%的已

---

① Valerie Wilson, "50 Years after the Riots: Continued Economic Inequality for African Americans" (February 26, 2018), Economic Policy Institute, https://www.epi.org/blog/50-years-after-the-riots-continued-economic-inequality-for-african-americans/, retrieved January 27, 2020.

婚妇女和73.3%的未婚妇女就业,相比之下,白人已婚妇女只有7.3%就业,未婚妇女也只有23.8%就业。到2017年,有78%的非洲裔母亲就业,相比之下,白人、亚裔和拉丁裔母亲的就业率都只有66%。尽管努力工作,但非洲裔妇女的工资收入远较其他族裔低。2017年,全年无休的非洲裔妇女的年收入中位数刚超过3.6万美元,比白人妇女低21%。同时,非洲裔家庭更加依赖非洲裔妇女的收入,因为有80%的非洲裔母亲是家庭口粮的主要来源。① 拉丁裔女性的遭遇也仅比非洲裔略好而已。根据2019年11月数据,白人劳动力30年的工资收入,相当于拉丁裔57年的工资收入;而拉丁裔妇女的同工不同酬情况更为严重,白人男性1美元的工作量,拉丁裔妇女只能获得53美分。在控制受教育程度、工作经历、工作地点等因素后,平均而言,白人男性1美元的工作量,拉丁裔工人只能获得66美分。②

---

① Nina Banks, "Black Women's Labor Market History Reveals Deep-Seated Race and Gender Discrimination" (February 19, 2019), Economic Policy Institute, https://www.epi.org/blog/black-womens-labor-market-history-reveals-deep-seated-race-and-gender-discrimination/, retrieved January 27, 2020.
② Elise Gould, "Latina Workers Have to Work Nearly 11 Months into 2019 to Be Paid the Same as White Non-Hispanic Men in 2018" (November 19, 2019), Economic Policy Institute, https://www.epi.org/blog/latina-pay-gap-2019/, retrieved January 27, 2020.

第三章
白人的危机:美国种族主义回潮的深层根源

美国种族主义的当代回潮并非突然发生的;事实上,早在2012年美国总统大选期间,福克斯新闻(Fox News)频道的主持人比尔·奥莱利(Bill O'Reilly)就声称,左派试图抢夺白人权势集团(White Establishment)的权力,并深刻改变美国运转的方式;他认为这反映出"人口结构正在变化,这已不再是传统的美国","白人权势集团现在是少数派"。① 而特朗普在2016年总统大选中也将自身当选描述为"白人获胜的最后机会",尽管当时很多人都对此持怀疑态度:在共和党内初选阶段,只有28%的美国人对特朗普持正面看法,多达69%的美国人对其看法负面;尤其是,共和党内部对特朗普持正面看法的人也只有57%,而对整个共和党持正面看法的共和党人高达78%。② 但最终,特朗普的确动员了超出意料的白人选民,并成为美国第45任总统。在此之前,"白人权势集团"的最大担忧是白人选

---

① Tim Molloy, "Bill O'Reilly: 'It's Not a Traditional America Anymore … The White Establishment Is Now a Minority'" (November 8, 2012), Yahoo News, https://www.yahoo.com/news/bill-oreilly-not-traditional-america-anymore-white-establishment-054757027.html, retrieved January 20, 2020.
② Betsy Cooper, et al., "How Immigration and Concerns about Cultural Change Are Shaping the 2016 Election: PRRI/Brookings Survey" (June 23, 2016), PRRI/Brookings Survey, http://www.prri.org/research/prri-brookings-poll-immigration-economy-trade-terrorism-presidential-race/, retrieved March 25, 2020.

民比重和白人投票率的下降;但特朗普的当选证明,这一担忧是不必要的。需要强调的是,特朗普当选不仅反映了美国政治生态早已启动的长期和深层变化,更进一步加速和扭曲了美国政治生态的转型,其中最为重要的是"白人的危机感"被充分动员起来,并转化为"转危为机"的切实行动。其中最为基本的逻辑是,美国学术界长期用以解释非洲裔、拉丁裔等少数种族团结行动的"命运共同体"(linked fate)理论①,现在似乎正成为白人团结的基本逻辑和核心手段。的确,就在21世纪第一个十年中,白人内部的命运共同体意识仍相对较低。例如,20世纪80年代的一项研究认为,白人作为种族的意识对其政治参与没有直接影响;②这一结论在21世纪头十年仍被认为是正确的,因为种族认同在美国白人的政治生活中几乎没有什么意义。③ 甚至在进入21世纪第二个十年之后,皮尤研究中心的一项民意调查仍显示,相比之下,少数种族的命运共同体意识明显高于白人:有44%的非洲裔美国人认为,发生在自身种族身上的事情会极大地影响自身;拉丁裔和亚裔持这一看法的比例均为28%;而白人只有23%。④ 但短短几年之内,白人内部的命运共同体意识就有了明显提升:在2016年大选中,尽管合法选民比例下降,但实际投票率却明显上升,最终将试图"让美国重新变白"的特朗普推上总统宝座。从根本上看,美国白人采取如此重大的集体行动,是白人在国内面临的种族多元化、经济地位下降及政治制度衰退三重危机与在国际上面

---

① Claudine Gay, Jennifer Hochschild and Ariel White, "Americans' Belief in Linked Fate: Does the Measure Capture the Concept?", *Journal of Race, Ethnicity and Politics*, 2016, 1(1), pp. 117-144.
② Arthur Miller, Patricia Gurin, Gerald Gurin, and Oksana Malanchuk, "Group Consciousness and Political Participation", *American Journal of Political Science*, 1981, 25(3), pp. 494-511.
③ Cara Wong and Grace E. Cho, "Two-Headed Coins or Kandinskys: White Racial Identification", *Political Psychology*, 2005, 26(5), p. 716.
④ Kiana Cox, "Most U. S. Adults Feel What Happens to Their Own Racial or Ethnic Group Affects Them Personally" (July 11, 2019), Pew Research Center, https://www.pewresearch.org/fact-tank/2019/07/11/linked-fate-connectedness-americans/, retrieved January 27, 2020.

临的霸权衰落危机等共同作用的结果,进而导致美国种族主义的当前回潮。

第一节　国内根源:种族-经济-政治三重危机与白人种族身份建构

尽管塞缪尔·亨廷顿(Samuel Huntington)在 2004 年出版《我们是谁?——美国国家特性面临的挑战》(*Who Are We?: The Challenges to America's National Identity*)甚至更早时,就已指出美国即将面临严峻的族群危机和身份危机。但亨廷顿并未预见到,这一人口或种族危机会与包括经济和政治等在内的其他危机同期抵达。换句话说,历史发展突然将美国白人特别是中产阶级白人推到种族焦虑与经济焦虑都无可避免的历史关口,激发美国白人以前所未有的团结致力于自身的种族身份建构。必须强调的是,在美国历史上,白人作为社会主导群体,并不存在也无必须如同少数种族那样建构自身的种族身份的境况,因其肤色本身便能说明一切。但随着美国种族结构多样化发展,白人经济地位逐渐下降,加上特朗普"政治不正确"的极强动员能力,导致白人日益关注自身的集体身份特别是种族身份。其结果是,在 2016 年总统大选中,白人表现出明显的命运共同体意识和集体政治行为,首次以集体的种族身份出现在美国政治和社会舞台上,从而奠定了美国当前种族主义回潮的国内基础。

一、人口危机:美国种族结构的多样化发展

白人的种族身份危机,首先源于其对美国人口结构中长期演变的深层次担忧,即白人可能成为美国的少数种族。相比 1950 年美国总人口仅 1.523 亿人,2020 年,美国人口已翻了一番,达到 3.3 亿人。尽管人口规模翻番,但美国人口结构却越来越失衡:"美国正变得越

来越大,越来越老,越来越多样。"①美国种族结构的多样化发展,激发了白人对自身命运的深层担忧。

第一,美国种族结构的多样化发展,最为直接地体现在美国各种族人口数量的相对变化上。从美国人口中各种族所占比重的历史发展趋势看,白人可能到2050年前后成为数量上的少数种族。1960年的美国仍很大程度上是一个"黑白分明"的国家,其中白人接近89%,非洲裔不到11%,极少数的是其他种族或族裔团体。但在1965年《移民与国籍法修正案》之后,亚洲新移民和拉丁美洲新移民涌入,使得这一结构发生了重大变化。自1970年起,美国日益转变为一个多种族社会。到2000年,白人只占美国人口的69%,拉丁裔占12%,非洲裔占12%,亚裔占比接近4%。根据美国人口普查局的趋势评估,美国种族的多样性在未来几十年里仍将持续。到2050年,美国将是一个"少数中的多数"(majority-minority)国家,白人将占45%,拉丁裔占30%,非洲裔占13%,亚裔占9%。②

第二,作为对长期性的美国种族结构多样化发展的回应,美国人口普查所纳入的种族类型也日益丰富。美国在2020年进行最新一轮的十年人口普查时使用的普查分类已达到历史上最为复杂的程度。美国人口普查局的数据显示,在1790年美国首次开展全国性人口普查时,人口只分为白人和非洲裔两类;美国土著被纳入普查是在1860年,1870年亚裔也被纳入,中间曾有过中断的其他类型和拉丁裔分别于1910年和1940年被纳入,夏威夷/太平洋岛国裔也于2010年起被纳入普查(如图3-1所示)。

---

① Paola Scommegna, "U. S. Growing Bigger, Older, and More Diverse" (April 26, 2004), Population Reference Bureau, https://www.prb.org/usgrowingbiggerolderandmorediverse/, retrieved January 20, 2020.
② Jeffrey S. Passel and D'Vera Cohn, "U. S. Populations Projections: 2005 - 2050" (February 11, 2008), Pew Research Center, https://www.pewtrusts.org/en/research-and-analysis/reports/2008/02/11/us-population-projections-20052050, pp. 14 - 17, retrieved October 23, 2023.

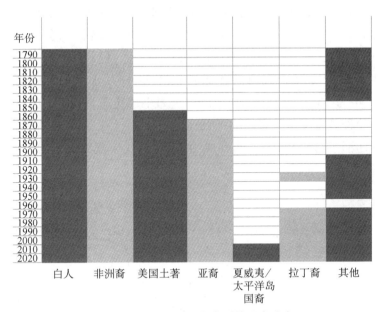

图 3-1 美国人口普查类型的历史演变

资料来源:"U. S. Decennial Census Measurement of Race and Ethnicity across the Decades: 1790-2020"(August 3, 2021), US Census Bureau, https://www.census.gov/library/visualizations/interactive-decennial-census-measurement-of-race-and-ethnicity-across-the-decades-1790-2020.html, retrieved October 11, 2021。

第三,与长期历史演变相比,美国种族结构多样化在进入21世纪以来变得日益明显,对多数白人地位产生现实的威胁。首先,进入21世纪以来,美国的外国出生人口比例迅速上升,当前是美国历史上的第二个外国出生人口高峰期。从19世纪60年代到20世纪20年代的60余年间,外国出生人口占美国总人口的比重都在13%以上,由此导致了美国在20世纪20年代后长达40余年的种族主义高潮。到20世纪70年代,外国出生人口已经跌至美国历史上的低点,仅4.2%。但随着1965年《移民与国籍法修正案》的通过和落实,外国出生人口逐渐回升,进入21世纪后快速增长。从数量上看,1990年,美国的外国出生人口不到2 000万人,到2000年仅用了10年就超过3 100万人,增长速度超过50%。

事实上,自20世纪70年代起,美国外国出生人口的增长速度就相当快,1970—1980年增长47%,1980—1990年增长40%,1990—2000年增长57%,2000—2010年增长28%。这样,2010年,外国出生人口占美国总人口的比重再次重回13%水平(12.9%),到2017年为13.7%(如图3-2所示)。如果历史重演,那么美国出现新一轮种族主义将是必然的;而当前美国种族主义的回潮,某种程度上既印证了这一担忧,又使其成为某种"自我实现式的预言"(self-fulfilled prophecy)。

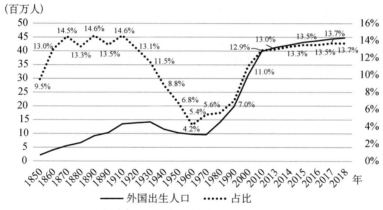

图 3-2 美国外国出生人口数量及占比

资料来源:Abby Budiman, Christine Tamir, Lauren Mora, and Luis Noe-Bustamante, "Facts on U. S. Immigrants, 2018" (August 20, 2020), Pew Research Center, https://www.pewresearch.org/hispanic/2020/08/20/facts-on-u-s-immigrants/, retrieved October 11, 2021.

其次,来自拉美和亚洲的少数种族移民正成为推动美国种族结构多样化的主要动力,同时美国白人获得来自欧洲/加拿大的白人新鲜血液补充的可能性明显下降。通过观察自20世纪60年代以来的美国移民来源可以发现,来自欧洲和加拿大的移民——或者说是被美国白人所接受的"白人",在1960年时占所有美国移民的84%,但到2018年就已经下降到仅有13%;而南亚和东亚则从1960年的

4%增长到2017年的28%;拉丁裔从10%增长到50%(如表3-1所示)。的确,1950年,当特朗普4岁时,白人占美国总人口的87.5%,非洲裔仅为10%,拉丁裔更少(2.1%)。但到2010年特朗普64岁时,美国白人占比已下降到63.7%,拉丁裔上升到16.3%,非洲裔也有12.3%。①

表3-1 美国移民来源变化

年份	欧洲/加拿大	南亚与东亚	其他拉美国家	墨西哥
1960	84%	4%	4%	6%
1970	68%	7%	11%	8%
1980	42%	15%	16%	16%
1990	26%	22%	21%	22%
2000	19%	23%	22%	29%
2010	15%	25%	24%	29%
2011	15%	25%	24%	29%
2012	14%	26%	24%	28%
2013	14%	26%	24%	28%
2014	14%	26%	24%	28%
2015	14%	27%	24%	27%
2016	13%	27%	25%	26%
2017	13%	27%	25%	25%
2018	13%	28%	25%	25%

资料来源:Abby Budiman, Christine Tamir, Lauren Mora, and Luis Noe-Bustamante, "Facts on U. S. Immigrants, 2018" (August 20, 2020), Pew Research Center, https://www. pewresearch. org/hispanic/2020/08/20/facts-on-u-s-immigrants/, retrieved October 11, 2021。

---

① Ben Judah, "Donald Trump's Greatest Weapon Is White Americans' Fear That They're Quickly Becoming a Minority—Because They Are" (November 7, 2016), Independent, http://www. independent. co. uk/voices/donald-trump-us-elections-hillary-clinton-race-hispanic-black-vote-white-americans-fear-minority-a7402296. html, retrieved June 5, 2020.

尽管拉丁裔和亚裔是美国移民增长和种族结构多元化发展的主要来源，但两者的数量增长并不同步。总体而言，自 2000 年起，拉丁裔移民的增长速度总体呈下降态势：2000 年，拉丁裔新移民占当年美国新移民的 48％，而亚裔新移民则不到 23％；但到 2009 年这一态势发生逆转，当年拉丁裔新移民占比降至 32％，而亚裔则首次超过拉丁裔达到 36％；此后，亚裔新移民的进入速度明显快于拉丁裔。2018 年，拉丁裔新移民占美国新移民总量的 31.4％，而亚裔新移民占到 36.7％（如图 3-3 所示）。从数量上看，自 2010 年后，每年抵达美国的亚裔移民超过了拉丁裔移民。按既有趋势，亚裔将于 2055 年超过拉丁裔，成为美国最大的少数种族团体。皮尤研究中心估计，到 2065 年，亚裔将占所有移民的 38％，拉丁裔占 31％，白人占 20％，非洲裔 9％。到 2065 年，移民及其后代将占美国新增人口的 88％，如果当前趋势得以保持的话。

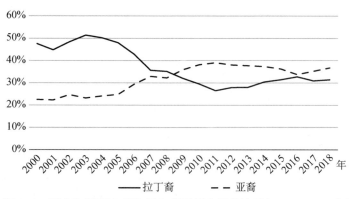

图 3-3 亚裔和拉丁裔新移民占美国新移民的比重（2000—2018 年）

资料来源：笔者自制，原始数据来自 Abby Budiman, Christine Tamir, Lauren Mora, and Luis Noe-Bustamante, "Facts on U. S. Immigrants, 2018" (August 20, 2020), Pew Research Center, https://www. pewresearch. org/hispanic/2020/08/20/facts-on-u-s-immigrants/, retrieved October 11, 2021。

尽管亚裔移民无论是从数量还是从增长速度上均超过拉丁裔移民，但墨西哥仍是美国最大的移民来源国。到 2018 年年底，美国的外来移民中共计有 1 120 万名移民来自墨西哥,占美国所有移民的 25%;中国位居第二位,为 290 万人;印度位居第三位,为 260 万人;再往后是菲律宾(200 万人)和萨尔瓦多(140 万人)。仅从 2018 年看,移民最多的国家是中国,达到 14.9 万人,紧随其后的是印度(12.9 万人)、墨西哥(12 万人)和菲律宾(4.6 万人)。① 在拉丁裔内部,墨西哥移民占据主导地位:在比重上,2000 年,墨西哥移民占整个拉丁裔移民的 71.66%,尽管此后由于其他拉丁裔移民的增长,墨西哥移民所占比重有所下降,但到 2017 年仍占整个拉丁裔移民总量的 66.39%;在数量上,2000 年,美国的墨西哥裔移民总量为 208.68 万人,2017 年增长到 366.34 万人,在墨西哥之后,波多黎各、古巴、萨尔瓦多、危地马拉等国也是拉丁裔移民的主要来源。② 在亚裔内部,华裔、印度裔和菲律宾裔等占据主要地位,具体而言:截至 2015 年,有 24%的亚裔美国人(490 万人)来自中国;其次是印度裔(占亚裔人口的 20%,400 万人)和菲律宾裔(19%,390 万人);另外,越南裔、韩国裔和日本裔也均超过 100 万人大关;余下的 13 个次团体共占亚裔美国人的 12%。③

再次,在新移民之外,美国出生的二代移民将是美国人口增长和种族多样化的重要来源。一方面,少数种族的儿童数量增长较快。从新生儿情况看,2018 年有超过 25%的新生儿是拉丁裔。而在 K-12 公立学校的学生中,少数种族学生的数量自 2014 年起便超过白人学生数量;2019 年秋季,少数种族学生占 K-12 公立学校

---

① Abby Budiman, "Key Findings about U. S. Immigrants" (August 20, 2020), Pew Research Center, https://www.pewresearch.org/hispanic/2020/08/20/facts-on-u-s-immigrants/, retrieved January 27, 2021.
② "Facts on Latinos in America" (September 16, 2019), Pew Research Center, https://www.pewresearch.org/hispanic/fact-sheet/latinos-in-the-u-s-fact-sheet/, retrieved January 20, 2020.
③ "Asian Americans and Their Origins: Key Facts" (May 22, 2019), Pew Research Center, https://www.pewresearch.org/fact-tank/2019/05/22/key-facts-about-asian-origin-groups-in-the-u-s/, retrieved January 20, 2020.

学生的52.9%,1995年这一数字仅为35.2%。① 2017年,在18个州和哥伦比亚特区,拉丁裔儿童在公立幼儿园中占20%;这一数量相当于2000年的2倍多,当时只有8个州。② 另一方面,随着移民进入美国时间增加,其较高的生育率也正推动二代移民的数量增长。1970年,在美国居住时间在0—10年与居住在10年以上的外来移民的比例分别是30.6%和69.4%;随着外来移民增长,2000年,这一比例分别为42.4%和57.6%;但到2018年,在美国居住时间超过10年的人数再度回升,创下自20世纪70年代以来的纪录(72.5%),次高点是在2016年,当时为72.4%。2016年,移民女性生育率(7.4%)高于美国本土生女性生育率(5.9%);但就总量而言,移民女性育儿数量为75万人,而本土女性育儿数量超过300万人。③

最后,大量新移民进入推动并极大地改变着美国的人口地理,在越来越多的州和县,白人多数正成为少数,即所谓"少数中的多数"现象。例如,1980年,在美国所有的县中,有近50%的县白人占98%以上;到2006年,已有10%左右的县成为"少数中的多数"县;到2016年,白人占比超过90%的县仅余5%;预期到2042年,白人将彻底成为少数种族。④ 白人相对拉丁裔、亚裔、非洲裔的人口比重下降,在有的地方速度明显更快。2000—2018年,从加利福尼亚直到北卡罗来纳的22个州中,有109个县从白人占多数变为少数种族占多数。到2018年,美国共有293个县已是少数种族占多数,主要集

---

① Jens Manuel Krogstad, "A View of the Nation's Future through Kindergarten Demographics" (July 31, 2019), Pew Research Center, https://www.pewresearch.org/fact-tank/2019/07/31/kindergarten-demographics-in-us/, retrieved January 27, 2020.

② Ibid.

③ Abby Budiman, Christine Tamir, Lauren Mora, and Luis Noe-Bustamante, "Facts on U. S. Immigrants, 2018" (August 20, 2020), Pew Research Center, https://www.pewresearch.org/hispanic/2020/08/20/facts-on-u-s-immigrants/, retrieved January 27, 2021.

④ "More than 300 Counties Now 'Majority-Minority'" (2007), U. S. Bureau of the Census, http://www.census.gov/Press-Release/www/releases/archives/population/010482.html, retrieved January 15, 2019.

中在加利福尼亚、南部地区和东海岸，中部地区较少。此外，有好几个白人占多数的县可能在未来几年里变为少数种族占多数。在美国人口最多的 25 个县中，有 21 个的少数种族人口超过半数，其中有 8 个在 2000 年仍是白人占多数，包括加利福尼亚州的圣迭戈、奥兰治、滨江县（Riverside）和萨克拉门托县，内华达州的克拉克县（Clark），佛罗里达州的布劳沃德县（Broward），得克萨斯州的塔兰特县（Tarrant）和密歇根州的韦恩县（Wayne）。其中，拉丁裔在除韦恩县外的 7 个县是最大的少数族裔；在韦恩和底特律县，非洲裔是最大的少数种族。2018 年，拉丁裔、非洲裔或两个更小的少数族裔加起来的人数占一县总人口一半以上的县共计 151 个，相当于美国 3 142 个县的 5%。2000 年，这一数字仅为 110 个。2000—2018 年，增加的 41 个县都是拉丁裔或非洲裔占据多数。整体而言，2018 年，有 69 个县是拉丁裔占多数，非洲裔占多数的县达到 72 个，有 10 个县是印第安人或阿拉斯加人占多数。亚裔没有在任何一个县占据半数，其中夏威夷火奴鲁鲁县相应更高，占到了 42%。2018 年，在得克萨斯州，拉丁裔在 10 个县中占多数，其中在斯塔尔县（Starr）占 96%，韦布县（Webb）占 95%，希达哥县（Hidalgo）占 92%，卡梅隆县（Cameron）占 90%。①

随着种族结构多样化发展，特别是进入 21 世纪以来似乎达到一个新的高点，白人产生了强烈的种族身份危机。但必须强调的是，白人仍事实上占据美国人口的多数，白人的种族身份危机更多是想象的危机，而非真实的危机。到 2018 年，白人仍在超过 90% 的县占据多数；少数种族占多数的县仅占美国 3 142 个县的 9.3%。如果更进一步观察，白人占多数的县数量的变化，某种程度上也有各种族人口的国内迁移的因素。2000—2018 年，全美有两个县从白人占少数重新变为白人占多数，即密歇根州卡尔霍恩县（Calhoun）和路易斯安那

---

① Katherine Schaeffer, "In a Rising Number of U. S. Counties, Hispanic and Black Americans Are the Majority" (November 20, 2019), Pew Research Center, https://www.pewresearch.org/fact-tank/2019/11/20/in-a-rising-number-of-u-s-counties-hispanic-and-black-americans-are-the-majority/, retrieved January 27, 2020.

州西费利西亚纳教区(West Feliciana Parish)。在2000—2018年转变为少数族裔占多数的109个县中,有26个在2000年时的白人占比达60%以上。亚特兰大附近的昆内特县(Gwinnett)从2000年的白人占67%下降为2018年的36%;同样临近亚特兰大的洛克代尔县(Rockdale),同一时期白人的比重也从73%下降到30%。2000—2018年,非洲裔在美国人口中的占比并没有发生实质性变化,但非洲裔占多数的县从65个增加到72个,其主要原因是非洲裔从北部向南部、从城市向郊区的迁移。目前非洲裔占多数的县中,有15个并非在2000年就已经占多数。其中,佐治亚州距离亚特兰大约半小时车程的洛克代尔县的非洲裔占比增长最快,从2000年的18%增长到2018年的55%。而田纳西州的谢尔比县(Shelby)有大约93万名居民,也成为非洲裔占多数的县。在2018年非洲裔占比最高的10个县中,7个位于密西西比州,2个位于亚拉巴马州,1个位于弗吉尼亚州,这10个县的非洲裔占比均超过70%。但与此同时,2000年非洲裔占多数的县中,有8个不再是非洲裔占多数,其中变化最大的是华盛顿特区、弗吉尼亚州里奇蒙郡(Richmond)和密苏里州圣路易斯郡(St.Louis)。①

但必须指出的是,国内人口迁移对白人在县级的多数地位的影响同样相对有限。自2001年起,美国人的国内迁移率便始终在15%以下,到2019年甚至降至9.8%的历史最低点。其中,自国外移入的人数在迁移人口中所占比重始终较低,自1948年以来的最高纪录是20世纪70年代的0.8%左右,进入21世纪后总体上保持在0.5%甚至更低水平(如图3-4所示);换句话说,美国县级的种族结构多样化发展,其主因可能并非包括外国移民在内的人口迁移。如果从更为微观的县内与跨县迁移的角度看,县内迁移或本县迁移始终占据大多数,1948—2019年,仅有不到10个年份(主要集中在2000—2005年)低

---

① Jens Manuel Krogstad, "Reflecting a Demographic Shift, 109 U.S. Counties Have Become Majority Zonwhite since 2000" (August 21, 2019), Pew Research Center, https://www.pewresearch.org/fact-tank/2019/08/21/u-s-counties-majority-nonwhite/, retrieved January 27, 2020.

于60%,但也保持在58%以上。尽管从更短期看,自2016年总统大选启动以来,美国国内迁移中的县内迁移率有所下降,跨县甚至跨州迁移有所上升,但其变化也只有4个百分点(如图3-5所示)。因此,美国县级种族结构变化的主要原因并非国内人口迁移本身,更多仍由少数种族的人口出生率或者说第二代移民数量的增长导致。

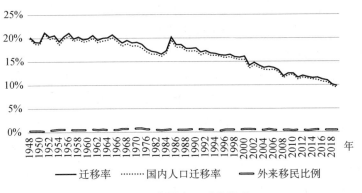

图 3-4 美国人口迁移情况

资料来源:U. S. Census Bureau, "Current Population Survey, Annual Social and Economic Supplement 1948-2019", Table A-1, https://www2.census.gov/programs-surveys/demo/tables/geographic-mobility/time-series/historic/tab-a-1.xls, retrieved October 11, 2021。

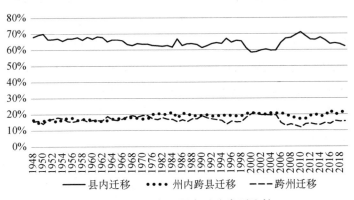

图 3-5 美国人口国内迁移类别比较

资料来源:U. S. Census Bureau, "Current Population Survey, Annual Social and Economic Supplement 1948-2019", Table A-1, https://www2.census.gov/programs-surveys/demo/tables/geographic-mobility/time-series/historic/tab-a-1.xls, retrieved October 11, 2021。

二、经济危机:日趋悲观的白人心态

尽管美国的种族结构多样性仍有持续发展,但迄今为止它为白人带来的种族身份威胁并不如想象中的那么严峻。但与美国种族结构自20世纪60年代起的多样性发展相同步的是,美国白人自20世纪70年代起所面临的经济困难日益严峻,遭遇到前所未有的经济危机,由此导致的经济焦虑与种族焦虑相结合,构成了美国当前种族主义回潮的核心动力。

二战结束后,美国全球霸权正式确立,美国白人尤其是白人工人的政治、经济和社会地位达到自建国以来的顶峰。1951年,男性劳动力的参与率达到51%的顶峰;私营部门的工会成员达到35%的顶峰;次年,失业率降至3%以下。所有这些都发生在经济以独特方式封闭的时代,如同经济学家罗伯特·戈登(Robert Gordon)在其著作《美国增长的起伏:内战后的美国生活水平》(*The Rise and Fall of American Growth: The U.S. Standard of Living since the Civil War*)中所指出的,高关税使美国制造业可以引入所有可用的创新到美国当地工厂,而无须采取在此前几十年已相当普遍的外包模式。缺乏来自移民和进口商品的竞争,推动底层工人的工资大涨,并形成了20世纪40—60年代的收入分配"伟大压缩"(great compression)。这样,美国经济通过限制移民立法和高关税而来的封闭,可能间接贡献于真实工资的上涨,以及20世纪20—50年代收入不平等水平的大幅降低。① 对美国工人阶级特别是没有上过大学的男性而言,那是最好的时代。

但自那以后,美国政治、经济和社会发展对白人特别是白人中产阶级产生了重大影响;特别是自20世纪50年代以后,白人工人的经

---

① Robert J. Gordon, *The Rise and Fall of American Growth: The U.S. Standard of Living since the Civil War*, Princeton: Princeton University Press, 2016, pp. 670-675.

济地位每况愈下,最终到特朗普时期达到顶点。一方面,在此前半个世纪之中,美国经济逐渐朝后工业化方向发展,制造业成为受冲击最大的经济部门。尽管美国经济事实上在持续增长,1968年美国经济增长率达到5%,这是自大萧条以来最快的年份。但随着全球化和技术发展,美国在20世纪大多数时间里最为重要的工业即制造业逐渐达到顶峰,并从20世纪80年代起转向衰落。在整个20世纪六七十年代,制造业曾经吸纳美国劳动力的1/3,其中大多数男性工人没有大学学历。1979年夏,制造业工人达到近2 000万名的峰值,但随着20世纪80年代初经济衰退开始,该行业的就业机会减少了300万个左右。在制造业集中的城市,这一就业机会消失的影响是重大的。比如,俄亥俄州杨斯顿(Youngstown)曾是以平均工资计算的全美最富裕的大都会地区。但在1977年坎贝尔工人制造厂(Campbell Works Mill)关闭后,该市丧失了5 000个就业名额,制造业工资减少13亿美元,这一逆转使经济学家不得不发明一个新词即"地区萧条"(regional depression)来加以描述。① 到1998年,美国制造业所能提供的就业机会仍达到1 800万个,占美国就业人口的11%;但到2018年,制造业仅能提供1 350万人全职和兼职就业机会,仅占就业人口的6.7%。1998—2018年,美国国内生产总值(GDP)增长了47%,但制造业仅增长了5%。② 另一方面,白人在美国人口中的传统优势也意味着白人工人在制造业中的比重较高。根据2017年的一项调查,白人工人占美国成年人的33%,这比接受过四年制大学本科教育及以上的白人美国人的比例(22%)要高很多。白人工人的地区分布并不均衡,最多的是中西部地区,白人工人占人口的43%,东北地区为30%,南部地区为31%,而在西部只有26%。同

---

① Derek Thompson, "A World without Work", *The Atlantic Monthly*, July/August 2015.
② "The Declining Economic Impact of Manufacturing" (December 18, 2019), U. S. News, https://www.usnews.com/news/elections/articles/2019-12-18/the-declining-economic-impact-of-manufacturing-no-longer-made-in-america, retrieved January 20, 2020.

时,白人工人也更多生活在农村地区,达到51%,而在城市地区只有22%。①

如果在2008年全球金融危机爆发前,美国白人工人的经济地位下降更多是个缓慢和渐进累积的过程,那么2008年金融危机的爆发便无情地揭示了白人工人经济地位历史性下降的事实。尽管制造业可为没有本科学历的工人提供稳定的工作,但由于竞争力相对较低,制造业既不能有效提高生产力,也难以应对全球化和技术突破的冲击。随着制造业的衰落,没有上过大学的白人工人遭受了最为严峻的经济危机;而2008年金融危机和奥巴马当选美国总统,更使白人工人面临着前所未有的经济危机和种族危机的双重冲击。

第一,白人工人突然发现自身经济地位很难再回到20世纪50年代的"黄金岁月"。1975年,美国白人工人特别是没有上过大学的白人是美国经济的支柱,占美国成年人口的70%,但到2019年这一比例已经下降到40%。随着就业机会逐渐转向服务业,甚至连受教育程度不高的女性的工作机会和待遇都逐渐超过了白人男性工人。现在,没有上过大学的女性挣得比20年前多;但自1990年以来,没有上过大学的白人男性的平均工资下降了13%。② 这很大程度上助推了白人工人的社会不满和种族主义态度。

首先,大多数白人工人普遍对自身现状感到不满。2017年,只有不到四成的白人工人认为自身经济状况很好(5%)或较好(35%);而认为经济状况一般(35%)或困难(25%)的达到六成。受过大学本科教育的白人则相对积极,有18%认为很好,46%认为较好,只有27%认为一般,7%认为困难。需要强调的是,白人工人的态度甚至不如女性乐观:

---

① Daniel Cox, Rachel Lienesch, and Robert P. Jones, "Beyond Economics: Fears of Cultural Displacement Pushed the White Working Class to Trump" (September 5, 2017), PRRI/The Atlantic Report, https://www.prri.org/research/white-working-class-attitudes-economy-trade-immigration-election-donald-trump/, retrieved February 8, 2018.
② Ibid.

有64％的男性认为其经济状况一般或困难,而女性则为58％。从年龄分布看,有50％的老年(65岁及以上)白人工人认为其经济状况很好或较好,比任何其他年龄段都更高;相比之下,50—64岁、30—49岁、18—29岁持这一认知的比例分别为31％、39％和34％。①

其次,白人工人大多认为自身社会经济地位固化,难有改善可能;换句话说,白人工人对自身社会经济地位的发展趋势持悲观甚至绝望态度。2011年2月,《华盛顿邮报》、凯撒家族基金会(Kaiser Family Foundation)和哈佛大学的一项全国性民意调查发现,没有上过大学的白人男性对美国的未来看法最悲观:只有10％的没有上过大学的白人男性对自身经济状况感到满足;其中有60％认为美国最好的日子已经结束;43％的没有上过大学的白人男性认为"努力工作也未必能成功"。② 到2017年,美国白人工人对未来的悲观看法并未有明显改善,某种程度上甚至有所恶化。例如,有多达54％的白人工人认为,接受大学教育是高风险的,只有44％认为这是明智的投资。对于社会经济地位流动性认知的代际差异相当明显。白人工人中的老年人更有可能认为其经济地位改善了。有41％的老年人认为,相比童年时期其经济状况发生了改善,而持此观念的其他年龄段的人群和占比为50—64岁的占24％,30—49岁的占30％,18—29岁的仅占18％。相比之下,50—64岁的白人工人认为经济状况恶化的比例相当于老年人的2倍,分别为32％和16％。有超过一半(52％)的年轻人认为其经济状况自童年

---

① Daniel Cox, Rachel Lienesch, and Robert P. Jones, "Beyond Economics: Fears of Cultural Displacement Pushed the White Working Class to Trump" (September 5, 2017), PRRI/The Atlantic Report, https://www.prri.org/research/white-working-class-attitudes-economy-trade-immigration-election-donald-trump/, retrieved February 8, 2018.
② "Poll: Whites without College Degrees Especially Pessimistic about Economy" (February 22, 2011), Washington Post, https://www.washingtonpost.com/wp-dyn/content/story/2011/02/22/ST2011022200019.html?sid=ST2011022200019, retrieved September 10, 2018.

以来没有变化。①

最后,对自身经济现状的不满和对未来趋势的悲观,导致白人工人的生活态度渐趋消极甚至陷入绝望。例如,自 1980 年起,24—54 岁既未工作也不寻找工作的男性持续增加,男性就业"惰性率"(inactivity rate)持续增长,从 1998 年的 8% 增长到 2016 年的 11%。② 又如,尽管导致白人工人衰落的原因相当多,如少数种族雇员增加、白人大学毕业生增长等,但他们并未思考如何有效改善自身经济地位,相反陷入绝望。根据一项于 2015 年公布的研究,随着经济危机的持续,美国白人"死于绝望"(Deaths of Despair)的人数大增;在比较了美国各个年龄段和种族团体在长时段里的死亡率变化后,研究人员发现,只有一个年龄和种族团体的死亡率比其 15 年前要高,即没有上过大学的中年美国白人。③

第二,与对自身经济地位的信心丧失紧密相连的是,美国白人的政治态度渐趋保守,社会参与度也持续下降,一种"心灵封闭"效应日益显现。的确,社会经济地位的演变会使个人的政治和社会认同发生消极变化。例如,根据一项对在 1979 年认为自身是"白人"的人的种族认同演变的调查,到 2002 年,这些人中经济状况仍与 1979 年大致差不多甚至变得更好的那一部分人,有 97% 仍自认为是"白人";但在那些经济状况相比 1979 年变差了的人中,只有 93% 的人仍自认为

---

① Daniel Cox, Rachel Lienesch, and Robert P. Jones, "Beyond Economics: Fears of Cultural Displacement Pushed the White Working Class to Trump" (September 5, 2017), PRRI/The Atlantic Report, https://www.prri.org/research/white-working-class-attitudes-economy-trade-immigration-election-donald-trump/, retrieved February 8, 2018.
② Scott Winship, "What's behind Declining Male Labor Force Participation: Fewer Good Jobs or Fewer Men Seeking Them?" (2017), Mercatus Research, Mercatus Center at George Mason University, https://www.mercatus.org/system/files/winship_malelaborparticipation_mr_v2.pdf, retrieved March 20, 2019.
③ Anne Case and Angus Deaton, "Rising Morbidity and Mortality in Midlife among White Non-Hispanic Americans in the 21st Century", *Proceedings of the National Academy of Sciences*, 2015, 112(49), pp. 15078-15083.

是"白人"。① 根据 2017 年的一项民意调查,白人工人中有 51% 认同共和党,34% 认同民主党。这与作为整体的美国人存在重大差异,尽管也有 47% 的美国人认同共和党,41% 的美国人认同民主党。就地区差异而言,南方的白人工人对共和党的认同度最高,达到 58%;东北地区最低,为 46%;中西部(48%)和西部(47%)居于两者之间。值得注意的是,尽管就整个美国而言,年轻人往往比老年人更加倾向民主党。但这一结论不能应用于白人工人。事实上,年轻的白人工人比老年人更不认同民主党:在年轻白人工人中,有 57% 认同共和党,只有 29% 认同民主党,相差高达 28 个百分点。而在更年长的白人工人中,这一对两党认同的差距只有 15 个百分点,51% 支持共和党,36% 支持民主党。② 总体上,白人工人的意识形态认同类型在很大程度上与整体的政党认同相似。白人工人中认同保守主义的(43%)是认同自由主义的(21%)两倍;其中的 29% 认同为政治上的中间派。尽管年轻人比年长者更有可能认同共和党,却不如后者那样认同保守主义,相对更认同自由主义;年轻人认同保守主义的仅有 23%,年长者为 50%;有 40% 的年轻白人工人是中间派,26% 认同自由主义。在 2016 年大选中,白人工人往往认为,特朗普而非希拉里能更好地理解其社区所面临的问题。但两位候选人都没有得到超过半数的支持。认为特朗普很好地理解其社区问题的白人工人占 16%,较好理解的占 26%,不怎么理解的占 51%。相比之下,只有 10% 的白人工人认为希拉里很好地理解其所面临的问题,22% 认为较好,62% 的认为并未真正理解。一般认为,特朗普吸引了经济困难

---

① Ed Yong, "Social Status Shapes Racial Identity" (December 8, 2008), National Geographic, https://www.nationalgeographic.com/science/phenomena/2008/12/08/social-status-shapes-racial-identity/, retrieved February 15, 2018.
② Daniel Cox, Rachel Lienesch, and Robert P. Jones, "Beyond Economics: Fears of Cultural Displacement Pushed the White Working Class to Trump" (September 5, 2017), PRRI/The Atlantic Report, https://www.prri.org/research/white-working-class-attitudes-economy-trade-immigration-election-donald-trump/, retrieved February 8, 2018.

的选民,但那些经济状况很好或较好的白人工人却更有可能认为,特朗普更能理解其社区问题,与那些经济状况一般或困难的相比,分别为48%和39%。有55%的经济状况一般或困难的白人工人认为特朗普并不怎么理解其社区问题。白人工人中的男性也更有可能比女性认为,特朗普更能理解其所面临的问题。有47%的男性持这一观点,而女性只有38%。中年白人工人更有可能认为特朗普更能理解其所面临的问题:在30岁以下的白人工人中,只有34%持这一观点;而在30—49岁的白人工人中,有47%这样认为;在50—64岁的白人工人中,有46%这样认为,在65岁及以上的白人工人中只有38%。①

由上述分析可以看出,白人工人成为美国当前种族主义回潮的主力军。

在美国,对移民的态度始终是分裂的,无论是短期影响还是长期影响。例如,自20世纪50年代以来,美国人对移民是否推动美国文化变好的问题,看法基本是均分的。② 尽管如此,白人特别是白人工人的看法明显更为消极。2017年,有65%的白人工人选民相信,美国文化和生活方式自20世纪50年代以来变坏了;有48%的白人工人认为,"事态变化如此巨大,我经常觉得害怕自己国家里的陌生人";有68%的白人工人认为,美国正面临丧失其文化和认同的危险,美国生活方式需要加以保护,免受外国影响。相比之下,整个美国只有55%的人持这一观点,在受过大学教育的白人中认同这一观点的只有44%。来自其他国家的新移民越来越多,有62%的人认为这正

---

① Daniel Cox, Rachel Lienesch, and Robert P. Jones, "Beyond Economics: Fears of Cultural Displacement Pushed the White Working Class to Trump" (September 5, 2017), PRRI/The Atlantic Report, https://www.prri.org/research/white-working-class-attitudes-economy-trade-immigration-election-donald-trump/, retrieved February 8, 2018.
② Robert P. Jones and Daniel Cox, "Beyond Guns and God: Understanding the Complexity of the White Working Class in America" (September 20, 2012), PRRI, http://www.prri.org/research/race-class-culture-survey-2012/, retrieved May 20, 2018.

在威胁美国文化,只有30%认为这有助于强化美国社会。有59%的人认为,如果符合特定条件的话,非法移民可被合法化成为公民;10%的人认为,应允许其成为永久合法居民;有27%的人认为,应当识别并驱逐非法移民。需要指出的是,与全美支持非法移民合法化(63%)相比,白人工人的比例只是略低。①

这样,白人尤其是白人工人的态度就呈奇怪对立。一方面,对已移入美国的移民态度相对正面。根据2019年的"美国人价值观调查"(American Values Survey),有89%的美国人对移民持正面看法,持消极态度的仅有11%;即使是美国白人,也有87%对移民持积极态度,持消极态度的仅为13%。在白人内部,在最反对移民进入的白人福音教徒中,也有84%对移民持积极态度;相比之下,白人主流新教徒对移民持积极态度的也仅比白人福音教徒高1个百分点。另一方面,2019年的"美国人价值观调查"也显示,超过半数(56%)的美国人支持限制性移民政策,而反对限制性移民政策的人数接近45%;其中,强烈支持(23%)的人是强烈反对(11%)的两倍。如果仅观察白人,美国的种族主义浪潮就更加明显。有多达61%的白人支持更严格的移民政策,而非洲裔和拉丁裔分别有47%和42%的人表示支持。在白人内部,拥有本科及以上学历的白人中支持限制性移民政策的人数与非洲裔相当,也是47%,远远低于专科学历的白人(65%)和高中及以下教育程度的白人(73%)。在不同信仰的白人中,白人福音教徒对限制性移民政策的支持率最高,达到85%;白人主流新教徒也有66%表示支持(如图3-6所示)。但必须强调的是,在美国的"后种族时代"或"色盲时代",这种"政治正确"氛围仍对白人的种族主义情绪的表达产生了影响。

---

① Daniel Cox, Rachel Lienesch, and Robert P. Jones, "Beyond Economics: Fears of Cultural Displacement Pushed the White Working Class to Trump" (September 5, 2017), PRRI/The Atlantic Report, https://www.prri.org/research/white-working-class-attitudes-economy-trade-immigration-election-donald-trump/, retrieved February 8, 2018.

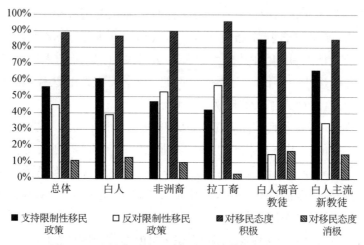

图 3-6　美国人对移民及移民政策的态度(2019 年)

资料来源:"Fractured Nation: Widening Partisan Polarization and Key Issues in 2020 Presidential Elections"(October 20, 2019), PRRI, http://prri.org/research/fractured-nation-widening-partisan-polarization-and-key-issues-in-2020-presidential-elections, retrieved March 25, 2020。

白人对自身种族身份的意识增长,导致了严峻的种族主义后果,其中最为深刻的是拒绝或排斥种族间通婚以保护白人种族的纯洁性。尽管自 20 世纪 60 年代以来,美国公众表达的对种族间通婚的态度正变得积极(如图 3-7 所示);另外,美国人口普查局数据显示,2000—2016 年,美国所有州的种族间通婚家庭数量都有明显增长。就全美而言,种族间通婚率从 2000 年的 7.4% 增至 2012—2016 年的 10.2%。其中,夏威夷和俄克拉何马州及华盛顿特区的增长达到 4.34 个百分点甚至更多;有 9 个州,主要是在西部和中部地区,增长为 3.34—4.33 个百分点;17 个州增长为 2.4—3.33 个百分点;余下的 22 个州增长不到 2.4 个百分点。① 尽管如此,美国实际的种族间

---

① Brittany Rico, et al., "Examining Change in the Percent of Married-Couple Households That Are Interracial and Interethnic: 2000 to 2012-2016"(April 26, 2018), U. S. Census Bureau, https://www.census.gov/content/dam/Census/library/working-papers/2018/demo/SEHSD-WP2018-11.pdf, retrieved January 15, 2019.

通婚比例仍相当低。例如,一项研究表明,2008年美国各种族间的实际通婚率低得惊人:从户主角度看,拉丁裔由于其肤色仍是白色,与其他种族的通婚率略高——与白人为2.1%,与亚裔为1.48%,与非洲裔为1.37%;但亚裔和非洲裔与其他种族的通婚率就相当低,其中尤以亚裔最低,2008年,亚裔与白人、非洲裔、拉丁裔的通婚率分别为0.75%、0.56%和0.54%。①

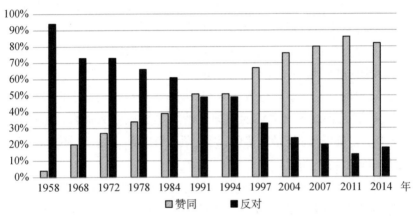

图3-7　美国人对种族间婚姻的态度变化

资料来源:笔者整理制作;"Race and Ethnicity", PollingReport.com, http://pollingreport.com/race.htm; "Trend in Racial Attitudes", Institute of Goverment and Public Affairs, University of Illinois Sysytem, https://igpa.uillinois.edu/programs/racial-attitudes; both retrieved March 20, 2020。

三、政治危机:"政治不正确"的正确性

在赢得2016年总统大选之前,特朗普以其商业大亨身份和在真人秀节目《飞黄腾达》中的表现而闻名;同样以新自由主义和个人主义为框架,特朗普传递出的是有关"经济民族主义、边境控制和美国

---

① Lucia C. Lykke and Michael S. Rendall, "Interracial and Inter-ethnic Marriage and Cohabitation and Self-Rated Health", Research Report, No. 2018-03, Center for Survey Measurement, U. S. Census Bureau, April 2, 2018, p. 49, Appendix Table 1.

利益至上的外交政策"的保守主义价值观。① 在他于2015年6月16日宣布参加竞选总统时的演讲中，特朗普提到了自己的商业成功，声称"我将是上帝所创造的最伟大的总统"；他还在演讲中大放厥词，美国成了"别人问题的倾倒场"。② 如同第二章所讨论的，特朗普在竞选期间和当选后不仅散布了大量种族主义言辞，更推行了大量种族主义的政策。尽管人们往往认为，是特朗普个人的种族主义言行刺激或动员了美国社会中的种族主义情绪，但真正的动员力量来自特朗普此类言行背后的"政治不正确"：面对大量批评，特朗普将自身塑造为一个新自由主义的直面世界的真相揭露者，一个可以将事情做得更好的"政治不正确"的候选人和总统，从而将公开的白人种族主义和偏见堂而皇之地置于社交媒体的前台，并美其名曰"真相揭露"。③ 对持种族主义立场的美国人特别是美国白人而言，特朗普的"政治不正确"极可能是正确的，无论是在种族间关系上，还是在国家发展方向上均是如此。

第一，在特朗普"政治不正确"的动员之下，美国人对种族歧视的态度正在改变，所谓白人正遭受"反向歧视"（reverse discrimination）的论调正在传播。

根据2016年的一项调查，有49%的美国人认为，对白人的歧视已经成为与歧视非洲裔及其他少数种族一样重要的问题，尽管也有49%的人对此表示反对。事实上，自2011年以来，有关对白人的反向歧视的观点就逐渐上升；2011年，有46%的受访者认为白人与其他种族的人一样遭受歧视，51%的受访者反对这一观点。很明显的

---

① Timothy Shenk, "The Dark History of Donald Trump's Rightwing Revolt" (August 16, 2016), The Guardian https://www.theguardian.com/news/2016/aug/16/secret-history-trumpism-donald-trump, retrieved March 25, 2017.
② "Donald Trump's Presidential Announcement Speech" (June 16, 2015), Time, https://time.com/3923128/donald-trump-announcement-speech/, retrieved June 20, 2015.
③ Jessica Gantt Shafer, "Donald Trump's 'Political Incorrectness': Neoliberalism as Frontstage Racism on Social Media", Social Media + Society, 2017, 3(3), pp. 1-10.

是，不同种族的人对反向歧视的认知存在重大差异：有57%的白人认为针对白人的反向歧视是个大问题，但只有38%的拉丁裔、29%的非洲裔认同这一观点；相比之下，69%的非洲裔、61%的拉丁裔并不认为白人遭受反向歧视。在白人内部，认为白人遭受反向歧视的认知也存在阶层差异：白人工人中有66%认同这一观点，而拥有本科以上学历的白人中仅有43%认同这一观点。72%的白人共和党人相信，针对白人和少数种族的歧视是同等严重的，但白人民主党人中只有32%认同这一观点。①

到2018年，认为白人正遭受反向歧视的美国人比例明显下降，为33%；其中仍有多达41%的白人认同这一观点，而非洲裔和拉丁裔中都仅有18%认同这一观点。共和党内认同这一观点的人仍远较民主党要多，分别是48%和22%。相比之下，认为非洲裔仍遭受歧视的美国人高达73%，认为拉丁裔仍遭受歧视的美国人也有69%，但认为亚裔仍遭受歧视的美国人的比例要低得多，仅为44%。当然，民主、共和两党对不同种族的人是否遭受种族歧视的看法也存在较大差异。② 由此可见，白人很大程度上是认同特朗普上台后的种族主义言行和政策的。

认为白人遭受反向歧视的认知在2019年再次回升。根据2019年的一项民意调查，有42%的美国人认为，对白人的歧视与对非洲裔和其他少数种族的歧视同样严重，在2018年的基础上回升了8个百分点；有超过三分之一（36%）的美国人认为，"移民正入侵我们国家，取代我们的文化和种族背景"。有接近一半（49%）的白人认为，所谓的反向歧视是个大问题；相比之下，只有23%的非洲裔和

---

① Betsy Cooper, et al., "How Immigration and Concerns about Cultural Change Are Shaping the 2016 Election: PRRI/Brookings Survey" (June 23, 2016), PRRI/Brookings Survey, http://www.prri.org/research/prri-brookings-poll-immigration-economy-trade-terrorism-presidential-race/, retrieved March 25, 2020.
② Alex Vandermaas-Peeler, et al., "Partisan Polarization Dominates Trump Era: Findings from the 2018 American Values Survey" (October 29, 2018), PRRI, https://www.prri.org/research/partisan-polarization-dominates-trump-era-findings-from-the-2018-american-values-survey/, retrieved March 25, 2020.

30%的拉丁裔如此认为。同样,有40%的白人认为移民正"接管美国",认同这一观点的非洲裔和拉丁裔占比分别为37%和22%。大多数白人工人(57%)认为反向歧视相当严重,而拥有本科及以上学历的白人只有36%认同这一观点。从年龄结构看,65岁及以上的美国人更认同反向歧视的说法,占比达46%;而在18—29岁的年轻人中,只有34%认同这一看法。认同反向歧视说法的共和党人占比达到69%;而民主党人则不到共和党人的三分之一,仅为20%。①

2020年的新冠肺炎疫情再次凸显了美国种族主义的真相。认为白人正遭受反向歧视的美国人比例再度下降,为32%;共和党内认同这一观点的人仍远较民主党要多,比例分别是57%和13%。相比之下,认为非洲裔仍遭受歧视的美国人高达75%,认为拉丁裔仍遭受歧视的美国人也有69%,认为亚裔仍遭受歧视的美国人尽管略少(55%),但仍远高于白人。当然,民主、共和两党对不同种族的人是否遭受种族歧视的看法也存在较大差异(如表3-2所示)。

表3-2 美国人对不同种族遭受种族歧视的看法(2020年)

单位:%

群体	整体态度	党派差异	
		共和党	民主党
白人	32	57	13
非洲裔	75	52	92
拉丁裔	69	45	86
亚裔	55	37	68

资料来源:"Dueling Realities: Amid Multiple Crises, Trump and Biden Supporters See Different Priorities and Futures for the Nation" (October 19, 2020), PRRI, https://www.prri.org/research/amid-multiple-crises-trump-and-biden-supporters-see-different-realities-and-futures-for-the-nation/, retrieved October 11, 2021。

---

① "Fractured Nation: Widening Partisan Polarization and Key Issues in 2020 Presidential Elections" (October 20, 2019), PRRI, http://prri.org/research/fractured-nation-widening-partisan-polarization-and-key-issues-in-2020-presidential-elections, retrieved March 25, 2020.

第二,正是由于对特朗普"政治不正确"的认可,美国人特别是白人觉得美国需要一位愿意打破常规的强势领导人,这既是特朗普当选并获得持续支持的重要原因,也是美国当前种族主义回潮的重要原因。在2016年总统大选前,美国人对自身国家发展方向的满意度相对较低。尽管相比2008年全球危机爆发后的一段时间有所回升,但仍处于自1997年以来的20年间的低点。相比2002年美国人对国家发展方向高达61%的满意度,2016年仅为26%,相差了35个百分点(如图3-8所示)。在这种背景下,对美国是否需要一位愿意打破常规的领导人的问题,美国人在2016年大选前表现得明显更乐于接受:有49%的人表示同意,尽管也有50%的人表示反对。与其他美国人相比,正在经历高度经济和文化不安全感的美国人更有可能同意这种说法。尽管没有基于种族的数据,但基于阶级和教育程度的数据仍能说明这一问题:60%的美国白人工人认同这一说法,也有约三分之一(32%)受过大学教育的白人对此表示认同。这意味着,相比接受过更高程度的正规教育的美国人,只有高中或更低学历的美国人更有可能接受一位愿意打破常规的领导人。有59%的高中及以下学历的美国人认为美国需要这样的领导人,拥有大专乃至更高学历的美国人则仅以微弱多数(51%)也认同这一观点。相比之下,只有40%的拥有四年制大学学历的美国人和24%的拥有研究生学历的美国人认为美国需要这样的领导者。共和党人(57%)比无党派人士(48%)和民主党人(41%)更有可能同意美国需要一位愿意打破常规的领导人。在支持特朗普的人中,有72%认同这一观点。[1]

---

[1] Betsy Cooper, et al., "How Immigration and Concerns about Cultural Change Are Shaping the 2016 Election: PRRI/Brookings Survey" (June 23, 2016), PRRI/Brookings Survey, http://www.prri.org/research/prri-brookings-poll-immigration-economy-trade-terrorism-presidential-race/, retrieved March 25, 2020.

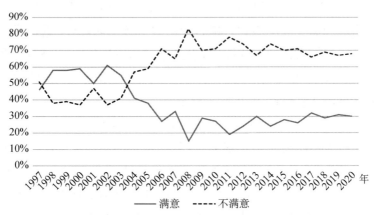

图3-8　美国人对国家发展方向的满意度(1997—2020年)

资料来源:笔者根据盖洛普过去20年的数据制作本图,"Direction of the Country"(May 1, 2020), PollingReport.com, http://www.pollingreport.com/right.htm, retrieved May 25, 2020。

第三,尽管在担任总统后仍显示出强烈的种族主义,特朗普的"政治不正确"仍确保其基本的政治支持,特别是在白人内部。特朗普总统上任后的表现很大程度上可用"离经叛道"加以形容。尽管如此,美国人对其看法——无论是对其个人支持还是对其工作表现——总体保持较为稳定的态势,即使是在2020年新冠肺炎疫情暴发后仍是如此。一方面,从2016年当选至2020年上半年,特朗普的公众支持率总体保持稳定。例如,美国有线电视新闻网(CNN)的民意调查显示,在2016年11月当选时,特朗普的支持率为47%;此后略有下降,到2017年下半年曾跌至36%;但又逐渐回升,2019年全年和2020年上半年都保持在40%以上。类似地,盖洛普公司的数据也显示了类似的趋势,尽管其起伏可能比CNN的更大一些(如表3-3所示)。而美国昆尼皮亚克大学(Quinnipiac University)的民意调查显示,特朗普的支持率最低是在2015年上半年,最高支持率是在2016年11月当选时,但此后直至2020年年底并未有太大起伏;尽管治理新冠肺炎疫情表现极差,但其支持率仍大致与此前几年持平。①

表 3-3 特朗普的支持率(2016—2020 年)

单位:%

年份	CNN		盖洛普	
	支持	不支持	支持	不支持
2020 上半年	43	55	46	53
2019 下半年	43	53	41	59
2019 上半年	45	53	48	50
2018 下半年	40	55	40	58
2018 上半年	42	55	38	59
2017 下半年	36	60	41	56
2017 上半年	45	53	45	54
2016 年当选	47	50	42	53

资料来源:笔者整理制作,"Donald Trump: Favorability Ratings"(January 10, 2021), PollingReport.com, http://www.pollingreport.com/trump_fav.htm, retrieved March 1, 2021。

另一方面,美国公众对特朗普的工作表现的认知态度也总体保持稳定。到 2019 年年底,有 39% 的美国人对特朗普的工作表示满意,60% 表示不满意。在党派差异方面,88% 的共和党人支持特朗普的工作表现,其中 53% 的人表示高度满意;相比之下,92% 的民主党人对特朗普的工作表现不满,值得注意的是,有 77% 的民主党人表示高度不满,远远高于共和党内部高度满意的比例。白人美国人是所有美国人中最为认可特朗普工作表现的种族,比例达到 48%。但白人内部的受教育程度差异仍是个重要的影响因素:在没有大学学位

---

① "Donald Trump: Favorability Ratings"(January 10, 2021), PollingReport.com, http://www.pollingreport.com/trump_fav.htm, retrieved March 1, 2021.

的美国白人中,有54%认可特朗普的工作表现,但在拥有大学学历的人中只有36%表示认可。非洲裔和拉丁裔中对特朗普的工作表现表示满意的比例分别只有15%和27%,大多数非洲裔(85%)和拉丁裔(74%)不满意特朗普的工作表现。其他种族或混血种族的美国人对特朗普的表现的评价略高一些,37%的人表示赞同,62%的人表示反对。① 而根据民意调查报告(PollingReport)网站的整理,综合10余家主要的美国民意调查公司的数据,美国人对特朗普工作表现的认知很大程度上朝向有利于特朗普的方向发展。如图3-9所示,自2018年起,对特朗普工作表现的认可度或满意度事实上呈上升态势,不满意度略有下降;总体而言,不满意度与满意度之间的差距在缩小,在2020年3月甚至出现自特朗普上台以来首次满意度超过不满意度的现象。昆尼皮亚克大学的数据也显示,就年度平均水平看,对特朗普的工作表现认可度最高的年份反倒是2020年:2017年为37.1%,2018年为39.2%,2019年为39.9%,2020年为42.2%。在2021年1月6日冲击国会的暴动之后,对特朗普的工作认可度才真正下降,但也仅与此前的最低支持率持平,并未创下新低。②

第四,尽管特朗普上台后美国的种族主义事件和烈度均有明显提升,但美国白人对此视而不见。根据2019年年底的一项调查,有57%的美国人认为,特朗普的决定和行为鼓励了白人至上主义团体;有6%的人认为特朗普劝阻过白人至上主义团体,但有36%的人认为特朗普的行为没有起任何作用。自2018年以来,这些观点基本没有改变,当时有54%的人说他鼓励白人至上主义者,5%的人说他劝阻白人至上主义者,39%的人说他的决定和行为没有产生影响。美

---

① "Fractured Nation: Widening Partisan Polarization and Key Issues in 2020 Presidential Elections" (October 20, 2019), PRRI, https://prri.org/research/fractured-nation-widening-partisan-polarization-and-key-issues-in-2020-presidential-elections, retrieved March 25, 2020.
② "President Trump: Job Ratings" (January 20, 2021), PollingReport.com, http://pollingreport.com/djt_job2.htm#Quinnipiac, retrieved September 1, 2023.

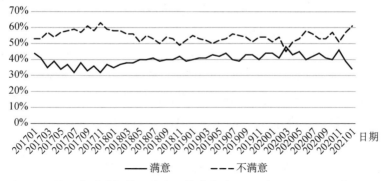

图 3-9　美国人对特朗普工作表现的满意度（2017 年 1 月—2021 年 1 月）

数据来源：笔者整理制作，"President Trump：Job Ratings"（June 1，2021），PollingReport.com, http://www.pollingreport.com/djt_job.htm, retrieved June 22，2022。

国白人对特朗普是否在鼓励白人至上主义者存在分歧，49%的人认为他鼓励了这些群体，44%的人认为没有产生影响。但如果考察教育的影响则可发现：42%的没有大学学历的白人工人表示，特朗普鼓励了白人至上主义；相比之下，62%的拥有大学学历的美国白人认为，特朗为鼓励了白人至上主义。需要强调的是，共和党人和白人福音派教徒的立场几乎与其他所有群体都相反，分别有 74%的共和党人和 70%的白人福音派教徒认为，特朗普的行为没有对白人至上主义产生影响；也有 51%的白人主流新教徒认为特朗普的行为没有对白人至上主义产生影响。对少数种族而言，特朗普对白人至上主义的鼓励、纵容是相当明显的，有 77%的非洲裔、69%的拉丁裔及 59%的其他少数种族群体持这一观点。①

尽管特朗普的"政治不正确"总体上鼓励了美国种族主义，但这一动员功能也是一个渐进的过程。例如，在白人内部支持特朗普最为坚决的白人福音派教徒对特朗普的态度就经历了三个截然不同的

---

① "Fractured Nation：Widening Partisan Polarization and Key Issues in 2020 Presidential Elections"（October 20，2019），PRRI, http://prri.org/research/fractured-nation-widening-partisan-polarization-and-key-issues-in-2020-presidential-elections，retrieved March 25，2020。

阶段：在2016年中期特朗普成为正式的共和党总统候选人之前，白人福音派教徒对特朗普的支持率从未达到多数；在特朗普获得提名到其于2017年年初就职期间，特朗普在白人福音派新教徒中的支持率超过了60%，到2017年年初就职时，特朗普在白人福音派新教徒中的支持率跃升至74%；在就任总统后，尽管特朗普在普通民众中的支持率维持在略高于40%的水平，但白人福音派教徒对他的支持率始终保持在极高的水平——65%—77%，平均支持率为71%。白人福音派教徒对特朗普的支持可以用"相当坚定"来形容。以2019年年底福音派教徒在各个涉特朗普总统的议题上的态度为例：82%的白人福音派教徒反对弹劾特朗普；66%的白人福音派教徒表示将在2020年美国总统大选中投票支持特朗普，共和党内的白人福音派教徒中支持特朗普连任的更是高达82%；等等。①

很大程度上，美国内部仍存在抵制特朗普"政治不正确"及由此而来的种族主义的力量。例如，随着2020年美国总统大选启动，越来越多的美国人希望特朗普能表现得更像一位"标准"的总统。有65%的美国人认为，特朗普总统的言行有损美国总统的尊严。这在民主党内几乎成为共识，有高达92%的民主党人持这一观点；无党派人士中也有72%持这一观点。同时，有73%的美国人表示，希望特朗普的言行与历任总统更加一致，有88%的民主党人和74%的无党派人士持这一观点。即使是在白人内部，也有68%的基督徒、70%的天主教徒和72%的白人主流新教徒持这一观点。当然，共和党人和白人福音派教徒明显更倾向接受特朗普的"政治不正确"、宣扬种族主义：只有46%的共和党人希望特朗普的言行与历任总统保持一致，63%的白人福音派教徒认为特朗普并没有损害美国总统的尊严。②

---

① "Fractured Nation: Widening Partisan Polarization and Key Issues in 2020 Presidential Elections" (October 20, 2019), PRRI, http://prri.org/research/fractured-nation-widening-partisan-polarization-and-key-issues-in-2020-presidential-elections, retrieved March 25, 2020.

② Ibid.

第二节　国际根源:帝国危机与潜在的内部敌人

美国当前种族主义的回潮,不仅有国内种族危机、经济危机和政治危机三重危机的综合推动,也有因其霸权相对衰落而来的战略性焦虑与其识别内部敌人的传统的重要原因。的确,自建国起直到进入21世纪,美国国家发展路径都呈上升态势,但进入21世纪后,随着2001年"9·11"恐怖主义危机、2008年全球金融危机和2016年政治制度危机的渐次显现,美国霸权衰落似乎变得难以避免。[①] 在此背景下,一些美国人的心灵逐渐封闭并尝试识别出美国社会内部的可能与潜在挑战相联系的敌人或敌人的帮凶,种族主义的回潮也就理所当然。

一、相对衰落的霸权

2001年9月11日纽约的恐怖主义事件发生后,美国著名专栏作家乔治·威尔(George Will)撰文指出,美国在冷战后所享受的长达十余年的"历史的假期"已经结束;当然,威尔并不认为这会危及美国的社会福利和物质强大。[②] 但"9·11"事件被证明是美国的社会福利与物质强大开始走下坡路的触发性事件,它瓦解了美国已然享受200余年的地理性绝对安全;而小布什政府启动的全球反恐战争不仅极大地消耗了比尔·克林顿(Bill Clinton)政府时期所积累的财政盈余,更间接触发了以2007年的次贷危机和2008年的全球金融危机为标志的经济崩溃,全面拉开了美国霸权相对衰落的大幕。的确,不管是否愿意承认美国正在衰落,奥巴马总统的"重振美国"和特朗

[①] 相关论述可参见潘亚玲:《美国政治文化转型与外交战略调整》,复旦大学出版社2018年版,第2章。

[②] George Will, "The End of Our Holiday from History" (September 12, 2001), Jewish World Review, http://jewishworldreview.com/cols/will091201.asp, retrieved June 1, 2020.

普的"让美国重新伟大",都意味着对美国帝国危机的默认——尽管对美国霸权的相对衰落仍需做全面的分析。

从绝对增长的角度看,美国的综合国力仍在持续提升之中。

第一,就经济实力而言,冷战结束后美国延续了此前的增长态势,经济绝对总量的增长态势从未中断,即使是2008年全球金融危机所带来的影响也是相对短暂的。根据世界银行的统计数据,在1990—2019年的30年里,以当年美元价格计算的美国国内生产总值(GDP)增长了2倍多(从5.96万亿美元增至21.43万亿美元),以2010年不变美元价格计算增长了1倍有余(从8.83万亿美元增至18.3万亿美元);同一时期,以当年美元的美国人均GDP同样增长近2倍(从2.3万美元增至6.53万美元),以2010年不变美元价格计算则增长了50%以上(从3.6万美元增至5.57万美元)。① 尽管2020年因受新冠肺炎疫情影响而有所回落,但相比之下美国的增长幅度仍是比较大的。

第二,在经济的绝对增长之外,美国还拥有世界上最强大的军事力量。尽管美军约130万兵力并不是世界上数量最多的,但其装备却是世界上最好的。更为重要的是,与所有其他国家的军队不同,美国的军队首先不是为保卫美国而是为所谓"保卫世界"而部署的。例如,2019年中,美国不仅在本土部署120万左右兵力,还在全球各地部署了约16万兵力。此外,美军还有约75万名文职军人。② 而整个美军各司令部的架构都是以全球性使命展开的,美军设置了太平洋司令部、欧洲司令部、南方司令部、中央司令部、非洲司令部等涉及全球事务的司令部,这是其他任何国家都没有的。此外,美军还设置了特种作战司令部、战略司令部、网络司令部等专业性司令部。冷战结

---

① "World Development Indicators", World Bank, http://databank.worldbank.org/data/, retrieved January 25, 2021.
② "Deployment of U.S. Active-Duty Military & Civilian Personnel around the World in 2019, by Selected Regions" (February 2020), Statista, https://www.statista.com/statistics/222920/deployment-of-us-troops-in-selected-world-regions/, retrieved January 25, 2021.

束后,美国国防预算曾有所回落,但到 2000 年再度回升到 1990 年的水平;此后一直保持较快增长速度,多个年份增长超过 10%——包括 2001 年启动全球反恐战争、2003 年发动伊拉克战争、2007 年、2008 年及 2018 年等。因此,尽管 2008 年全球金融危机后削减国防预算的呼声很高,但真正削减的力度并不大。2020 年,美国国防预算创下 7 600 亿美元的历史新高,相当于 2000 年美国国防预算的 2.5 倍(如图 3-10 所示)。

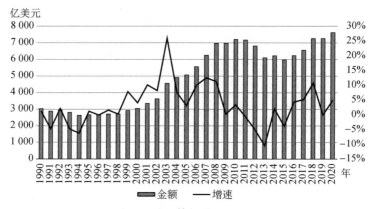

图 3-10　美国国防预算与增速(1990—2020 年)

资料来源:笔者根据相关数据整理后制成本图,数据详见 *Historical Tables: Budget of the U.S. Government*, *Fiscal Year 2020*, Table 5-1"Budget Authority by Function and Subfunction:1976-2024", GovInfo, https://www.govinfo.gov/app/details/BUDGET-2020-TAB/context, retrieved November 1, 2022。

　　第三,在军事、经济之外,美国的科技和商业垄断等仍是其霸权的重要基础。由于拥有在跨国公司、科技创新等方面的优势,美国的国家实力远非 GDP 所计算的那么简单。根据一项对各国在福布斯全球 2 000 家最大跨国公司中的财富拥有状况的研究发现,美国对全球经济 25 个重要行业中的 13 个拥有主导性影响,在每个行业的净收益中占 38% 以上,其中最高的是医疗服务业(89%)、计算机软硬件(84%)、制药和生物科技(53%),令人吃惊的是美国对全球金融服务业的主导地位不降反升,2007 年占全行业净收益 47%,到 2013 年升至66%。相比之下,在其余12个行业中,仅1个行业(跨国贸易公司)被1个国家(日本)主导,其余11个行业呈群雄割据状态。① 从科技发展角度看,美国长期投入大量资金到科技研发领域。世界银行自1996年起统计研发预算在整个GDP中的比例,美国从未低于2.45%,2018年达到2.78%,超过5700亿美元,远远将其他国家甩在后面。②

尽管美国的绝对实力仍在持续增长并保持着相对于其他国家的重大优势,但对美国人而言,似乎其霸权衰落已经不可避免。美国人历来对自身霸权地位相当敏感,对美国权势衰落的讨论也并不新鲜。过去几十年里,几乎每隔十年便会出现一波有关美国衰落甚至更大的西方衰落的讨论。距当前最近也是最为重要的一波讨论是在20世纪80年代末,其代表作是认为美国权势已经衰落的保罗·肯尼迪(Paul Kennedy)的巨著《大国的兴衰——1500—2000年的经济变迁与军事冲突》(*The Rise and Fall of the Great Powers: Economic Change and Military Conflict from 1500-2000*),而坚持认为美国仍"注定领导"的则是小约瑟夫·奈(Joseph Nye, Jr.)。③ 正是由于多轮有关美国权势衰落的讨论最终都以衰落论者的落败告终,因此使得有人怀疑这种讨论到底是因为国际环境或国际格局发生了重大变化,还是因为美国国内意识形态和经济形势发生了重大变化。④ 尽

---

① Sean Starrs, "American Economic Power Hasn't Declined — It Globalized: Summoning the Data and Taking Globalization Seriously", *International Studies Quarterly*, 2013, 57(4), pp. 820-825.
② 笔者根据世界银行数据(http://databank.worldbank.org/data/)计算得出。
③ 分别参见[美]保罗·肯尼迪:《大国的兴衰——1500—2000年的经济变迁与军事冲突》,王保存等译,求实出版社1988年版;[美]约瑟夫·S. 奈:《美国注定领导世界?——美国权力性质的变迁》,刘华译,中国人民大学出版社2012年版。
④ Michael Cox, "Whatever Happened to American Decline? International Relations and the New United States Hegemony", *New Political Economy*, 2001, 6(3), pp. 311-340; Michael Cox, "Is the United States in Decline—Again? An Essay", *International Affairs*, 2007, 83(4), pp. 643-653; Josef Joffe, "The Default Power: The False Prophecy of America's Decline", *Foreign Affairs*, 2009, 88(5), pp. 21-35.

管如此,自 2008 年全球金融危机开始的新近一轮美国衰落论争论,有着远比之前几轮争论更为现实的意义。

自 2008 年全球金融危机以来,关于国际政治中的权势转移已经有了很多预测。而有关美国衰落的反复发生的争论也再次浮现,但这一次似乎有更多实质内容,声称西方对国际秩序的主导可能衰落;或如同一位评论家所说,"美国衰落——这次是真的"。① 对"美国治下的和平"的谈论,在冷战结束后的头十年甚至是 21 世纪之初都非常流行,但现在已经迅速地让位于有关"帝国失败"的预测,因为单极论被认为不过只是一个"时刻"而非一个"时代"。② 随着伊拉克和阿富汗两场战争揭示了美国军事能力的局限,全球金融危机揭示了美国自冷战结束后的经济奇迹并非基于生产而是基于举债,克林顿政府如此喜爱的大型新兴市场已经成为新兴大国,新德里、巴西利亚和莫斯科日益追求与其经济力量相称的政治声音。③ 最重要的是,中国经济实现了快速增长,同时还在为美国的债务放任提供财政支持。北京而非华盛顿应当成为新的国际秩序共识的来源,而西方本身已经陷入分裂。④

衰落论者认为,当前国际关系的最核心事实是美国正在衰落。美国霸权衰落的原因主要来自自身能力衰退——可称作绝对衰落,或其他国家追赶上来——可称作相对衰落,但更可能是两者的相互结合。例如,有学者就认为,国际主导权正转移到全球东方,那不仅

---

① Gideon Rachman, "Think Again: American Decline—This Time It's for Real" (January 3, 2011), Foreign Policy, http://foreignpolicy.com/2011/01/03/think-again-american-decline/, retrieved June 1, 2020.
② Michael Mann, "The First Failed Empire of the 21st Century", *Review of International Studies*, 2004, 30(4), pp. 631-653.
③ Dominic Wilson and Roopa Purushothaman, "Dreaming with Brics: The Path to 2050", *Goldman Sachs Global Economics Paper*, 2003, No. 99.
④ Stefan A. Halper, *The Beijing Consensus: How China's Authoritarian Model Will Dominate the Twenty-First Century*, New York: Basic Books, 2010; Charles A. Kupchan, "The End of the West" (November 2002), The Atlantic Monthly, https://www.theatlantic.com/magazine/archive/2002/11/the-end-of-the-west/302617/, retrieved June 1, 2020.

是西方衰弱的结果,还是亚洲国家竞争力日增的后果。① 法里德·扎卡里亚(Fareed Zakaria)也认为,美国统治的时代正在终结,因为"其余"(the Rest)世界正在崛起,他们在组织其社会、生产财富、积累财产等方面都表现更佳。② 从美国与新兴大国的历史增长趋势看,美国的权势衰落也是明显的。美国在1990—2018年的平均增长率为2.46%,而进入21世纪以来的实际平均增长率为2.07%,2008年全球金融危机爆发以来的实际平均增长率为1.77%。相比之下,中国和印度的这三个数据分别是9.43%、9.14%、7.95%和6.33%、6.63%、7.1%。③ 这意味着,尽管中国崛起的步伐似乎在放缓——部分是由于经济基数增长、部分是由于经济发展转型的原因——的同时,印度崛起的步伐在明显加快,美国霸权衰落或相对衰落所面临的竞争对手并不完全或不仅限于中国,印度极可能成为下一个挑战美国霸权的国家。

的确,从相对国力的角度看,进入21世纪以来最大的国际发展是美国的相对衰落和中国、印度等新兴大国的群体性崛起。自冷战结束尤其是进入21世纪以来,新兴大国的群体性崛起已成为国际经济体系中的一个显著现象。自1980年以来,以中国、俄罗斯、印度、巴西和南非(BRICS)为代表的新兴大国群体经济增长非常迅速:1990年,金砖五国的国内生产总值之和占世界总量的7.80%,美国当时占世界总量的26.19%,而中国仅有1.58%;2001年,美国得益于冷战结束后的快速发展,其GDP在世界中的份额上升到31.63%,达到冷战结束后的最高点,金砖国家也略有上升为8.41%,中国增长

---

① Kishore Mahbubani, *The New Asian Hemisphere: The Irresistible Shift of Global Power to the East*, New York: Public Affairs, 2008; Kishore Mahbubani, "The Case Against the West: America and Europe in the Asian Century", *Foreign Affairs*, 2008, 87(3), pp. 111-124.
② Fareed Zakaria, *The Post-American World: And the Rise of the Rest*, London: Penguin, 2009; Fareed Zakaria, "The Future of American Power: How America Can Survive the Rise of the Rest", *Foreign Affairs*, 2008, 87(3), pp. 18-43.
③ 笔者根据世界银行数据(http://databank.worldbank.org/data/)计算得出。

较快达到 4.00%;但随着美国在进入 21 世纪后其经济增长逐渐放缓,其在世界经济总量中的份额自 2002 年起逐渐下降,在 2011 年达到冷战后的低点,为 21.15%,此后又有所回升,在 2020 年为 24.71%;相比之下,金砖国家整体和中国在进入 21 世纪后持续增长,其间未曾出现明显反复,到 2020 年,金砖国家占世界经济总量的 24.29%,中国也达到了 17.38%(如图 3-11 所示)。

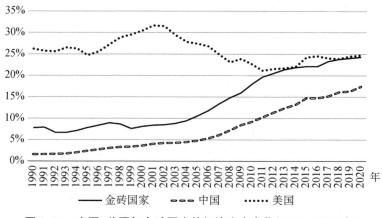

图 3-11　中国、美国与金砖国家的经济实力变化(1990—2020 年)

资料来源:笔者根据世界银行的数据制作本图,数据详见"World Development Indicators", World Bank, http://databank.worldbank.org/data/, retrieved October 11, 2021。

如果将各国与美国进行直接对比,美国霸权的相对衰落态势就更为明显(如图 3-12 所示)。以当年美元价格计算,1990 年,中国 GDP 仅相当于美国的 6.16%,到 1996 年突破 10%,到 2007 年突破 20%,此后增长速度明显加快,2008 年突破 30%,2010 年突破 40%,2012 年突破 50%,2015 年突破 60%,2020 年突破 70%。也就是说,中国 GDP 占美国 GDP 的比重从 10% 增长至 20% 用了 11 年,从 20% 到 30% 用了 1 年;此后,从 30% 到 40%、40% 到 50% 都只用了 2 年。尽管德国、日本等相对美国而言事实上都正变得不那么重要,但印度在过去约 30 年时间里也从 1990 年占美国的 5.24% 增至 2020 年的 12.52%。

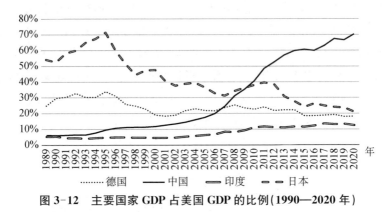

图 3-12　主要国家 GDP 占美国 GDP 的比例(1990—2020 年)

资料来源：笔者根据世界银行的数据制作本图，数据详见"World Development Indicators", World Bank, http://databank.worldbank.org/data/, retrieved October 11, 2021。

但更为根本的问题在于美国内部，即美国霸权的绝对衰落。

第一，美国经济增长的势头很大程度上已经发生了逆转，尽管经济总量始终在增长。美国的 GDP 增长率，在 20 世纪 60 年代初超过 4%，到 20 世纪 70 年代末跌到 3% 以下，在 80 年代末和 90 年代初再获动力，但在进入 21 世纪后又跌至 2% 以下，就目前趋势看这将在相当长的时间内保持下去。尽管特朗普大肆宣扬其经济成绩，但其执政头三年里美国的经济增长率为 2.49%，仅比奥巴马第二任期高出 0.21 个百分点；2008 年全球金融危机爆发后，美国在 2009 年经济负增长为 2.53%，但 2020 年新冠肺炎疫情使美国经济下跌了 3.48%。就此而言，低速增长或许是美国经济的常态。

第二，美国经济的竞争力正不断遭到削弱，尤其是由于基础设施老化和教育质量下降。美国曾经引以为傲的基础设施也开始老化，正削弱其竞争力。道路与桥梁需要修整，有的已经坍塌。例如，根据一项统计，美国桥梁的设计使用寿命一般为 50 年，到 2017 年平均建成年龄已达 42 年，这意味着有一半左右的桥梁还有 8 年（到 2025 年）左右就将到设计使用寿命。从比例上看，目前美国有 11% 的桥梁被认为存在"结构性缺陷"，罗得岛州存在结构性缺陷的桥梁占比高达 24.9%,艾奥瓦州此类桥梁的占比也达到 20.5%,此外宾夕法尼亚州和南达科他州有结构性缺陷的桥梁占比也都超过 19%,即使情况最好的内华达州也有 1.6% 的桥梁存在结构性缺陷;从数量上看,艾奥瓦州存在结构性缺陷的桥梁多达 4 968 座,宾夕法尼亚州有超过 4 500 座,俄克拉何马州和密西西比州的此类桥梁也均超过 3 000 座。① 美国的能源电力也时有功能错乱的现象,移动电话与宽带系统与其他发达国家相比也相对缓慢。2010 年,美国的带宽覆盖率位居全球第 4 位,到 2016 年特朗普上台前已经跌至全球第 14 位。与其他国家相比,美国的教育质量,特别是小学和初中,也正在下降。美国教育体系的整体质量位居全球第 28 位,而小学教育位居第 38 位。即使是高等教育,以往是美国的堡垒,现在也在下降,至少根据某些衡量标准是相对下降了。美国的大学毕业率在 32 个国家中位居 14 位。由于预算削减,公立大学遭到严重削弱,许多私立大学和学院也面临类似挑战。

第三,美国社会的贫富分化严重,特别是对少数种族而言。原本经过 20 世纪 30 年代的经济大萧条之后,美国的收入水平被极大地压缩了;但自 20 世纪 70 年代开始,美国再度出现财富"大分化",社会贫富急剧拉大,社会阶层的流动性日益减少,工会联盟被削弱,生产率和利润的增长步伐大大超过工资增长步伐。自 20 世纪 70 年代以来,美国的贫富差距持续拉大,有 5 个州、22 个大都市地区和 75 个县的贫富差距水平超过了 1928 年的峰值,为 24%。② 2013 年,美国的收入不均现象进一步加剧:就全美而言,2013 年,最富有的 1% 人口的财富是其余 99% 人口的财富的 25.3 倍;就各州而言,有 9 个州的收入差距超过全美平均水平,在贫富差距最大的纽约、康涅狄格和

---

① "Structurally Deficient Bridges: Top and Bottom Five States by Number and Percent", *2017 Infrastructure Report Card*, https://2017.infrastructurereportcard.org/the-impact/charts-facts-figures/, retrieved September 22, 2023.
② Estelle Sommeiller, Mark Price, and Ellis Wazeter, "Income Inequality in the U.S. by State, Metropolitan Area, and County" (June 16, 2016), Economic Policy Institute Report, http://www.epi.org/files/pdf/107100.pdf, retrieved June 1, 2020.

怀俄明三个州,最富有的1%人口的财富是其余99%人口的40倍多;在916个大都市地区中,有54个大都市地区的贫富差距水平超过全美平均水平,其中,有12个大都市地区的情况更为糟糕,即最富有1%人口的财富超过其余99%人口的40倍;在有统计的3 064个县中,有165个县的贫富差距水平超过全美平均水平,其中25个县的最富有的1%人口的财富是其余99%人口的财富的45倍以上。① 根据《华尔街日报》2016年9月的一份调查报告,美国有13.5%的人生活在贫困之中,另有18%的人刚刚脱贫;也就是说,美国有31.5%的人事实上生活贫困。②

最后,美国联邦政府的财政状况正变得日益危险。1990年,美国联邦政府债务仅占其GDP的54.4%,为3 200亿美元;直到2008年全球金融危机前,美国联邦政府债务仍维持在62.6%的水平上,不到9 000亿美元;但自2009年起,美国联邦政府债务突破1万亿美元大关,并快速增长;到2017年,这一数字超过2万亿美元,占美国GDP的比重也达到105%(如图3-13所示)。根据预测,如果现有财政政策保持不变,美国联邦政府债务到2026年将从2015年的相当于GDP的75%的水平上升到86%,到2046年将达到创纪录的141%。③ 考虑到政党、政府部门和各利益集团围绕赤字削减和开支需求的相对优先次序展开的激烈争论,在可预见的将来,联邦、州和市政府各级的结构性赤字可能相当难以削减。

---

① Estelle Sommeiller, Mark Price, and Ellis Wazeter, "Income Inequality in the U. S. by State, Metropolitan Area, and County" (June 16, 2016), Economic Policy Institute Report, http://www.epi.org/files/pdf/107100.pdf, retrieved June 1, 2020.
② "U. S. Poverty and Income Inequality in 9 Charts" (September 13, 2016), Wall Street Journal, http://blogs.wsj.com/economics/2016/09/13/u-s-poverty-and-income-inequality-in-9-charts/, retrieved June 1, 2020.
③ "Updated Budget Projections: 2016 - 2046" (March 2016), Congressional Budget Office, https://www.cbo.gov/sites/default/files/114th-congress-2015-2016/reports/51384-MarchBaseline_OneCol.pdf, retrieved August 10, 2018.

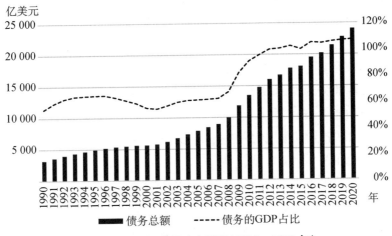

图 3-13 美国联邦政府债务(1990—2020 年)

资料来源:笔者根据相关数据整理后制成本图,数据详见 *Historical Tables: Budget of the U. S. Government*, *Fiscal Year 2020*, Table 5-1"Budget Authority by Function and Subfunction: 1976-2024", GovInfo, https://www.govinfo.gov/app/details/BUDGET-2020-TAB/context, retrieved November 1, 2022。

当然,也有不少人并不认同衰落论者的观点。① 强调得最多的是,美国仍拥有相对于潜在对手的重大优势,任何国家在短期内"赶超"美国的可能性都是夸大其词。② 也有人认为,过度关注眼下的趋势是危险的,并指出中国、印度等国面临诸多挑战,只有成功应对这些挑战后才有可能挑战美国。③ 还有学者相信,即使丧失了物质性的强制统治能力,美国仍享有诸多通过其霸权建立起来的嵌入制度

---

① Robert J. Lieber, *Power and Willpower in the American Future: Why the United States Is Not Destined to Decline*, New York: Cambridge University Press, 2012.
② Stephen G. Brooks and William C. Wohlforth, *World Out of Balance: International Relations and the Challenge of American Primacy*, Princeton: Princeton University Press, 2008.
③ Ken Miller, "Coping with China's Financial Power: Beijing's Financial Foreign Policy", *Foreign Affairs*, 2010, 89(4), pp. 96-109; Ian Clark, "China and the United States: A Succession of Hegemonies?", *International Affairs*, 2011, 87(1), pp. 13-28.

和规范秩序中的优势。① 当然也有人并不认为美国的问题是根本性的,相反只是国内政治体制运转不畅的后果。② 此外,还有学者认为当代的"权势"必须重新界定,并质疑传统上通过军事力量的平衡来比较国家间实力的方式在多大程度上仍能行得通。因此,现在需要更加关注非强制性的权势,它不只是强制的能力,也包括影响、吸引和劝说的能力(软实力)。③ 或者,也可通过将对国家的评估和比较从资源层次转移到其他层次,如网络环境下的"联通性"(connectedness),来对权势加以全面重新界定。④

但这些批评很大程度上不过是肯定了衰落论的论点,而非相反。首先,对美国霸权到底还能持续多久的争论事实上是没有意义的,因为几乎所有人都认美国终将衰落,尽管时间可能是十年,几十年或者更久。⑤ 其次,强调中国、印度等国崛起的内部困难,并不能回答美国霸权衰落的问题。最后,强调权势的其他维度,事实上是变相地承认了美国的衰落。例如,不少人都强调,美国仍拥有世界上最强大的军队。对美国而言,延缓衰落就需要在恢复经济的同时,维持对其军

---

① G. John Ikenberry, "The Rise of China and the Future of the West: Can the Liberal System Survive?", *Foreign Affairs*, 2008, 87(1), pp. 23-37; Stephen G. Brooks and William C. Wohlforth, "Reshaping the World Order: How Washington Should Reform International Institutions", *Foreign Affairs*, 2009, 88(2), pp. 49-63.
② Leslie H. Gelb, *Power Rules: How Common Sense Can Rescue American Foreign Policy*, New York: Harper Collins, 2009; Leslie H. Gelb, "Necessity, Choice and Common Sense: A Policy for a Bewildering World", *Foreign Affairs*, 2009, 88(3), pp. 56-72; Roger Altman and Richard Haass, "American Profligacy and American Power: The Consequences of Fiscal Irresponsibility", *Foreign Affairs*, 2010, 89(6), pp. 25-34.
③ Joseph S. Nye, *The Paradox of American Power: Why the World's Only Superpower Can't Go It Alone*, Oxford: Oxford University Press, 2003; Joseph S. Nye, "The Future of American Power: Dominance and Decline in Perspective", *Foreign Affairs*, 2010, 89(6), pp. 2-12.
④ Anne-Marie Slaughter, "America's Edge: Power in the Networked Century", *Foreign Affairs*, 2009, 88(1), pp. 94-113.
⑤ Fareed Zakaria, "Are America's Best Days behind Us?" (March 3, 2011), Time, http://content.time.com/time/magazine/article/0,9171,2056723,00.html, retrieved March 20, 2020.

事建设的持续投入，保持在衰落期间的美国军事影响力；当然这又会反过来加剧美国经济的负担。但如果不这样做，美国的衰落可能会来得更快。①

尽管对美国客观实力的评估存在不同意见，但美国人对霸权相对衰落和经济地位恶化的焦虑正在持续上升，并最终表现在对特朗普的远超出意料之外的支持上。根据美国著名民意调查公司盖洛普公司的系列调查，越来越多的美国人认为美国权势正在衰落，而取代美国的将是中国。2000年，认为中国取代了美国成为世界头号经济大国的人仅有10%，但到2008年迅速上升至40%，2011年达到52%，2012年继续上升到53%，2016年仍达到50%。而对美国自身的信心从2000年的65%下降到2011年的32%，2012年为33%，下降了一半；2016年略有回升，为37%。2000年，对于未来20年里谁将是世界头号经济强国，仅有15%的美国人认为是中国，有55%认为是美国；而在全球经济危机爆发的2008年，有44%的美国人认为是中国，31%认为是美国；到2012年，有46%的美国人认为是中国，38%认为是美国；随着美国经济逐渐复苏，2016年认为中国将是未来20年的世界头号经济强国的比例下降至34%，认为是美国的比重回升到44%。美国人并不关注其他新兴大国，认为欧盟、俄罗斯或印度是或将是世界头号经济大国的人的比例加起来始终未超过5%。② 即使

---

① Andrew F. Krepinevich, Jr., "The Pentagon's Wasting Assets: The Eroding Foundations of American Power", *Foreign Affairs*, 2009, 88(4), pp. 18-33.

② Lydia Saad, "China Surges in Americans' Views of Top World Economy" (February 14, 2011), Gallup, http://www.gallup.com/poll/146099/China-Surges-Americans-Views-Top-World-Economy.aspx; Jeffrey M. Jones, "Americans Still View China as World's Leading Economic Power" (February 10, 2012), Gallup, http://www.gallup.com/poll/152600/Americans-View-China-World-Leading-Economic-Power.aspx; Lydia Saad, "Americans See China as Top Economy Now, but U.S. in Future" (February 22, 2016), Gallup, http://www.gallup.com/poll/189347/americans-china-top-economy-future.aspx?g_source=China&g_medium=search&g_campaign=tiles; all retrieved March 20, 2020.

是美国人引以为傲的军事实力,美国人的信心也在下降:1994年,有63%的人认为美国是世界头号军事大国,在进入21世纪之际下降到51%,2007年又回升到60%,2010年达到64%,2012年又下跌到54%,2016年进一步下跌至49%。① 而根据皮尤全球态度项目开展的一项长期调查,更多的普通公众相信美国的确在衰落。根据这一调查,在15—22个调查国家(因年份不同而不同)中,大多数人都认为,中国将取代或已经取代美国成为世界上的"头号超级大国"(leading superpower)。在西欧,持这一观点的人特别普遍,60%的英国人、法国人、德国人和西班牙人认为,中国最终将取代美国。对美国霸权衰落的判断主要是基于对美国经济衰落的判断。例如,在英国人中,认为中国而非美国是世界头号国家的人在2015年占41%(美国为39%),2009年持这一观点的人占比为34%;而巴基斯坦人、巴勒斯坦、墨西哥等国的大多数人都预测中国将取代美国,成为世界头号经济强国。②

二、移民与潜在的内部敌人

当美国在经历了近半个世纪的"战争"并在赢得冷战后短暂"休假"后回归,却发现世界已经完全变了。美国人现在相当迷茫,这个世界已经变得完全陌生:国内政治的极化发展使美国自由民主体系

---

① Jeffrey M. Jones, "Fewer Americans Say U. S. Is No. 1 Military Power" (March 12, 2012), Gallup, http://www.gallup.com/poll/153185/Fewer-Americans-Say-No-Military-Power.aspx; Frank Newport, "Americans Less Likely to See U. S. as No. 1 Militarily" (February 15, 2016), Gallup, http://www.gallup.com/poll/189191/americans-less-likely-no-militarily.aspx?g_source=military%20power&g_medium=search&g_campaign=tiles; both retrieved March 20, 2020.

② "U. S. Status as World's Superpower Challenged by Rise of China" (July 13, 2011), Pew Global Attitudes Project, http://pewresearch.org/pubs/2059/-superpower-china-us-image-abroad-afghanistan-terrorism; "Global Publics Back U. S. on Fighting ISIS, but Are Critical of Post-9/11 Torture" (June 23, 2015), Pew Global Attitudes Project, http://www.pewglobal.org/files/2015/06/Balance-of-Power-Report-FINAL-June-23-2015.pdf; both retrieved March 20, 2020.

的危机远比想象得更为严重;①而冷战结束所启动的国际体系转型也因为美国霸权相对衰落而风云突变,新兴国家群体性崛起、非国家行为体快速增生、大众政治意识普遍觉醒、全球性问题此起彼伏,所有这些都在挑战美国的霸权地位。一种"假期综合征"发生了,美国现在更多是出于对未来的恐惧而变成了一个"恐惧合众国"(United States of Fear)。② 这种恐惧的外部表现是对美国霸权衰落的担忧,内部表现则是设法寻找可能与外部挑战者里应外合的"内部敌人",由此而来的种族主义回潮便是合乎逻辑的后果——以为外来移民极可能"身在曹营心在汉"。美国社会特别是白人始终对特定种族的移民持怀疑态度,尽管这一怀疑的范围事实上在持续演变之中。例如,一战期间美国人最为怀疑的是德国裔,但到二战期间就变为日本裔,而到2001年"9·11"事件后穆斯林或来自伊斯兰国家的移民特别是中东裔移民成为怀疑的首要对象。美国社会对移民的怀疑主要来自两个方面:一是外来移民是否真正融入美国社会而成为美国的一员;二是外来移民与其故土的联系到底是何性质,是否意味着对美国的忠诚存在问题。

一方面,外来移民整体上都是到美国来追寻自身的"美国梦"的,但美国社会却对其移民动机持怀疑态度——尽管这种怀疑很多时候未必是真的,却被美国社会以爱国主义名义正当化了。

美国社会怀疑移民未必真正尝试融入美国社会的首要证据,源于外来移民对学习英语的态度。美国是一个移民国家,但同时也是以英语为母语的国家。在美国社会看来,移民进入美国并尝试融入美国的首要标志是掌握英语。但如果历史地看,2017年,美国5岁及以上的移民会说英语的比例甚至比1980年、1990年还要低。1980年,

---

① Thomas E. Mann and Norman J. Ornstein, *It's Even Worse than It Looks: How the American Constitutional System Collided with the New Politics of Extremism*, New York: Basic Books, 2013, pp. 3-30.
② Tom Engelhardt, *The United States of Fear*, Chicago: Haymarket Books, 2011, p. 19.

美国有57.2%的5岁及以上移民会说英语,此后逐渐下降,到2010年,跌至最近40年的低点,即48.4%,之后逐渐回升,2018年为53.2%。① 如果从各种族讲自身语言的角度看,移民总体上倾向于讲自身母语。例如,2018年,美国移民中只讲英语的比例仅占移民总数的17%,却有高达42%的美国移民讲西班牙语,此外也有不少移民在讲中文、印地语、菲律宾语、法国、越南语等(如表3-4所示)。

表3-4　美国移民的语言使用情况(2018年)

语言类型	使用人数占移民总数的比重	语言类型	使用人数占移民总数的比重
只讲英语	17%	法语	3%
西班牙语	42%	越南语	3%
中文	6%	达罗毗荼语	2%
印地语	5%	其他	19%
菲律宾语	4%	—	—

资料来源:Abby Budiman, Christine Tamir, Lauren Mora, and Luis Noe-Bustamante, "Facts on U. S. Immigrants, 2018" (August 20, 2020), Pew Research Center, https://www.pewresearch.org/hispanic/2020/08/20/facts-on-u-s-immigrants/, retrieved January 27, 2021.

面对移民较低的英语掌握水平和学习意愿,美国社会特别是白人感觉不舒适。有50%的美国人表示,当与几乎不会或完全不会讲英语的移民接触时,会感到烦恼。其中,有接近六成(58%)的美国白人表示,不喜欢和几乎不会讲英语的移民接触;而非洲裔和拉丁裔持这一观点的人要少得多,分别为40%和22%。相比之下,有77%的拉丁裔和59%的非洲裔认为,与不会讲英语的移民接触完全没有问题。白人工人对此更加敏感,有64%表示在与几乎不会或完全不会

---

① Abby Budiman, Christine Tamir, Lauren Mora, and Luis Noe-Bustamante, "Facts on U. S. Immigrants, 2018" (August 20, 2020), Pew Research Center, https://www.pewresearch.org/hispanic/2020/08/20/facts-on-u-s-immigrants/, retrieved January 27, 2021.

讲英语的移民接触时会感到不安;在受过大学教育的白人工人中则只有48%持这一观点,但仍比非洲裔和拉丁裔高得多。从党派分布看,66%的共和党人表示与不会讲英语的移民接触时会感到不舒服,而特朗普的支持者中有这一感觉的人比例更高,达到77%;相比之下,民主党人中有64%表示不受这一问题的影响。①

但需要指出的是,由于移民大多来自非英语国家并且往往已不再处于学习语言的黄金年龄,因此其英语学习的能力可能大大下降,尽管其学习意愿可能仍然较高。根据2015年的美国社区调查,在所有美国移民中,能够很好地讲英语的人有53.1%,能够较好地讲英语的人也有20.5%,因此真正不太会讲或完全不会讲英语的人只占美国移民的26.4%。②尽管如此,美国社会对移民的英语学习努力的认知仍是不准确的。例如,共和党人中只有33%认为移民会努力学习英语,尽管民主党人(71%)和无党派人士(60%)对移民学习英语的认知相对客观。③

某种程度上,正是对移民学习英语的意愿和努力的不准确认知,导致美国社会特别是白人怀疑移民进入可能危及美国文化正统性和种族纯洁度。2015年的美国价值观地图(American Values Atlas)显示,白人和少数种族对这一问题的看法截然不同:超过2/3的亚太岛国移民和拉丁裔(分别为70%和67%)认为,新移民对美国社会而言是件好事,非洲裔中也有56%持这一观点;在白人中,尽管有45%认

---

① Betsy Cooper, et al., "How Immigration and Concerns about Cultural Change Are Shaping the 2016 Election: PRRI/Brookings Survey" (June 23, 2016), PRRI/Brookings Survey, http://www.prri.org/research/prri-brookings-poll-immigration-economy-trade-terrorism-presidential-race/, retrieved March 25, 2020.
② Jason Richwine, "Immigrant Literacy: Self-Assessment vs. Reality" (June 21, 2017), Center for Immigration Studies, https://cis.org/Immigrant-Literacy-Self-Assessment-vs-Reality, retrieved March 25, 2020.
③ "A Nation of Immigrants? Diverging Perceptions of Immigrants Increasingly Marking Partisan Divides" (March 12, 2019), PRRI, https://www.prri.org/research/a-nation-of-immigrants-diverging-perceptions-of-immigrants-increasingly-marking-partisan-divides/, retrieved March 15, 2020.

为移民进入美国是件好事,但也有40%认为这是对美国传统习俗和价值观的威胁,其中那些没有接受过大学教育的白人工人的态度尤其消极,有48%的白人工人认为外来移民是种威胁。[1] 到2019年,认为新移民会威胁美国传统习俗和价值观的美国人仍有39%,相比2016年下降了7个百分点。尽管如此,共和党及特朗普的支持者的种族主义态度事实上更加坚决了。在共和党内部,有71%认为新移民是对美国传统习俗和价值观的威胁,这是无党派人士(35%)的一倍,是民主党(20%)的3.5倍。而在特朗普的支持者中,有80%的人认为新移民是一种威胁。在美国白人中,有46%的人认为新移民对美国构成了威胁。其中,白人工人认同这一观点的有54%,而受过大学教育的白人仅为31%;在白人福音派教徒中,也有67%持这一观点,比白人主流新教徒(51%)和白人天主教徒(50%)高得多。[2]

认为移民可能给美国传统习俗和价值观带来威胁的观点未必一定与种族主义相联系,但如果认定移民是"入侵者"(invader)就是另外一回事了。尽管少有民意调查直接询问这一问题,但美国价值观地图的调查却经常会有这一选项。2019年年底的一项调查显示,有36%的美国人认为,"移民正入侵我们国家,正取代我们的文化和种族背景"——这一问题本身就带有明确的种族主义的暗示信息;尽管也有63%对此表示反对。同样,共和党人表现出明显的种族主义态度,有63%的人认同前一观点;在那些相信福克斯新闻的共和党人中,认同这一观点的比例更高,达到78%;在那些坚定支持特朗普的

---

[1] Robert P. Jones, et al., "How Americans View Immigrants and What They Want from Immigration Reform: Findings from the 2015 American Values Atlas" (March 29, 2016), PRRI, http://www.prri.org/research/poll-immigration-reform-views-on-immigrants/, retrieved March 25, 2020.

[2] "A Nation of Immigrants? Diverging Perceptions of Immigrants Increasingly Marking Partisan Divides" (March 12, 2019), PRRI, https://www.prri.org/research/a-nation-of-immigrants-diverging-perceptions-of-immigrants-increasingly-marking-partisan-divides/, retrieved March 15, 2020.

人中,也有77%认同这一观点;白人福音派教徒中认同这一观点的人也达到66%。需要指出的是,少数种族中也有不少人认同这一观点。整体而言,40%的白人、37%的非洲裔及31%的其他种族的美国人认为移民是"入侵者"。出现这一奇特现象的原因,极可能与收入相关。这项调查也显示,认为移民是"入侵者"的态度与收入成反比,收入越低的群体认同度越高:年收入在10万美元及以上的人中只有26%认同这一观点,年收入在5万—10万美元和3万—5万美元的人中,认同的人占比分别为36%和35%,年收入低于3万美元的人中更是有高达45%的人认为移民是"入侵者"。① 某种程度上,美国人的种族主义回潮,与美国整体经济状况及由此产生的相对剥夺感、替罪羊识别等心理密切相关。

从怀疑移民不会真心融入美国社会、不认真学习英语到认定其更可能是威胁甚至是"入侵者",都使美国社会对由于移民进入而导致的人口结构变化、文化变迁等高度敏感,进而产生强烈的保护美国文化和种族纯洁的冲动。尽管大多数美国人认为,成为一个非白人占多数的国家是个积极变化,但认同这一立场的白人(55%)不仅比全国平均水平(64%)低了9个百分点,而且远远低于拉丁裔(80%)和非洲裔(79%);在白人内部,认同这一观点的白人工人更是只有48%,白人福音派教徒则只有44%,共和党人也只有36%。相反,共和党人中有61%认为,朝向非白人占多数的发展是消极的,白人福音派教徒中也有54%认为这是消极的。随着美国种族结构多样性持续发展,越来越多的美国人(47%)认为,美国已经发生了历史性变化,他们经常在自己的国家觉得自己是个陌生人;共和党内部认同这一观点的人更多,达到58%。这充分说明,美国人内部正由于种族和人口变化产生出明显的文化疏离感,而这对种族与文化融合是极

---

① "A Nation of Immigrants? Diverging Perceptions of Immigrants Increasingly Marking Partisan Divides"(March 12, 2019), PRRI, https://www.prri.org/research/a-nation-of-immigrants-diverging-perceptions-of-immigrants-increasingly-marking-partisan-divides/, retrieved March 15, 2020.

为不利的。①

因此，超过半数(55%)的美国人认为，应当保护美国人的生活方式免受外来移民影响，尽管不同种族的人对这一问题的看法并不相同：大多数美国白人(59%)和非洲裔(53%)认为需要保护美国生活方式不受外来移民影响，而拉丁裔则只有44%的人认同这一观点。在白人内部，没有接受过大学教育的白人工人中，认为美国生活方式需要得到保护的高达68%，而受过大学教育的也达到47%。最为保守抑或最具种族主义情绪的是共和党人和特朗普的支持者：在共和党人内部，多达74%的人认为美国生活方式需要被保护以免受外来移民影响，而特朗普的支持者中持这一观点的更是高达83%。更加能激发种族主义情绪和行动的，是如何应对由外来移民所贡献的文化价值观变革：有57%的美国人认为，如果由移民及其他原因导致的价值观变革构成对美国传统生活方式和价值观的冲击，那么就应该与之抗争。在这一问题上，种族间态度差异并不大，拉丁裔、白人、非洲裔的认同度分别为55%、57%和63%；即使在白人内部差异也不大，白人工人(60%)仅比受过大学教育的白人(53%)高7个百分点，这是这两类白人差异相对较小的问题。②

另一方面，外来移民往往维持着对其故土的持久情感，但这一情感联系是否有利于美国国家利益却是个问题；尤其重要的是，当不同种族的移民试图利用美国政治制度从而影响美国在涉及其故土利益的问题发挥影响力——其中最为重要的手段是族裔游说(ethnic lobby)——时，外来移民的忠诚问题往往遭到质疑。

---

① Alex Vandermaas-Peeler, et al., "Partisan Polarization Dominates Trump Era: Findings from the 2018 American Values Survey" (October 19, 2018), PRRI, https://www.prri.org/research/partisan-polarization-dominates-trump-era-findings-from-the-2018-american-values-survey/, retrieved March 25, 2020.
② Betsy Cooper, et al., "How Immigration and Concerns about Cultural Change Are Shaping the 2016 Election: PRRI/Brookings Survey" (June 23, 2016), PRRI/Brookings Survey, http://www.prri.org/research/prri-brookings-poll-immigration-economy-trade-terrorism-presidential-race/, retrieved March 25, 2020.

随着美国社会中移民数量日益增长，不同种族的移民团体都试图为自身争取更大的权利和机会。美国政治三权分立的设置为不同利益集团的政治游说提供了重要机会，正是在这一背景下，族裔游说也逐渐兴起。鉴于完全同化需要相当长的时间和投入，移民团体往往基于其所拥有的真实或假想的共同祖先、共享的历史记忆以及文化特征，进而形成一种与主流社会相区别的集体意识。① 由此而来的某种对立感使移民团体"天生地是民主国家的不完美部分……跨国种族联系进而是国际关系的一个不可避免的方面"②。因此，不同的种族群体往往在政治游说中不仅争取自身团体在美国社会中的更大利益，同时也试图对美国外交决策产生影响从而有利于其故土的发展，大致有如下三种类型。首先，大多数情况下，族裔游说旨在维持甚或促进美国与其故土的友好关系。例如，希腊裔、印度裔和犹太裔美国人团体都试图鼓励美国保持或强化美国与希腊、印度和以色列的关系。其次，也存在更为强势的族裔外交游说案例，旨在鼓励美国孤立、施压或惩罚其故土的对立方。例如，亚美尼亚裔美国人在20世纪90年代推动通过了一项针对阿塞拜疆的禁运法案，希腊裔和亚美尼亚裔游说长期以来都试图削弱美国与土耳其的关系。③ 最后，还有的族裔外交游说试图促使美国疏远、孤立乃至对抗其自身故土的现有政府，直至其故土实现该族裔所期望的所谓"民主改革"或"公民权利改善"，如古巴裔美国人或越南裔美国人在相当长时期里都从事这一反故土的族裔游说。

随着族裔游说的快速发展，围绕族裔游说与美国国家利益的关系产生了大量的争论。这种争论的根源在于族裔团体与其故土的特

---

① Paul Y. Watanabe, *Ethnic Groups, Congress, and American Foreign Policy: The Politics of the Turkish Arms Embargo*, Greenwood: Westport CT, 1984, pp. 8-9.
② Yossi Shain and Tamara Cofman Wittes, "Peace as a Three-Level Game: The Role of Diasporas in Conflict Resolution", in Thomas Ambrosio, ed., *Ethnic Identity Groups and U. S. Foreign Policy*, Westport, CT: Praeger Publishers, 2002, pp. 177-178.
③ Carroll J. Doherty, "Appropriations: This Year, Aid Is a Weapon", *CQ Weekly*, June 17, 1995, p. 1763.

殊情感甚至物质联系导致的族裔游说是否会与美国的国家利益相冲突的问题展开,可分为积极派与消极派两个阵营。

对族裔游说持积极观点的人认为,族裔游说有三个积极功能。第一,族裔游说可促进作为一个移民社会的美国的大融合。持积极论者认为,美国政治体系对少数种族影响力的开放是美国民主体系的价值所在。① 族裔游说被认为有助缓解美国内部的种族紧张关系:"正是因为美国政府对于种族影响力的开放,引导了种族团体在全球从事民主与人权事业,也使他们在国内更加承诺于自由民主和多元主义价值观。"② 很大程度上,冷战结束导致美国对外政策向更多普通公众开放,促进了种族团体的政治参与和游说活动的增加。后冷战时期美国外交决策中大量涌现的族裔游说是件好事;它标志着这些团体在"今天的美国生活中获得了令人尊重的地位",同时他们也愿意"在美国外交事务中发出有意义的声音"。③ 这有利于美国民主的进一步发展,美国政府和人民应当对此表示宽容。④

第二,族裔游说明显可增进美国与相应族裔的故土的联系。很多学者都指出,作为联系美国与其故土的桥梁,族裔游说有助于促进美国国内价值观的海外推广。⑤ 族裔游说之所以变得日益强大,是因为游说团体拥有关注其故土政治、经济、社会环境的各种专家,而这正是决策者所需要的。但应指出的是,族裔游说团体成员往往同时兼具两种身份认同:一方面,他们已经被同化为美国人;另一方面,

---

① Yossi Shain, "Ethnic Diasporas and U. S. Foreign Policy", *Political Science Quarterly*, 1995, 109(5), pp. 811-841; Yossi Shain, "Multicultural Foreign Policy", *Foreign Policy*, 1995, 100, pp. 69-87; Paul Glastris and Kevin Whitelaw, "Multicultural Foreign Policy in Washington", *U. S. News & World Report*, 1997, 123(3), pp. 30-33.
② Yossi Shain, "Multicultural Foreign Policy", *Foreign Policy*, 1995, 100, p. 86.
③ Yossi Shain, *Marketing the American Creed Abroad: US Diasporas and Homelands*, Cambridge: Cambridge University Press, 1999, p. 25.
④ Michael Clough, "Grass-Roots Policymaking: Say Good-Bye to the 'Wise Men'", *Foreign Affairs*, 1994, 73(1), pp. 2-7.
⑤ Yossi Shain, *Marketing the American Creed Abroad: US Diasporas and Homelands*, Cambridge: Cambridge University Press, 1999, chaps. 1&2.

他们也保持着对其故土的强烈认同。因此,为了确保政治游说的成功并实现两种身份认同的相互平衡,极易出现一种意识形态的重合。这样,族裔游说的功能往往是在海外推广美国的国内价值观,这些团体可能成为所谓"美国使命的海外推广者"。① 例如,在一些西方学者看来,非洲裔美国人在其反种族隔离的斗争中"围绕美国的民主、多元主义、民族自决和人权等理想"建立起了其外交议程。②

第三,族裔游说还具备一种监督作用,可维护美国价值观的"纯洁"。少数种族团体的影响力有助于确保这些理想和价值观在美国外交决策中的地位。通过在美国政府忘记其对民主和人权的承诺时施压,少数种族团体可成为美国的"道德指南"。因为他们的压力可限制美国与"专制政权的关系",并确保游说团体不会被无视,因为基于民主、人权的外交政策取向是不会被认为应该向应急性的、临时性的战略让步的。③ 例如,在国务院和五角大楼的反对下,族裔游说仍促使美国政府决定干涉海地内政。④ 尽管也可能存在一些消极面,但总体上族裔游说对美国的民主来说是有好处的,因为它会不断提醒人们,美国是一个民主国家,需要遵循民主人权价值观。

相比之下,消极派的影响要大得多,渊源也更为流长。例如,1796 年,华盛顿总统在其《告别演说》中警告美国人警惕外国介入的威胁,但他事实上更担心的是"根深蒂固的憎恶"和"热情洋溢的忠诚"可能使美国公民"背叛或牺牲其祖国利益"。又如,乔治·凯南(George Kennan)在 1977 年曾指出,冷战期间,族裔游说团体为了其故土利益而对美国外交政策施加压力的例子很多;尽管这未必与美国国家利益冲突,但族裔游说团体显然不那么把美国的国家利益当回事。⑤

---

① Yossi Shain, "Multicultural Foreign Policy", *Foreign Policy*, 1995, 100, pp. 83, 84.
② Ibid., p. 83.
③ Ibid., p. 84.
④ Paul Glastris and Kevin Whitelaw, "Multicultural Foreign Policy in Washington", *U. S. News & World Report*, 1997, 123(3), p. 33.
⑤ 转引自 Tony Smith, *Foreign Attachments: The Power of Ethnic Groups in the Making of American Foreign Policy*, Cambridge, MA: Harvard University Press, 2000, p. 5.

消极派的核心论点来自其对移民与其故土间的联系持模棱两可的态度。一方面,作为一个移民国家,美国人接受其公民对故土和美国的双重情感联系,这是少数种族美国人认同的一个共同的也是可预期的方面;另一方面,美国人也对持久的对外忠诚表示怀疑,认为那是潜在的对美国不忠诚的反映,是对美国国家安全的威胁。由此产生了消极派的两个核心观点,具体如下。

一方面,他们并不否认积极派的观点,但认为族裔游说的作用超过了应有的限度。对于消极派而言,其对少数种族对外忠诚的怀疑,现在因为种族群体试图影响美国对其故土的外交政策而加剧了。试图影响美国对其故土外交政策的种族团体,不仅有新近移入美国的,也有那些已经移入美国三代甚至四代之久的团体,如爱尔兰裔、犹太裔,都试图塑造美国对其故土的外交政策。新近移入美国的种族群体,如伊朗裔或埃塞俄比亚裔,也试图影响美国对其故土的政策,但更多仍在探索之中。消极派也同意种族团体应当以某种方式参与美国的政治过程,并有权利使其声音被听到。对他们而言,核心问题是目前族裔游说发挥影响力的程度太大了。族裔游说的影响力上升的消极意义远大于积极意义,可能损害美国的国家利益。有学者甚至认为,在大量族裔游说团体试图将其观念强加给整个国家的情况下,美国不可能形成内在逻辑一致的外交政策。① 族裔游说的本意可能并不是这样的,但强加其诉求却是其内生的要求。"开国之父们本来可能担心'多数人的暴政',进而为少数人的权利提供了特别保护,但在这里,随着大量的公民利益可进入华盛顿,'少数人的暴政'同样存在可能。"②对多元文化主义的担忧为消极论者提供了更为完善的理论支持。例如,塞缪尔·亨廷顿认为,冷战结束导致对"多元文化主义的顶礼膜拜",进而主要通过族裔游说而来的族裔政治影响力大大

---

① Tony Smith, *Foreign Attachments: The Power of Ethnic Groups in the Making of American Foreign Policy*, Cambridge, MA: Harvard University Press, 2000, p. 3.
② Ibid., p. 5.

上升。尽管族裔游说团体的利益可能与美国国家利益一致,但他们"往往牺牲更大的美国国家利益和美国与盟友的关系"。① 对多元文化主义和种族政治影响力的担忧也是著名历史学家小阿瑟·施莱辛格(Arthur Schlesinger, Jr.)的一个写作主题。② 还有的多元文化主义者声称,族裔团体因其与故土的联系,"赋予其界定美国在相应领域的外交政策以特别的权威"。③ 例如,古巴裔、亚美尼亚裔、土耳其裔、希腊裔、犹太裔和非洲裔游说团体都可能决定美国对相应地区的外交政策。

另一方面,由前一方面而来的,消极派往往质疑族裔团体的爱国主义,认为族裔游说团体"往往将其故土利益置于美国利益之上"。④ 由于族裔团体经常为有利于其族裔故土的政策而进行游说,这样他们将其故土利益放在了美国利益之上,进而是不利于作为整体的美国的利益的。尽管美国法律严格限制外国政府就影响自身的政策进行游说,但他们仍可通过美国国内的族裔游说来影响政策,在这些族裔团体愿意这样做的情况下。⑤ 一个典型例子便是犹太裔美国人与以色列政府的关系。犹太裔美国人可能未必同意以色列政府的政策,却决不会公开反对,反而会继续为以色列政府进行游说。对于多数人而言,这是不可接受的,族裔团体应当将美国的国家利益置于首位,尽管这往往不是事实。当然,也有人指出,"围绕以色列展开的游说活动可能以一种既非美国国家利益也非以色列国家利益的方

---

① Samuel P. Huntington, "The Erosion of National Interests", *Foreign Affairs*, 1997, 76(5), pp. 28-40.
② 参见 Arthur M. Schlesinger, Jr., *The Disuniting of America: Reflections on a Multicultural Society*, New York: WW Norton, 1992。
③ Tony Smith, *Foreign Attachments: The Power of Ethnic Groups in the Making of American Foreign Policy*, Cambridge, MA: Harvard University Press, 2000, p. 44.
④ James M. Lindsay, "Getting Uncle Sam's Ear: Will Ethnic Lobbies Cramp America's Foreign Policy Style?", *Brookings Review*, Winter 2002, p. 40.
⑤ Khalil Marrar, *The Arab Lobby and US Foreign Policy: The Two-State Solution*, New York: Routledge, 2009, p. 86.

式改变了美国的中东政策"①。又如,古巴裔美国人游说通过了《赫尔姆斯-伯顿法》,其后果是该族种族团体的利益完全压倒了美国的整体性战略利益。克林顿由于"需要佛罗里达州的古巴裔的选票",进而忽视了美国的重要盟友特别是欧洲朋友的利益,损害了美国与那些国家的关系。②

少数种族影响美国对其故土政策的充满争议,特别是在危机或战争时期。通常情况下,那些在美国有着更好的社会和政治权力基础的族裔团体,如爱尔兰裔或犹太裔及其后代,似乎能施加更大的政策影响力。但爱尔兰裔,尽管在许多方面都很有影响力,却很少能够战胜美国与英国的联合。相比之下,犹太裔却几乎能从与其他所有族裔的竞争性游说中胜出,从而对美国的中东政策有着重要影响。③ 尽管其他相对较新的少数族裔团体(如巴勒斯坦、海地或埃塞俄比亚裔)可能在美国对其故土的政策上影响不大,但那些来自冲突或战乱地区的少数族裔,如伊拉克裔的政策影响则可能比较大。④

总体而言,对族裔游说的消极观念主导了美国有关族裔游说的讨论。有学者指出,"族裔团体在美国外交政策中发挥的作用比一般认为的要大得多",族裔游说的消极后果可能压倒其积极后果。⑤ 更

---

① John J. Mearsheimer, "The US Should Act as Honest Broker", *Palestine-Israel Journal of Politics, Economics & Culture*, 2008, 15(1-2), p. 147.
② Paul Glastris and Kevin Whitelaw, "Multicultural Foreign Policy in Washington", *U.S. News & World Report*, 1997, 123(3), p. 33.
③ Mohammed E. Ahrari, "Domestic Context of U. S. Foreign Policy toward the Middle East", in Mohammed E. Ahrari, ed., *Ethnic Groups and U. S. Foreign Policy*, Westport, CT: Greenwood Press, 1987, pp. 1-22; Janice J. Terry, *U. S. Foreign Policy in the Middle East: The Role of Lobbies and Special Interest Groups*, Ann Arbor, MI: Pluto Press, 2005; John J. Mearsheimer and Stephen M. Walt, *The Israel Lobby and U. S. Foreign Policy*, New York: Farrar, Straus and Giroux, 2007.
④ 有关伊拉克裔美国人对美国的对伊拉克战争政策的影响,可参见 Aram Roston, *The Man Who Pushed America to War: The Extraordinary Life, Adventures, and Obsessions of Ahmad Chalabi*, New York: Nation Books, 2008。
⑤ Tony Smith, *Foreign Attachments: The Power of Ethnic Groups in the Making of American Foreign Policy*, Cambridge, MA: Harvard University Press, 2000, pp. 1-2.

严重的问题似乎是:在面对这些力量时,如何维持适当的政府自治,以保证政策与共同善(common good)的要求相一致?① 另一项研究从美国公民政治参与的角度印证了这一担忧:普通公众对外交政策要么缺乏兴趣,要么缺乏了解,只有 5% 的美国公众对特定时间里的特定外交政策——不包括与战争或和平相关的关键问题——态度"积极",这赋予了那些组织良好的少数种族团体可乘之机,他们可在特定问题上高度动员,从而获得相当大的政策影响力;② 政客们可能无须害怕他的其他选民而对族裔游说团体妥协。③ 亨廷顿甚至明确警告,美国国内敌对的种族甚至可能引发"代理战争",其代价是牺牲美国国家利益。④ 这正是当前美国种族主义者的一个重要担忧。

---

① Tony Smith, *Foreign Attachments: The Power of Ethnic Groups in the Making of American Foreign Policy*, Cambridge, MA: Harvard University Press, 2000, p. 3.
② Eric Alterman, *Who Speaks for America?: Why Democracy Matters in Foreign Policy*, Ithaca, NY: Cornell University Press, 1998, p. 136.
③ Thomas Ambrosio, "Ethnic Identity Groups and U. S. Foreign Policy", in Thomas Ambrosio, ed., *Ethnic Identity Groups and U. S. Foreign Policy*, Westport, CT: Praeger Publishers, 2002, p. 12.
④ [美]塞缪尔·亨廷顿:《我们是谁?——美国国家认同特性面临的挑战》,程克雄译,新华出版社 2005 年版,第 241 页。

第四章
让美国重新变白：美国种族主义回潮的内政效应

无论是 2016 年美国总统大选的结果还是特朗普上任后的种族主义政策，都证明种族主义回潮有极强的国内政治影响，对美国社会产生了重要的影响。例如，2020 年 5 月底美国警察暴力执法导致非洲裔乔治·弗洛伊德（George Floyd）死亡，这不仅引发了全国性抗议甚至暴乱，更对美国 2020 年总统大选选情产生了重要影响。约瑟夫·拜登的一位竞选资金筹集人员认为，由于种族主义导致的抗议和对特朗普总统的不满上升，预期拜登的竞选资金可能增长 30%—35%。① 特朗普上台后，无论是 2017 年弗吉尼亚夏洛茨维尔白人至上主义与抗议者之间的暴力冲突，还是 2020 年对非洲裔的不当警察暴力所引发的全国性抗议，都表明种族主义的持续回潮及由此而来的更为深层次的国内政治后果。美国种族主义的当前回潮对美国国内政治的影响可以从短中长期和由表及里的视角分为三个层次：从短期和表面的角度看，种族主义回潮本身具有相当明显的可视化效果和象征意义；从中期和相对深入的角度看，种族主义回潮对美国选举政治产生了重要的影响，特别是其差异性的动员效果；从长期和更为深入的角度看，种族主

---

① Lauren Camera, "Biden Fundraising Surges during George Floyd Protests" (June 5, 2020), U.S. News and World Report, https://www.usnews.com/news/elections/articles/2020-06-05/joe-bidens-fundraising-surges-during-george-floyd-protests, retrieved June 6, 2020.

义回潮导致美国选举政治失真,这也正是美国乃至全球对2016年美国总统大选结果感到意外甚至吃惊的深层原因之一。但需要指出的是,无论是在实际的选举操作中,还是在抽象的学术研究中,有关美国选举政治的种族/族裔变量的讨论都相对较少,更多的讨论或者聚焦特定族裔的选举影响力①,或者聚焦地方层次的选举中的族裔变量②,或者将族裔变量置于经济变量③或人口变量④或地理变量⑤等其他

---

① 例如,可参见:Janelle Wong, S. Karthick Ramakrishnan, Taeku Lee, and Jane Junn, *Asian American Political Participation*, New York : Russell Sage Foundation, 2011; Neil Visalvanich, "When Does Race Matter? Exploring White Responses to Minority Congressional Candidates", *Politics, Groups, and Identities*, 2017, 5(4), pp. 618–641; Pei-te Lien, "Asian Americans and Voting Participation: Comparing Racial and Ethnic Differences in Recent U. S. Elections", *International Migration Review*, 2004, 38(2), pp. 493–517; Zoltan L. Hajnal, "White Residents, Black Incumbents, and a Declining Racial Divide", *American Political Science Review*, 2001, 95(3), pp. 603–617。
② 例如,可参见:Andrea Benjamin, *Racial Coalition Building in Local Elections*, Cambridge : Cambridge University Press, 2017; Eric Gonzalez Juenke and Paru Shah, "Demand and Supply: Racial and Ethnic Minority Candidates in White Districts", *Journal of Race, Ethnicity, and Politics*, 2016, 1(1), pp. 60–90; Melissa J. Marschall, Anirudh V. S. Ruhil, and Paru R. Shah, "The New Racial Calculus: Electoral Institutions and Black Representation in Local Legislatures", *American Journal of Political Science*, 2010, 54(1), pp. 107–124。
③ 例如,可参见:Christian Houle, Paul D. Kenny, and Chunho Park, "The Structure of Ethnic Inequality and Ethnic Voting", *Journal of Politics*, 2019, 81(1), pp. 187–200; Brandon Stewart and Ronald J. McGauvran, "Structural Inequality and Ethnic Bloc Voting", *Social Science Quarterly*, 2019, 100(4), pp. 1072–1093。
④ 例如,可参见:Seth J. Hill, Daniel J. Hopkins, and Gregory A. Huber, "Local Demographic Changes and US Presidential Voting, 2012 to 2016", *Proceedings of the National Academy of Sciences of the United States of America*, 2019, 116(50), pp. 25023–25028; Bernard L. Fraga, "Redistricting and the Causal Impact of Race on Voter Turnout", *Journal of Politics*, 2016, 78(1), pp. 19–34; Corrine M. McConnaughy, Ismail K. White, David Leal, and Jason Casellas, "A Latino on the Ballot: Explaining Co-Ethnic Voting among Latinos and White Americans' Response", *Journal of Politics*, 2010, 72(4), pp. 1199–1211。
⑤ 例如,可参见:Cheryl Boudreau, Christopher S. Elmendorf, and Scott A. MacKenzie, "Racial or Spatial Voting? The Effects of Candidate Ethnicity and Ethnic Group Endorsements in Local Elections", *American Journal of Political Science*, 2019, 63(1), pp. 5–20; Pearl K. Ford Dowe, "Racial Coalition Building in Local Elections: Elite Cues and Cross-Ethnic Voting", *Political Science Quarterly*, 2018, 133(3), pp. 569–570。

变量①的框架内加以考虑,等等。尽管存在诸如数据可用性、定性难度等原因,但导致这一现象的根本原因很大程度上在于对族裔动员的恐惧抑或政治敏感。② 由种族主义而来的美国选举政治的失真,不仅扭曲了美国人口与政治的正常关联,而且推动了美国政治的中长期深层变革:一方面,民主共和两党为了追求选举获胜这一短期目标,启动了自身的中长期转型——尽管这很大程度上仍是以此前的政党重组为基础;另一方面,无论是共和党的"特朗普化"③还是民主党的"郊区化"发展,都是更大的美国政治文化根本性转型的一部分,后者高度极化或高度分裂的基本特征更因种族主义的回潮而进一步加剧。

第一节 失真的选举政治

2016年出人意料的大选结果催生了大量的研究,"身份政治"

---

① 例如,可参见:Marisa A. Abrajano, Jonathan Nagler, and R. Michael Alvarez, "Race Based vs. Issue Voting: A Natural Experiment", *Political Research Quarterly*, 2005, 58(2), pp. 203-218; Amihai Glazer, Bernard Grofman, and Guillermo Owen, "A Neo-Downsian Model of Group-Oriented Voting and Racial Backlash", *Public Choice*, 1998, 97(1), pp. 23-34; Jack Citrin, Donald P. Green, and David O. Sears, "White Reactions to Black Candidates: When Does Race Matter?", *Public Opinion Quarterly*, 1990, 54(1), pp. 74-96。
② 相关讨论可参见:John D. Huber, "Measuring Ethnic Voting: Do Proportional Electoral Laws Politicize Ethnicity?", *American Journal of Political Science*, 2012, 56(4), pp. 986-1001; Christian Houle, "Does Ethnic Voting Harm Democracy?", *Democratization*, 2018, 25(5), pp. 824-842; Anaïd Flesken, "Ethnic Parties, Ethnic Tensions? Results of an Original Election Panel Study", *American Journal of Political Science*, 2018, 62(4), pp. 967-981。
③ Jeremy Binckes, "The Republican Party: Now and Forever Trumpified" (February 24, 2018), Salon, https://www.salon.com/2018/02/24/the-republican-party-now-and-forever-trumpified/; James Walker, "Ex-GOP Rep. Says Republican Party on 'Demographic Death March' with Embrace of 'Trumpism'" (December 24, 2019), MSN News, https://www.msn.com/en-us/news/elections-2020/ex-gop-rep-says-republican-party-on-demographic-death-march-with-embrace-of-trumpism/ar-BBYiZvu; both retrieved June 6, 2020.

(identity politics)成为最常被提及的原因。① 美国《新共和》(New Republic)2017年6月刊发的一项研究指出,在2016年大选中,希拉里·克林顿和伯尼·桑德斯(Bernie Sanders)的选民更多关注经济议题,但选举是由文化和身份而非经济决定的;特朗普之所以获胜,很大程度上在于他使民粹主义者走出门去投票,以保护美国的文化认同,特别是将移民排除在国门之外。② 的确,2016年大选中更多关注"美国人"的内在价值的选民——他们往往有更为强烈的种族主义情绪,被动员起来并将其选票投给了特朗普,从而使选举结果出乎大多数"正统"媒体和研究人员的预期。换句话说,2016年的美国总统大选结果在很大程度上是"失真"的,它并未真正反映美国的人口、种族结构等,因为不同种族的选民的投票率存在重大差异。尽管特朗普并未能赢得2020年大选连任,但基于种族主义而来的对特朗普的支持仍然相当高;究其原因,代际更替极可能重要地缓解了这一失真效应,尽管新冠肺炎疫情冲击下美国经济表现不佳也可被视作重要影响因素。

一、种族主义动员与种族性投票

2016年美国总统大选的结果之所以令人吃惊,主要因为它与依据传统或"路径依赖"而来的大选结果预测相背。在大多数预测看来,特朗普胜出的可能性极小;如果再将特朗普在竞选期间的各种

---

① 例如,可参见 Michelle Garcia, Sunnivie Brydum, Tyler Tynes, and Derrick Clifton, "All Politics Is Identity Politics: Reckoning with Racial Justice in the Trump Era" (February 9, 2017), Vox News, https://www.vox.com/identities/2017/2/9/14492132/racial-justice-activists-trump-administration; Jeet Heer, "Identity Heft: Why the Politics of Race and Gender Are Dominating the 2016 Election. And Why That's Not a Bad Thing" (November 18, 2015), New Republic, https://newrepublic.com/article/124139/identity-heft-politics-race-gender-dominating-2016-election; both retrieved June 6, 2020。
② Alex Shephard, "How Culture Became the Main Fault Line in American Politics" (June 24, 2017), New Republic, https://newrepublic.com/article/143519/culture-became-main-fault-line-american-politics, retrieved August 1, 2017。

"政治不正确"的言论考虑进来,那么特朗普获胜几乎毫无可能。例如,根据一项依据人口趋势及投票率的测算:其一,拉丁裔选民的选票影响有限,即使所有其他因素被控制,共和党和特朗普也将至少以8个百分点的差距输掉选举;如果其他要素与2012年的相同,即使特朗普赢得拉丁裔选票的49%,仍将输掉至少40张选举人团票;其二,即使非洲裔改变了其投票偏好,将更多的票投给共和党,但对特朗普的行情也不会有太大影响;其三,考虑到共和党的历史,即使以相对有利于共和党的2014年国会中期选举投票偏好来衡量,共和党最终获胜的希望也不大。① 但事实恰好相反:2016年美国总统大选最明显的特征是,特朗普获胜的秘诀之一在于,通过大谈特谈移民特别是穆斯林"渗入"美国的威胁,他将移民塑造为大选的首要和核心问题;相比之下,希拉里坚持"开放边境,让所有穆斯林进入"似乎是不合时宜的。② 可以认为,正是特朗普的种族主义动员——或者说特朗普在竞选过程中挑选了正确的"敌人"并发出站在美国选民一边的信号,从而获得了甚至包括少数种族在内的大量种族性选票。

从美国人口结构和种族结构的角度看,随着少数种族人口增长特别是合法选民数量的增长,无论是2016年总统大选还是今后的总统大选,都可能朝向不利于共和党或更倾向于白人特权的党的方向发展。一方面,白人合法选民在整个美国合法选民中所占比重持续下降。在1988—2016年的近30年间,白人在美国合法选民中的比重持续快速下降:1988年,占85%,但到2016年,就下降了约12个百分点,为73.3%;与此同时,非洲裔从9.8%上升至11.9%,增长最快的拉丁裔从3.6%上升到9.2%,亚裔也从0.8%上升至3.6%(如表4-1所示)。

---

① Sean Trend and David Byler, "Demographics and the 2016 Election Scenarios" (August 26, 2015), Real Clear Politics, https://www.realclearpolitics.com/articles/2015/08/26/demographics_and_the_2016_election_scenarios.html#!, retrieved August 1, 2017.

② Alex Shephard, "How Culture Became the Main Fault Line in American Politics" (June 24, 2017), New Republic, https://newrepublic.com/article/143519/culture-became-main-fault-line-american-politics, retrieved August 1, 2017.

第四章　让美国重新变白：美国种族主义回潮的内政效应

表 4-1　美国合法选民的种族结构状况

单位：%

年份	白人	非洲裔	拉丁裔	亚裔
1988	84.9	9.8	3.6	0.8
1992	84.6	9.9	3.8	1.2
1996	82.5	10.6	4.7	1.6
2000	80.7	11.5	5.4	1.8
2004	79.2	11.0	6.0	2.3
2008	76.3	12.1	7.4	2.5
2012	73.7	12.9	8.4	2.8
2016	73.3	11.9	9.2	3.6

资料来源：John Gramlich, "19 Striking Findings from 2019" (December 13, 2019), Pew Research Center, https://www.pewresearch.org/fact-tank/2019/12/13/19-striking-findings-from-2019/; Jens Manuel Krogstad, Luis Noe-Bustamante, and Antonio Flores, "Historic Highs in 2018 Voter Turnout Extended across Racial and Ethnic Groups" (May 1, 2019), Pew Research Center, https://www.pewresearch.org/fact-tank/2019/05/01/historic-highs-in-2018-voter-turnout-extended-across-racial-and-ethnic-groups/; Jens Manuel Krogstad and Mark Hugo Lopez, "Black Voter Turnout Fell in 2016, Even as a Record Number of Americans Cast Ballots" (May 12, 2017), Pew Research Center, https://www.pewresearch.org/fact-tank/2017/05/12/black-voter-turnout-fell-in-2016-even-as-a-record-number-of-americans-cast-ballots/; all retrieved January 27, 2020。

另一方面，在数量持续增长的少数种族中，认同民主党的往往占据大多数；即使是在 2016 年总统大选中也是压倒性地支持希拉里。的确，随着大量来自拉丁美洲的低技能移民涌入，有关民主党将主导美国政治的预测越来越多。① 根据 2016 年 6 月的一项民意调查，支

---

① John B. Judis and Ruy Teixeira, *The Emerging Democratic Majority*, New York: Simon and Schuster, 2002; Don Campbell, "Why Ga. Should Be on GOP's Mind?" (November 18, 2008), *USA Today*, p. 11A; Ben Arnoldy, "The Mountain West, Once GOP Turf, Is Now Competitive" (January 31, 2008), *Christian Science Monitor*, p. 2; Mark Hugo Lopez and Paul Taylor, "Dissecting the 2008 Electorate: Most Diverse in U.S. History" (2009), Pew Research Center, http://pewhispanic.org/files/reports/108.pdf, retrieved August 1, 2017.

持特朗普的非洲裔选民只有11%,而支持希拉里的高达69%;支持特朗普的拉丁裔选民只有14%,而支持希拉里的达到58%。类似地,穆斯林、犹太裔和亚裔选民支持希拉里的比例高出特朗普至少25个百分点。在与种族不相关的团体中,希拉里和特朗普的支持率仅相差2个百分点。① 而根据2016年7月NBC新闻的一项民意调查,白人中支持特朗普的人数比支持希拉里的人数多10个百分点,两者的支持率为51%:41%。但大多数非洲裔选民支持希拉里(86%),仅有8%支持特朗普;拉丁裔选民无疑是个关键团体,其中有68%支持希拉里,仅24%支持特朗普。② 类似地,亚裔选民总体上更加倾向于民主党,③尽管越南裔和菲律宾裔对特朗普的支持率也比较高,但在其内部仍是少数(如表4-2所示)。

表4-2 亚裔美国人在2016年大选中的投票倾向

单位:%

名称	希拉里	特朗普	民主党	共和党
总体	70	20	55	22
印度裔	82	9	65	9
柬埔寨裔	53	18	72	20
华裔	69	14	58	13
菲律宾裔	62	32	49	31
日本裔	63	24	60	30

---

① Alan Yuhas, "Poll Shows Demographics Stacked against Trump's Plan to Steal Voters" (June 11, 2016), The Guardian, https://www.theguardian.com/us-news/2016/jun/11/donald-trump-hillary-clinton-disaffected-voters, retrieved August 1, 2017.
② Mark Blumenthal, Sarah Cho, John Lapinski, and Stephanie Psyllos, "Poll: Clinton Performs Well across Racial and Ethnic Groups" (August 5, 2016), NBC News, http://www.nbcnews.com/storyline/data-points/poll-clinton-performs-well-across-racial-ethnic-groups-n623716, retrieved August 1, 2017.
③ Philip Bump, "Asian-American Voters Continue to Shift to the Political Left" (October 6, 2016), The Washington Post, https://www.washingtonpost.com/news/the-fix/wp/2016/10/06/asian-american-voters-continue-to-shift-to-the-political-left/, retrieved August 1, 2017.

(续表)

名称	希拉里	特朗普	民主党	共和党
韩国裔	79	15	57	29
越南裔	66	28	34	31

资料来源：*Asian American Voices in the 2016 Election*，National Asian American Survey，October 5，2016，http://naasurvey.com/wp-content/uploads/2016/10/NAAS2016-Oct5-report.pdf，p.19，retrieved January 27，2020。

尽管可能存在误差，但大选的相关调查很大程度上印证了上述预测。在2016年大选中，少数种族总体上更支持希拉里，其中尤以非洲裔为甚；相比之下，特朗普在白人中的支持率要明显高于希拉里（如图4-1所示）。

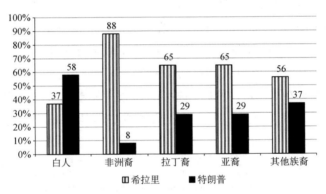

图 4-1　2016年大选中希拉里和特朗普所得的种族选票

资料来源：笔者自制；"Exits Polls"（November 9，2016），CNN，https://edition.cnn.com/election/2016/results/exit-polls，retrieved January 27，2020。

尽管上述趋势似乎难以逆转，但特朗普仍成功赢得2016年总统大选。传统上，共和党对待少数种族的立场远不如民主党明确，更多团结在"色盲政策联盟"（color-blind policy alliance）周围，共和党候选人往往在竞选中使用既能赢得持种族保守主义立场选民，又能避免公开激发种族主义的话语。[1] 但2016年大选似乎体现出完全不同

---

[1] Donald R. Kinder and Lynn M. Sanders, *Divided by Color: Racial Politics and Democratic Ideas*, Chicago: University of Chicago Press, 1996.

的态势,民主、共和两党的移民立场正日趋对立。希拉里的"蓝墙"(blue wall)之所以在特朗普的"红浪"面前崩溃,这在很大程度上与美国的种族、文化、性别和阶级日渐分裂相关。① 事实证明,共和党特别是特朗普突破传统"政治正确"、推动"边界战争"的做法在2016年大选中获得了相当大的支持。正如一位美国政治评论家在总结特朗普缘何从共和党提名战中胜出时所说的,是因为"他知道,边界战争已经取代了文化战争"②。特朗普颇具颠覆性和攻击性的竞选言辞,特别是声称2016年大选将是"共和党可能赢的最后一次大选"③:一方面促使白人工人产生不安,强化了既已存在的"拯救联盟"(coalition of restoration),④强调白人工人应当站出来"拯救白人美国",动员他们重建"白人家园";另一方面也进一步刺激少数种族的内心焦虑,使民主党的"转型联盟"(coalition of transformation)某种程度上被贬抑,因为采取渐进性的改革政策促进美国的多元主义和全球主义已很难"让美国重新伟大"。⑤

特朗普在2016年总统大选中的种族主义动员策略获得了超额回报。一方面,白人尤其是白人工人被成功动员起来,其投票率大为

---

① Anthony J. Gaughan, "Five Things That Explain Donald Trump's Stunning Presidential Election Victory" (November 9, 2016), Conversation, http://theconversation.com/five-things-that-explain-donald-trumps-stunning-presidential-election-victory-66891, retrieved August 1, 2017.
② Scott Mcconnell, "Why Trump Wins? He Knows Border Wars have Replaced Culture Wars" (June 27, 2016), The American Conservative, http://www.theamericanconservative.com/articles/why-trump-wins/, retrieved August 1, 2017.
③ Martin Pengelly, "Trump Predicts Demographics Make 2016 'Last Election Republicans Can Win'" (November 9, 2016), The Guardian, https://www.theguardian.com/us-news/2016/sep/09/trump-demographics-2016-election-republicans-can-win, retrieved August 1, 2017.
④ Ronald Brownstein, "The Coalition of Transformation vs. the Coalition of Restoration" (November 21, 2012), The Atlantic, http://www.theatlantic.com/politics/archive/2012/11/the-coalition-of-transformation-vs-the-coalition-of-restoration/265512/, retrieved March 20, 2017.
⑤ Leah Askarinam, "The Four Groups That Will Decide the Presidential Race" (November 7, 2016), The Atlantic, http://www.theatlantic.com/politics/archive/2016/11/clinton-trump-demographics/506714/, retrieved August 1, 2017.

增长,从而弥补了其人数或合法选民占比下降的损失。在 2016 年总统大选中,白人投票率在 2012 年的基础上回升了 1.2 个百分点(如表 4-3 所示)。所有年龄段的白人都更加支持特朗普,其中 45—64 岁年龄段的白人投票支持特朗普的比例比投票支持希拉里的比例高 28 个百分点,而 65 岁以上的高 19 个百分点,30—44 岁的高 17 个百分点,最年轻的 18—29 岁年龄段的也要高 4 个百分点。①

表 4-3　美国各族裔的大选投票率

单位:%

年份	白人	非洲裔	拉丁裔	亚裔
1988	59.1	51.5	28.8	N
1992	63.6	54.1	27.3	28.9
1996	56	50.6	26.8	25.7
2000	61.8	56.9	45.1	44.1
2004	67.2	60	47.2	48.5
2008	66.1	64.7	49.9	50.7
2012	64.1	66.6	48	49.3
2016	65.3	59.5	47.6	49.3

资料来源:笔者自制;Jens Manuel Krogstad, Luis Noe-Bustamante, and Antonio Flores, "Historic Highs in 2018 Voter Turnout Extended across Racial and Ethnic Groups" (May 1, 2019), Pew Research Center, https://www.pewresearch.org/fact-tank/2019/05/01/historic-highs-in-2018-voter-turnout-extended-across-racial-and-ethnic-groups/; "Voter Turnout in US Presidential Elections by Ethnicity 1964-2016", Statista, https://www.statista.com/statistics/1096113/voter-turnout-presidential-elections-by-ethnicity-historical/; both retrieved January 27, 2020.

根据斯坦福大学美国全国选举研究(American National Election Study)的数据,在共和党人与独立党人中,认为自身是白人的更支持特朗普,比那些不认为自己是白人的要高至少 30 个百分

---

① "Exits Polls" (November 9, 2016), CNN, https://edition.cnn.com/election/2016/results/exit-polls, retrieved January 27, 2020.

点;而那些认为自身种族遭到更大歧视的白人,与那些并不认为白人遭到任何歧视的相比,支持特朗普的比例要高40个百分点;那些认为"许多白人无法找到工作,是因为雇主雇用了少数种族"的人,支持特朗普的比例要比那些不这么认为的人高50个百分点。① 如果从更长时段考察,白人内部的分化趋势也非常明显。自2004年总统大选以来,拥有本科学历以上的白人选民中,支持共和党的比例下降了9%;而本科学历以下的白人选民支持共和党的比例却上升了15%。② 特朗普利用族裔矛盾制造"我们 vs. 他们"的选战,的确在美国社会中引发较强的共鸣。③

另一方面,尽管"政治不正确",但特朗普的种族主义动员不仅使大量白人走出家门投票支持,也对少数种族产生了吸引力,从而改善了共和党对少数种族的吸引力。其一,从各种族内部的政治立场差异看,移民时间更早的老侨的政党认同正日益朝向白人中产阶级靠拢,或者说向"老侨白人化"发展。较早移民且已高度融入美国社会的老侨,在政治立场上要远比更晚移民且融入程度较低的新侨,更加保守,更加倾向共和党。例如,拉丁裔正日益将自身视作白人。在2000年和2010年两次人口普查之间,有约7%的拉丁裔将自己的种族从"其他"改为"白人"。这一时期美国白人数量的增长中,有3/4是拉丁裔"白人"。④ 相比之下,尽管亚裔从肤色上无法变白,但

---

① "ANES 2016 Pilot Study", ANES, http://www.electionstudies.org/studypages/anes_pilot_2016/anes_pilot_2016.htm, retrieved August 1, 2017.
② Tami Luhby, "How Clinton Lost" (November 9, 2016), CNN, http://edition.cnn.com/2016/11/09/politics/clinton-votes-african-americans-latinos-women-white-voters/index.html, retrieved August 1, 2017.
③ Michael Tesler and John Sides, "How Political Science Helps Explain the Rise of Trump: The Role of White Identity and Grievances" (March 3, 2016), The Washington Post, https://www.washingtonpost.com/news/monkey-cage/wp/2016/03/03/how-political-science-helps-explain-the-rise-of-trump-the-role-of-white-identity-and-grievances/, retrieved August 1, 2017.
④ "2010 Census Shows White Population Growth Fueled by Hispanic: Non-Hispanic Whites Declined in 15 States" (September 29, 2011), U.S. Census Bureau, https://www.census.gov/newsroom/releases/archives/2010_census/cb11-cn184.html, retrieved August 1, 2017.

进入 21 世纪后,亚裔被认为正在"(被)'漂白'":亚裔和拉丁裔正日益向白人靠近,进而重塑肤色,以至于正与非裔美国人及其他所有种族区分开来。① 这也是缘何特朗普颇具种族主义的言论并未严重影响少数种族对其支持的重要原因。

其二,少数种族中人口相对更多的群体有朝支持共和党方向发展的趋势。根据一项选前调查,与 2012 年大选相比,约有 54% 的拉丁裔选民仍支持民主党,只有 11% 将支持共和党,28% 认为没有什么变化。民主党所拥有的优势与四年前没有什么差异,当时是 61%:10%。② 大选结果也证明了这一点。整体上看,如果不考虑奥巴马本身所动员的少数种族政治热情,那么希拉里的确得到了大多数的少数种族选票,相当于预期选票的 92%。但特朗普表现也不差,与 2012 年共和党总统候选人密特·罗姆尼(Mit Romney)相比,特朗普所获得的非洲裔和拉丁裔选票分别多了 2 个和 1 个百分点。③ 尽管亚裔在 2016 年大选中更加支持民主党,从 2012 年大选时的 51% 增长到 57%,但在亚裔内部,人口数量更多的华裔和日本裔对共和党的支持都有所增长:华裔对民主党的支持率从 2012 年的 56% 下降到 2016 年的 51%;而日本裔尽管对民主党的支持率没有变化,但其对共和党的支持率却上升了 6 个百分点,从 2012 年的 28% 增至 2016 年的 34%。④

其三,由于这一"政治不正确"的种族对立或撕裂立场,使"身份

---

① George Yancey, *Who Is White? Latinos, Asians, and the New Black/Nonblack Divide*, Boulder, Colo.: Lynne Rienner, 2004, p. 4.
② Mark Hugo Lopez, et al., "Democrats Maintain Edge as Party 'More Concerned' for Latinos, but Views Similar to 2012" (October 11, 2016), Pew Research Center, http://www.pewhispanic.org/2016/10/11/democrats-maintain-edge-as-party-more-concerned-for-latinos-but-views-similar-to-2012/, retrieved August 1, 2017.
③ "Exits Polls" (November 9, 2016), CNN, https://edition.cnn.com/election/2016/results/exit-polls, retrieved January 27, 2020.
④ Dhrumil Mehta and Jennifer Kanjana, "Asian-American Voters Are Diverse but Unified against Donald Trump" (October 10, 2016), Five Thirty Eight, http://fivethirtyeight.com/features/asian-american-voters-are-diverse-but-unified-against-donald-trump/, retrieved August 1, 2017.

政治"成为美国政治选举中的重要因素。围绕选民种族立场和对共和党总统候选人的支持度的相互关联所做的研究表明，这一关联在2008—2016年发生了逆转。例如，2008年和2012年，共和党选民的种族仇视度与对总统候选人的支持度成反比，种族仇视度越高的选民越不支持总统候选人；但到2016年，这一关系发生颠覆性变化，种族仇视度更高的选民更支持特朗普。类似地，对穆斯林的态度也发生类似变化，越支持特朗普的选民越仇视穆斯林；对非法移民的态度也是如此，越支持特朗普的选民，越倾向于将非法移民遣返回国。[1]

二、系统性种族主义与选举地理

种族主义在美国事实上早已被制度化和系统化了；人们谈论美国种族主义的回潮更多是从直观的个体性种族主义或种族偏见的角度展开的。如同第二章所述，当前美国种族主义的回潮更多是在制度层面，更加系统化且不可见。美国种族主义回潮对美国政治的同样存在远比总统大选更加隐性的影响，那就是其导致不同种族群体的居住偏好的改变，从而形成一种人口地理效应，在政治上则是选举地理的中长期改变。

第一，从宏观的文化地理角度看，很大程度上与种族主义回潮相关的政治极化导致的是美国选举地理的宏观变革，即当今美国选举地理正重组为三个超级地区。

由种族主义及其他系统性原因，美国的政治、经济、人口与地理间的互动关系不仅会对短期的选举产生影响，更可能推动政治权力中心的转变；换句话说，源起于文化和人口结构相似性及地理邻近的

---

[1] Michael Tesler, "Trump Is the First Modern Republican to Win the Nomination Based on Racial Prejudice" (August 1, 2016), The Washington Post, https://www.washingtonpost.com/news/monkey-cage/wp/2016/08/01/trump-is-the-first-republican-in-modern-times-to-win-the-partys-nomination-on-anti-minority-sentiments, retrieved August 1, 2017.

各州的地区聚集,可能导致美国政治的重要变化。① 如同下文所述,政治甚至社会极化的确已经成为美国当前的重要特征,但今天的美国已不只是共和党与民主党的对立或红蓝美国的对立,还有地理上的分裂。传统的人口普查地区——东北、中西部、南部和本部,与当前的政治分裂并不完全重叠,而著名的红/蓝划分则不具备地理意义。新的方法是更近距离地观察各州内部的社会-政治差异,同时维持充分的地理统一性。历史学家和人口学家曾多次尝试界定地区聚集以代表"真正的美国"。例如,乔·伽里奥(Joel Garreau)早在1981年以文化、种族和地理聚集为标准,识别出美国的九个民族。② 而科林·伍德亚德(Colin Woodard)则在20年后强调,美国从来就不是单一的,而是有好几个相互"敌对的"美国。③

盖洛普公司根据民意调查结果认为,今天的美国最好被理解为分别基于五个地理区域的三个超级地区:由西海岸和东海岸蓝领地区的16个州和华盛顿特区组成的东西海岸联盟,包括两个权力走廊,即从洛杉矶到旧金山再到西雅图,从华盛顿特区到纽约再到波士顿;与东西海岸联盟潜在对立的中心地带与新南方联盟由24个州组成,这一联盟是保守民粹主义的老巢,往往被称作反对大政府、大媒体、大银行、大工会等的"普通人"④,特朗普在2016年总统竞选中将其称作"被遗忘的人"(forgotten man);东西海岸联盟、中心地带与新南方联盟两者的力量对比大致平衡,进而使第三个超级地区即蓝领中西部地区成为关键,该地区位于俄亥俄河、密西西比河和大湖地

---

① V. Lance Tarrance, "A New Regional Paradigm for Following U. S. Elections"(June 25, 2018), Gallup, https://news. gallup. com/opinion/polling-matters/235838, retrieved August 10, 2018.
② Joel Garreau, *The Nine Nations of North America*, Boston: Houghton Mifflin Company, 1981.
③ Colin Woodard, *American Nations: A History of the Eleven Rival Cultures in North America*, New York: Penguin Books, 2011.
④ Richard A. Viguerie, *The Establishment vs. The People*, *Is a New Populist Revolt on the Way?*, Washington, D. C.: Regnery/Gateway, 1983.

区中间,是美国工人阶级聚居区,曾被称作"铁锈地带"(Rust Belt)。在2016年大选中,希拉里·克林顿赢得东西海岸联盟16个州中的15个及华盛顿特区,而特朗普则赢得了中心地带与新南方联盟24个州中的21个和蓝领中西部地区10个州中的8个,从而为其最终获胜奠定了基础(如表4-4所示)。

表4-4 美国三个超级地区联盟的政治指标(2016年)

	东西海岸联盟	中心地带与新南方联盟	蓝领中西部地区
州的数量(个)	16+华盛顿特区	24	10
2017年人口数量占比(%)	38	41	21
2016年大选			
特朗普获胜州数量(个)	1	21	8
希拉里获胜州数量(个)	15+华盛顿特区	3	2
希拉里获胜占比(%)	94	13	20
2016年选票数量(万张)			
特朗普	1 960	2 770	1 560
希拉里	2 960	2 220	1 410
美国众议院议席(个)			
共和党	52	124	59
民主党	114	47	33
共和党占民主党比例(%)	69	27	36
党派属性(%)			
共和党	35	43	41
独立	13	13	13
民主党	47	39	44

资料来源:笔者自制;V. Lance Tarrance, "A New Regional Paradigm for Following U. S. Elections" (June 25, 2018), Gallup, https://news. gallup. com/opinion/polling-matters/235838, retrieved August 10, 2018。

第二,在中观层次上,随种族主义而强化的少数种族聚居倾向,正在重新塑造美国的选举地理,尤其明显的是强化了下文所要讨论的政治极化现象,表现为选举上使民主、共和两党的安全选区和安全县的数量大增,而竞争性的摇摆县、摇摆选区数量则稳步减少。

少数种族聚居倾向一方面源于移民抵达美国后天然地寻找熟悉的生活环境的动机,另一方面也是由到美国后感受到的种族主义氛围所致。这样,哪怕是抵达美国之际被刻意分散化安置,少数种族移民也会很快回流聚居。回流聚居是大多数种族团体的社会、经济和政治选择,诸如越南人聚居的"小西贡"、华人聚集的唐人街等的快速增长便是其典型。根据一项研究,1980—2008年,共计有2 520万人得到了美国绿卡;尽管未必存在因果关系,共和党总统候选人在同一时期的得选票数持续下降。根据统计,在移民聚居县里,移民人口每增加1个百分点,共和党在总统大选中的得票率就会下降0.58%。如果以县为单位考察,1998—2008年,共和党在62%的移民人口增长超2%以上的县中得票率下降,在74%的移民人口增长超过4%的县中得票率下降,在83%的移民人口增长超过6%的县中得票率下降。而在这一时期,在全美移民占多数的县中,移民数量平均增长了9.5%。① 需要认识到的是,少数种族移民的主动回流聚居,也会推动白人的"被动聚居",即由于少数种族移民的迁出而强化或巩固白人在特定地区的多数地位。这样,少数种族移民的主动聚居与白人的被动聚居,事实上都会产生明显的选举后果,尤其是强化特定县或选区的选情并产生安全县或安全选区(一党得票率高于另一党20%以上)。

由于白人仍占据美国人口多数——2016年大选中白人选民仍超过70%,因此无论是从安全县还是安全选区的角度,共和党都拥有

---

① James G. Gimpel, "Immigration, Political Realignment, and the Demise of Republican Political Prospects" (February 2010), CIS, http://cis.org/republican-demise, retrieved November 20, 2016.

较为明显的优势。一方面,在两党的安全县中,共和党的白人选民平均占80%以上,而民主党的白人选民也占45%。① 随着种族团体因其政治立场而聚居,美国正形成一种新的选举人口地理:1992年,美国只有38%的选民生活在两党的安全县里,到2016年这一数字上升为60%;自1992年以来,共和党的安全县数量增长4倍以上,而民主党则下降了一半多(如表4-5所示)。

表4-5 美国安全县及选民比重变化:1992年 vs. 2016年

党派	安全县数量(个)		安全县选民比重(%)	
	1992年	2016年	1992年	2016年
民主党	533	242	22	28
共和党	592	2 232	10	31

资料来源:Gregor Aisch, Adam Pearce, and Karen Yourish, "The Divide Between Red and Blue America Grew Even Deeper in 2016" (November 10, 2016), *New York Times*, http://www.nytimes.com/interactive/2016/11/10/us/politics/red-blue-divide-grew-stronger-in-2016.html, retrieved November 20, 2016.

另一方面,在安全选区中,共和党也占有明显优势。2016年大选是进入21世纪以来,共和党总统候选人第二次赢得了选举团人多数,却在总票数上少于民主党候选人;第一次是2000年大选获胜的小布什总统。特朗普赢得了230个选区,比2012年大选时的罗姆尼多了4个选区。自1997年以来,摇摆选区或竞争选区的数量明显下降。在过去20年里,美国选举政治中最令人印象深刻的是竞争性选区的数量大幅减少。1997年,有164个选区的党派倾向——偏共和党或偏民主党——高于或低于全国平均水平5个百分点,超过435个选区的1/3。但到2016年,仅有72个选区存在较大竞争,相比1997年下跌了56%,相比2012年也下跌了27%(如表4-6所

---

① Gregor Aisch, Adam Pearce, and Karen Yourish, "The Divide between Red and Blue America Grew Even Deeper in 2016" (November 10, 2016), New York Times, http://www.nytimes.com/interactive/2016/11/10/us/politics/red-blue-divide-grew-stronger-in-2016.html, retrieved November 20, 2016.

示)。2016年,在435个选区中,只有35个选区的总统投票和国会众议员投票是不一致的,即两者分别投给了共和党和民主党,而在1996年,这样的选区有108个。其中,在希拉里·克林顿获胜的选区胜出的共和党众议员有23位,而在特朗普获胜的选区胜出的民主党众议员有12位。①

表4-6　美国安全选区的数量变化

单位:个

年份	民主党安全选区	共和党安全选区	摇摆/竞争选区
1997	123	148	164
2001	139	162	134
2002	143	168	124
2004	144	169	122
2005	147	180	108
2009	150	182	103
2012	146	190	99
2013	159	186	90
2016	160	185	90
2017	168	195	72

资料来源:David Wasserman and Ally Flinn, "Introducing the 2017 Cook Political Report Partisan Voter Index"(April 7, 2017), The Cook Political Report, https://adobeindd. com/view/publications/76a932db-5c64-472a-b201-6534a25a6d03/1/publication-web-resources/pdf/PVI_Doc. pdf, retrieved June 1, 2020.

第三,微观层面上,受移民增加、种族多样化发展及经济状况的影响,美国社区结构在2008年全球金融危机后进入一个新的转型时

---

① David Wasserman and Ally Flinn, "Introducing the 2017 Cook Political Report Partisan Voter Index"(April 7, 2017), The Cook Political Report, https://adobeindd. com/view/publications/76a932db-5c64-472a-b201-6534a25a6d03/1/publication -web-resources/pdf/PVI_Doc. pdf, retrieved June 1, 2020.

期,也对美国选举地理产生了明显影响。在 2012 年大选后,美利坚大学美国社区研究项目(American Communities Project)意识到美国政治生态的重大变化特别是其分裂特征,调整了其传统的社区分类方法,将美国 3 000 多个县由原来的 7 大类重新划分为 15 类,以便更好地观察 2016 年大选及更长期的美国政治生态变化。这 15 类县分别是非洲裔美国人南方县(African-American South)、老龄农村县(Aging Farmlands)、大城市县(Big Cities)、高校县(College Towns)、福音教徒聚居县(Evangelical Hubs)、远郊县(Exurbs)、灰色美国县(Graying America)、拉丁裔聚居县(Hispanic Centers)、摩门教徒县(LDC Enclaves)、中部郊区县(Middle Suburbs)、驻军县(Military Posts)、土著美国人县(Native American Lands)、中部农村县(Rural Middle America)、大都市郊区(Urban Suburbs)和工人阶级县(Working Class Country)。①

2016 年大选结果表明,美国社区结构的确正发生深刻变化。在上述 15 类县中,特朗普获胜的关键县主要有 5 类,即老龄农村县、工人阶级县、中部农村县、福音教徒聚居县和灰色美国县。在这五类县中,特朗普都成功地动员了大量新选民走出家门为其投票(如表 4-7 所示)。事实上,这 5 类县的选民数量在 2012—2016 年增长不大,有的甚至呈负增长态势。

表 4-7 2016 年特朗普相对 2012 年罗姆尼在关键县的净增选票

关键县	实际净增选票(张)	实际净获胜票增长(%)
老龄农村县	N	17.3
工人阶级县	187 587	16.8
中部农村县	355 031	16.3
福音教徒聚居县	187 452	11.1

---

① "County Types", American Communities Project, http://americancommunities.org, retrieved November 20, 2016.

(续表)

关键县	实际净增选票（张）	实际净获胜票增长（%）
灰色美国县	206 049	9

资料来源："How Trump Became President"（January 18，2017），American Communities Project，http：//americancommunities.org/2017/01/how-trump-became-president/，retrieved January 25，2017。

但帮助特朗普获胜的最为关键的是中部郊区县。这些县分散在宾夕法尼亚州、俄亥俄州、密歇根州和威斯康星州。这些州的蓝领选民的基地有宾夕法尼亚州的路泽恩县（Luzerne）、俄亥俄州的斯塔克县（Stark）和密歇根州的马科姆县（Macomb）等。这些县在1980年帮助里根赢得了大选，此后一直投票给克林顿和奥巴马。2012年大选时，罗姆尼赢得了77个中部郊区县中的45个，但这并不能保证他获得这些相对分散的县所在的州的选举人团票。特朗普却赢得了62个，特别是密歇根的6个、宾夕法尼亚的14个、威斯康星的7个中部郊区县，正是这些县的帮助使特朗普最终赢下这3个州，并成功入主白宫（如表4-8所示）。

表4-8 特朗普在关键性中部郊区县的获胜优势　　　单位：张

行政区域	特朗普获胜优势票数	罗姆尼获胜优势票数	2016年共和党获胜优势增长	2016年特朗普在全州获胜优势
密歇根州	+92 537	−58 787	+151 324	+10 704
宾夕法尼亚州	+337 047	+159 832	+177 215	+44 292
威斯康星州	+59 357	+42	+59 315	+22 748

资料来源："For Trump, It's All about the Middle Suburbs"（January 30，2017），American Communities Project，http：//americancommunities.org/2017/01/for-trump-its-all-about-the-middle-suburbs/，retrieved January 25，2017。

三、种族融合、代际更替与2020年大选

尽管不如2016年总统大选明显，但种族主义仍是2020年大选的重要影响因素，尤其是在2020年5—6月的全国性种族主义抗议

之后。一方面,种族主义与排外主义的回潮让美国人更加担忧日益多样化的种族结构和选民结构,尤其是少数种族选民的持续增长;另一方面,对于相对年轻的群体来讲,由于其自出生时就处于种族多样性的环境之中,因此其政治态度可能远比年轻更老的群体更加开放,进而哪怕是美国逐渐成为"少数中的多数"或"多数中的少数"国家,种族多样性的政治后果特别是选举后果也都可能是更加积极的。[1] 尽管目前尚缺乏具体数据识别种族融合、代际更替等因素对2020年甚至更为长期的美国选举政治产生何种影响,但的确需要对其基本态势加以分析。

作为一种自然现象,代际更替有着深远的政治后果,特别是对那些采纳选举政治的国家来说。由于不同代际人口群体的出生和成长背景可能存在明显差异,因此其政治信仰也可能完全不同;研究表明,不同代际人口群体的意识形态差异更多基于该群体的独特成长经历,与其年龄本身关系不大,尽管随着年龄增长其政治态度可能发生某种变化。[2] 例如,出生于1920年的美国人的青春期后期和成年早期都处于大萧条时期,1930年出生的美国人在相同年龄时却经历的是相对繁荣和经济增长;其结果是,这两代人的政治态度存在较为明显的差异,前者对民主党的支持更加强烈。[3]

以美国人口统计、民意调查、流行文化、历史事件等为基础,皮尤研究中心识别出当前美国社会5个最主要的代际群体,每个代际的

---

[1] David Madland and Ruy Teixeira, "The New Progressive America: The Millennial Generation" (May 2009), Center for American Progress, https://cdn.americanprogress.org/wp-content/uploads/issues/2009/05/pdf/millennial_generation.pdf, p.11, retrieved September 10, 2017.
[2] Richard Braungart and Margaet Braungart, "Life Course and Generational Politics", *Annual Review of Sociology*, 1986, 12(1), pp. 205-231; Ronald Inglehart, *Cultural Shift in Advanced Industrial Societies*, Princeton: Princeton University Press, 1990; June Edmunds and Bryan S. Turner, *Generations, Culture and Society*, Buckingham: Open University Press, 2002.
[3] Norval D. Glenn, *Cohort Analysis*, 2nd edn., Thousand Oaks: Sage Publications, 2005, p. 3.

时间跨度大致相等,即在 16—19 年。这 5 个代际群体具体包括沉默一代(Silent Generation,1928—1945 年生)、婴儿潮一代(Baby Boomers,1946—1964 年出生)、X 一代(X Generation,1965—1980 年出生)、千禧年一代(Millennium Generation,1981—1996 年出生)及 Z 一代(Z Generation,1997—2012 年出生)。沉默一代之前的伟大一代(Greatest Generation)由于年龄原因而数量极少,而 Z 一代之后的人年纪过小,绝大多数尚未开始政治生活。婴儿潮一代出生在二战结束后,代表自 1946 年生育高峰到来至 1964 年避孕药首次上市后出生率明显下降前的那一人口群体;婴儿潮一代往往与传统价值观的重新界定相联系,他们比更年长的人口群体更加自由主义。[①] 而 X 一代则是在婴儿潮后出生率大幅下降后出生的,他们所经历的是 20 世纪六七十年代的社会变革;千禧年一代在进入 21 世纪时开始成人,其公民意识和悟性较高,不那么信奉宗教与政治;Z 一代的命名直到 2019 年才得以流行,他们往往更加忠诚、富有同情心、思想开放,在 2016 年大选时刚进入成年期。[②]

从选举政治的角度,不同代际群体的人口结构,尤其是种族结构,可能对选举结果产生重要影响。从人口数量看,白人在沉默一代中所占比例高达 84%,但此后逐渐下降,婴儿潮一代占 78%,X 一代为 70%,千禧年一代占 61%,到 Z 一代时只有 52%;相比之下,少数族裔在各代际人口中所占比例持续上升,其中增长最快的是拉丁裔,从沉默一代的 6% 增长到 Z 一代的 25%。从合法选民数量看,白人的占比从沉默一代的 79% 降至 Z 一代的 55%,拉丁裔则从 7% 上升至 22%,非洲裔也从 8% 增至 14%(如表 4-9 所示)。随着代际更替而来的是,少数族裔合法选民在 2020 年达到所有合法选民的 1/3,而

---

① Robert D. Putnam, *Bowling Alone*, New York: Simon and Schuster, 2000.
② "The Whys and Hows of Generations Research" (September 3, 2015), Pew Research Center, https://www.people-press.org/2015/09/03/the-whys-and-hows-of-generations-research/, retrieved March 20, 2018; Corey Seemiller and Meghan Grace, *Generation Z Goes to College*, San Francisco: Wiley, 2016.

在2000年时仅为1/4。拉丁裔成为最大的少数族裔团体,其合法选民数量将第一次超过非洲裔,占美国合法选民的13%还多;就绝对数字而言,2020年,拉丁裔合法选民将达到3 200万人,非洲裔合法选民3 000万人,亚裔合法选民约1 100万人。①

表4-9 不同代际人口的族裔构成(2020年)

单位:%

族裔	沉默一代		婴儿潮一代		X一代		千禧年一代		Z一代	
	占人口比例	占选民比例	占人口比例	占选民比例	占人口比例	占选民比例	占人口比例	占选民比例	占人口比例	占选民比例
白人	84	79	78	75	70	66	61	61	52	55
非洲裔	8	9	10	11	15	13	15	14	14	14
拉丁裔	6	7	8	9	12	13	18	17	25	22
其他	2	1	2	2	3	2	5	3	10	5

资料来源:Anthony Cilluffo and Richard Fry, "An Early Look at the 2020 Electorate" (May 14, 2020), Pew Research Center, https://www. pewresearch. org/social-trends/2019/01/30/an-early-look-at-the-2020-electorate-2/; Amanda Barroso, "Gen Z eligible Voters Reflect the Growing Racial and Ethnic Diversity of U. S. Electorate" (September 23, 2020), Pew Research Center, https://www. pewresearch. org/fact-tank/2020/09/23/gen-z-eligible-voters-reflect-the-growing-racial-and-ethnic-diversity-of-u-s-electorate/; both retrieved January 20, 2021.

如果从各种族合法选民的代际结构看,年纪最长的沉默一代的合法选民数量持续下降,从1996年的6 100万人下降到2020年的2 100万人,占2020年美国所有合法选民的9%;婴儿潮一代和X一代的合法选民相对稳定,分别从1996年的7 200万人和4 700万人发展为2020年的6 800万人和5 700万人,分别占2020年美国所有合法选民的28%和25%;千禧年一代从2000年大选时的750万名合法选民增长至2020年的6 400万人,占美国所有合法选民的

---

① John Gramlich, "19 Striking Findings from 2019" (December 13, 2019), Pew Research Center, https://www. pewresearch. org/fact-tank/2019/12/13/19-striking-findings-from-2019/, retrieved January 27, 2020.

27%;增长最快的当然是 Z 一代,2016 年首次参加选举时仅有 700 万名合法选民,占当年美国所有合法选民的 4%,2020 年这一数据分别达到 2 400 万人和 10%,正式超过沉默一代(如图 4-2 所示)。

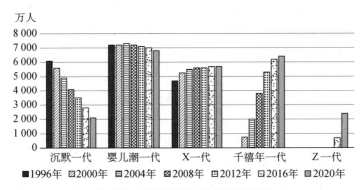

图 4-2 不同代际的合法选民数量

资料来源:Anthony Cilluffo and Richard Fry, "An Early Look at the 2020 Electorate"(January 27, 2019), Pew Research Center, https://www. pewsocialtrends. org/essay/an-early-look-at-the-2020-electorate/, retrieved January 27, 2020。

这一代际人口特别是合法选民数量的变化,意味着 2020 年美国总统大选可能呈现出新的面貌。更为重要的是,由于不同代际人口的种族结构差异,白人合法选民数量的确呈下降态势。2018 年,整个美国人口的年龄中位数是 38 岁,其中白人 44 岁,少数种族 31 岁;在少数种族中,拉丁裔的年龄中位数是 30 岁,亚裔为 37 岁,非洲裔为 34 岁。拉丁裔是美国所有族裔中最年轻的,有近 3/4 的人口是千禧年一代甚至更年轻的。亚裔人中最多的是千禧年一代(27%)和 Z 一代(25%);非洲裔中最多也是千禧年一代(24%)和 Z 一代(31%)。①

在人口结构基础上,还需要考虑不同代际与种族的选民的投票

---

① Katherine Schaefer, "The Most Common Age among Whites in U. S. Is 58—More than Double That of Racial and Ethnic Minorities"(July 30, 2019), Pew Research Center, https://www. pewresearch. org/fact-tank/2019/07/30/most-common-age-among-us-racial-ethnic-groups/, retrieved January 27, 2020.

率、投票偏好等因素,因为正是这些因素才会使不同代际、种族的人口结构性差异转化为真实的政治影响力,从而加剧或纠正因种族主义回潮而导致的选举失真。根据美国全国选举研究(American National Election Studies)的数据,各代际群体在刚进入政治生活时特别是首次参加总统大选时的投票率普遍较低,其中X一代在1988年首次参加总统大选时投票率仅为39%,此后逐渐提升,到2016年上升到63%,到2020年大选时的上升空间不会太大。而千禧年一代在2004年首次参加总统大选时投票率就达到46%,但到2016年仅上升了3个百分点,与其他代际相比其增长速度明显过慢。由于年龄原因,沉默一代和婴儿潮一代的投票率早已稳定在70%左右的水平。由于沉默一代年龄较大,即使最小的也达到65岁,因此尽管其投票率可能保持稳定,但人口数量下降也将使其选票重要性降低(如图4-3所示)。

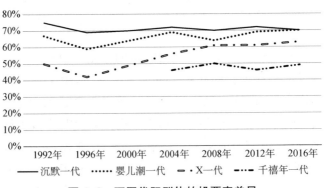

图 4-3　不同代际群体的投票率差异

资料来源:笔者自制;American National Election Studies, *Time Series Cumulative Data File 1948—2016*, https://electionstudies.org/data-center/anes-time-series-cumulative-data-file/, retrieved March 20, 2020.

比较2016年和2020年初次参与大选投票的选民数量,可以发现,Z一代的初次投票率可能远高于其他代际人口。2016年大选中,初次参与大选投票的选民约占10%,相当于1 370万人。其中,各代际选民的投票率和相应的选民数量增长为:婴儿潮一代增长1个百分点（约70万张选票），X一代增长2个百分点（约120万张选票），千禧年一代增长3个百分点（约200万张选票）。① 这意味着，尽管只有700万名合法选民，但Z一代在2016年大选时的初次投票率可能远较其他代际更高。2020年大选出口调查数据也显示出大致相同的态势：2020年大选中，初次投票选民占14%，相当于2 170万人。尽管尚缺乏各代际选民的实际投票率，但依据各代际人口的年龄分布及此前的投票率变化可以得出：2020年大选中的新增选票主要来自千禧年一代和Z一代，两代人的新增合法选民数量分别为200万人和1 700万人。② 由于其他代际合法选民数量没有增长，因此即使有新选民被动员出来，Z一代的初次投票率也相当高。

尽管一般的假设往往是，年轻人往往更加倾向自由主义，随着年纪增长而会逐渐变得更加倾向保守主义，但事实可能不是这样的。根据美国全国选举研究数据，沉默一代的确随着年纪增长而日益倾向保守主义，表现为其投票支持民主党的人数比例逐渐降低：1992年，沉默一代投票支持民主党的比投票支持共和党的高6个百分点，此后逐年走低；2016年，投票支持共和党的反而高出投票支持民主党的，多达22个百分点。但婴儿潮一代很大程度上表现出某种摇摆性，时而更支持民主党，时而更支持共和党，在2016年大选中支持共和党的仅比支持民主党的高1个百分点。X一代和千禧年一代迄今的投票记录都更支持民主党，尽管存在某种起伏。X一代在1992年、1996年和2008年三次大选中投票支持民主党的比例比投票支持共和党的高15个百分点；2000年大选时表现最低，但支持民主党的仍比支持共和党的高1个百分点；在2016年大选中高出8个百分点。千禧年一代迄今表现出对民主党的高度支持——其原因可

---

① "Exits Polls" (November 9, 2016), CNN, https://edition.cnn.com/election/2016/results/exit-polls, retrieved January 27, 2020.
② "Exit Polls, 2020 Presidential Election" (November 9, 2020), CNN, https://edition.cnn.com/election/2020/exit-polls/president/national-results, retrieved January 10, 2021.

能是这一代人更加自由化或对共和党缺乏信心,①2008 年大选时其投票支持民主党的高出支持共和党的多达 34 个百分点,2016 年大选中千禧年一代对民主党的支持降至新低,但仍比支持共和党的高 17 个百分点——这是所有其他代际群体从未达到过的差距(如图 4-4 所示)。从年龄差距看,Z 一代在年龄上最接近千禧年一代,因此是否会延续更年轻的代际总体上更倾向民主党的趋势,对未来的总统大选而言有着重要意义。

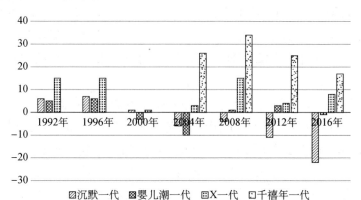

图 4-4 不同代际人口的投票偏好(民主党获胜百分点)

资料来源:笔者自制; American National Election Studies, *Time Series Cumulative Data File 1948—2016*, https://electionstudies.org/data-center/anes-time-series-cumulative-data-file/, retrieved March 20, 2020。

尽管 Z 一代的相关数据尚不可得,但从 2016 年和 2020 年初次投票的选民的意识形态倾向看,Z 一代明显更加倾向自由主义:在 2016 年大选中,支持希拉里的初次投票选民比支持特朗普的高 19 个百分点;②而

---

① Stella M. Rouse and Ashley D. Ross, *The Politics of Millennials: Political Beliefs and Policy Preferences of America's Most Diverse Generation*, Ann Arbor: University of Michigan Press, 2018, p. 202; Nate Silver, "Bush May Haunt Republicans for Generations" (May 9, 2009), Five Thirty Eight, https://fivethirtyeight.com/features/bush-may-haunt-republicans-for/, retrieved March 20, 2018.

② "Exits Polls" (November 9, 2016), CNN, https://edition.cnn.com/election/2016/results/exit-polls, retrieved January 27, 2020.

在2020年大选中,支持拜登的是支持特朗普的2倍,高32个百分点。① 此外,2020年大选时Z一代人口最高年龄为23岁,而18—24岁年龄段选民中,支持拜登的比支持特朗普的高出34个百分点;②这进一步印证了Z一代的自由主义倾向。

尽管不同代际的投票倾向不同,但事实上同一代际内部也存在明显的种族投票倾向差异,这对美国总统选举而言同样重要。以2016年大选为例,无论是同一代际内部各种族群体,还是不同的同一种族群体,其投票倾向都存在明显差异。例如,沉默一代内部,各种族的投票倾向差异明显,白人更加支持共和党,其支持共和党的人数比支持民主党的人数高36个百分点,而非洲裔和拉丁裔内部支持民主党的人数均比支持共和党的人数高80个百分点;但由于白人数量优势,因此沉默一代总体上更加支持共和党。在沉默一代之后,婴儿潮一代、X一代和千禧年一代逐渐朝向支持民主党方向发展,但内部各种族团体的投票倾向更加多元,尤其是千禧年一代,远不如沉默一代那样极化。可以看出,沉默一代的白人更加支持共和党,而千禧年一代的白人支持共和党的程度是白人内部最低的;类似地,尽管非洲裔高度支持民主党,但X一代的非洲裔表现最为明显,而千禧年一代的非洲裔则是非洲裔内部最不支持民主党的;拉丁裔中最支持民主党的是沉默一代的长者,最不支持民主党的是婴儿潮一代的,X一代和千禧年一代的非洲裔都较为支持民主党(如图4-5所示)。

尽管2020年大选的相关调查无法实现族裔与代际的组合分析,但仍能得到整体的代际投票率,将其与2016年相比,可以看出,由于2020年大选中整体的代际投票差距大大缩小,Z一代的政治立场变得更加中庸:相比2016年大选,沉默一代的投票差距降低了17个百分点(-22∶-5),婴儿潮增长了4个百分点(-1∶-5),X一代增

---

① "Exit Polls, 2020 Presidential Election" (November 9, 2020), CNN, https://edition.cnn.com/election/2020/exit-polls/president/national-results, retrieved January 10, 2021.
② Ibid.

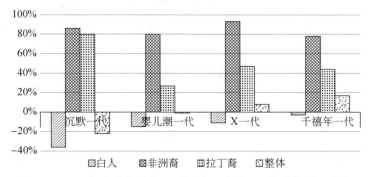

图 4-5　2016 年大选中的代际-种族投票偏好（民主党获胜百分点）

资料来源：笔者自制；American National Election Studies, *2016 Time Series Study*, https://electionstudies.org/data-center/2016-time-series-study/, retrieved March 20, 2020。

长了 2 个百分点（8∶10），千禧年一代降低了 9 个百分点（17∶8）。①

尽管尚难以准确观察，但美国族裔结构的多样化发展及不同代际内部各族裔的人口数量和意识形态差异，可能对美国选举政治的长期发展产生深远影响。其中最为关键的因素或许是 Z 一代逐渐参与政治选举投票，其独特的成长经历——族裔多样化社会、"9·11"恐怖主义袭击、2008 年全球金融危机、美国霸权相对衰落等，使其政治意识形态可能全然不同于既往代际人口；更为重要的是，随着年龄增长，Z 一代的选票数量将持续增长到 2040 年左右才能稳定下来，这意味着未来 20 年内，美国选举政治可能出现历史性演变——特别是如果与美国霸权相对衰落进程相结合的话。

第二节　迷失的政党重组

特朗普在 2016 年总统大选中胜出之所以出人意料，与美国主流

---

① "Exits Polls" (November 9, 2016), CNN, https://edition.cnn.com/election/2016/results/exit-polls, retrieved January 27, 2020; "Exit Polls, 2020 Presidential Election" (November 9, 2020), CNN, https://edition.cnn.com/election/2020/exit-polls/president/national-results, retrieved January 10, 2021.

媒体及精英对美国所发生的潜在变化后知后觉有很大关联。这些潜在变化涉及诸多方面,其中相当重要的一个方面便是美国两党政治的发展演变。事实上,自冷战结束后,美国政党政治就启动了新一轮的转型或政党重组(realignment),其中尤其明显的是与种族主义、排外主义密切相关的选举地理的政党政治体现,具体表现为两党在郊区的竞争,但将其称作民主党的郊区化发展或许更为恰当。很大程度上,由于不同种族在郊区的地理分布特征,因此冷战结束后直到特朗普上台前的政党重组或更主要的是民主党的重组进程并不全面,甚至没有达到严重改变美国政党政治的地步。正因如此,政党重组在冷战后似乎从未成为真正重要的问题——尽管民主党的郊区化进程已展开30余年。直到特朗普令人吃惊的胜利之后,美国社会才真正意识到这一问题。特朗普当选不仅结束了有关共和党重组的争论,①也催生了"民主党的未来"的讨论。就在特朗普当选美国第45任总统后,《纽约时报》网站在2016年11月9日开辟专题讨论"民主党的未来",认为民主党的未来在于普通大众而不是金融奇才或影视明星。② 可以认为,正是特朗普的当选既终结了既有的政党重组进程,又启动了新一轮的政党重组进程,使美国政党重组进程陷入某种无序甚至迷失了方向,而种族主义在其中发挥了相当重要的作用。

一、郊区竞争:冷战后的政党重组

自二战结束以来,郊区就逐渐成为共和党的坚实票仓。如前所

---

① Julia Azari, "Trump May Bring a Republican Recalibration, Not a Realignment" (November 7, 2016), Five Thirty Eight, http://fivethirtyeight.com/features/trump-may-bring-a-republican-recalibration-not-a-realignment/, retrieved March 20, 2017.
② Mike Gecan, "Democrats Need Recommit to Average People, Not Financial Wizards and Stars" (November 9, 2016), New York Times, http://www.nytimes.com/roomfordebate/2016/11/09/the-future-of-the-democratic-party/democrats-need-recommit-to-average-people-not-financial-wizards-and-stars, retrieved April 20, 2017.

述,二战后的住房建设和高速公路建设,使郊区得到重大发展并吸引了大量富裕的白人前往,而他们传统上是共和党的忠实选民。有研究指出,到 1954 年,民主党在纽约市郊区的平均得票率为 35%,芝加哥市郊区为 40%,在费城、圣路易斯、旧金山、明尼阿波利斯、布法罗、密尔沃基及辛辛那提等大都市郊区从未超过 47%,更经常的是在 35%—40%波动。① 随着越来越多的白人移居郊区,共和党的郊区基础日益巩固,以至有政治分析师持续强调,"……这是个正在移动的新美国,从南加州到里士满,从弗吉尼亚到长岛的萨福克郡(Suffolk County),这一移民是保守主义的"②。而当老布什(George H. W. Bush)1988 年赢得总统大选后,也有政治分析师指出,郊区白人选民的忠诚足以为共和党"锁定"白宫。③

伴随 20 世纪 80 年代在总统选举中的重大失败——事实上,1969—1992 年,民主党只有吉米·卡特(Jimmy Carter)一位总统,民主党日益认识到,即使在大都市赢得压倒性的胜利,但如果在郊区有两位数劣势输掉的话,仍将输掉整个选举。这一认知推动民主党在冷战结束前后启动了自身选举策略的中长期变化,试图争取更多的郊区选民——既包括白人,也包括其他少数种族的选民,由此导致了其缓慢但并不全面的政党重组进程,即民主党的郊区化或两党对郊区的竞争。

根据美国选举地图(U. S. Election Atlas)有关选举结果的历史性统计,④郊区在民主党的总统、众议员和参议员选举等三个层次中都正变得越来越重要。在总统层次上,1980 年民主党获得的郊区选

---

① Robert C. Wood, *Suburbia: Its People and Their Politics*, Boston: Houghton Mifflin, 1958, pp. 139-140.
② Kevin P. Phillips, *The Emerging Republican Majority*, updated edition, Princeton: Princeton University Press, 2015, pp. 194, 200.
③ William Schneider, "An Insider's View of the Election", *The Atlantic Monthly*, 1988, 262(1), p. 29; William Schneider, "The Suburban Century Begins", *The Atlantic Monthly*, 1992, 270(1), p. 33.
④ 以下数据系笔者根据美国选举地图(https://uselectionatlas.org/RESULTS/)数据计算得出。

票仅占其所有选票的40%,但至2004年大选突破50%。原因很大程度上在于三个方面:其一,郊区人口的持续增长,1980年,郊区合法选民占全美合法选民的42%,但到2016年,这一比重已经上升到约67%;其二,民主党注意到自身在20世纪80年代的全面失败后,开始刻意改变选举策略;其三,美国农村人口比例持续下降,且越来越多的农村选民开始转向共和党,如希拉里·克林顿在2016年大选中所获得的农村选票仅占其所有选票的9%。在国会众议员层次上,民主党众议员所获得的郊区选票从1992年的41%上升到2018年的60%;但需要指出的是,民主党众议员在大都市的选票相对稳定,大致在33%—41%摇摆,农村地区的选票则从1992年的24%下降到2018年的5%。由于参议员的选举是以州为单位,因此郊区人口变化的影响较难识别。就郊区人口所占比例超过一半的州而言,1992年,民主党仅在不到一半的此类州赢得选举胜利,但至2018年却有79%的民主党参议员来自此类州;与此形成鲜明对比的是,来自农村人口超过一半的州的民主党参议员现在只占整个民主党参议员的6%,在2019—2020年届国会中仅有三位,即来自佛蒙特州的帕特里克·李(Patrick Leahy)、伯尔尼·桑德斯(Bernie Sanders)和来自蒙大拿的约翰·特斯特(Jon Tester)。

正是由于郊区对民主党的总统、参议员和众议员选举重要性的上升和民主党相应的策略转变,催生了民主党的郊区化发展。但需要强调的是,民主党的郊区化发展有着更深层次的原因,特别是与种族主义密切相关的人口移动和相应的选举地理变化,具体体现为如下五个方面。

第一,20世纪下半叶的郊区化发展总体以白人迁出中心城区为主,进而奠定了共和党在郊区的长期优势。美国人口普查局专家通过考察美国最大的100个大都市区从1960—2000年的人口调查数据发现,美国郊区人口持续增长。1960年,100个最大的大都市区都已经是郊区人口占据多数,当时有56.6%的人口居住在中心城区之外;到1970年这一数据达到60%,到2000年已经超过70%。就种族分布看,大都市区的白人人口下降幅度最大,从1960年的39.1%下降到2000年的21.3%。尽管中心城区的少数种族人口仍在增长,但其比重也有明显下降:1960年,居住在中心城区的非洲裔占整个非洲裔人口的71.1%,到2000年下降为56.1%;拉丁裔也从1960年的62.5%下降至43.5%;亚裔则从1960年的68.1%下降为39%。① 由此可见,整个20世纪下半叶发生的从城市到郊区的迁移有着深刻的意识形态和种族主义动机。大都市既是现代自由主义文化的象征中心,同时也是现代自由主义治理的实际中心。那些离开人口稠密的中心城区追求郊区绿色草坪和栅栏的美国人,似乎表达了对保守主义的共和党在小政府、家庭价值观和私人企业等传统生活方式上的有意识的偏好,而非对自由主义民主党人对管制、再分配及进步主义社会变革等的喜好。但郊区的崛起也代表着对城市少数种族人口增长的明确反映,这是由非洲裔美国人从农村南方的伟大迁移和20世纪60年代自由主义移民法等导致的:一场全国性的"白人逃离"(white flight),前往种族上更加同质性的社区。②

第二,自20世纪80年代起,少数种族人口的郊区化速度加快,逐渐为民主党争取郊区人口奠定了基础。例如:1970年,全美有45%的人口居住在郊区,其中白人比例最高,接近50%,其他各个种族除亚裔外均低于30%,非洲裔甚至只有18%;1980年,尽管白人仍占据郊区人口的多数,但其他少数种族的郊区人口也迅速增长;1990年,所有种族的郊区人口比例都超过了30%;2010年,所有种族的郊区人口比例都超过40%(如图4-6所示)。更为重要的是,自20世纪80年代起,白人郊区化的速度明显放缓,而其他少数种族的

---

① Todd Gardner, "Urban-Suburban Migration in the United States, 1955–2000", US Census Bureau Center for Economic Studies Paper, No. CES-WP-16-08, February 1, 2016, pp. 2–5.
② John V. H. Dippel, *Race to the Frontier: "White Flight" and Westward Expansion*, New York: Algora Publishing, 2005, p. 216.

郊区化速度明显高于白人,尽管总体上均呈放缓态势。例如,1970—1980年,白人的郊区化速度是14%,相比之下,非洲裔高达33.5%,拉丁裔为25%,即使是亚裔也达到17%;尽管此后其他种族的郊区化速度都降至10%以下,但非洲裔直到2000—2010年仍达到15%。①

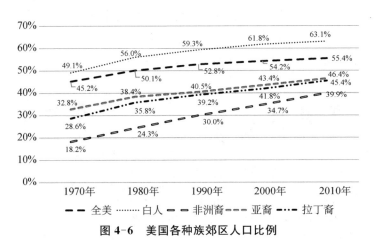

图4-6 美国各种族郊区人口比例

资料来源:笔者依据美国人口普查局数据自制。

第三,尽管少数种族郊区化速度明显较快,但白人始终占据郊区人口的多数,这意味着民主党的郊区化仍面临重大的白人选票挑战。如图4-7所示,白人在中心城区人口中所占的比重从1970年的接近80%下降到了2010年的49.8%,中心城区的确已经呈现典型的"少数-多数"结构;但在郊区,白人的主体地位从未被动摇——1970年,白人占郊区人口的92.5%,尽管持续下降,但到2010年仍占68.4%。根据另一项研究,以不同种族于2010年在农村、郊区和中心城区的居住分布看,在1.97亿名白人中,有25.66%居住在农村,53.71%居住在郊区,20.62%居住在中心城区;相比之下,在3770万名非洲裔中,有14.17%居住在农村,43.57%居住在郊区,

① 笔者依据美国人口普查局数据计算得出。

42.27%居住在中心城区;拉丁裔和亚裔大都居住在中心城区,分别占49.93%和51.81%,同时亚裔的郊区人口比例也是少数种族中最高的。① 这一郊区种族结构对于民主党的郊区化而言有着重要意义:一方面,随着少数种族郊区人口的快速增长,民主党不得不改变自身选举策略,将重心朝郊区倾斜;另一方面,由于白人仍占据郊区人口的大多数,因此民主党的郊区化很大程度上仍将重心放在争取白人的选票上,对少数种族的重视程度与在中心城区完全不同,因为中心城区很大程度上已经被少数种族所主导。

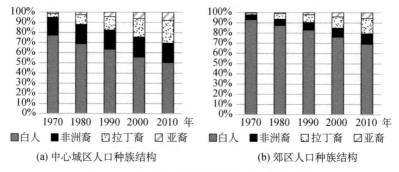

(a) 中心城区人口种族结构　　　(b) 郊区人口种族结构

图 4-7　美国中心城区和郊区人口种族结构

资料来源:笔者依据美国人口普查局数据自制。

第四,与前一点相关的是,美国人口的郊区化本身还有更为严重的种族隔离效应,无论是白人还是其他少数种族的邻居选择都带有高度的意识形态和种族主义特征,这要求民主党采取高度灵活的选举策略。从历史发展的角度看,除非洲裔在居住上与白人的隔离比率有所下降——但仍是所有少数种族中最高的——之外,拉丁裔与白人的居住隔离率总体稳定,而亚裔则有所上升:20世纪70年代,非洲裔与白人的居住隔离率为65.1%,尽管持续下降,但到2010年仍为53.4%,是所有少数种族中最高的;拉丁裔在1970年为47.1%,

---

① "Race & Ethnicity in Rural America", *Rural Research Brief*, Housing Assistance Council, April 2012, p. 9.

其间有所反复,到 2000 年曾回升至 48.8%,到 2010 年又回落到 46.7%;亚裔则从 1970 年的 35.5% 持续上升到 2010 年的 41%,尽管上升速度相对较慢。从主要居住在同种族的郊区社区中的比例看,白人的自我孤立性远高于其他少数种族:1970 年,白人的自我孤立比例高达 96.2%,到 2010 年仍高达 79.5%;相比之下,1970 年,非洲裔的自我孤立比例为 40.8%,拉丁裔为 19.3%,亚裔为 23.6%;此后,非洲裔持续下降到 2010 年的 36.5%,拉丁裔持续上升至 2010 年的 42.8%,而亚裔则先下降后反弹至 2010 年的 20.8%。①

第五,由于经济原因,少数种族往往集中在大都市区的郊区,而白人则住在更接近农村的远郊地区,这也意味着对民主党整体选举策略的挑战。这一郊区地区差异,很大程度上对民主党的郊区化乃至两党在郊区的竞争产生重大影响。随着郊区种族结构的多样化,少数种族的郊区选民数量在 20 世纪 90 年代后大幅增长。从来自少数-多数选区的民主党众议员席位数量可以看出这一变化。1992 年,绝大多数的少数-多数席位来自中心城区,为 45 个,而来自郊区和农村的分别为 15 个和 5 个;但到 2018 年,随着美国整体人口增长特别是少数种族人口的增长,中心城区的少数-多数席位增长到了 54 个,但最大的增长仍是在郊区,达到了 49 个,而农村则保持不变。但需要指出的是,郊区少数-多数席位的增长,主要集中于 20 个人口最为密集的大都市区,这反映出少数种族聚居在大都市区郊区的人口地理。以 2019—2020 年届国会为例,郊区少数-多数席位最为集中的地区是大洛杉矶都市区,其他包括纽约、圣乔斯/旧金山、迈阿密、亚特兰大、圣迭戈、华盛顿/巴尔的摩及奥兰多等也至少有两个少数-多数席位。

如果从更为宏观的视角看,冷战结束使美国丧失了明确的"敌

---

① Douglas S. Massey and Jonathan Tannen, "Suburbanization and Segregation in the United States: 1970-2010", *Ethnic and Racial Studies*, 2018, 41(9), pp. 1602-1603.

人",进而导致国内政治的重要性明显上升;但与此相悖的是,这一重大事件并未对美国国内政治特别是政党重组产生重大影响,至少从冷战结束后直至特朗普当选期间是如此。正是由于上述五个方面的原因,导致民主党的郊区化存在严重的不足,或至少民主党和共和党的郊区竞争并不如想象中那么激烈。

一方面,民主共和两党在郊区的竞争实际并不激烈,相反泾渭分明。尽管民主党的确在郊区获得了大量选票——无论是在总统选举还是参众议员选举上,但这些选票主要来自大都市区的中近郊地区,而在其他地区特别是距离农村更近的中远郊地区则仍为共和党所控制。事实上,距离大都市更近的中近郊和其他中远郊在全美选票中的比重差不多,前者占全美选票的29%,后者占27%。因此,自1992年以来,民主党总统候选人在历次总统大选中都能获得大都市中近郊的多数选票,相比之下共和党总统候选人则在其他中远郊获得多数。换句话说,大都市中近郊的投票倾向与大都市区更接近,而其他中远郊则更接近农村地区。这意味着美国政党重组本身事实上进展不大。如果从国会众议员的选举看,更能看出民主党与共和党在郊区竞争或对抗的性质:在1994年中期选举中,民主党在20个最大的大都市的中近郊和其他中远郊所获得的席位比例差不多,分别为39%和40%;但到2016年大选中,民主党在20个最大的大都市中近郊获得了其总席位的59%,而在其他中远郊获得席位只占其总席位的21%;2018年中期选举结果更加凸显了这一态势,民主党在国会众议院选举中净赢40个席位,这一重大选举胜利被称作"蓝色浪潮"(blue wave)甚至"蓝色海啸"(blus tsunami)。① 但必须强调的是,民主党的胜利仍主要来自大都市中近郊,具体如下:在大费城

---

① Matthew Yglesias, "Democrats' Blue Wave Was Much Larger than Early Takes Suggested" (November 13, 2018), Vox News, https://www.vox.com/policy-and-politics/2018/11/13/18082490/blue-wave; Harry Enten, "Latest House Results Confirm 2018 Wasn't a Blue Wave. It Was a Blue Tsunami" (December 6, 2018), CNN, https://edition.cnn.com/2018/12/06/politics/latest-house-vote-blue-wave/index.html; both retrieved December 10, 2018.

地区净获得 6 席,大洛杉矶 4 席,大纽约 3 席;在大芝加哥、底特律、迈阿密和明尼波利斯/圣保罗各 2 席;在大亚特兰大、达拉斯、丹佛、休斯敦、圣迭戈、西雅图和华盛顿/巴尔的摩各 1 席。也就是说,共和党仍守住了其在中远郊的传统优势;事实上,共和党赢得了前 20 个大都市中远郊 71% 的选票和全美农村选区 82% 的选票。① 之所以会出现这一现象,原因很大程度上仍与郊区的种族结构有关。在美国最大的 20 个大都市中近郊,少数种族人口比例远高于其他中远郊区:受过本科及以上教育的白人为 25%,高中及以下学历的白人为 38%,而少数种族人口占 36%;相比之下,其他中远郊区受过本科及以上教育的白人为 23%,高中及以下学历的白人高达 53%,而少数种族人口只有 24%。如果再对比城市和农村人口结构更能说明这一问题:在中心城区,受过本科及以上教育的白人为 23%,高中及以下学历的白人 30%,少数种族人口 48%;在农村,这三类群体的比例分别是 17%、65% 和 18%。② 在此结构下,中心城区和大都市区中近郊更倾向支持民主党,而其他中远郊区和农村更多为共和党把控,也就理所当然了。

另一方面,正是由于在上述人口结构特别是种族结构上,民主党的郊区化并不彻底;恰好相反,由于少数种族人口更多仍在中心城区,加上大都市区中近郊仍是白人占据多数,因此民主党的竞选策略很大程度上是三心二意的。民主党的郊区化战略或发展并非如同想象中那样倾向自由主义,反而可能使党内领袖疏离少数种族的政治诉求。一系列正式和非正式的民主党团体和组织产生,从"雅达利民

---

① Sean Rossman, "The Suburbs Turned on Republicans and Trump. The Midterm Election Results Prove It" (November 9, 2018), USA Today, https://www.usatoday. com/story/news/politics/elections/2018/11/08/midterms-suburbs-republicans-democrats-trump/1921590002/; Elena Schneider, "Democrats Carve through GOP Suburbs to Take House" (November 6, 2018), Politico, https://www. politico. com/story/2018/11/06/2018-key-house-election-races-results-966640; both retrieved November 20, 2018.

② 笔者依据美国人口普查局数据计算得出。

主党人"(Atari Democrats)到"新民主党人"(New Democrats)再到民主党领导委员会(Democratic Leadership Council)及1994年后的"蓝狗联盟"(Blue Dog Coalition),都设法推动民主党朝向意识形态的中间区域移动,或至少保护代表郊区(和农村)的民主党选举官员不受与城市自由主义相关的政治伤害。这一策略在克林顿1992年和1996年的总统竞选中都有明确体现,即拒绝自由主义标签,在税收、犯罪和福利等问题上趋于中间立场,并采取了可明确将克林顿与党内左翼及共和党区分开来的"三角"战略。① 这种意识形态和种族立场的不坚定一直持续到今天。例如,在第116届(2019—2020)国会中,代表中心城区和郊区少数-多数选区的民主党众议员更多参加自由主义的国会进步团体(Congressional Progressive Caucus),而来自白人占多数的郊区和农村的民主党众议员则更多参加不那么倾向自由主义的"新民主党联盟"(New Democrat Coalition)或"蓝狗联盟"。② 正是由于在政党重组上的摇摆态度,使民主党在大都市中近郊所积累的优势,事实上被共和党在中远郊和农村的优势所抵销,其最典型的例证便是在2016年总统大选中希拉里并未因民主党的郊区化发展而获胜;即使是在2018年中期选举中有"蓝色浪潮",民主党在所有郊区的优势也并不明显,仅领先共和党13个席位。

二、特朗普当选与政党重组的迷失

回顾而言,冷战结束后的民主党郊区化发展并非真正的政党重组进程,因为这更多是种政治竞选策略的后果;尤其是,对民主党的候选人而言,必须在意识形态的"纯洁"与获得摇摆选区的选票之间

---

① Steve Kornacki, *The Red and the Blue: The 1990s and the Birth of Political Tribalism*, New York: Harper Collins, 2018, pp. 174-185.
② 笔者计算得出,参见:Congressional Progressive Caucus, https://cpc-grijalva.house.gov/caucus-members/; New Democrat Coalition, https://newdemocratcoalition.house.gov/members; Blue Dog Coalition, https://bluedogcaucus-costa.house.gov/members; both retrieved June 1, 2020.

做出选择。① 也正因如此,民主党的郊区化发展很大程度上是其少数种族选票在中近郊的延伸:随着少数种族郊区人口的增长,民主党人的郊区选票也相应增长,从1992年的21%增长至2018年的42%。但民主党内部的少数种族候选人也可能发现,在白人多数选区似乎更容易获得成功;2018年,共有17位少数种族的民主党众议员从白人多数的郊区选区中胜出,这创下了新的历史纪录;另有5位少数种族的民主党众议员来自少数-多数的郊区选区;在第116届(2019—2020)国会中,来自郊区的少数种族民主党众议员的数量略超过中心城区,分别为49个和46个。也正因民主党的郊区化本身并不是真正意义上的政党重组,特朗普的当选才会产生如此大的冲击,导致两党都严肃思考政党重组的必要性与紧迫性。

政党重组是美国政党政治中的重要现象之一。1955年,小基伊(V. O. Key, Jr.)在其《关键选举理论》一文中提出了政党重组的主要标准,即一次关键选举造成政党选民结构的重大、急剧且持久的变化。② 此后,另一位美国学者沃尔特·伯恩厄姆(Walter Burnham)进一步发展了政党重组理论,认为在美国政治中,政党重组是周期性现象,每30—40年便会发生一次,因为美国政治体系的结构对选民变化的需求的响应不够及时。经过几十年发展后,政治体系便会达到"沸点",导致更高的选民投票率、第三党运动、政党内部动摇,并最终达致一种"新常态"。③

根据上述理论标准,在2016年特朗普当选凸显了新一轮政党重组的可能之前,美国历史上共经历了六次政党重组,进而形成六个政党体系。第一阶段是早期共和国时期,其时间大致从建国直到

---

① Matt Grossmann and David A. Hopkins, *Asymmetric Politics: Ideological Republicans and Group Interest Democrats*, New York: Oxford University Press, 2016, esp. chaps 3, 5.
② V. O. Key, Jr., "A Theory of Critical Elections", *The Journal of Politics*, 1955, 17(1), pp. 3-18.
③ Walter D. Burnham, *Critical Elections and the Mainsprings of American Politics*, New York: W. W. Norton & Co., 1980, pp. 6-10.

1820年左右,在此期间的美国政党主要是松散的杰斐逊民主共和党和联邦党,该体系的核心问题涉及治理哲学及美英关系的争论。第二阶段从1820年一直延伸到内战前,很大程度上与美国政治制度的建构与巩固有关,主要由杰克逊主义民主党与辉格党主导,其争论核心是行政权力、联邦政府及央行等的功能与权限等。第三阶段非常重要,尽管此前的杰克逊主义民主党和辉格党都同时在南北方展开竞争,也都围绕奴隶制提出一系列观点,但两党的地理界线在这一时期日益分明,从而形成了1852—1894年的新共和党与老民主党主导美国政治的格局。第四阶段往往被称作"1896年体系",即代表东北地区、工业力量的共和党,与代表西部、南部及乡村和民粹主义的民主党,两党围绕工业化产生的诸多问题展开争论,民主党主要围绕民粹主义和货币政策展开调整。第五阶段可称作"新政体系",大约从1932年开始,劳工、各种宗教与族裔群体、南方白人农民、知识分子与北方的非洲裔美国人组成了一个新的主导性联盟,以新政为基础建立了一个新的民主党多数,在经济治理问题上采取了新的更加积极的方法。第六阶段为1968—1980年的共和党改革与两党泾渭分明时期,其核心是"文化战争",公民权利、种族问题、性别问题等主导了美国政党的发展。① 当然,对政党重组理论也存在争议,例如,戴维·梅休(David Mayhew)发现,政党重组的核心观点并没有多少证据支持;他认为,政党重组理论所声称的选民结构长期变化是相当少见的;政党政治的周期理论也忽视了一些偶发事件如丑闻、经济困难、战争等的影响。②

之所以说特朗普当选预示着或触发了新一轮的政党重组,原因很大程度上在于2016年大选中出现了大量暗示着美国政党体系正

---

① William T. Bianco and David T. Canon, *American Politics Today*, 4th Essentials edition, New York: W. W. Norton & Co., 2014, chapter 3;[美]斯蒂芬·施密特、马克·谢利、芭芭拉·巴迪斯:《美国政府与政治》,梅然译,北京大学出版社2005年版,第180—184页。
② David R. Mayhew, *Electoral Realignments: A Critique of an American Genre*, New Haven: Yale University Press, 2004.

经历深刻变化的独特现象,具体如下。

第一,2016年总统大选极可能是美国冷战后最为关键的选举。2016年的美国总统大选初选中,参加投票的选民达到5 760万人,占合法选民的28.5%,成为自1980年大选以来的第二高点(第一是2008年初选的30.4%)。值得注意的是,尽管特朗普在竞选之中有各种奇谈怪论,但共和党选民的投票率却达到了自1980年以来的最高点(14.8%)。2012年,这一数字仅为9.8%,民主党也恢复到14.4%。① 尽管最终大选投票率约55.5%,在冷战后时期仅比1996年略高,②但很可能正酝酿小基伊所论述的"关键投票"。③

第二,美国政治体系特别是政党政治中的高度路径依赖,导致既有的精英政治与选民利益诉求严重脱节,暗示着美国政治体系可能已经达到"沸点"。其一,2016年总统大选中两党政策立场的变化初显端倪,民主党内希拉里·克林顿的政策立场相比奥巴马略有调整,而共和党则以特朗普的横空出世展示了一种巨变。其二,传统精英在两党初选中均快速落败:民主党方面,杰米·韦布(Jim Webb)事实上是唯一代表20世纪中叶的老牌政客,代表南方白人和北部白人移民,尽管在比尔·克林顿的"新民主党"时期仍有重要影响,但到2016年却由于缺乏选民基础而早早出局;共和党方面,杰布·布什(Jeb Bush)与其兄长小布什总统一样力推新里根主义,支持鹰派外交、社会保守主义、劫贫济富的政策,但由于与共和党选民的利益诉求相去甚远,也黯然落败。根据皮尤研究中心的一项民意调查,有

---

① Drew Desilver, "Turnout Was High in the 2016 Primary Season, but Just Short of 2008 Record" (June 10, 2016), Pew Research Center, http://www.pewresearch.org/fact-tank/2016/06/10/turnout-was-high-in-the-2016-primary-season-but-just-short-of-2008-record/, retrieved December 10, 2017.
② Gregory Wallace and Robert Yoon, "Voter Turnout at 20-Year Low in 2016" (November 12, 2016), CNN, http://edition.cnn.com/2016/11/11/politics/popular-vote-turnout-2016/index.html, retrieved December 10, 2017.
③ Mark Siegel, "A New Political Era: The 2016–2020 Realignment Is Underway" (August 8, 2016), The Huffington Post, http://www.huffingtonpost.com/mark-siegel/a-new-political-era-the-2_b_11392304.html, retrieved December 10, 2017.

68%的共和党选民反对削减社会福利,这与民主党选民相差无几(73%)。① 换句话说,民主、共和两党都面临一个严峻问题,即所谓正统精英对当今选民真实利益的不了解和不理解。

第三,更为重要的是,民主、共和两党不仅相互分裂,其内部分化也日渐明显,政党内部动摇现象明显。在特朗普当选一年之后,皮尤研究中心的民意调查发现,两党内部分裂持续上升:共和党阵营已在诸如移民、美国的世界角色、经济公正等问题上陷入高度分裂;尽管民主党很大程度上因反对特朗普而团结在一起,但特朗普的胜利也激化了民主党的内部矛盾,民主党在美国的全球角色、宗教及社会等议题上也陷入了分裂。②

为了更为准确地评估美国政党的潜在发展趋势,预测美国政党重组的可能,皮尤研究中心对政党类型学加以调整,并对两党进行了分析。根据这一新的政党类型学,皮尤研究中心在共和党与民主党阵营内部均识别出四个次级团体,其相互差异相当明显。共和党阵营的四个次级团体分别是核心保守主义者(Core Conservatives)、美国优先保守主义者(Country First Conservatives)、市场怀疑派(Market Skeptic Republicans)和新时代实业家(New Era Enterprisers)。核心保守主义者很大程度上是最传统的共和党人,在共和党联盟中有压倒性影响力;这个富裕的男性团体强烈支持小政府、降低大公司税率等,信奉国民经济体系的公正性。68%的核心保守主义者对美国参与全球经济持积极态度,因为那能为美国提供新的市场和增长机会。核心保守主义者和美国优先保守主义者除高度支持特朗普外少有共同点。美国优先保守主义者在共和党内部人

---

① "Campaign Exposes Fissures Over Issues, Values and How Life Has Changed in the U. S. "(March 31, 2016), Pew Research Center, http://www.people-press.org/2016/03/31/3-views-on-economy-government-services-trade/, retrieved December 10, 2017.
② "Political Typology Reveals Deep Fissures on the Right and Left" (October 24, 2017), Pew Research Center, http://www.people-press.org/2017/10/24/political-typology-reveals-deep-fissures-on-the-right-and-left/, retrieved December 10, 2017.

数并不多,与其他共和党内部团体相比年龄偏长、受教育水平相对较低。他们对国家发展道路不满,对移民持高度批评态度,相当担心美国的全球参与。有64%的美国优先保守主义者认为,美国对世界各地的人过于开放,美国人正面临丢失传统的美利坚民族身份认同的风险。与共和党传统上支持商业和低税收的立场截然不同,只有34%的市场怀疑派认为,银行和其他金融机构对美国的发展能起到积极作用——这是共和党内部人数最少的团体。市场怀疑派中的大多数支持提高对大公司的征税,94%的人认为美国经济体系是不公正的,仅有利于强大的利益集团。相比之下,新时代实业家基本上对国家状态和未来表示乐观,认为下一代人的生活会变得更好;新时代实业家相对更年轻,白人数量相对较少,强烈支持商业,总体上认为移民对美国来说是优势而非负担。①

民主党阵营也有四个次级团体,即坚定自由派(Solid Liberals)、机会主义民主党人(Opportunity Democrats)、愤愤不平的民主党人(Disaffected Democrats)和虔诚多样派(Devout and Diverse)。尽管所有民主党人都支持社会保障体系,然而这些团体在政府对商业的管理及政府表现等问题上立场分歧明显。但同时,他们都反对美国的全球介入,这也与共和党人在此问题上的立场几乎无二致。坚定自由派是民主党联盟内最大的团体,成员占民主党阵营的48%,主要由相对富裕、受教育程度较高的白人组成,几乎对所有议题都持自由主义立场。在特朗普当选后,他们的政治参与度远高于所有的政治团体,包括共和党阵营的。49%的坚定自由派在过去一年中有政治捐献;其他所有政治团体的均不超过1/3的人这样做,居于第二位的核心保守主义者中也只有32%的人这样做。39%的坚定自由派参与反对特朗普政策的抗议,这也是所有政治团体中最高的。机会主义

---

① "Political Typology Reveals Deep Fissures on the Right and Left"(October 24, 2017), Pew Research Center, http://www.people-press.org/2017/10/24/political-typology-reveals-deep-fissures-on-the-right-and-left/, retrieved December 10, 2017.

民主党人在很多问题上与坚定自由派立场相同,但相对而言他们不那么富裕,政治参与度相对较低,政治态度相对较少自由主义色彩。机会主义民主党与坚守自由派的唯一重大差异在于公司盈利问题:40%的机会主义民主党认为大公司盈利所得是"公平的、合理的利润",只有16%的坚定自由派持这一观点。机会主义民主党坚定地认为,只要愿意辛勤劳动,大多数人是能成功的。愤愤不平的民主党人对民主党持积极态度,其不满主要来自对政治、政府及国家方向等的犬儒主义。这个财政压力很大、多数中的少数团体支持强势政府和社会保障体系,但大多数认为政府集"浪费和低效"于一身。大多数愤愤不平的民主党人认为自身是政治输家,其投票率低于50%,肯定会对选举产生影响。虔诚多样派作为第四个团体在经济上面临更严峻的财政困难,在政治上最为多元(大约有1/4甚至偏向共和党),政治参与度也最低。与愤愤不平的民主党人一样,他们也对政府管理企业持批评态度。他们也是宗教上最虔诚的民主党团体,64%的成员认为相信上帝是道德和善是必要的。①

尽管两党内部分裂,但政党仍是美国政治生活的基本特征。政治类型学中两个最大的团体,右边的核心保守主义者和左边的坚定自由派都是其阵营中政治参与最为积极的,且占多数。核心保守主义者在共和党阵营中数量占31%,但其政治参与度却达到43%;坚定自由派在民主党阵营中也只有1/3,其政治参与度也达到48%。② 由此,美国政党重组的势头似乎已经很难阻止,因为越来越多的次级团体的涌现,可能意味着新的意识形态联盟的形成。

从较长时段来看,2016年总统大选可能既是第六次政党重组的终结,同时又是第七次政党重组的开始。2016年总统大选中民主、共和两党的政策立场变化本身,便是政党重组的表现之一。尽管民

---

① "Political Typology Reveals Deep Fissures on the Right and Left"(October 24, 2017), Pew Research Center, http://www.people-press.org/2017/10/24/political-typology-reveals-deep-fissures-on-the-right-and-left/, retrieved December 10, 2017.
② Ibid.

主党方面或许幅度相对较小,但由于特朗普的财务独立性,其对共和党的冲击的确相当大。因此可以认为,美国第七次政党重组很大程度上不是内生性的,而是由特朗普崛起的外生动力启动的,特别是特朗普将共和党从传统的大商业盟友转变为工人党的主观意愿及其当选的客观事实的相互结合。①

尽管上述三个表征极大可能地暗示了美国政党重组进程的真实启动,但现在就美国政党重组的未来方向作准确判断仍为时过早。某种程度上,美国政党重组事实上正陷入某种迷茫,既有的"文化战争"正趋终结,但极可能以种族主义为中心的"边界战争"(border war)是否能够成为新一轮政党重组的核心仍有待观察。

在很大程度上,标志着第六轮政党重组的"文化战争"已趋于结束,美国政治体系已触发新的"沸点"。这场"文化战争"主要涉及宗教、家庭、性、性别等问题,自20世纪60年代以来一直在美国政治中占据核心地位,使得主要政党以互不兼容的经济立场来约束内部派系。在整整一代人的时间里,民主党内部既有自由贸易论者,也有贸易保护主义者,但他们都支持堕胎、同性恋权利等。与之相反,共和党人长期允许在贸易和移民问题上存在争论,但所有共和党总统候选人都必须反对堕胎、反对同性恋等。这样,社会问题成为推动政党重组的核心动力。在长达几十年的时间里,持社会保守主义的白人工人脱离民主党,加入共和党,特别是在南方地区;类似地,持社会中庸立场的共和党人,特别是东海岸地区的,也转向了民主党阵营。今天,两个政党内部对上述社会性问题基本不存在重大立场分歧,自由主义的共和党人与里根主义的民主党人一样少见。②

---

① "Anger and Fickleness Voters Are Forcing Chang" (July 30, 2016), The Economist, http://www.economist.com/news/united-states/21702805-anger-and-fickleness-voters-are-forcing-change-which-direction-defining, retrieved December 10, 2017.
② Michael Lind, "This Is What the Future of American Politics Looks Like" (May 22, 2016), Politico, http://www.politico.com/magazine/story/2016/05/2016-election-realignment-partisan-political-party-policy-democrats-republicans-politics-213909, retrieved December 10, 2017.

与此同时,随着美国人口结构变化、族群矛盾、代际矛盾、性别矛盾、贫富分化、政治变革停滞不前等问题的相互交织与激化,"边界战争"可能逐渐上升成为主导美国政党发展的核心要素。

尽管仍存在大量争论,美国历史上的第七个政党体系可能呈现如下格局:民主党将代表城市、普遍主义的商业自由主义者,而共和党则成为代表郊区和农村的极端民族主义的政党。① 具体而言,共和党将主要由来自南部、西部地区及全美的郊区和远郊的白人工人组成。他们将支持有利于自身及家族的普遍与部分缴纳的社会保障体系,但可能反对益贫性社会计划、反对促进自由贸易,也可能基于种族歧视或经济竞争担忧而反对进一步增加移民——包括合法和非法的。相比之下,民主党在未来则将有可能是进步主义的白人与非洲裔、拉丁美洲裔及其他少数种族的结盟,主要分布在各大都市区及其近郊。他们可能视自身为不同种族团体的多元文化联盟,认为应当促进自由贸易、真诚欢迎移民,对益贫性社会计划也持支持态度。② 简单地说,美国下一个政党体系的核心问题可能是"种族",从而以"边界战争"取代"文化战争"。

第三节 激化的社会分裂

当前美国种族主义的回潮对美国国内政治的影响还有更为长期和深远的一面,即它加剧甚至加速了美国政治文化的转型,同时也是美国政治文化当代转型的重要后果之一。事实上,在冷战结束后仅仅 30 年的时间里,美国所经历的大起大落不仅有其现实根源和现实

---

① Lee Drutman, "Donald Trump's Candidacy Is Going to Realign the Political Parties" (March 1, 2016), Vox News, http://www.vox.com/polyarchy/2016/3/1/11139054/trump-party-realignment, retrieved December 10, 2017.
② Michael Lind, "This Is What the Future of American Politics Looks Like" (May 22, 2016), Politico, http://www.politico.com/magazine/story/2016/05/2016-election-realignment-partisan-political-party-policy-democrats-republicans-politics-213909, retrieved December 10, 2017.

后果,也有其心理、政治文化层次的根源和后果。而这种心理、政治文化层次的根源和后果,事实上都可用美国政治文化的历史性转型来概括。的确,自 2008 年全球金融危机以来,美国政治文化转型态势日益明显,到特朗普当选时更是全面展示;这一历史性转型的基本特征,是在美国持续了 200 余年的共识政治——这在冷战时期尤其明显——逐渐转向当前愈演愈烈的对抗政治,表现为美国政治和社会的高度极化。这一极化既同样体现在美国的种族关系中,也因美国种族主义的回潮而进一步加剧。

一、美国政治与社会极化

特朗普担任总统后的一个重要特征是,与其几乎所有前任都不同,特朗普总统近乎全然没有蜜月期,一上任就引发大量的政治和社会分歧且始终在持续,这是美国历史上前所未有的。① 美国正变得日益分裂,已然成为美国政治文化当代转型的界定性特征。或者说,美国政治文化当代转型的基本特征是从共识构建到极端对抗。长期以来,美国各政治派别特别是国会内部的党派斗争,都旨在通过谈判、联盟建设等而寻求实现一种共识性政策,目的是实现一种合作性的最终决策。② 但在冷战结束后,特别是进入 21 世纪后,随着新保守主义的蔓延和选举压力越来越大,政客们逐渐更加关注自身选举利益而非合作性立法,使得传统的最后一秒实现妥协的可能性大为降低,反而多次出现如政府关门或奥巴马政府医疗改革被搁置等政策僵局。政治妥协越来越遥不可及,政治瘫痪常常阻碍必要的改革措施的推行。③ 更

---

① Dante Chinni, "Near 100-Day Mark, Trump Approval Exposes Fragmented US"(April 28, 2017), Gallup, http://www.gallup.com/poll/209426/near-100-day-mark-trump-approval-exposes-fragmented.aspx?g_source=POLITICS&g_medium=topic&g_campaign=tiles, retrieved December 10, 2017.
② Abraham F. Lowenthal, "The US in the Early 21st Century: Decline or Renewal?", *Elcano Royal Institute Analyses*, 2013, 43, pp. 7-8.
③ [美]兹比格涅夫·布热津斯基:《战略远见:美国与全球权力危机》,洪漫、于卉芹、何卫宁译,新华出版社 2012 年版,第 53—54 页。

为重要的是,极化和分裂已经不再只是美国政治的专属特征,事实上已经渗透到美国社会生活的各个方面。

第一,美国政治极化的最为明显和集中的表现是美国政党极化与对抗。其一,美国两党的意识形态对立日益尖锐,导致大量政策僵局出现。根据一项民意调查,1994—2014 年,美国人持有的极端政治立场已经从 10% 增加到 21%;同时,中间派大大缩水,目前只有 39% 的还持有中间立场;1994 年,这一数据为 49%。这一转变是民主党更加左、共和党更加右。2014 年,92% 的共和党趋于极端,1994 年,这一比例为 64%;在民主党一端,2014 年有 94% 的趋于极端,1994 年为 70%。① 由于高度对抗和极化的意识形态,美国国会的立法共识和立法效率均明显下降。例如,在 20 世纪 50 年代,美国国会共颁布立法 828 部,60 年代为 739 部,70 年代为 618 部,80 年代为 625 部,90 年代为 472 部,② 2000—2010 年共颁布立法 489 部。③ 其二,两党的相互认知都在持续恶化,都更加轻视甚至敌视对方。尽管讨厌对方在政治中是常有现象,但在美国政党政治中,这已经上升为一种对对方政党及其党员的根本性质的认定。1994 年,有 68% 的共和党人讨厌民主党人,其中只有 17% 表示极度讨厌;但到 2004 年,极度讨厌的比例上升到 43%,总体上讨厌民主党的人达到了 82%。在民主党阵营也有相似的发展:1994 年,16% 的人极度讨厌共和党人,共计 57% 的人讨厌共和党人;2004 年,这两个数字分别上升为 38% 和 79%。④ 特朗普总统上任后,皮尤研究中心启动了另一项连续调

---

① "Political Polarization in the American Public"(June 12, 2014), Pew Research Center, http://www.people-press.org/2014/06/12/political-polarization-in-the-american-public/, retrieved December 10, 2017.
② Norman Ornstein, *Vital Statistics on Congress: 2001 - 2002*, Washington: AEI Press, 2002, pp. 146-149.
③ 作者根据美国国会图书馆(https://congress.gov/)数据计算得出。
④ "Political Polarization in the American Public"(June 12, 2014), Pew Research Center, http://www.people-press.org/2014/06/12/political-polarization-in-the-american-public/, retrieved December 10, 2017.

查,即两党对另一政党的"冷"温度得分调查——得分越高,对对方政党的相互认知便越消极。结果显示,两党的相互认知日趋"冰冷":2016年3月,民主党人对共和党人的冷温度得分为61,但到2019年9月已经达到79分;而共和党对民主党的冷温度得分同期也从69分增长至83分。两党给对方的消极特征打分也都相当高:在共和党人中,有64%认为民主党人比其他美国人更加"心灵封闭",有63%认为他们更不爱国,有55%认为他们更不道德,有46%认为他们更加懒惰,有36%认为他们更加愚昧;同样,在民主党人中,高达75%的人认为共和党人比其他美国人更加"心灵封闭",有47%认为他们更不道德,有38%认为他们更加愚昧,有23%认为他们更不爱国,有20%认为他们更加懒惰。① 其三,美国政党的分裂与极化不仅为两党所承认,也为整个美国社会所认识到。事实上,两党都注意到相互的分裂,有85%的共和党人和78%的民主党人认为,两党分裂正在持续;两党也都认为,两党共识越来越难以达成,有73%的人——77%的共和党人和72%的民主党人——认为,两党不仅无法就规划和政策达成一致,甚至连基本事实也无法达成共识。大多数美国人认为,两党都"过于极端";两党支持者都对另一党持敌对态度,大多数民主党人期待能出现一个寻求共识的总统候选人。②

第二,美国人对传统政治价值观的信仰强度明显下降,各种相互冲突的极端化思潮频繁出现。一方面,美国人对"身为美国人"(to be an American)的自豪感持续下降。21世纪前,这一指标始终保持在90%以上;进入21世纪后略有下降,但在2001—2016年,仍始终保持在80%以上。根据盖洛普民意调查公司的连续性调查,在特朗普当选后,该指标持续下跌:2017年3月降至75%,其中极度自豪的

---

① "Partisan Antipathy: More Intense, More Personal" (October 10, 2019), Pew Research Center, https://www.people-press.org/2019/10/10/partisan-antipathy-more-intense-more-personal/, p. 6, retrieved January 20, 2020.
② Ibid.

占51%，非常自豪的有24%；① 到2019年7月，极度自豪的人数比例首次降至不足50%，为45%，对"身为美国人"感到极度自豪和非常自豪的人数总比重也降至70%；② 但到2020年6月，对"身体为美国人"感到极度自豪的人数比例进一步降至42%，另有21%"非常自豪"，即总共只有63%的人对"身为美国人"感到自豪，降至历史新低。③ 另一方面，各种极端化思潮不断发展，甚至出现诸多尽管可能是昙花一现的政治运动。例如，仅在2008年全球金融危机爆发后的短短不足十年的时间内，茶党、"黑人的命也是命"、占领华尔街、"我们的沃尔玛"（Our Walmart）、"为15美元而战"（Fight for ＄15）等运动相继出现，④ 充分显示出美国人政治价值观的混乱与冲突。2009年出现的茶党运动是即将进入21世纪第二个十年之际美国政治中最具争议性和最富有戏剧性的发展。支持者欢呼美国核心价值观的回归；反对者视其为种族主义和无效的抗议，反对一个正出现的多元文化、多元种族的美国和新的政府主导时代。出于对美国未来发展的怀疑和焦虑，茶党的政治诉求是坚定且不可妥协的：限制联邦政府权力、权力下放给地方和州政府，压缩国家债务，减少政府开支，

---

① Everett Garll Ladd and Karlyn H. Bowman, *What's Wrong: A Survey of American Satisfaction and Complaint*, Washington, D. C.：American Enterprise Institute for Public Policy Research, 1998, p. 15; Jeffrey M. Jones, "Sharply Fewer Democrats Say They Are Proud to Be Americans"（April 3, 2017）, Gallup, http：//www.gallup. com/poll/207614/sharply-fewer-democrats-say-proud-americans. aspx? g_source＝proud＋to＋be＋an＋american&g_medium＝search&g_campaign＝tiles, retrieved January 20, 2020.

② Alexa Lardieri, "Less than Half Fee 'Extremely' Proud to Be American"（July 2, 2019）, U. S. News ＆ World Report, https：//www. usnews. com/news/politics/articles/2019－07－02/poll-less-than-half-feel-extremely-proud-to-be-american, retrieved March 20, 2020.

③ Jack Davis, "Poll Reveals Incredibly Low Number of Democrats Are 'Extremely Proud' to Be American"（June 15, 2020）, The Western Journal, https：//www.westernjournal. com/poll-reveals-incredibly-low-number-democrats-extremely-proud-american/, retrieved June 22, 2020.

④ Sarah Jaffe, *Necessary Trouble: American in Revolt*, New York：Nation Books, 2016.

降低税收；但茶党也同样强调自力更生、反精英主义和个人主义。① 同样出于对美国霸权相对衰落的回应，"占领华尔街运动"是另外一种形式的民粹主义。"占领华尔街运动"的参与者们认为，为应对自由主义国家的失败，应支持强大的福利国家、结束种族歧视、培育团结和社会平等，但政府被"有权势的精英"掌握，成为大商业的伙伴甚至手段。② 与茶党运动和占领华尔街运动相比，特朗普当选很大程度上是各类极端要素或力量权宜性联盟的结果。例如，由于反精英主义或反建制主义、"白人至上"等都是"特朗普现象"的重要特征，因此部分茶党人士将2016年总统大选视作茶党复兴的重要机会。③

第三，美国人对国家发展道路、发展方向的信心日渐丧失。其一，对美国是否仍然特殊的信念已不再坚定。随着"9·11"事件和全球金融危机的爆发，美国人既丧失了物理和经济上的安全感，又对外部世界的"不友好"相当迷茫，对"他们为什么恨我们"这个问题百思不得其解。④ 在这种情况下，美国人日益怀疑美国梦是否仍然真实，美国制度是否仍值得全世界学习，美国是否仍为世界事务的积极影响者，等等。⑤ 例如，在2009年斯特拉斯堡北约峰会的记者招待会上，当被记者问及是否相信美国例外论时，奥巴马总统曾声称，他相

---

① Ronald P. Formisano, *The Tea Party: A Brief History*, Baltimore: Johns Hopkins University Press, 2012, p. 1.
② Michael Kazin, *The Populist Persuasion: An American History*, New York: Basic Books, 1995, pp. 196-198, 201-202.
③ David M. Drucker, "Tea Party Sours on Donald Trump" (July 19, 2015), Washington Examiner, http://www.washingtonexaminer.com/tea-party-sours-on-donald-trump/article/2568552; Seth McLaughlin, "Trump Train Derails Tea Party Movement" (August 3, 2016), The Washington Times, http://www.washingtontimes.com/news/2016/aug/3/tea-party-pushed-to-the-side-by-trump-juggernaut/; both retrieved December 10, 2017.
④ 参见[美]彼得·J.卡赞斯坦、罗伯特·O.基欧汉：《世界政治中的反美主义》，朱世龙、刘利琼译，中国人民大学出版社2012年版。
⑤ [美]兹比格涅夫·布热津斯基：《战略远见：美国与全球权力危机》，洪漫、于卉芹、何卫宁译，新华出版社2012年版，第37页。

信它,如同英国相信英国的例外主义,或希腊相信希腊的例外主义一样。① 这一声称非常深刻地暴露了美国人心中对自我身份的怀疑,而这又与美国过去半个世纪以来的人口结构变化及由此而来的社会经济影响密切相关。无论是塞缪尔·亨廷顿的"我们是谁",还是迈克尔·林德(Michael Lind)的"美国身份危机",事实上都反映了上述现实。②

其二,对美国国家发展方向是否正确日益怀疑。冷战结束后,美国人对自身国家发展方向的认知很大程度上与经济发展和国家从事战争相联系:在克林顿总统第二任期,美国经济发展快速,因此认为国家发展方向正确的比例迅速上升,1999年甚至创下了71%的纪录。在2001年"9·11"事件发生后、小布什政府迅速启动全球反恐战争期间,认为国家发展方向正确的比例也相当高,但2003年伊拉克战争之后迅速下降。而2008年全球金融危机爆发后,认为国家发展方向正确的比例始终在30%甚至更低的水平上徘徊。尽管特朗普上台后美国经济一度好转,但并未推动对国家发展方向的认知取得明显改善,进入2020年后还因为新冠肺炎疫情的治理不当而在2020年6月跌至20%,仅比2008年全球金融危机爆发时略高2个百分点(如图4-8所示)。

其三,美国人对自身国家发展的信心明显下降。皮尤研究中心和盖洛普的持续民意调查均显示,自2008年全球金融危机以来,美国人对国家未来发展的预期普遍更为悲观。根据皮尤研究中心的数据,1991—2007年,平均的悲观比例为52.2%;2008—2016年,平均的悲观比例则达到68.6%。盖洛普的调查显示,悲观情绪上升更加

---

① James Fallows, "Obama on Exceptionalism" (April 4, 2009), The Atlantic, http://www.theatlantic.com/technology/archive/2009/04/obama-on-exceptionalism/9874/, retrieved December 10, 2019.
② [美]塞缪尔·亨廷顿:《我们是谁?——美国国家特性面临的挑战》,程克雄译,新华出版社2005年版; Michael Lind, "How to Fix America's Identity Crisis" (July 4, 2016), Politico, http://www.politico.com/magazine/story/2016/07/a-new-american-melting-pot-214011, retrieved December 10, 2019.

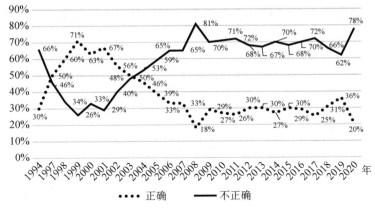

图 4-8　美国人对国家发展方向的认知

资料来源："Direction of the Country"（June 2020），PollingReport.com，http://www.pollingreport.com/right.htm，retrieved June 22，2020。

严重,从 1991—2007 年的平均 52.1% 上升到 2008—2016 年的平均 75.3%。①

其四,美国人对美国在世界上的地位和作用也不再那么自信。皮尤研究中心的调查显示,2014 年,只有 28% 的美国人认为美国是最伟大的国家,大多数美国人认为美国只是世界上伟大的国家之一,而还有 12% 的人甚至认为,有其他国家比美国更加伟大。② 到 2019 年,认为美国是世界上最伟大的国家的人数比例进一步降至 24%,而认为还有其他国家比美国更加伟大的人数比例则上升到 21%。③ 对"哪个国家是世界上头号经济大国"的问题,美国人

---

① "Direction of the Country"（May 1，2017），PollingReport.com，http://www.pollingreport.com/right.htm，retrieved December 10，2019.
② "Beyond Red vs. Blue: The Political Typology"（June 26，2014），Pew Research Center，http://www.people-press.org/2014/06/26/the-political-typology-beyond-red-vs-blue/，retrieved December 10，2019.
③ "In a Politically Polarized Era，Sharp Divides in Both Partisan Coalitions"（December 17，2019），Pew Research Center，https://www.people-press.org/2019/12/17/in-a-politically-polarized-era-sharp-divides-in-both-partisan-coalitions/，p. 30，retrieved January 20，2020.

的自信心也有所下降,尤其是在 2008 年全球金融危机之后,即 2010—2014 年,有更多的美国人认为,中国才是世界上头号经济大国,尽管此后信心有所恢复,尤其是在特朗普执政之后(如图 4-9 所示)。

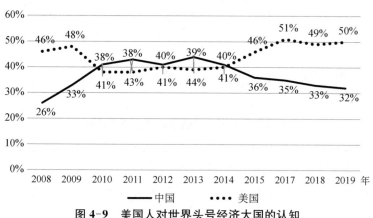

图 4-9　美国人对世界头号经济大国的认知

资料来源:"World's Leading Economic Power", Pew Research Center, https://www.pewresearch.org/global/database/indicator/17/country/us/, retrieved June 20, 2020。

第四,美国人对自身政治制度的信心也普遍下降且呈现高度分裂。其一,尽管特朗普的支持率很大程度上是失真的,但美国人对政府的支持率总体在下降。自 20 世纪 70 年代以来,美国人对政府的信任度从未超过 60%,除了 2001 年"9·11"事件后的较短时间,即到 2003 年伊拉克战争开始后不久。事实上,自 1973 年"水门事件"后,美国人对政府的支持率就从未超过 50%,特朗普执政后这一支持率进一步下降,几乎少有超过 20% 的时候(如图 4-10 所示)。当然,两党对政府的支持度也存在明显的差异,尤其是在进入 20 世纪 80 年代以后,两党分裂明显加剧,尤其明显地体现为两党对同党政府的支持明显高于对另一党政府的支持。

其二,在联邦政府之外,公众对其他政治机制的信任度也呈明显的下降态势。自 2006 年以来,认为参众两院政策倡议将引领国家迈

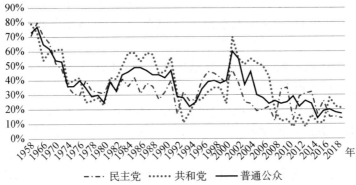

−·− 民主党　······ 共和党　——— 普通公众

图 4-10　美国人对政府的支持率

资料来源:"Public Trust in Government: 1958-2019"(April 11, 2019), Pew Research Center, https://www.people-press.org/2019/04/11/public-trust-in-government-1958-2019/, retrieved March 20, 2020。

向错误方向的民众比例始终在 50% 以上;自 2011 年起,对最高法院的信任度也在下跌,自 2015 年起,不信任度开始超过信任度;政党的吸引力也迅速下降,无论是民主党还是共和党的党员数量都呈下降态势,而独立党人的数量则自冷战结束以来首次超过 40%。① 在联邦政府与地方政府两者之间,公众日益倾向相信地方政府。②

其三,美国人对大众媒体的信任度也急剧下降,美国社会正进入所谓"后真相时代"(post-truth era)。③ 特朗普总统从 2016 年总统大选中胜出及其早期执政显示出当前政治生活的一个普遍特征,即对主流媒体、官方机构、商业团体等"建制派"的普遍不信任。④ 盖

---

① "Politics & Policy", PollingReport.com, http://www.pollingreport.com/POLPOL.htm, retrieved June 22, 2020.
② Justin McCarthy, "Americans Still More Trusting in Local over State Government" (September 19, 2016), Gallup, http://www.gallup.com/poll/195656/americans-trusting-local-state-government.aspx, retrieved March 18, 2017.
③ Ralph Keyes, *The Post-Truth Era: Dishonesty and Deception in Contemporary Life*, New York: St. Martin's Press, 2004.
④ Anna Nicolaou and Chris Giles, "Public Trust in Media at All Time Low, Research Shows" (January 16, 2017), Financial Times, https://www.ft.com/content/fa332f58-d9bf-11e6-944b-e7eb37a6aa8e, retrieved March 18, 2017.

洛普的连续性民意调查显示,公众对主流媒体的信任度长期保持在60%以上,但自2007年起跌至50%以下,2016年大选年再次推动其下跌至40%以下,到大选前达到新低32%,此后一直维持在30%—40%。① 新近一轮下跌的重要原因在于,特朗普及共和党对主流媒体的强烈"敌视"态度。②

第五,在美国政治和社会极化的大背景下,美国普通人的政治行为也日渐朝向两极化方向发展。对美国而言,冷战结束"似乎暗示真的没有什么东西值得为之奋斗"③。一些美国人为丧失敌人而悲叹:由于敌人的明晰性,冷战"有种优雅的简单",而新世界"更为流动、更为无形、更为模糊"④。这使美国陷入焦躁不安之中,四处寻找新的"敌人",其政治行为由此朝向更为激进和对抗的方向发展。美国在"9·11"事件后建立了各类临时性"志愿者联盟"(coalition of willing)以应对各类全球性挑战,如奥巴马政府时期以"亚太再平衡",而特朗普上台后则通过"印太战略"等以尝试预防性地管理中所谓"美权势转移"。⑤ 在美国国内政治中,精英们往往认为,正是由于公众"丧失了团队精神""放纵对消费的欲望",导致了美国在冷战结束后的"道德危机"。⑥ 这种"道德指控"使美国国内既有的政治和社

---

① Felix Richter, "Trust in Media Edges Down after Brief Recovery" (December 18, 2019), Statista, https://www.statista.com/chart/5883/trust-in-mass-media/, retrieved June 22, 2020.
② Art Swift, "Americans' Trust in Mass Media Sinks to New Low" (September 14, 2016), Gallup, http://www.gallup.com/poll/195542/americans-trust-mass-media-sinks-new-low.aspx? g_source = mass + media&g_medium = search&g_campaign = tiles, retrieved March 18, 2017.
③ Andrew J. Bacevich, *The New American Militarism: How Americans Are Seduced by War*, Oxford: Oxford University Press, 2005, p. 182.
④ James Schlesinger, "New Instabilities, New Priorities", *Foreign Policy*, 1991-1992, 85, pp. 3-24.
⑤ 张春:《管理中美权势转移:历史经验与创新思路》,《世界经济与政治》2013年第7期,第79—80页。
⑥ Charles S. Maier, "Democracy and Its Discontents", *Foreign Affairs*, 1994, 73(4), pp. 48–64; James K. Sebenius and Peter G. Peterson, "Rethinking America's Security: The Primacy of the Domestic Agenda", in Graham T. Allison and Gregory Treverton, eds., *Rethinking America's Security: Beyond Cold War to New World Order*, New York: Norton, 1992, p. 84.

会分裂进一步加剧,激发了更多的激进和对抗性政治行为,这明显体现在 2016 年总统大选特别是特朗普的选举策略中。① 在特朗普就任美国总统后,美国社会的分裂正变得更加明显。根据皮尤研究中心 2017 年 2 月的一项调查:特朗普在共和党中拥有很高的支持率,但跨党派支持者相当少;支持特朗普的民主党人仅为 8%,这可能是自美国独立以来最低的跨党支持率。②

可以认为,当前美国政治文化的转型很大程度上是与美国物质霸权的相对衰落、政治制度的日趋僵化以及政治思维的日益极端化发展等分不开的,进而与美国历史上的两次政治文化转型——即独立时期由依附到独立、内战后至冷战期间的由富足到强权——不同,这是美国霸权在整体衰落背景下发生的。这是美国政治文化自形成以来的第一次,并与当代国际体系的快速转型相重叠,进而使美国政治文化转型不仅相当紧迫,而且极可能更加自我分裂、更趋极端化和更具危险性。可以认为,当前美国政治文化的转型极可能是一种极端政治的结合物,如同 20 世纪 70 年代新保守主义是基于极左与极右的结合而产生的一样。③ 这样,美国政治文化转型就既有着深刻的种族背景,同时也会产生长远的种族后果,并与当前美国的种族主义回潮复杂地纠缠在一起。

---

① Mary Dudziak, "Donald Trump and America's Moral Authority" (July 22, 2016), The New York Times, http://www.nytimes.com/2016/07/23/opinion/donald-trump-and-americas-moral-authority.html; Marc Joffe, "Behind Trump's Rise: A False Sense of Crisis in America" (March 29, 2016), The Fiscal Times, http://www.thefiscaltimes.com/Columns/2016/03/29/Behind-Trump-s-Rise-False-Sense-Crisis-America; both retrieved March 18, 2917.
② "In First Month, Views of Trump Are Already Strongly Felt, Deeply Polarized" (February 16, 2017), Pew Research Center, http://www.people-press.org/2017/02/16/in-first-month-views-of-trump-are-already-strongly-felt-deeply-polarized/, retrieved March 18, 2017.
③ 有关新保守主义对保守与革命两个极端结合起来的讨论,可参见薛涌:《右翼帝国的生成:总统大选与美国政治的走向》,广西师范大学出版社 2004 年版,第 33—51 页。

二、政治文化转型下的种族主义回潮

随着特朗普上台,美国政治文化转型进入关键时期,美国内政外交的极端主义和冒险主义倾向明显强化。这很大程度上体现为特朗普上台后美国种族主义的回潮上;与此同时,美国种族主义的回潮又进一步推动了美国政治文化朝向极端主义和冒险主义方向的发展。具体而言,这主要体现为新近的三项发展之中。

第一,白人"反攻"中心城区。如前所述,自二战结束以来,美国国内移民的整体趋势是白人在郊区的聚居,中心城区的白人数量明显减少。由此而来的是美国政党政治中的郊区竞争以及美国选举政治中的郊区分化,但进入21世纪特别是第二个十年以后,一个新的趋势正在显现,尽管目前尚无法得出明确结论,那就是白人正在重新回到中心城区,或者说白人正在"反攻"中心城区。

美国历史上曾发生过四次大规模的国内移民:第一次是大城市诞生期的从农村到城市;第二次是南方农村地区非洲裔进入北方城市的伟大移民(Great Migration);第三次是二战后的郊区化;第四次是铁锈地带向阳光地带的迁移,见证了南部和西部大都市区人口的重大增长。尽管在过去40年中,美国国内移民的数量持续下降:20世纪60年代的平均国内移民率为20%,而2019年降至不到10%,①但如果对比美国人口普查局2010年人口普查和2014年年度性的美国社区调查(American Community Survey)的数据,可以发现一种新的趋势似乎正在显现。就整个美国人口增长而言,主要的大都市区及其郊区人口在2010—2014年都增长了4.4%;这与此前持续了几十年的郊区人口增速高于大都市的趋势完全不同。中心城区和郊区的人口同步增长,意味着少数种族人口的大幅增长。大都市

---

① Jeff Andrews,"Americans Are Moving Less than Ever Before"(November 22, 2019), Curbed. com, https://www.curbed.com/2019/11/22/20976309/migration-millennials-homes-census-2019, retrieved June 22, 2020.

区人口增长受到拉丁裔、亚裔及其他少数种族人口增长的强力驱动。2010—2014年,所有少数种族的人口增长超过了10%,每个少数种族的人口增长速度都翻了一番,无论是在中心城区还是在郊区。必须强调的是:拉丁裔、亚裔及其他少数种族在大都市区的中心城市和郊区的人口都在增长;白人和非洲裔的增长相对温和,并呈现出相反的态势。后者具体表现为白人在中心城市的人口有明显增长,但在郊区却在下降;非洲裔在中心城市的增长不明显,但在郊区加速增长。如果这些趋势得以延续或加速,则意味着全美在未来几十年里将见证重大的国内移民发展。

白人"反攻"中心城区的态势,在美国最大的20个大都市区表现最为明显。整体而言,美国20个最大的大都市区在2010年的人口数量为1.02亿人,到2014年增长了430万人。仅从人口数量看,中心城区和郊区的人口增长基本持平,拉丁裔、亚裔及其他少数种族在中心城区和郊区的人口增长都很强劲。白人的"反攻"体现为,中心城区和郊区的白人人口与非洲裔人口的增长趋势呈现出重大差异:白人在20个最大的大都市区的人口仅增长0.3%,但在中心城区平均增长3%,在郊区下降了0.4%;相比之下,非洲裔在20个最大的大都市区人口增长4%,但在中心城区仅增长0.1%,在郊区却增长了7.1%。

具体而言,白人在中心城区的人口几乎全面增长,在20个最大的大都市区中只有2个呈负增长。其中,底特律、亚特兰大、丹佛和华盛顿特区的白人人口均呈2位数增长;只有迈阿密和费城两个大都市区的中心城市,白人人口呈下降态势。与此同时,在20个大都市区的中心城市中,非洲裔在7个中心城市呈下降态势,其中底特朗(-7.7%)、旧金山/奥克兰(-7.4%)和芝加哥(-5.9%)的下降幅度最大,非洲裔只在6个中心城市有明显增长。在20个大都市区的郊区中,白人人口事实上下降了,其中尤以洛杉矶、纽约和芝加哥为最。而对非洲裔而言,只有2个郊区出现人口下降,即洛杉矶和旧金山/奥克兰,同时有7个呈现2位数增长(如表4-10所示)。

表4-10 美国20个最大的大都市区人口结构变化(2010年 vs. 2014年)

大都市区	中心城区		郊区	
	白人	非洲裔	白人	非洲裔
纽约	0.6%	1.6%	−2.9%	3.5%
洛杉矶	2.9%	−2.3%	−3.1%	−2.4%
芝加哥	1.5%	−5.9%	−2.4%	2.5%
迈阿密	−5.4%	14.2%	−0.6%	8.9%
费城	−1.1%	−0.2%	−1.9%	4.2%
达拉斯	8.3%	4.7%	1.7%	13.0%
休斯敦	2.7%	5.3%	4.2%	14.9%
华盛顿	12.4%	4.5%	1.1%	5.9%
亚特兰大	14.7%	3.9%	1.9%	10.1%
波士顿	3.1%	6.1%	0.1%	15.9%
底特律	25.1%	−7.7%	−2.3%	7.5%
凤凰城	2.5%	12.5%	3.7%	9.9%
旧金山/奥克兰	5.3%	−7.4%	−0.4%	−1.8%
西雅图	9.6%	−1.8%	1.2%	9.5%
圣迭戈	0.9%	1.9%	1.7%	5.4%
明尼安那波尼斯/圣保罗	2.2%	10.2%	1.9%	14.8%
圣彼兹堡	3.9%	−0.1%	0.4%	14.4%
丹佛	13.0%	5.5%	5.3%	12.4%
巴尔的摩	0.3%	−1.6%	−1.1%	8.1%
圣路易斯	1.5%	−4.9%	−0.2%	1.3%
平均	*3.0%*	*0.1%*	*−0.4%*	*7.1%*

资料来源:笔者根据美国人口普查局数据整理制作。

尽管目前尚难以断言,白人重归中心城区、非洲裔郊区化加速及其他少数种族在中心城区和郊区人口的同步增长,是否意味着美国新一轮的国内移民潮流。但自特朗普担任总统以来,美国城市地区的种族主义矛盾持续上升,某种程度上表明,随着白人重归中心城区,而非洲裔及其他少数种族在中心城区的人口数量仍在持续增长,白人与其他少数种族特别是非洲裔之间的种族矛盾可能被进一步激化。

第二,"冷内战"(cold civil war)①锁定种族对立。种族主义的回潮,和美国政治文化的转型正形成一个相互强化的恶性循环。

面对特朗普当选后美国的高度分裂,"冷内战"概念于2017年年初被正式提出。② 需要强调的是,"冷内战"概念并非在特朗普当选后才出现的;尽管此前更多使用"非内战"(uncivil war)描述类似事态发展。③ 事实上,每当美国国内陷入高度分裂时,总有政客、学者、评论员提醒美国人内战爆发的风险。例如,有学者考察了理查德·尼克松总统辞职前60年里美国"非内战"的历史演变,并认为,到20世纪60年代末,美国社会围绕新的社会和文化习俗产生严重分歧,越南战争导致的抗议活动规模和烈度都在增加,城市内的种族暴力也持续升级;1967—1968年,所有上述力量更是实现了大联合,使美国社会的分裂程度甚至超过内战时期,"非内战"开始了。④ 到特朗普上台后,美国再次面临前所未有的分裂:特朗普带来了重大的威

---

① 不少政治评论人强调,美国已经陷入"冷内战",即美国现在正日益为两种敌对的宪政、两种文化和两种生活方式所撕裂;或者说,美国现在正面临常规政治(normal political)和政权政治(regime politics)的斗争,前者是手段之争,而后者则是原则之争。参见:Charles R. Kesler, "America's Cold Civil War", *Imprimis*, 2018, 47(10), pp. 1-5; Angelo M. Codevilla, "The Cold Civil War: Statecraft in a Divided Country", *Claremont Review of Books*, 2017, 17(2), pp. 24-51。
② Angelo M. Codevilla, "The Cold Civil War: Statecraft in a Divided Country", *Claremont Review of Books*, 2017, 17(2), pp. 24-51。
③ 需要指出的是,尽管"冷内战"与"非内战"很大程度上都基于美国高度分裂的客观事实,但"冷内战"一词更强调客观事态,而"非内战"则有更强烈的缓解"内战"的主观暗示。
④ Mark Hamilton Lytle, *America's Uncivil Wars: The Sixties Era from Elvis to the Fall of Richard Nixon*, Oxford: Oxford University Press, 2006.

权统治危险,政党极化大幅加剧并朝向整个美国社会蔓延。尽管特朗普已经下台,但"冷内战"已然成为讨论美国政治发展的流行术语;有评论人员甚至认为,到 2024 年或 2025 年,美国将可能陷入第二场内战。①

  一方面,随着美国种族、人口结构的多样化发展,美国政治极化、政治文化转型被进一步强化。很大程度上,少数种族人口增长,带来的更是民主党的多元化发展,对共和党影响不大:1994 年,少数种族选民仅占共和党选民的 6%,到 2019 年占比达到 17%;同期,少数种族选民在民主党选民中的比例从 23%增长到 40%。民主党日益成为少数种族和受过本科及以上教育的白人的党:1994 年,拥有本科及以上学历的白人占民主党选民的比例为 18%,比共和党(24%)低了 6 个百分点;但到 2019 年,这一比例已经上升到 28%,反而比共和党(25%)高了 3 个百分点。相比之下,共和党日益成为未完成大学学业的白人的党:1994 年,高中及以上学历的白人占共和党选民的 68%,比民主党(57%)高 11 个百分点;2019 年,这一数字下降为 57%,仍比民主党(30%)高 27 个百分点。② 可见,种族的政党态度发生演变:1994—2019 年,除亚裔外,白人和其他少数种族的政党认同总体变化不大。白人的党派立场变得更加明确:1994—2019 年,两党获得的白人选民支持率均略有上升,共和党从 1994 年的 51%增至 2019 年的 53%,而民主党则从 39%增至 42%。相比之下,少数种族总体上更倾向民主党。1994—2019 年,非洲裔对民主党的

---

① Shelt Garner, "A Second American Civil War & The Congressional Certification Crisis of 2024" (April 1, 2021), The Trumplandia Report, https://www.trumplandiareport.com/category/cold-civil-war/; Shelt Garner, "Imagining Life in America during the Second Civil War" (April 7, 2021), The Trumplandia Report, https://www.trumplandiareport.com/category/cold-civil-war/; both retrieved May 1, 2021.

② "In Changing U. S. Electorate, Race and Education Remain Stark Dividing Lines" (June 2, 2020), Pew Research Center, https://www.people-press.org/2020/06/02/in-changing-u-s-electorate-race-and-education-remain-stark-dividing-lines/, p. 6, retrieved June 10, 2020.

支持率从81%增至83%,对共和党的支持率则下降了1个百分点(11%∶10%);拉丁裔对民主党的支持率从57%升至63%,对共和党的支持率保持不变,均为29%;亚裔对民主党的支持率增长了近20个百分点(53%∶72%),同时对共和党的支持率下降了近一半(33%∶17%)。尽管如此,由于人口总量存在重大差异,白人选民仍占据着美国选民的多数,尽管其比重从1994年的85%下降至2019年的68%。① 各种族对政府的信任度也呈下降态势。2019年,白人、非洲裔和拉丁裔对政府的信任度都达到历史最低点。在共和党的里根和老布什政府时期,白人对政府的信任度明显比非洲裔高;而在民主党的克林顿和奥巴马政府时期,非洲裔对政府的信任度明显要高于白人。② 美国社会对种族和移民问题的看法严重两极分化:民主党认为,国家在赋予少数种族同等权利上做得远远不够,但共和党显然不这么认为。具体而言,有67%的美国人认为对全世界的移民开放对美国来说至关重要,有32%的人认为这样对美国国家认同有风险,认为越来越多的新移民有助于使美国强大的人占57%,认为可能威胁美国价值观的人占41%。③

另一方面,美国政党极化、政治文化转型等又使种族主义被进一步固定在所谓"冷内战"的框架之内。根据统计,导致2018年中期选举中共和党丢掉众议院的根本原因,是郊区的共和党人改换了阵营。在中期选举前,共和党在郊区共计有69个席位,但选举后只剩下

---

① "In Changing U. S. Electorate, Race and Education Remain Stark Dividing Lines" (June 2, 2020), Pew Research Center, https://www.people-press.org/2020/06/02/in-changing-u-s-electorate-race-and-education-remain-stark-dividing-lines/, pp. 11-12, retrieved June 10, 2020.
② "Public Trust in Government: 1958-2019" (April 11, 2019), Pew Research Center, https://www.people-press.org/2019/04/11/public-trust-in-government-1958-2019/, retrieved March 20, 2020.
③ "In a Politically Polarized Era, Sharp Divides in Both Partisan Coalitions" (December 17, 2019), Pew Research Center, https://www.people-press.org/2019/12/17/in-a-politically-polarized-era-sharp-divides-in-both-partisan-coalitions/, p. 51, retrieved January 20, 2020.

32个。在11个竞争性的农村选区中,共和党仅输掉1个;在19个接近农村的中远郊选区中,共和党输掉4个;在30个人口稀疏的中远郊选区中,共和党输掉了16个;在15个人口密集的中近郊选区中,共和党输掉了12个;而在9个城市近郊选区中,共和党输掉了6个。可以认为,2018年中期选举结果显示,2016年总统大选中的分裂正在强化。共和党在农村选民、南方白人选民以及受教育程度低的选民中表现很好,而民主党则在城市居民、少数种族和受教育水平高的白人中近郊选民中表现很好。这些分裂的强化导致了一些长远后果,如共和党在密苏里州参议员选举中的大胜和民主党在俄克拉何马州众议员选举中的大挫败。2018年中期选举结果清晰地显示,美国政治的极化并非以阶级或意识形态为基础,而是以身份为基础的。美国目前正分裂为两个阵营:一方是对大规模移民和改变传统的种族等级制度开放;另一方则对前述发展高度憎恨。特朗普及其共和党国会议员很好地利用了这些分裂。这些分裂已经有些时日,在奥巴马总统时期进一步深化。但特朗普在2016年大选中将其升级为一种"冷内战",并暗示如果少数激进保守主义者没有被彻底击败就不会接受社会变革。而2018年中期选举的结果显示,美国正被这一"冷内战"锁定,只要特朗普仍继续在任的话。① 根据合作国会选举研究(Cooperative Congressional Election Study,CCES)的数据,2018年中期选举的分裂线是性别、地区和教育。首先,民主党在白人女性选民眼中的表现好于白人男性选民;其次,民主党在受过大学教育的白人选民眼中的表现好于未受过大学教育的白人选民;最后,南方仍是共和党的票仓,共和党在所有类型的白人中表现均比较好。而从种族角度看,民主党赢得非洲裔选票的90%、拉丁裔的69%和亚裔的77%。总体而言,民主党赢得所有少数种族和受过高等教育

---

① Zack Beauchamp, "The Midterm Elections Revealed That America Is in a Cold Civil War" (November 7, 2018), Vox News, https://www.vox.com/midterm-elections/2018/11/7/18068486/midterm-election-2018-results-race-surburb, retrieved January 10, 2019.

的白人。除了教育、性别和地区以外,郊区现在成为重要的选举因素,尽管南方地区仍是个例外。民主党进入郊区是由于共和党在农村地区的全面胜利。① 所有这些暗示:既有的"红州 vs. 蓝州"模式正趋于过时,美国的分裂并不是沿着州的界限展开的,而是在州内、地方与地区之间。

第三,"冷内战"与美国的种族性分裂。在大量政治评论人强调特朗普激发了美国的"冷内战"的同时,也有不少人强调,"冷内战"的实质一贯是少数种族争取尊重与尊严的持久斗争,因为美国根本上被"白人种族叙事"框架所主导。② 正是由于"白人种族叙事"的主导地位,尽管"黑人的命也是命"运动相当合理,但白人却打出了"所有人的命都是命"(All Lives Matter)口号,从道德上压制非洲裔的正当诉求。由此而来的,并非真正尊重所有人的生命,相反却为种族主义提供了更大空间,因为事实上所谓"所有人的命都是命"运动根本上是一种恶信仰,不仅有助于白人逃避自身内心的种族主义,反而通过假装声称"普世性"而承诺于剥夺非洲裔的生命和权利,进而根本上是强化了种族主义。③

事实上,1967 年成立的国内骚乱咨询全国委员会(National Advisory Commission on Civil Disorders),又称克纳委员会(Kerner Commission)就已经指出了今天美国"冷内战"的种族根源。林登·约翰逊总统成立该委员会的目的是分析当时席卷美国主要城市的骚

---

① Zack Beauchamp, "The Midterm Elections Revealed That America Is in a Cold Civil War" (November 7, 2018), Vox News, https://www.vox.com/midterm-elections/2018/11/7/18068486/midterm-election-2018-results-race-surburb, retrieved January 10, 2019.
② Reggie Jackson, "America's Cold Civil War: The Enduring Fight for Respect and Dignity by People of Color" (June 16, 2020), Milwaukee Independent, http://www.milwaukeeindependent.com/featured/americas-cold-civil-war-enduring-fight-respect-dignity-people-color/, retrieved June 22, 2020.
③ Lewis R. Gordon, *Bad Faith and Antiblack Racism*, Amherst, NY: Humanity Books, 1995, p. 85; Robin DiAngelo, *White Fragility: Why It's So Hard for White People to Talk About Racism*, Boston: Beacon Press, 2018.

乱,并尝试寻找解决办法。由于该委员会的11名委员会中只有2位是非洲裔,因此非洲裔权力运动的倡导者们认为,该委员会可能只会美化美国种族关系。但令人惊讶的是,该委员会起初发表的报告(被称作《克纳报告》)不仅令人震惊,甚至使林登·约翰逊总统愤怒,因其在结论中指出:美国"正发展为两个社会,一个黑人社会,一个白人社会——相互分裂、极不平等",并强调这才是城市暴乱和叛乱的深层根源。这一分裂并非非洲裔主动行为的结果,而是白人所创造、维持并固化的。该报告提出,要更加强调平等作为美国社会的指导原则。约翰逊总统对此结论非常不满,不仅取消了该报告的白宫发布会,还试图阻止公众评论,也不愿对委员会成员表示感谢。尽管如此,约翰逊总统未能成功降低《克纳报告》的影响力。该报告一问世便引发全美轰动,仅在两周内就创下100万册的销售业绩。尽管《克纳报告》问世已有50余年,但美国的政治极化、政治文化转型等仍与种族主义、排外主义密切关联。如同该报告所指出的:"美国白人从来没有完全理解,但非洲裔永远不会忘记的是,白人社会对贫民窟有着很深的影响。白人机构创造了贫民窟,白人机构维持着贫民窟,白人社会纵容着贫民窟中的许多问题。"①很大程度上,《克纳报告》对现象背后的实质的描写在今天的美国更能引起强烈共鸣。例如,2020年5月弗洛伊德被警察"跪死"的画面,恰恰印证了报告对警察暴行的警告。

---

① Margaret Simms, "After 50 Years of Progress and Protest, America Is Still a Land of Unequal Opportunity" (September 19, 2018), Urban Institute, https://www.urban.org/urban-wire/after-50-years-progress-and-protest-america-still-land-unequal-opportunity, retrieved January 27, 2020.

第五章
让美国独行:美国种族主义回潮的外交溢出

自诞生以来,美国就既是一个"帝国"(empire state),又是一个"帝国主义国家"(imperial nation)。就"帝国"而言,它承诺于国内民主自治,国际上强调主权独立、反对其他帝国主义;就"帝国主义"而言,它强调国内专制和强制服从,同时对外扩张和征服。① 这一矛盾结合体自美国诞生之日便持续存在,到二战结束后特别是民权运动后更加凸显,因为美国必须克服国际征服与国内熔炉的内在紧张。这一历史性难题的解决或至少是部分解决,很大程度上得益于特朗普参加 2016 年总统竞选并最终成功当选。但这一解决或部分解决并非真正意义上的解决,而是通过回避或退缩而来的暂时性解决。必须强调的是,美国当前的种族主义回潮的外交或国际政治溢出,尽管貌似颇具攻击性,但根本上却是防御性的。一方面,与特朗普政府坚持"美国优先"(America First)战略、选择性退出各种全球治理机制相一致,尽管美国并未正式退出国际移民与难民治理机制,但的确以一种前所未有的安全化逻辑,极大地降低了美国在国际移民与难民治理努力中的作用。另一方面,与特朗普政府在双边关系中的强势策略相一致,美国采取了大量歧视性的移民管理措施,如对穆斯林

---

① Moon Kie Jung, *Beneath the Surface of White Supremacy: Denaturalizing U. S. Racism, Past and Present*, Stanford: Stanford University Press, 2015.

占多数的国家的旅行禁令、在美墨边境修建边境墙等,其深层逻辑是美国对外来人口的恐惧症及相应的外交政策"种族化"操作。总体而言,美国种族主义回潮的外交溢出,根本上与美国政治文化的历史性转型相一致,①即随着美国综合国力的相对衰落,美国可能进入一个长期性和历史性的下降通道,从而推动美国再次退缩——但未必回到孤立主义,进而其长期以来的基于种族主义而来的国内与国际战争②更可能以"帝国"而非"帝国主义"的形式表现出来。

第一节 移民与难民治理的安全化

进入21世纪第二个十年后,随着"阿拉伯之春"导致大量移民与难民涌入欧洲及其他国家,移民与难民治理便上升为全球治理的重要议题之一。尽管在欧洲加大移民与难民管控力度后有所缓解,但2019年全球的移民数量仍高达2.72亿人,占全球人口的3.5%,而2000年这组数据分别为1.5亿人和2.8%;2018年,全球难民总量也高达2 590万人——在2000年(1 400万人)的基础上增长了85%,其中52%在18岁以下;此外,全球还有4 130万名由于暴力和冲突而来的国内流离失所者,这是自1998年开始监控以来的最高纪录,在2000年的基础上翻了一番。③ 尽管移民与难民问题的重要性日益上升,但作为世界上头号移民国家的美国却在特朗普上台后持续收缩,并形成从全球移民与难民治理中"事实性退出"或至少是部分退出的格局,其根本逻辑便是对移民与难民问题的安全化认知及因此而来的拒之门外的粗暴应对。

---

① 有关美国政治文化转型和外交战略调整的分析,可参见潘亚玲:《美国政治文化转型与外交战略调整》,复旦大学出版社2018年版。
② Nikhil Pal Singh, *Race and America's Long War*, California: University of California Press, 2017.
③ IOM, *World Migration Report 2020*, Geneva: International Organization for Migration, 2019, pp. 3, 10.

一、安全化与美国移民与难民管理机制改革

尽管美国从建国之初便旨在成为一个包容性的移民国家,但深植于美国社会的种族等级制理念,使美国人特别是美国白人始终对自身种族纯洁性面临的潜在威胁保持高度警惕。正因如此,随着19世纪80年代大量新移民涌入,美国在劳工部下设立了专门的移民管理机构。此后,随着美国对安全威胁的认知转变,美国移民和难民管理逐渐朝向安全化的方向发展,使移民与难民管理不再只是简单的人员流动问题,而是成为一个国家安全问题。2001年"9·11"恐怖主义袭击之后,更是推动了美国难民管理理念的重大变化,即从此前的"进入后管理",演变为"管理后进入",设法将边界推到美国之外,并在移民与难民抵达美国前就确定其身份和意图,从而保护美国免受伤害。这一安全化理念的形成很大程度上也与美国政治文化的转型一致,推动了美国移民与难民管理机制自创设以来的最重要改革。

在19世纪80年代,随着大量新移民涌入,美国在劳工部下设立移民局,重点是防止"白痴、疯子、罪犯和可能被指控的人";1891年,被排除的人名单上增加了一夫多妻者、被判定为道德败坏者及传染病患者。① 随着第一次世界大战开始,有关移民与难民的职能开始反映国家安全关切。根据1918年《移民法》(Immigration Act of 1918),移民局被赋予拘留"敌国侨民"的责任,禁止所有无政府主义者或试图以暴力或武力推翻美国政府的团体成员入境。一战之后,由于好几次爆炸袭击和未遂袭击,诱发了美国第一次大规模的移民抓捕,4 000多名传闻与俄罗斯工会(Union of Russian Workers)有关联的俄罗斯和东欧移民被逮捕,覆盖美国33个州。② 尽管大萧条

---

① U. S. Citizenship and Immigration Services (USCIS), *Overview of INS History*, Washington, DC: USCIS History Office and Library, 2012, pp. 5-6.
② Harlan G. Cohen, "The (Un)favorable Judgment of History: Deportation Hearings, the Palmer Raids, and the Meaning of History", *New York University Law Review*, 2003, 78(4), pp. 1458-1462.

时期新移民数量大幅下降,但移民局的重点逐渐转向了驱逐罪犯和外国颠覆人士。1940年,罗斯福总统将移民局与归化局合并,并划归司法部管理,其目标是更有效地控制外国国民,并使联邦政府能够迅速查明和消除任何影响公共利益的外国国民。在第二次世界大战期间,移民和归化局的国家安全责任更加明确,其雇员人数增加了一倍,从4 000人增加到8 000人,职能范围更是大幅拓展,如录入外国国民指纹、负责拘留营运动、增加边境巡逻、管理农业劳工输入等。

二战结束后直至"9·11"事件爆发之前,美国首要的国家安全关切是其他国家的权势和意图发展,先后涉及德国、日本和苏联。与此相应,美国移民政策和边境政策更多反映的是与美国外交政策相联系的政策优先。这一时期,美国移民政策的重点主要包括两个方面,即难民管理和经由美墨边境进入的非法移民问题。其一,为回应二战期间欧洲大量的背井离乡者,美国于1948年通过的《流离失所者法案》(Displaced Persons Act of 1948)聚焦于接纳遭到意大利法西斯或纳粹德国迫害的个人。在欧洲战争难民问题缓解之后,随着美苏冷战的全面开启,美国在整个冷战时期将接收来自苏联、越南或古巴等重点国家的难民当作战略优先;同时,冷战时期美国移民政策的重点是识别并排除那些被认为不受欢迎的群体,但对旅行者个体的审查并不严格。随着大量来自社会主义阵营国家的难民进入,美国政府和官员也相当担忧,即难民接纳方案可能被利用,潜在的破坏者可能在进入美国后从事颠覆活动。由此形成的筛选过程事实上构成了今天美国难民筛选计划的基础。[1] 其二,令美国移民官员渐感棘手的问题是跨越美墨边境的非法移民人数持续增加。1954年,通过美墨边境的非法移民数量创下历史纪录,首次超过100万人,而在

---

[1] Christopher Rudolph, *National Security and Immigration: Policy Development in the United States and Western Europe since 1945*, California: Stanford University Press, 2006, p. 50; U. S. Commission on National Security/21st Century, *Seeking a National Strategy: A Concert for Preserving Security and Promoting Freedom*, Washington, DC: U. S. Commission on National Security/21st Century, 2000, p. 5.

1944年，非法移民数量只有1万余人。尽管在20世纪六七十年代呈大幅下降，但到80年代初这一数字再次回升到100万人以上，一直持续到21世纪第一个十年中期才开始回落。①

冷战结束后，美国对移民与难民的政治担忧明显下降，对安全的担心却迅速上升，特别是在1993年世界贸易中心爆炸案之后。而2001年"9·11"事件的爆发，更使"国土安全"(homeland security)一词生根；它标志着美国国家安全的关注的根本转向，即从先前更多是"国家安全"或至少是外交政策的聚焦，转向了美国边境控制甚至国内机制强化。② 在经过十余年的全球反恐战争之后，美国面临的威胁再次发生演变。意图攻击美国的恐怖主义组织不再能够带来严峻威胁，而相对分散的甚至"独狼式"的个体性激进主义者甚或恐怖主义分子对美国的威胁正在上升：一方面，他们极可能出生甚至成长于美国或欧洲，因此难以被排斥在外；另一方面，由于其分散性和个体性，因此难以被有效识别。③ 与此同时，全球化使人员与货物流动日益频繁，进而导致的诸如人员、情报、病毒等威胁也快速增长。正如联合国前秘书长科菲·安南(Kofi Annan)早在20多年前所指出的，今天的国家安全威胁是跨越国界的"无需护照的问题"。④

伴随着对移民与难民威胁的认知演变，美国启动了大量的改革举措以强化移民机构的国家安全能力。尽管仍需深化改革，但随着移民机构的功能增加，几乎所有与移民相关的问题现在都是通过国

---

① U. S. Border Patrol, "Nationwide Illegal Alien Apprehensions Fiscal Years 1925-2018", U. S. Customs and Border Protection, https://www.cbp.gov/sites/default/files/assets/documents/2019-Mar/bp-total-apps-fy1925-fy2018.pdf, retrieved June 22, 2020.
② Philip Bump, "How 'Homeland' Became Part of Our American Lexicon", *Washington Post*, September 11, 2014.
③ Bruce Hoffman, "The Global Terror Threat and Counterterrorism Challenges Facing the Next Administration", *CTC Sentinel*, 2016, 9(11), pp.1-7.
④ United Nations Secretary General, "Environmental Threats Are Quintessential 'Problems without Passports,' Secretary General Tells European Environment Ministers" (June 23, 1998), UN Press Release, SG/SM/6609, https://www.un.org/press/en/1998/19980623.sgsm6609.html, retrieved June 20, 2020.

家安全视角加以思考。换句话说,美国的移民与难民政策已经被安全化了;更为重要的是,安全化逻辑使美国有关移民、难民、学生签证及其他相关政策都染上了种族主义色彩。尽管这一现象早已发生,但与前任总统们相比,特朗普更加坚定地认为移民构成对美国国家安全的威胁。如前述各章所论及的,特朗普公开反对各类移民,如难民和各种签证申请人,并将来自特定来源地——如墨西哥或苏丹——的移民称作对国家安全或公共安全的威胁。①

在2001年前,美国移民与难民政策的制定和执行主要由三个机构负责,即司法部下属的移民和归化局(Immigration and Naturalization Service, INS)、财政部下设的美国海关,以及国务院下的领事事务局(Bureau of Consular Affairs)。领事事务局主要负责审核签证申请人员,而海关与移民和归化局官员共同负责管理入境货物和人员。但移民与难民事务的绝大多数功能都是由移民和归化局负责的,包括管理边境巡逻队、接纳难民、审核签证类型、永久居留和公民身份的更改申请,及驱逐非法移民等。尽管美国移民和归化局自1993年后开始建设自身的反恐能力,但仍是"9·11"事件根本性地推动了这一改革步伐。"9·11"事件凸显了美国移民与难民管理中的重大缺陷,如未能将劫机者纳入监视名单、未能识别签证申请中的虚假信息、未能识别假护照等。② 这些问题的核心是,有关移民与难民问题的情报收集机构与移民与难民管理机构之间的部门割裂,导致美国启动了移民与难民机构的全面改革和安全化进程。

"9·11"事件后,美国移民与难民机构改革中最为重要的步骤是国土安全部的成立,它将22个联邦机构整合在一起,全面负责边境管理和交通运输安全。成立之后不久,国土安全部便又进行了重组,

---

① Eugene Scott, "Trump's Most Insulting—and Violent—Language Is Often Reserved for Immigrants", *Washington Post*, October 2, 2019.
② Thomas H. Kean and Lee Hamilton, *The 9/11 Commission Report: Final Report of the National Commission on Terrorist Attacks upon the United States*, Washington, DC: National Commission on Terrorist Attacks upon the United States, 2004, p. 80.

成立了三个新的联邦机构,即海关和边境保护局(U. S. Customs and Border Protection,CBP)、移民和海关执法局(U. S. Immigration and Customs Enforcement,ICE)和公民和移民事务局(U. S. Citizenship and Immigration Services,USCIS)。这些新机构的创设旨在促进各机构间的更好沟通,尽管其效果未必如同设计者所想象的那么好。①

海关和边境保护局可能是国土安全部成立以来变化最大的机构,包括两大部分:边境巡逻队——在陆地边境入境口岸之间巡逻的执法部队;移民和海关检查员——负责管理人员和货物通过空中、陆地和海港的流动军警官员。海关和边境保护局的主要职能是识别可疑旅行者,与国际伙伴展开合作,入境港口执法等。尽管自创建以来,海关和边境保护局极大地拓展了外国合作伙伴,与情报机构建立合作关系,并采用了大量先进技术,但其职能的行使过程却被高度政治化了,从而无法有效应对变化的现实。例如,自2000年墨西哥非法移民数量达到高峰以来,美墨边境的非法移民性质已经发生了重大变化,来自墨西哥的非法移民大幅减少,而来自中美洲的则大幅增加。② 然而,海关和边境保护局显然没有做出及时改变,其反应更多是简单地采取拒绝、遣返、逮捕等手段。③

移民和海关执法局分为两个部分,即执法和驱逐行动(Enforcement and Removal Operations,ERO)和国土安全调查(Homeland Security

---

① Michelle Mittelstadt, Burke Speaker, Doris Meissner, and Muzaffar Chishti, "Through the Prism of National Security: Major Immigration Policy and Program Changes in the Decade Since 9/11" (August 2011), Migration Policy Institute Report, https://www.migrationpolicy.org/research/post-9-11-immigration-policy-program-changes, retrieved June 20, 2020.
② Randy Capps, et al., "From Control to Crisis: Changing Trends and Policies Reshaping U. S.-Mexico Border Enforcement" (August 2019), Migration Policy Institute Report, https://www.migrationpolicy.org/research/changing-trends-policies-reshaping-us-mexico-border-enforcement, retrieved June 20, 2020.
③ Carrie Kahn, "Guatemalans React to Trump Administration's New Asylum Rule" (July 15, 2019), NPR, https://www.npr.org/2019/07/15/741967324/guatemalans-react-to-trump-administrations-new-asylum-rule, retrieved June 20, 2020.

Investigations，HSI)，后者的安全化导向更加明显。自特朗普执政以来，移民和海关执法局的国家安全和严重犯罪职能越来越多针对非法移民，但存在很大的随意性，这使该机构自成立以来就具有的优先重罪、国家安全威胁及非法越境等职能被边缘化了。①

公民和移民事务局是国土安全部内负责移民事务的机构，特别是裁定归化申请和合法永久居民即"绿卡"的获得。需要指出的是，这一功能的政治化和安全化趋势也日益明显。为避免申请人隐藏其真实意图和信息，公民和移民事务局负责采取一系列内部和外部安全审查。但由于信息共享、系统自动化等方面的滞后，美国的入籍申请积压已经达到近20年来的最高水平。尽管如此，公民和移民事务局却将重点放在监管而非系统自动化升级等技术层面，从而使其工作重点被置于高度极化的政治环境之中。

国务院领事事务局是唯一在国土安全部之外能够较大地影响外国移民政策和执行的机构。事实上，领事事务局是外国人进入美国时最先接触的机构，因其负责非移民签证的所有程序。由于领事事务局长期存在所积累的大量经验，它在围绕移民与难民事务方面的信息共享和机构间合作是美国所有负责移民与难民事务的机构中最为成功的。但随着特朗普上台，国土安全部已经成为限制移民与难民的首要机构，进而也在某种程度上动摇了国务院的传统功能。

二、拒之门外的移民限制政策

特朗普总统是美国历史上第一位相当严厉地将移民——包括合法和非法移民——视作国家安全和国家利益威胁的总统。2016年8月31日，特朗普在亚利桑那州凤凰城的竞选演讲中系统提出了他

---

① "Memo from Homeland Security Secretary John Kelly, Enforcement of the Immigration Laws to Serve the National Interests" (February 20, 2017), Department of Homeland Security (DHS), https://www.dhs.gov/publication/enforcement-immigration-laws-serve-national-interest, retrieved June 20, 2020.

若当选的移民政策,具体包括十个方面:修建边境墙、结束"抓捕后释放"(catch and release)模式、加大力度追捕犯罪的非法移民、打击庇护城市、结束对无证移民的保护、实施旅行禁令、确保各国接受驱逐公民、完成生物出入境系统、降低就业和福利对移民的吸引力,以及改革合法移民体系。① 尽管上述方面并未完整实现,但特朗普在上任后的确有相当大的推动,并逐渐形成系统的"拒之门外"的移民限制政策。②

特朗普政府限制移民进入的最具体可见措施是修建边境墙。在大部分时间里,美国对其陆上边界控制是有限的;但过去20余年美国为限制移民特别是非法移民,极大地背离了其传统的边境政策。如前所述,自20世纪60年代中期起,进入美国的非法移民迅速增长;到20世纪90年代初,随着得克萨斯率先采取"封锁行动"(Operation Blockade)——很快更名为"守门员行动"(Operation Gatekeeper)——并取得成功,美国开始在边境上采取"执法吓阻"(deterrence through enforcement)战略。此后,美国在边境安置了大量阻止非法移民穿越的装置,主要包括两类:一是行人穿越装置,往往有一级、二级和三级共计三道栅栏;二是汽车穿越装置,即汽车栅栏。到2015年,美国国土安全部共计设置了353英里③的一级行人栅栏、36英里二级行人栅栏、14英里三级行人栅栏,及300英里汽车栅栏。相对美墨长达近2 000英里的边境而言,上述装置明显不够。因此,特朗普在就任总统后,迅速于2017年1月25日签署第13767号

---

① "Transcript: Donald Trump's Full Immigration Speech, Annnotated"(August 31, 2016), Los Angeles Times, https://www.latimes.com/politics/la-na-pol-donald-trump-immigration-speech-transcript-20160831-snap-htmlstory.html, retrieved June 22, 2020.
② Sarah Pierce, Jessica Bolter, and Andrew Selee, "Trump's First Year on Immigration Policy: Rhetoric vs. Reality"(January 2018), Migration Policy Institute Report, https://www.migrationpolicy.org/research/trump-first-year-immigration-policy-rhetoric-vs-reality, retrieved June 22, 2020.
③ 1英里约为1.6千米。

行政命令,要求强化边境安全和移民执法。① 在特朗普总统的支持下,国土安全部调整了 2017 财年预算,并对外招标 8 项边境墙修建项目;2017 年 10 月,这 8 个样板工程项目初步完工。2018 年 1 月,特朗普总统在 2018 财年预算中要求未来 10 年为边境墙修建拨款 180 亿美元,以新建 316 英里边境墙,并整修或加固 407 英里边境墙。如果这一要求得以满足,美国将在 10 年内完成对美墨边境一半的边境墙修建。② 特朗普总统边境墙修建计划引发了重大争议,到 2018 年年底直接引发了长达 35 天的政府关门。作为对国会阻碍边境墙修建拨款或拨款不足的回应,特朗普总统甚至在 2019 年 2 月 25 日宣布了国家紧急状态,并借此为边境墙修建调整拨款,其中 6.01 亿美元来自财政部,61 亿美元来自国防部。特朗普总统宣布国家紧急状态的做法引发了全美普遍反感,甚至被认为是个"愚蠢的"行动,因为国家紧急状态旨在应对严峻且真实的威胁。③ 国会众议院随后以 245∶182 否决了特朗普总统的国家紧急状态;参议院也以 59∶41 予以否决。需要强调的是,在众议院有 13 位共和党议员投了否决票,在参议院也有 12 位共和党参议员投了否决票。尽管最终特朗普再次行使否决权而确保其可动用财政部和国防部预算推进边境墙修建,但边境墙的修建仍遭到约 2/3 美国公众的反对。④ 根据美国海关和边境保护局数据,截至 2021 年 1 月,计划修建的边境墙已完成 453 英里,不到承诺的 1 000 英里的一半;其中包括 398 英里的一

---

① White House, "Border Security and Immigration Enforcement Improvements", Executive Order, No. 13767, January 25, 2017, *Federal Register*, 2017, 82(18), pp. 8793-8797.
② Elliot Spagat, "Trump Seeks $ 18 Billion to Extend Border Wall over 10 Years" (January 6, 2018), Associated Press, https://apnews.com/7fa49dc692154358b7302 20a763b8b7c/Trump-seeks-$18-billion-to-extend-border-wall-over-10-years, retrieved June 22, 2020.
③ Zachary Mueller, "What Is Trump's National Emergency? And Why Is It Taking Billions Away from Our States?" (September 22, 2020), America's Voice, https://americasvoice.org/blog/national-emergency/, retrieved June 22, 2020.
④ "The Current State of the Border Fence" (May 2019), FAIR, https://www.fairus.org/issue/border-security/current-state-border-fence, retrieved June 22, 2020.

级行人栅栏和 55 英里二级行人栅栏,共计耗资 150 亿美元。①

尽管边境墙的修建颇具争议且颇为形象,但就阻止非法移民而言很大程度上象征意义大于实际意义,而且其真正产生效果仍需要相当长时间。因此,对特朗普政府而言,将合法和非法移民阻挡在国门之外的更有效做法主要是两个方面:一是对合法移民的审核和阻挠,二是对非法移民的打击。在对合法移民的审核和阻挠方面,特朗普总统是首位将合法移民视作美国国家安全和国家利益威胁的总统,自上任后采取了大量措施压缩、限制合法移民。2017 年 1 月 25 日,特朗普在上任后第一周内就签署了总统行政命令,要求强化美国内政执法,大大压缩合法移民空间,如终止对抵美家庭的拘押替代计划(alternative to detention,ATD)、升级电子认证系统、强化安全社区、增加对合法移民的审查和阻碍等。② 在对非法移民的打击方面,特朗普政府又通过三种力量大大强化了美墨边境的军事力量部署。一是强化边境巡逻力量的部署。在其 2017 年 1 月 25 日签署的行政命令中,特朗普总统指示额外雇佣 5 000 名边境巡逻人员;到 2018 年年底,国会授权部署的边境巡逻人员数量为 2.137 万人——与 2011 财年持平,但实际部署人数为 1.95 万人;尽管 2018 财年计划增加 2 700 人,但实际增加人数仅为 118 人;2019 年,国会再度授权增加 1 200 名边境巡逻人员,但实际仅增加 93 人(如表 5-1 所示)。二是增加国民警卫队的部署。2018 年 4 月,特朗普总统下令国防部在南部边境部署国民警卫队。最初要求部署的国民警卫队数量为 4 000 人,部署截止期为 2018 年 9 月 30 日;11 月,国土安全部要求国防部延长国民警卫队部署期限,至少持续到 2019 年 1 月。到 2019 年

---

① "Border Wall Status" (January 8, 2021), U. S. Customs and Border Protection, https://assets.documentcloud.org/documents/20449111/cbp-border-wall-status-paper_as-of-01082021.pdf, retrieved January 15, 2021.
② Sarah Pierce, Jessica Bolter, and Andrew Selee, "Trump's Fist Year on Immigration Policy: Rhetoric vs. Reality" (January 2018), Migration Policy Institute Report, https://www.migrationpolicy.org/research/trump-first-year-immigration-policy-rhetoric-vs-reality, retrieved June 20, 2020.

3月,仍有2 100名国民警卫队士兵部署在南部边境。① 三是直接部署军队人员。2018年10月,应特朗普总统要求,国防部部署了5 200名现役军人到美墨边境。尽管这一部分现役军人的部署结束期是2018年12月,但其中一部分得以延续。2019年2月,国防部又部署了3 750名现役军人,使美墨边境的现役军人数量回升到4 350人。2019年4月,美国国防部又增加了320名现役军人。2020年3月,特朗普总统指示再增加部署160名现役军人。2020年6月,美国国防部表示,仍将持续支持对美墨边境打击非法移民的努力,但现役军人部署的数量将从目前的5 500人降至4 000人。②

表5-1 美国边境巡逻人员数量(1992—2020财年)

财年	数量(人)	财年	数量(人)
1992	4 139	2003	10 717
1993	4 028	2004	10 819
1994	4 287	2005	11 264
1995	4 945	2006	12 349
1996	5 942	2007	14 923
1997	6 895	2008	17 499
1998	7 982	2009	20 119
1999	8 351	2010	20 558
2000	9 212	2011	21 444

---

① Robert Moore, "New Mexico Governor Withdraws Most National Guard Troops from Southern Border" (February 5, 2019), The Washington Post, https://www.washingtonpost.com/world/national-security/new-mexico-governor-withdraws-most-nationalguard-from-states-southern-border/2019/02/05/8aec65ee-29ac-11e9-984d-9b8fba003e81_story.html; Jazmine Ullao and Taryn Luna, "Slamming Trump's 'Political Theater', California Gov. Gavin Newsom Pulls National Guard from Border" (February 11, 2019), Los Angeles Times, https://www.latimes.com/politics/la-pol-ca-gavin-newsom-california-national-guard-withdrawimmigration-20190211-story.html; both retrieved June 22, 2020.
② Ryan Browne, "Pentagon Approves Extension of Military Support to Border but Reduces Troop Levels" (June 25, 2020), CNN, https://edition.cnn.com/2020/06/25/politics/pentagon-troops-border-mission/index.html, retrieved June 30, 2020.

(续表)

财年	数量(人)	财年	数量(人)
2001	9 821	2012	21 394
2002	10 045	2013	21 391
2014	20 824	2018	19 555
2015	20 183	2019	19 648
2016	19 828	2020	19 740
2017	19 437	—	—

资料来源:U. S. Border Patrol, "Border Patrol Agent Nationwide Staffing by Fiscal Year", U. S. Customs and Border Protection, https://www.cbp.gov/sites/default/files/assets/documents/2021-Aug/U. S. ％20Border％20Patrol％20Fiscal％20Year％20Staffing％20Statistics％20％28FY％201992％20-％20FY％202020％29％20％28508％29. pdf, retrieved October 6, 2023。

尽管特朗普政府在限制移民方面的努力遭到美国国内的强烈反对，但对合法和非法移民的前所未有的限制,的确使移民更加"低调行事"。一方面,随着20世纪60年代中期美国再度放开移民限制以来,进入美国的合法和非法移民数量迅速增加,相应的后果之一是美国移民机构每年逮捕的试图非法入境的外国人数量的快速增长(如图5-1所示)。

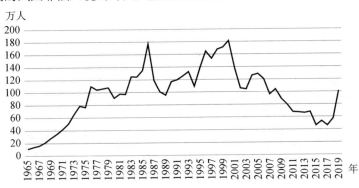

图 5-1 美国移民机构逮捕的尝试非法入境人数

资料来源:DHS, "Table 33. Aliens Apprehended: Fiscal Years 1925 to 2019", in *2019 Yearbook of Immigration Statistics*, Department of Homeland Security, 2020, https://www.dhs.gov/immigration-statistics/yearbook/2019/table33, retrieved January 20, 2021。

具体而言,1964年,美国移民机构逮捕的试图非法入境的外国人不到9万人,但到1965年迅速增至11万人,1968年超过21万人,1970年增至近35万人,此后每年均以超过10万人的速度增长,1976年首次超过100万人。在此后的长达30年的时间里,除个别年份外——事实上只有5个年份,逮捕人数均超过100万人,一直持续到2008年。自2008年金融危机以来,美国每年逮捕的试图非法入境的人数大幅下降,2015年降至自1972年以来的最低点(46万人),但自特朗普总统上任后,这一数量呈快速上升态势,尽管2017年有所下降,但2018年迅速回升并超过2016年,2019年重新超过100万人。

另一方面,美国移民机构每年还驱逐、遣返大量不符合条件的移民。由于遣返意味着仍有再次移入美国的可能,而驱逐则不再具备这一机会,因此长期以来美国移民机构更多采取遣返而非驱逐的方式。自1942年起,美国移民机构每年遣返的人数就持续高于被驱逐人数;在最高时期即1986年,遣返人数相当于被驱逐人数的64倍。但自2011年起,被驱逐人数再次超过遣返人数,表明美国移民政策的持续收紧。2018年,美国政府驱逐的条件不符移民是遣返的3.1倍,仅次于2016年,成为美国历史上的第二高纪录(如图5-2所示)。

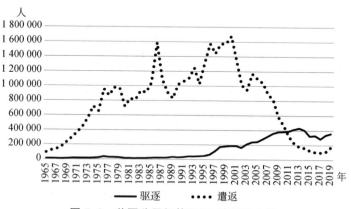

图5-2 美国移民机构驱逐、遣返的人数

资料来源:DHS,"Table 39. Aliens Removed or Returned: Fiscal Years 1892 to 2019", in *2019 Yearbook of Immigration Statistics*, Department of Homeland Security, 2020, https://www.dhs.gov/immigration-statistics/yearbook/2019/table39, retrieved January 20, 2021。

正是随着特朗普政府移民限制的强化,美国的合法移民和非法移民的数量结构呈现新的特征。尽管特朗普政府上台后被接受入籍的人数仍保持稳定,但被拒绝的人数却大幅上升,达到自 2010 年来的最高点。① 相比之下,试图进入美国的非法移民数量仍在上升。根据皮尤研究中心的估计,进入 21 世纪后生活在美国的非法移民迅速增长,到 2007 年达到 1 220 万人,此后逐渐下降,2017 年估计为 1 050 万人。② 来自墨西哥的非法移民数量下降,推动全美的非法移民数量总体下降,尽管来自其他国家的非法移民数量在上升。2017 年,来自墨西哥的非法移民共计 490 万人,占美国所有非法移民的 47%,而 2007 年这组数据分别为 690 万人和 57%。与此同时,来自其他国家的非法移民数量明显上升,2017 年总量达 550 万人,而 2007 年只有 530 万人。增长主要来自中美洲(萨尔瓦多、危地马拉和洪都拉斯)和亚洲。2007 年来自中美洲的非法移民为 150 万人,而 2017 年达到了 190 万人。来自亚洲的非法移民 2007 年为 130 万人,2017 年达到了 150 万人。非法移民主要集中在少数州,其中加利福尼亚、得克萨斯、佛罗里达、纽约、新泽西和伊利诺伊等占 57%。③ 但根据美国移民改革联盟(Federation for American Immigration Reform, FAIR)的估计,生活在美国的非法移民到 2017 年略有回升,达 1 250 万人,2019 年更是上升到 1 430 万人,到 2025 年将达到 2 100 万人。④ 尽

---

① DHS, "Table 20. Petitions for Naturalization Filed, Persons Naturalized, and Petitions for Naturalization Denied: Fiscal Years 1907 to 2018", in *2018 Yearbook of Immigration Statistics*, Department of Homeland Security (DHS), 2019, https://www.dhs.gov/immigration-statistics/yearbook/2018/table20, retrieved June 20, 2020.
② Jynnah Radford and Luis Noe-Bustamante, "Facts on U. S. Immigrants, 2017" (June 3, 2019), Pew Research Center, https://www.pewresearch.org/hispanic/2019/06/03/facts-on-u-s-immigrants/, retrieved January 27, 2020.
③ Jen Manuel Krogstad, Jeffrey S. Passel, and D'vera Cohn, "5 Facts about Illegal Immigration in the U. S." (June 12, 2019), Pew Research Center, https://www.pewresearch.org/fact-tank/2019/06/12/5-facts-about-illegal-immigration-in-the-u-s/, retrieved January 27, 2020.
④ Matt O'Brien, Spencer Raley and Casey Ryan, "How Many Illegal Aliens Live in the United States?" (September 2019), FAIR, https://www.fairus.org/issue/illegal-immigration/how-many-illegal-aliens-united-states, retrieved June 30, 2020.

管准确评估到底有多少非法移民生活在美国较为困难,但上述趋势很大程度上说明,尽管特朗普政府尝试将移民拒之门外,但其真正实现仍是困难的。种族主义的回潮是否能有效降低移民进入美国的意愿仍是个问题。

三、退缩的人道主义政策

随着对移民与难民问题的安全化认知和相应的制度安排和政策改变,美国不仅对合法移民施加了大量限制,极大地强化了对非法移民的打击力度,还从更为宏观的全球移民与难民治理体系中部分地退出,具体表现为其在涉及移民与难民问题的人道主义政策方面的重大退缩。到2019年,美国接纳的难民数量甚至远远不如国力更弱的如土耳其、黎巴嫩、约旦、伊拉克、埃及、乌干达、苏丹、肯尼亚、埃塞俄比亚乃至刚果(金)等国家,这无疑是个巨大的讽刺。在难民接纳大幅减少的同时,美国给予外国移民的庇护,对主要针对拉美的临时保护地位(temporal protection status,TPS)等都有重大收缩,进而形成对全球移民与难民治理的事实性退出,尽管尚未达到完全退出的地步。

第一,自特朗普上台以来,美国的难民接纳数量降至美国难民接纳计划(US Refugee Admissions Program,USRAP)创设以来的最低点。

如前所述,难民接纳和安置一向服务于美国的大战略考虑,同时也是美国参与国际权势斗争的重要工具。例如,美国在1948年通过《流离失所者法案》接纳了40万名难民,而1953年又通过《难民救济法案》接纳了20万名难民。但随着冷战逐渐趋于缓和,美国难民接纳的政治关切所占比重逐渐下降,人道主义关切和国别外交等关切逐渐上升。1980年,美国国会通过《难民法案》(Refugee Act of 1980),并据此建立了其现行的美国难民接纳计划。在美国难民接纳计划框架下,到2017年年初,即特朗普就任总统之前,美国已接纳近300万名难民,从而成为美国历史上最大也最为成功的人道主义行动之一。① 尽管如此，难民接纳在美国始终面临诸多挑战，如协调困难、目标多样化、融合标准狭窄、筛查程序薄弱以及联邦资金不足等。

当然，对特朗普总统而言，难民带来的挑战根本上并非上述方面，而是安全威胁。早在竞选期间，特朗普就多次对难民审查能力和难民接纳速度等表示担忧，认为这可能导致大量潜在威胁人员进入美国。特朗普在上台后的第一批行政命令中就包含以难民构成重大安全威胁为假设的限制难民入境的内容，最为集中地体现在2017年1月27日发布的第13769号行政命令，即《阻止外国恐怖主义分子进入美国以保护国家》(Protecting the Nation from Foreign Terrorist Entry into the United States)上。② 在特朗普政府看来，难民往往是从战乱国家逃离的，而这些国家记录难民的身份信息的能力相当有限。换句话说，美国很难追踪这些难民的真实身份及其意图。而少数难民在抵达美国后因恐怖主义阴谋而被逮捕，某种程度也印证了这一担忧。③ 此后，特朗普总统多次发布行政命令，要求对计划接纳的难民做更为严格的审查。④ 此外，特朗普总统还命令停止接纳来自被认为对美国构成"高风险"的11个国家的难民，这些国家包括伊朗、利比亚、索马里、苏丹、叙利亚、也门、伊拉克、马里、朝鲜、南苏丹和埃及。⑤

作为对上述难民政策收缩的标志，特朗普总统上任后持续压缩美国的难民接纳名额。自1980年美国难民接纳计划设立以来，美国

---

① Anastasia Brown and Todd Scribner, "Unfulfilled Promises, Future Possibilities: The Refugee Resettlement System in the United States", *Journal on Migration and Human Security*, 2014, 2(2), p. 102.
② White House, "Protecting the Nation from Foreign Terrorist Entry into the United States", Executive Order, No. 13769, January 27, 2017, *Federal Register*, 2017, 82(20), pp. 8977-8982.
③ Michelle Ye Hee Lee, "The Viral Claim That 'Not One' Refugee Resettled since 9/11 Has Been 'Arrested on Domestic Terrorism Charges'", *Washington Post*, November 19, 2015.
④ White House, "Resuming the United States Refugee Admissions Program with Enhanced Vetting Capabilities", Executive Order, No. 13815, October 24, 2017, *Federal Register*, 2017, 82(207), pp. 50055-50058.
⑤ White House, "Protecting the Nation from Foreign Terrorist Entry into the United States", Executive Order, No. 13780, March 6, 2017, *Federal Register*, 2017, 82(45), pp. 13209-13219.

总统每年都需要为当年难民接纳设定上限。到特朗普就任前,美国历任总统所设定的年度难民接纳上限最低为 7 万人。特朗普上任后持续压缩,2017 年为 5 万名,2018 年进一步降到 4.5 万名,2019 年和 2020 年都设定为 3 万名。而从实际的难民接纳人数看,特朗普总统就任后所接纳的难民数量也呈大幅度下降趋势,其中 2018 年仅接纳 2.2 万余名难民,这是自 1980 年美国难民接纳计划设立以来的最低纪录(如图 5-3 所示)。如果比较自 1980 年以来历任美国总统在就任后头三年所接纳的难民人数,特朗普也创下了新低:里根总统在上任头三年美国共接纳 31.8 万名难民,老布什总统接纳 34.2 万名,克林顿总统接纳 32.4 万名,小布什接纳 12.4 万名;很大程度上受"9·11"事件影响,奥巴马总统就任头两年尽管受经济危机影响但仍接纳了 20.4 万名难民,而特朗普只接纳了 10.6 万名。[①] 换句话说,

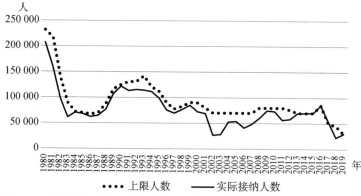

图 5-3　美国难民接纳计划的年度上限和实际接纳人数(1980—2019 年)

资料来源:DHS, "Table 13. Refugee Arrivals: Fiscal Years 1980 to 2019", in *2019 Yearbook of Immigration Statistics*, Department of Homeland Security (DHS), 2020, https://www.dhs.gov/immigration-statistics/yearbook/2019/table13; "Historical Arrivals Broken Down by Region (1975-Present)" (July 20, 2020), Refugee Processing Center, https://www.wrapsnet.org/admissions-and-arrivals/; both retrieved January 20, 2021。

---

① 笔者根据美国国土安全部数据计算得出,Department of Homeland Security, "Table 13. Refugee Arrivals: Fiscal Years 1980 to 2018", *2018 Yearbook of Immigration Statistics*, 2019, https://www.dhs.gov/immigration-statistics/yearbook/2018/table13, retrieved July 26, 2020。

特朗普在任头三年美国所接纳的难民人数不及里根、老布什和克林顿三位总统平均每年所接收的数量。

第二，自上任起，特朗普总统就试图堵住美国南部边境的"漏洞"，即通过提供庇护进而使非法移民可通过"抓捕后释放"模式进入美国。①

事实上，在特朗普总统上台后第5天签发的第13767号行政命令就要求国土安全部部长颁发有关移民的新指导政策，其中应包括结束所谓"抓捕后释放"模式的内容；国土安全部部长也在2017年2月20日发布了相关的备忘录。为堵住庇护政策的漏洞，美国公民和移民事务局于2017年2月13日发布修改后的庇护官员教程，要求在庇护首次面谈时采用对申请者来说更加困难的"可信的恐惧"（credible-fear）模式。这一模式要求申请庇护者以"优势证据"确立自己的身份，此前的标准是"合理的确定性"；并要求庇护官员对申请人证据的可信度做全面分析，此前的标准只是发现存在较大可能性。② 尽管特朗普政府尝试限制庇护申请人和最终授权者的数量，但自2018年起庇护申请者数量仍大幅增长。因此，特朗普政府自2018年开始试图限制每天通过美墨边境进入美国的庇护申请者数量。这种被称作"计量"（metering）的方法使庇护申请人无法掌握自身庇护申请的时间和进展。③ 为进一步

---

① Memorandum from the President to the Secretary of State, the Secretary of Defense, the Attorney General, the Secretary of Health and Human Services, and the Secretary of Homeland Security, "Ending 'Catch and Release' at the Border of the United States and Directing Other Enhancements to Immigration Enforcement" (April 6, 2018), *Presidential Document*, 2018 – 07962, pp. 16179 – 16180, https://www.federalregister.gov/documents/2018/04/13/2018-07962/ending-catch-and-release-at-the-border-of-the-united-states-and-directing-other-enhancements-to, retrieved June 22, 2020.
② "Memorandum from John Lafferty, Chief, Asylum Division to All Asylum Office Personnel, Release of Updated Asylum Division Officer Training Course (ADOTC) Lesson Plans", USCIS, February 13, 2017, HQRAIO 120/9.15b.
③ Dara Lind, "The US Has Made Migrants at the Border Wait Months to Apply for Asylum. Now the Dam Is Breaking" (November 28, 2018), Vox News, http://www.vox.com/2018/11/28/18089048/border-asylum-trump-metering-legally-ports; Daniella Silva, "Trapped in Tijuana: Migrants Face a Long Dangerous Wait to Claim Asylum" (March 18, 2019), NBC News, http://www.nbcnews.com/news/latino/trapped-tijuana-migrants-face-long-dangerous-wait-claim-asylum-n981721; both retrieved June 22, 2020.

控制通过美墨边境进入的庇护申请人数量,特朗普总统于2019年11月9日签发一项公告,禁止任何非法越过美墨边境进入的人移民美国,这也就意味着这些人不具备庇护申请的资格。① 与此同时,国土安全部和司法部联合发布了一项庇护禁令,规定禁止任何属于总统公告中禁止入境的人员入境,即使入境也不具备庇护申请资格。② 此外,鉴于奥巴马政府后期积压了大量肯定性庇护申请(affirmative asylum case),即主动向美国公民和移民事务局提出庇护申请,而非在被驱逐时的法庭辩护中提出申请的辩护性庇护申请(defensive asylum case),达到23万多件,特朗普政府采取了一系列举措简化庇护申请,如"后进先出"(Last in, First out)、面试豁免试点、裁决等待期安置申请等。上述举措貌似简化并加快了庇护申请的处理过程,但诸多具体举措事实上限制了庇护申请的通过。需要承认的是,特朗普任职头两年里美国批准的庇护申请案例是自2008年全球金融危机以来较多的,2017年为2.6万余件,2018年更是达到3.8万余件,2019年回落到2.7万件;而奥巴马政府时期最高的年份也仅为约2.8万件,最低的年份只有1.9万余件。③

第三,特朗普政府还在部分更具针对性的移民与难民人道主义努力方面大幅退缩,特别是有关临时保护地位和无人陪伴外国儿童(Unaccompanied Children, UAC)政策。

临时保护地位是一种临时性的人道主义保护措施,提供给那些由于暴力冲突或自然灾害无法回到自己国家的临时性居住在美国的

---

① White House, "Presidential Proclamation 9822 of November 9, 2018: Addressing Mass Migration through the Southern Border of the United States", *Federal Register*, 2018, 83(221), pp. 57661-57664.
② DHS and Justice Department, "Aliens Subject to a Bar on Entry Under Certain Presidential Proclamations: Procedures for Protection Claims", *Federal Register*, 2018, 83(218), pp. 55934-55953.
③ DHS, "Table 16. Individuals Granted Asylum Affirmatively or Defensively: Fiscal Years 1990 to 2019", in *2019 Yearbook of Immigration Statistics*, Department of Homeland Security, 2020, https://www.dhs.gov/immigration-statistics/yearbook/2019/table16, retrieved January 20, 2021.

人。特朗普对该计划的攻击核心在于,其前任们——包括民主党和共和党的前任们,不断延长临时保护地位的时限,进而使其长到已经不再是临时性的。这样,特朗普在上台执政后便试图结束对六个国家——苏丹、尼加拉瓜、尼泊尔、海地、萨尔瓦多和洪都拉斯——的公民的临时保护地位,共计涉及约30万人。但加利福尼亚州的一个联邦地区法院于2018年10月的一项判决禁止国土安全部终止萨尔瓦多、海地、尼加拉瓜和苏丹四国公民的临时保护地位;2019年3月,加利福尼亚北部地区的地区法院裁决,搁置终止洪都拉斯和尼泊尔两国公民的临时保护地位的命令。同时,2018年3月—2020年6月,美国政府又延长了对叙利亚、也门、索马里、南苏丹等多国公民的临时保护地位。到2020年年底,美国政府仍为叙利亚、苏丹、南苏丹、索马里、尼加拉瓜、尼泊尔、洪都拉斯、海地、萨尔瓦多和也门十国公民提供临时保护地位。①

  无人陪伴外国儿童指已进入美国但没有父母或合法监护人的未满18岁且无合法移民身份的儿童。根据美国法律,接收的无人陪伴外国儿童必须来自非邻国的儿童,即不能来自墨西哥和加拿大,并将在处理过程中交给其父母或合法监护人。特朗普总统认为,这一做法可能会鼓励未成年人非法越境进入美国,因此不仅要尽可能阻止这一现象,并且试图对这些儿童及其想要团聚的家庭成员加大执法力度。在2017年1月25日的行政命令中,特朗普就要求强化对无人陪伴外国儿童的驱逐力度。但特朗普此举显然充满争议,而且效果也并不明显。事实恰好相反,特朗普就任后,进入美国的无人陪伴外国儿童数量明显呈上升态势(如图5-4所示)。

---

① 有关特朗普执政以来美国临时保护地位的政策演变,可参见美国公民与移民服务局(USCIS)网站上的"临时保护地位"(Temporary Protection Status)一栏, USCIS, https://www.uscis.gov/humanitarian/temporary-protected-status, retrieved June 30, 2020。

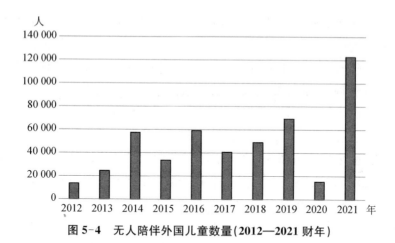

图 5-4　无人陪伴外国儿童数量（2012—2021 财年）

资料来源：HHS，"Fact Sheet：Unaccompanied Alien Children（UA）Program"（December 18，2022），U. S. Department of Health & Human Service，https://www.hhs.gov/sites/default/files/uac-program-fact-sheet.pdf，retrieved December 28，2022。

第二节　外交决策的种族化发展

相对而言，特朗普上任以来美国种族主义回潮的对外溢出，更为明显地体现在具体的国别性外交政策方面。其原因相对简单：一方面是由于特朗普明确提出针对特定国家的歧视性政策，如对伊斯兰国家或拉丁美洲邻国；另一方面则是尽管借口不一，但都体现出一种明确的种族主义。回顾美国历史，种族主义和美国外交决策形成了复杂互动，最为明显的体现就是美国外交决策逐渐从相对简单的泛种族化朝向相对复杂和更具针对性的族裔种族化方向发展，而这到特朗普时期体现得相当明确。尽管根源于霸权相对衰落背景下的心灵封闭及由此而来的非理性恐惧，但特朗普政府时期美国种族主义和美国外交决策的互动，最为主要的体现就是对来自特定国家移民的恐惧，进而体现在美国与相应国家的关系中。换句话说，尽管具有高度的种族主义，但特朗普政府的外交决策仍更多采取族裔种族化逻辑，体现为由国际格局变化而来的对中国移民的恐惧，由宗教或文明冲突而来的对穆斯林移民的恐惧,以及由犯罪、就业、经济等而来的对拉美移民的恐惧。

一、从泛种族化到族裔种族化

美国社会中狭隘的种族观得以固化的一个关键因素是外交决策;自美国内战以来,特别是19世纪八九十年代大量移民涌入美国之后,外交决策在使特定移民人口被边缘化方面发挥的影响似乎越来越大。反过来同样正确,即自美国内战以来,美国外交决策越来越为种族问题和种族关切所影响。例如,奴隶制对美国南方的影响之一便是对国际形势发展变化高度敏感,试图通过塑造美国外交决策从而强化美国及其他地方的奴隶制度;[①]早在二战时期,种族问题便是限制美国与海地关系的核心决策要素;[②]而20世纪60年代的民权运动不仅受美国外交决策的影响,也某种程度上为外交决策所促进,并成为更大的国际性民权运动的一部分,尽管美国领导人并不情愿。[③] 总之,一国移民政策可能"发出其在世界中地位的信号",因此"外交政策不可避免地与移民政策制定相互关联"。[④] 但一个令人惊讶的现象是,如同一位学者对二战后美国亚裔移民的研究所指出的是,亚裔美国人有时"被当作单一种族实体对待……如同黑人或白人种族一样",但"在其他场合,不同的亚裔团体又被当作族裔团体",尽

[①] Matthew Karp, *This Vast Southern Empire: Slaveholders at the Helm of American Foreign Policy*, Cambridge: Harvard University Press, 2016.

[②] Rayford Logan, *The Diplomatic Relations of the United States with Haiti: 1776-1891*, Chapel Hill: University of North Carolina Press, 1941; Brenda G. Plummer, *Rising Wind: Black Americans and U. S. Foreign Affairs*, 1935-1960, Chapel Hill: University of North Carolina Press, 1996.

[③] Mary Dudziak, *Cold War Civil Rights: Race and the Image of American Democracy*, Princeton: Princeton University Press, 2000, p. 11; Thomas Borstelmann, *The Cold War and the Color Line: American Race Relations in the Global Arena*, Cambridge: Harvard University Press, 2001.

[④] Mae M. Ngai, *Impossible Subjects: Illegal Aliens and the Making of Modern America*, Princeton: Princeton University Press, 2014, p. 9.

管与欧洲族裔团体的对待方式不同。① 这两种不同的方式,事实上就是美国外交决策种族化时的两种变异,即泛种族化和族裔种族化。必须强调的是,随着美国与外部世界关系的发展,美国外交决策背后的种族主义逻辑逐渐朝向复杂化、多样化方向发展,即从相对简单的泛种族化朝向更具针对性且更加复杂的族裔种族化方向发展。

在建国后的相当长时间内,美国外交决策依据相对简单的泛种族化逻辑,最为明显地体现为非洲裔的泛种族化上。需要强调的是,非洲裔的泛种族化并不是因其与其他种族群体的重大差异。事实上,并不存在特殊的"非洲裔经历";如同来自欧洲或亚洲的移民一样,来自非洲的移民也充满多样性。早期的非洲裔移民来自非洲的不同地方,因此属于不同的族裔团体拥有完全不同的实践、规范和取向。② 对美国的奴隶主而,由于部分族裔团体更难驯服,因此也有部分奴隶主更关注前述差异。③ 因此,非洲裔的泛种族化操作有其独特的国内和国际背景。就国内背景而言,尤其是在美国内战前,奴隶制,尤其是控制非洲裔的需要和尽可能多地推行奴隶制的渴望,创造了泛种族化的强有力动机。就国际背景而言,尽管美国从未真正孤立,但由于当时的旅行和沟通限制以及经济欠发达,18 世纪末和19 世纪初的美国的确高度孤立,使其对非洲裔的泛种族化操作变得更为容易。对非洲裔的泛种族化操作并非在一夜之间完成的;相反,

---

① Neil Gotanda, "Towards Repeal of Asian Exclusion: The Magnuson Act of 1943, The Act of July 2, 1946, The Presidential Proclamation of July 4, 1946, The Act of August 9, 1946, and the Act of August 1, 1950", in Hyung-Chan Kim, ed., *Asian Americans and Congress: A Documentary History*, Westport: Greenwood Press, 1996, p. 311.

② Michael A. Gomez, *Exchanging Our Country Marks: The Transformation of African Identities in the Colonial and Antebellum South*, Chapel Hill: University of North Carolina Press, 1998; Gwendolyn M. Hall, *Slavery and African Ethnicities in the Americas: Restoring the Links*, Chapel Hill: University of North Carolina Press, 2005.

③ Michael A. Gomez, *Exchanging Our Country Marks: The Transformation of African Identities in the Colonial and Antebellum South*, Chapel Hill: University of North Carolina Press, 1998, chapter 6.

第五章　让美国独行：美国种族主义回潮的外交溢出　281

它是由长达几十年的大量行动累积形成的结果，其中最重要的是前文所讨论过的《奴隶法典》。由于当前美国很大程度上采取孤立外交政策，因此对非洲裔的泛种族化操作某种程度上并未对美国与非洲的外交关系产生实质性影响——事实上当时的非洲更多是被欧洲列强殖民或征服。尽管如此，对非洲裔的泛种族化操作对当今的美非关系却产生了重要影响：一方面，正是由于对非洲裔的泛种族化操作，使得原本并不存在的泛非主义（Pan-Africanism）意识得以产生，进而明显地体现在当今非洲的"同一个声音"战略上；另一方面，具体到国别性的政策时，无论是美国还是非洲国家，都尝试解构这一泛种族化导致的非洲认同，他们强调的是具体国家的利益和差异，如同下文所要讨论的特朗普针对非洲部分国家的旅行禁令所表明的。

　　美国外交决策从泛种族化朝向族裔种族化的发展很大程度上发生在19世纪末20世纪初，即由19世纪八九十年代的移民潮导致的排外主义上涨的过程中。更为具体地，在逐渐将对亚洲移民的限制从华裔拓展至日本裔甚至更为宽泛的亚裔的过程中，对来自不同国家的移民或族裔采取种族化操作变得必要，而此前相对宽泛地对特定地区或特定种族的移民采取相同的对待的泛种族化逻辑被逐渐舍弃。

　　与对非洲裔的泛种族化操作完全不同，在美国意识到必须限制来自亚洲的移民时，民族国家观念已在部分亚洲国家特别是日本生根。由此而来的，大多数移民的政治认同与其出生国或其祖先的出生国相一致。这样，尽管1812年《排华法案》的通过相对容易，但到1907年美日《君子协定》被提交至美国国会就变得相对困难了。由于法案聚焦具体国家即日本而非整个亚洲或东亚，因此美国国内争论的核心是，确保《君子协定》不会成为1812年《排华法案》的翻版。一方面，由于日本正快速崛起，同时美国与日本的经济联系远较20年前的中美密切，因此美国不能简单地将1812年《排华法案》的逻辑应用于日本；另一方面，作为亚洲首个"主权国家的毕业生"，日本政府对日本移民在美国被等同于中国人对待相当敏感,并将此视为对日本的冒犯。① 这样,对那些支持发展美日关系的人来说,将华裔与日本裔区分开来便相当重要。

在讨论《君子协定》的过程中,美国国会议员围绕泛种族化还是族裔种族化展开了激烈的争论。那些最为坚定的种族主义观念往往支持使用泛种族性的逻辑,即把所有亚洲移民都描述为不可接受的。例如,那些最坚定的种族主义观念是最有可能使用泛种族性框架的。这一方法与其将所有亚洲人同等描述为不可接受的努力是相一致的。例如,民主党众议员约翰·威廉姆斯(John S. Williams)来自一个高度歧视非洲裔的选区,强烈支持种族隔离、教育隔离等,因此他更强调的是泛种族化逻辑:"总统有关东方劳工可能对美国劳工'有害'的程度、时机及条件等的看法,并不是加利福尼亚人的看法……我与加利福尼亚人站在一起,即保护美国白人劳工免遭来自非洲或东方的输入性竞争。"尽管威廉姆斯也特别提及日本人,但他的目的旨在促进白人至上地位,因此将所有亚洲人放在一起——统称为"东方人"(oriental)——能实现更为有效的沟通。他看到了日本人和中国人的差异,却将两者都视作"非白人",而他的核心目标是维持有利于白人同时歧视非白人的政策,即维持"同质性的白人人口"。② 另一位民主党众议员埃德温·韦伯(Edwin Webb)也呼吁众议院支持加州人,因为后者非常严肃且有决心与让东方人进入白人公立学校的努力作长期斗争,并声称"确信高加索种族要比蒙古种族、非洲裔等更加优越,事实上是比所有其他种族都要优越"。③ 可以看出,这些言论的核心体现了对来自中国、日本及其他亚洲国家的移民的泛种族化逻辑,白人与非白人之间的二分逻辑占据主导地位。

---

① Lon Kurashige, *Two Faces of Exclusion: The Untold History of Anti-Asian Racism in the United States*, Chapel Hill: University of North Carolina Press, 2016, p.88.
② *Congressional Record*, Vol. 41, Washington, D. C.: Government Printing Office, 1907, p.3223.
③ Ibid., p.3134.

最终结果表明,这一简单的泛种族化逻辑失败了,而更具针对性的族裔种族化逻辑得以胜出。尽管对日本移民有着广泛的歧视,但美国国会仍支持《君子协定》,赋予日本移民不同于中国移民的待遇,从而推动美国外交决策不再将特定地区或种族整合在一起,而是聚焦单个国家的移民。也需要强调的是,对《君子协定》的争论也凸显出另一个趋势,即在划定非白人边界时,族裔种族化逻辑仍相对脆弱,但就白人边界划定时,族裔种族化逻辑事实上已相对稳固。例如,民主党众议员詹姆斯·古杰(James Gudger)在辩论中声称,美国南方远比历史上任何时期都更加繁荣,但那一成功并非来自"地中海拥挤城市"或"波希米亚或匈牙利"的居民,而是由高加索居民所创造的,高加索居民与其妻儿一道成为文明的先驱和基督教的卫士。① 这里显示出美国社会已建立起划定白人边界的族裔种族化逻辑,尽管在非白人边界划定时仍更多是泛种族化逻辑。古杰提及中国和日本移民时,仍将所有亚洲移民归为一类,称不希望看到来自"亚洲贫民窟"的移民。②

对白人边界内外的族裔种族化趋势在《君子协定》通过后10年便变得更为平衡。随着对移民的反对浪潮进一步上涨,1917年的《移民法案》(Immigration Act of 1917)标志着对限制举措的进一步升级,但一个显见的特征是超越任何有限的种族团体而具体到特定国家。由于针对中国和日本的移民已经有了专门的措施,因此法案没有必要专门强调这两个国家。但敌视中国和日本移民的议员仍尝试覆盖这两个国家,最终在法案中成功地加上如下话语,即"法案不应被解释为废除、修改或修订既有排斥华人或华裔的法律"③。由此可以看出,日本并没有被覆盖,原因很简单,即来自日本的抗议。如共和党众议员埃弗里斯·海耶斯(Everis Hayes)所说,"因为我们得

---

① *Congressional Record*, Vol. 41, Washington, D. C.: Government Printing Office, 1907, p. 3228.
② Ibid., p. 3227.
③ Public Law 301, *Immigration Act of 1917*, ch. 29, 39 Stat. 897.

到建议,即日本人认为那一语言是为了影响他们",因此措辞必须表明"没有任何国家有理由被冒犯"。①

由此可以看出,种族主义对美国外交决策的影响方式正变得更加具体和更具针对性。尽管仍有不少国会议员仍坚持泛种族化逻辑,试图将所有亚洲国家混为一谈,这一现象到1924年前后达到顶点。此后,泛种族化逻辑对美国外交决策的影响逐渐下降。例如,尽管对日本移民的敌视态度持续上升,但美国社会总体上仍视日本为单一的族裔,尽管其在种族上是"黄种人"的一支。不少国会议员逐渐认识到,中国人和日本人都是"东方人"或"黄种人"的一部分,但两个种族仍是不同的。例如,民主党参议员亨利·阿什赫斯特(Henry Ashurst)便认为,"日本族……是人类已知最狡猾的种族"②。尽管仍将"种族"(race)与"族裔"(ethnic)混为一谈,但对来自不同国家的群体的种族属性的认知的确在深化,这也正是泛种族化的影响力下降的重要原因。例如,共和党参议员勒布朗·科尔特(Lebaron Colt)在解释来自土耳其的人中有大量非土耳其族人时所指出的,"土耳其的配额差不多是2 500人。但在这2 500人中只有158人是土耳其人。另有417名希伯来人、658名亚美尼亚人、631名叙利亚人、179名希腊人,以及其他一些族裔的人"③。

族裔种族化在美国外交决策中的主导地位因二战爆发而得以固定。事实上,早在20世纪20年代便已经有了相关的反思。例如,民主党众议员克莱蒙特·迪金森(Clement Dickinson)就在1924年质问:"为什么我们要偏袒日本而非友好国家中国及其人民……这样值得吗?"④随着战争持续,中国被视作对抗日本的盟友,美国内部开始呼吁废除1812年《排华法案》。尽管只有极少数人反对废除《排华法

---

① *Congressional Record*, Vol. 54, Washington, D. C.: Government Printing Office, 1917, p. 1492.
② Ibid., p. 5828.
③ Ibid., p. 5462.
④ *Congressional Record*, Vol. 65, Washington, D. C.: Government Printing Office, 1924, p. 6267.

案》,但他们的确仍坚持泛种族化的逻辑来支持其立场。例如,民主党众议员约翰·罗宾逊(John Robison)在辩论中仍将中国人与亚洲人联系起来。他强调,"法案每年将允许特定数量的中国人进入,并依据恰当程序成为美国公民……这使我们的整个移民法被改变,因为亚洲大陆大概有10亿居民。如果这一举措成为法律,那将是历史上第一次我们赋予亚洲人成为美国公民的配额"①。这里的核心逻辑是,罗宾逊迅速从中国移民和《排华法案》转变到对"亚洲大陆"开放移民。但这一泛种族化逻辑显然已不合时宜。曾在中国居住过的共和党众议员周以德(Walter Judd)警告说,如果将中国推向日本同盟队伍,将引发一场可怕的种族战争。在亚洲人内部划界,而非将其视作整体,可以阻止这一前景。他强调,二战"并非一场种族战争,也不可能发展为一场种族战争,除非我们那样做。如果那样,中国将与日本一道打击我们,而非与我们一道打击日本……如果我们让我们白人与最强大的有色人种——中国人站在同一阵营,那么未来10年、100年或300年都不会有白人与有色人种的大战"②。另一位民主党众议员埃德·戈塞特(Ed Gossett)也指出,"日本多年来一直从事一项宣传战,试图将整个东方世界团结在日本领导之下,试图以东方世界对抗西方世界"③。正是基于族裔种族化逻辑,美国将中国与日本以及潜在的其他国家都区分开来,因为这意味着更为准确地打击对手,更大程度地团结朋友。

尽管族裔种族化现在已经成为美国外交决策的核心逻辑,但仍存在另一反向发展。那就是,随着白人边界的固定,美国对待白人世界的政策却呈现泛种族化发展。尽管英国、德国或意大利或其他白人国家与美国的关系仍有亲疏远近之分,但美国的确试图简单地用"白人"而不再区分"德国人""意大利人"或其他国别的白人,从而实

---

① *Congressional Record*, Vol. 65, Washington, D. C.: Government Printing Office, 1924, p. 8577.
② Ibid., p. 8633.
③ Ibid., p. 8581.

现了白人世界的团结,这很大程度上也是美国与欧洲的白人至上主义运动形成某种互动的重要原因。换句话说,美国外交政策背后的种族主义逻辑事实上二分的:在白人边界尚未完全确立前,对白人世界的外交决策很大程度上遵循族裔种族化逻辑,而对其他世界的外交决策则遵循泛种族化逻辑;在白人边界完全确立之后,美国外交决策转向对白人世界以泛种族化逻辑为主,而对其他世界则以族裔种族化为主。

二、恐惧症与外交决策

尽管有上述二分态势,但特朗普推动的美国种族主义回潮,很大程度上使美国外交决策背后的种族化逻辑发生改变。一方面,由于特朗普采取某种四面出击的战略,因此美国对白人世界的泛种族化逻辑似乎不是朝向团结方向发展,而是正在撕裂白人世界并可能重归族裔种族化逻辑;另一方面,追求更加纯洁的"使美国变白"战略,特朗普使美国人内心始终存在的对国家和种族纯洁的担忧再度表面化,而且将各种挑战都加以种族化和安全化操作。的确,早在冷战结束之后,著名国际问题专家塞缪尔·亨廷顿便持续警告美国面临严峻的国家特性挑战,特别是对移民的同化失败、美国的拉美化等所导致的种族属性终结等。① 但特朗普更是通过种族主义视角界定各种恐惧,从而使"恐惧合众国"日益成为现实。从种族主义回潮的角度看,美国对外政策主要表现为三类恐惧症,即"权势性恐惧症"、"伊斯兰恐惧症"(islamophobia)和"邻居恐惧症"。

第一,自建国之日起,美国人便自诩"天定命运"而应引领"新世界"的建设,因此对任何挑战自身的世界性领导地位的国家都持高度警惕,这在种族主义上的体现便是一种"权势性恐惧症",历史上其曾

---

① 参见[美]塞缪尔·亨廷顿:《我们是谁?——美国国家特性面临的挑战》,程克雄译,新华出版社 2005 年版。

针对过德国移民、日本移民和苏联移民等,今天的针对对象转向了中国移民。

随着中美关系变化在进入21世纪后特别是2008年全球金融危机后加速进行,美国对中国的崛起高度警惕,并尝试预防性地进行管理。① 这一努力到特朗普总统上台后变得更为理论化和系统化。在理论化方面,2017年年底美国民主基金会(National Endowment for Democracy)提出的"锐实力"(sharp power)理论最具代表性。② 对美国政府及持有对华偏见的人士而言,约瑟夫·奈提出的"软实力"概念,指的是美国用以吸引其他国家追求民主的"善"的力量,但这一概念无法区分其他国家出于不同目的的相似行为,因此在面对诸如中国、俄罗斯等国的"软实力"战略时颇有一种无力感。"锐实力"概念的提出明显解决了这一理论困境,因其提供了区分美国利用"软实力"追求所谓的"善"与其他国家利用"软实力"服务于所谓的"恶"的理论工具。正如奈所说的:尽管"软实力"和"锐实力"都事关信息使用,但两者大相径庭;"软实力"依赖诱导能力,而"锐实力"依赖操纵能力。③ 随着"锐实力"概念的普及,美国人开始强调,"不能将中国所做的与我们相似的事情并称作软实力","锐实力"概念"意味着一种澄清"。在系统化方面,2018年2月,美国联邦调查局(FBI)局长克里斯托弗·雷(Christopher Wray)在参议院情报委员会作证时妄称,"中国间谍"正在蔓延美国各地,甚至包括学术机构。因此,美国试图"将'中国威胁'视作不仅是政府性的威胁,更是社会性的整体威

---

① 张春:《管理中美权势转移:历史经验与创新思路》,《世界经济与政治》2013年第7期,第4—20页。
② Christopher Walker, Jessica Ludwig, et al., "Sharp Power: Rising Authoritarian Influence" (December 2017), Working Paper, National Endowment for Democracy, https://www.ned.org/wp-content/uploads/2017/12/Sharp-Power-Rising-Authoritarian-Influence-Full-Report.pdf, retrieved July 24, 2020.
③ Justin Chapman, "Democracies Should Fight Sharp Power with Soft Power" (August 15, 2018), Pacific Council on International Policy, https://www.pacificcouncil.org/newsroom/democracies-should-fight-sharp-power-soft-power, retrieved July 24, 2020.

胁",美国将"采取社会性的整体响应措施"。① 而 2020 年 7 月 23 日，美国时任国务卿迈克尔·蓬佩奥（Michael Pompeo）在尼克松图书馆暨博物馆发表题为《共产党中国与自由世界的未来》的讲话，鼓动组成"民主联盟"。② 这一"新冷战檄文"很大程度上表明美国对华政策的全面转向和对中国崛起的全面阻遏。

具体就种族主义、排外主义与恐惧症而言，这更多是一种"权势恐惧症"：美国人担心来自中国的移民——包括长期和短期的——可能动摇美国现有的霸权地位，并视几乎所有来自中国的人员都是"间谍"或至少是中国对美国实施"影响战略"的重要组成要素。由此而来，美国采取了一系列阻碍中美人员流动的举措。

其一，识别已长期居住在美国的华裔"特洛伊"。出于对崛起的中国的恐惧，美国政府和社会对已移居甚至入籍的华裔可能存在"双重忠诚"高度担忧。由此而来，美国政府和部分社会力量往往以"从事间谍活动"为名，对其认定的潜在"敌人"或"特洛伊木马"加以指责、干扰，甚至施加监视、追查和迫害，其重点是华裔学生、学者、科学家等，因他们是可能将美国技术、知识带回中国，进而帮助中国崛起的群体。正是在这一逻辑下，旅美学者李晓江夫妇、安德森癌症中心华裔终身教授吴息凤等都成为受害者。

其二，与美国对外来移民"管理后进入"或"拒之门外"的整体政策相一致，特朗普政府自 2018 年起明显收紧对中国留学生、专家学者赴美中国青年学生的赴美签证政策。据中国国家留学基金委数据显示，2018 年因签证未能成行的计划公派留学人员有 331 人，占计划公派留学总数的 3.2%，到 2019 年第一季度，这一占比迅速上升到

---

① Joel Gehrke, "FBI Director: Chinese Spies 'A Whole-of-Society' Threat to US" (February 13, 2018), Washington Examiner, https://www.washingtonexaminer.com/fbi-director-chinese-spies-a-whole-of-society-threat-to-us/article/2649004, retrieved July 24, 2020.
② Michael R. Pempeo, "Communist China and the Free World's Future" (July 23, 2020), U. S. Department of State, https://www.state.gov/communist-china-and-the-free-worlds-future-2/, retrieved July 24, 2020.

13%,甚至还有一批学者的赴美十年签证被取消。① 另据美国国际教育研究所(Institute of International Education)门户开放网站数据,自特朗普就任以来,中国赴美留学生数量尽管仍保持增长,但增速明显放缓;同时美国赴中国留学的学生数量也呈下降态势(如图5-5所示)。此外,美国对中国移民的防范心理和相应举措也大大加强。例如,美国批准给予永久居民身份的中国移民在2016年为7.7万余人,2017年降至6.6万余人,2018年进一步降至6.1万余人,2019年仅有6万人;而被拒绝入境的中国人数量则有大幅增长,2016年为1.2万余人,2017年为9 000余人,2018年跃升至1.85万余人,2019年更是超过2万人。②

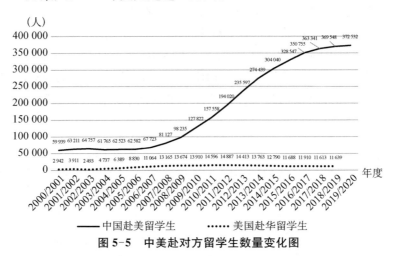

图5-5 中美赴对方留学生数量变化图

资料来源:笔者根据美国国际教育研究所门户开放网站(https://www.iie.org/opendoors)的数据整理制作。

---

① 转引自五月荷:《科学不是自私自利的享乐》,《人民日报》,2019年6月4日,第2版。
② "Table 2. Persons Obtaining Lawful Permanent Resident Status by Region and Selected Country of Last Residence: Fiscal Years 2016 to 2019", in *2019 Yearbook of Immigration Statistics*, Department of Homeland Security (DHS), 2020, https://www.dhs.gov/immigration-statistics/yearbook/2019/table2;"Table 37. Aliens Determined Inadmissible by Region and Country of Nationality: Fiscal Years (转下页)

其三,美国积极寻找下一阶段的限制措施,重点放在孔子学院和科技交流等方面。2019年年初,美国政府和民间集中推出一批针对孔子学院的报告。2月28日,美国参议院常设调查小组委员会在举行涉孔子学院听证会,并发布《中国对美国教育系统的影响》报告,声称中国政府几乎完全控制孔子学院,使其可在几乎不受美国政府监督的情况下扩张中国影响力。① 尽管美国总审计署(GAO)同期出台的报告得出与参议院报告近乎相反的结论,认为孔子学院并没有损害美国高校的学术和言论自由,更没有损害美国高校的课程控制权,但显然没有太大影响力。② 3月,人权观察(Human Rights Watch)推出一份所谓的"全球高校与学术机构行为准则"以"抵制中国政府动摇学术自由的努力"。③ 4月,美国国会研究服务局提交的研究报告认为,开设孔子学院的条款中有不少充满争议。④ 在政策层面,美国2019财年《国防授权法案》(National Defense Authorization Act for Fiscal Year 2019)第109节禁止国防部采购由孔子学院或设有孔子学院的大学提供的汉语教学服务;⑤国会参众两院均出台法案要求孔子

(接上页)2016 to 2019", in *2019 Yearbook of Immigration Statistics*, Department of Homeland Security (DHS), 2020, https://www.dhs.gov/immigration-statistics/yearbook/2019/table37; both retrieved January 20, 2021.

① *China's Impact on the U.S. Education System*, Hearing before the Permanent Subcommittee on Investigations of the Committee on Homeland Security and Governmental Affairs, United States Senate, 116th Congress, First Session, February 28, 2019.

② U.S. GAO, *China: Agreements Establishing Confucius Institutes at U.S. Universities Are Similar, but Institute Operations Vary*, GAO-19-278, February 2019, https://www.gao.gov/assets/700/696910.pdf, retrieved October 6, 2023.

③ "Resisting Chinese Government Efforts to Undermine Academic Freedom Abroad" (March 21, 2019), Human Rights Watch, https://www.hrw.org/sites/default/files/supporting_resources/190321_china_academic_freedom_coc.pdf, retrieved January 20, 2021.

④ "Confucius Institutes in the United States: Selected Issues" (April 15, 2019), Congressional Research Service, https://crsreports.congress.gov/product/pdf/IF/IF11180, retrieved January 20, 2022.

⑤ *H.R. 5515: National Defense Authorization Act for Fiscal Year 2019* (June 207, 2018), Congress.gov, https://www.congress.gov/bill/115th-congress/house-bill/5515/text, retrieved June 20, 2020.

学院依据1938年《外国代理人登记法案》注册;参议院还出台专门的《孔子学院法案》(Confucius Act, S.939),禁止美国教育部为有孔子学院的高校提供资助,除非其能确保孔子学院协议完全按照美方意愿签署。①

第二,宗教性种族主义在美国历史上也是根深蒂固,不仅第一批移民自身有着深层次的宗教纯洁追求,对德国裔、爱尔兰裔等的种族歧视和排外主义也都与宗教排外密切相关。自2001年"9·11"事件起,这一宗教性种族主义主要表现为对穆斯林的歧视,在特朗普政府时期尤其明显,往往被称作"伊斯兰恐惧症"。

正如有学者指出的,与美国社会对穆斯林的明显歧视形成鲜明对比的是,有关"伊斯兰恐惧症"与种族主义的关系的研究却相当少。② 尽管仍存在重大争议,但仍有不少学者认为,"伊斯兰恐惧症"事实上是一种"结构性种族主义",③很多时候是通过一种"看起来像穆斯林"的直观认知发挥作用的,进而不只影响穆斯林,也对非穆斯林产生重要影响。④ 尽管"9·11"事件后,美国社会层面的"伊斯兰恐惧症"有明显上升,但无论是小布什政府还是奥巴马政府都尝试促进种族间关系,进而在政府层面和外交层面并未表现出明显的"伊斯兰恐惧症"。但这一状态到特朗普政府时期有了根本性变化。

特朗普在竞选期间就曾表示,要禁止穆斯林进入美国。因此,在上任后第一周内,特朗普就于2017年1月27日签署行政命令,将承诺的"穆斯林禁令"具体化为针对7个伊斯兰国家的旅行禁令。根据

---

① S. 939: Confucius Act (March 28, 2019), Congress.gov, https://www.congress.gov/bill/116th-congress/senate-bill/939/titles, retrieved June 20, 2020.
② Narzanin Massoumi, Tom Mills and David Miller, "Islamophobia, Social Movements and the State: For a Movement-centred Approach", in Narzanin Massoumi, Tom Mills and David Miller, eds., *What Is Islamophobia? Racism, Social Movement and the State*, London: Pluto Press, 2017, p. 3.
③ Ibid., p. 8.
④ Erik Love, *Islamphobia and Racism in America*, New York: New York University Press, 2017, pp. 3, 10-14.

这一禁令,伊朗、伊拉克、利比亚、索马里、苏丹、叙利亚和也门的几乎所有国民都被暂停入境。① 该命令在美国各机场引发严重混乱,并引发了全美各地的示威活动。该命令被签署后几个小时后,就面临来自法庭的挑战,有好几个法院下令暂时限制或禁止该命令的一些关键内容得以执行。例如,华盛顿西区法院就引用了多项法律理由,包括裁决该命令违反了美国宪法中禁止政府支持或创立特定宗教的条款,从而使该命令事实上难以得到执行。②

面对来自国内外的强烈反对,特朗普总统于2017年3月6日签署了与第13769号行政命令相同标题的第13780号行政命令,以取代前一份行政命令。新的行政命令将伊拉克从清单中撤销,同时推迟了执行日期,并豁免了那些先前已获准前往美国的个人。③ 尽管第13780号行政命令并未遭遇与其前身相同的命运,但就在其即将生效的前一天,即2017年3月15日,它也遇到了一项全国性的临时限制令,使其无法加以实施。这一临时限制令及其更新版本都得到了美国法律体系的反复确认;最终,美国最高法院于2017年年底裁决,允许特朗普的"穆斯林禁令"部分实施,但不能适用于与美国个人或实体有"真诚"关系的签证申请人。④

2017年9月24日,特朗普发布第9645号总统公告,第三次尝试落实"穆斯林禁令",要求加强对恐怖分子或其他涉及公共安全威胁

---

① White House, "Protecting the Nation from Foreign Terrorist Entry into the United States", Executive Order, No. 13769, January 27, 2017, *Federal Register*, 2017, 82(20), pp. 8977–8982.

② *State of Washington v. Donald J. Trump, et al.*, 17-CV-00141-JLR, Western District of Washington, February 3, 2017, https://www.uscourts.gov/cameras-courts/state-washington-vs-donald-j-trump-et-al, retrieved June 20, 2020.

③ White House, "Protecting the Nation from Foreign Terrorist Entry into the United States", Executive Order, No. 13780, March 6, 2017, *Federal Register*, 2017, 82(45), pp. 13209–13219.

④ *Trump, President of U.S., et al. v. International Refugee Assistance, et al.*, 583 U.S. (2017), Supreme Court, December 4, 2017, https://www.supremecourt.gov/orders/courtorders/120417zr1_j4ek.pdf, retrieved June 20, 2020.

分子企图入境美国的审查能力和程序。① 这次的禁令仅限于禁止来自乍得、伊朗、利比亚、朝鲜、索马里、叙利亚、委内瑞拉和也门的团体入境。同样,在禁令实施之前,法院发布了全国范围的限制令,使对除朝鲜和委内瑞拉外所有国家的禁令无法执行。在司法部提出上诉后,最高法院允许旅行禁令全面实施。

在很大程度上,特朗普的旅行禁令或更准确的"穆斯林禁令"背后有着深刻的"伊斯兰恐惧症"。尽管"穆斯林禁令"的全面执行始终面临挑战,但的确对来自伊斯兰国家和地区的移民产生了重大影响。从主要伊斯兰国家赴美留学的人数变化中可以看出旅行禁令的重大影响。2001年"9·11"事件后,主要伊斯兰国家赴美留学人数自2002/2003学年起持续下降,到2006/2007学年止跌回升,而奥巴马当选美国总统极大地刺激了穆斯林留学生数量的增长,迅速从2008/2009学年的3.8万余人(相当于2001/2002学年),迅速上升到2015/2016学年的11.5万人,增长了200%以上;但随着特朗普就任总统,穆斯林学生赴美留学的热情明显下降,到2018/2019学年降至8.7万人,降幅达到24%。② 同样,伊斯兰国家公民移居美国变得更加困难。尽管获得永久居民权的穆斯林数量保持稳定,但美国接纳的穆斯林难民数量明显下降。相关数据显示,2016—2018财年,美国接纳的穆斯林难民数量下降明显,下降幅度达到91%;就重点国家而言,美国接纳的来自阿富汗、伊朗、伊拉克、索马里、苏丹和叙利亚的难民数量从2016财年的3.9万人下降至2018财年的1 381人,降幅达到95%;尽管2019财年回升到2 000人,但仍不到2016财年的8%。③

---

① White House, "Presidential Proclamation 9645 of September 24, 2017, Enhancing Vetting Capabilities and Processes for Detecting Attempted Entry into the United States by Terrorists or Other Public-Safety Threats", *Federal Register*, 2017, 82 (186), pp. 45161-45172.
② 数据来源:笔者根据美国国际教育研究所门户开放网站(https://www.iie.org/opendoors)数据计算所得。
③ "Table 14. Refugee Arrivals by Region and Country of Nationality: Fiscal Years 2016 to 2019", in *2019 Yearbook of Immigration Statistics*, Department of Homeland Security (DHS), 2020, https://www.dhs.gov/immigration-statistics/yearbook/2019/table14, retrieved January 20, 2021.

第三,相较于"权势恐惧症"和"伊斯兰恐惧症",美国对邻国移民的恐惧或者说"邻居恐惧症"的变化相对较小——尽管也时有起伏,其核心是对邻国或者更大的拉美国家移民的非法移入及相应的犯罪、毒品、就业等的恐惧。

尽管拉丁美洲和加勒比很少登上美国新闻的头条,特别是如果与欧洲、亚洲或中东相比的话。但拉美的确是美国最为关注的地区,这一地区是美国合法和非法移民的主要来源地,这些移民及其后代在美国劳动力人口中占据了很大比重;当经济或自然灾害袭击拉美时,美国也往往是拉美难民和移民的首选目的地。① 如前所述,自 2007 年起,进入美国的墨西哥裔非法移民数量明显减少,但来自其他拉美国家特别是中美洲国家的非法移民却在大大增加。其中最为重要的是所谓"北方三角"(Northern Triangle),即洪都拉斯、萨尔瓦多和危地马拉三国。自 2014 年起,来自"北方三角"的难民、庇护寻求者大幅增加,奥巴马总统将此称作一场"人道主义危机"并启动了所谓"进攻性吓阻战略"(aggressive deterrence strategy)加以应对。该战略的核心是在中美洲发起一场媒体运动,强调移民的风险和非法移民的后果,从而向中美洲潜在移民"传递一个信息"——不值得冒险前往美国。② 但很显然,奥巴马政府的策略并未成功,因其方法并未准确针对美洲移民的动机,即当地的经济形势、社会犯罪等问题。犯罪和不安全正日益成为西半球的首要挑战,同时也成为美国"邻居恐惧症"的首要来源。拉美地区人口仅占全球 9%,但其谋杀案件却占全球总量的 27%,每年高达 14 万起。与此同时,拉美地区的有组织犯罪也相当猖獗,涉及贩毒、洗钱、人口贩卖、绑架、走私武器和假冒商品等大量领域。③ 而美

---

① "Rethinking U.S.-Latin American Relations: A Hemispheric Partnership for a Turbulent World", Report of the Partnership for the Americas Commission, The Brookings Institution, November 2008, p. 6.
② David Nakamura, "Obama Calls for 'Aggressive Deterrence Strategy' for Border Crossers", *Washington Post*, June 30, 2014.
③ "Rethinking U.S.-Latin American Relations: A Hemispheric Partnership for a Turbulent World", Report of the Partnership for the Americas Commission, The Brookings Institution, November 2008, p. 24.

国的地理位置使其恰好处于诸多非法流动的必经之路,每天大约有2 000支枪穿越美墨边境,助长了贩毒集团之间以及军队和警察之间的暴力。每年大约有1.75万人被贩卖到美国,另有50万名非法移民。同时,美国仍然是各种非法麻醉品的主要消费国,也是国内主要生产甲基苯丙胺(冰毒的有效成分)、大麻和其他合成麻醉品的国家。①

正是出于对邻国各种问题的恐惧,特朗普总统上台后大力调整了对拉美地区的政策,从此前历届政府所强调的接触与伙伴关系转向对抗性政策。2018年,国务院制定了美国对该地区政策框架,重点关注接触的三大支柱——经济增长与繁荣、安全、民主治理。这个框架反映了美国长期以来的地区政策重点的连续性,但它似乎与特朗普政府在移民、贸易和对外援助方面有时采取的敌对行动和声明不一致。例如,特朗普政府自2018财年起连续三个财年都将对拉美地区的援助削减30%以上,特别是在2019财年,为迫使"北方三角"国家遏制其国民涌入美国,特朗普甚至停止了对这三个国家的援助。但国会基本上都对此加以否决,相反为该地区提供了更多援助。又如,2017年,特朗普政府宣布计划终止对尼加拉瓜、海地、萨尔瓦多和洪都拉斯的临时保护地位,但联邦法院对此表示质疑,从而使该计划被搁置。②

美国的"邻居恐惧症"最为集中地体现在美墨关系中,因为这是其他拉美国家移民进入美国的最主要通道。相对而言,通过陆地边界非法进入美国,比通过空中或海上通关进入更为容易,且更不容易被识别。陆路入境不仅无法做到如同空中或水路入境那样提前预知,而且数量更大、躲藏更便利、通道更多。基于其独特的地理环境,

---

① "Rethinking U. S.-Latin American Relations: A Hemispheric Partnership for a Turbulent World", Report of the Partnership for the Americas Commission, The Brookings Institution, November 2008, p. 24.
② "Latin America and the Caribbean: U. S. Policy Overview"(updated June 5, 2020), Congressional Reasearch Service, FAS, https://fas.org/sgp/crs/row/IF10460.pdf, retrieved June 20, 2020.

美国防控非法难民进入的主要边界是与墨西哥的边界。美墨边界长达约 2 000 英里,已经发现的隧道就有超过 200 多条;其中部分"超级隧道"(supertunnels)甚至安装有电梯、照明、通风管道和伪装巧妙的进出竖井,用以走私毒品和其他非法产品。[1] 也正因如此,特朗普政府出台的大量移民限制举措,如 2018 年 4 月出台的"零容忍政策"、6 月出台的家庭分离计划、终止"抵美儿童暂缓遣返"计划等,都对美墨关系产生了直接而重大的影响。例如,特朗普反复强调,美墨边境墙的修建需要墨西哥支付费用,这导致时任墨西哥总统恩里克·培尼亚·涅托(Enrique Pena Nieto)在 2017 年 1 月取消了与特朗普的会晤。又如,特朗普总统的第 13678 号行政命令使被驱逐的非法移民数量大增,其中增长最多的就是墨西哥籍移民,有的甚至已在美国生活了几十年。2018 财年,特朗普政府驱逐了 14.1 万名墨西哥移民,2019 财年又驱逐了 12.7 万名。[2] 但如前所述,特朗普政府围绕边界前移的边境执法并未取得预期效果,原因不仅在于其所诱发的重大国内争议,更在于非法移民及相关问题的性质演变。很大程度上,墨西哥边境已不再是那些寻求进入美国并继续非法居留的人的首选路线。越来越多的情况是,进入美国最容易的途径是持合法签证入境,然后在入境期限届满后留在美国。长期以来,签证逾期一直是非法移民的一大原因,目前大约有 42% 非法移民的签证逾期,但他们在新移民中所占比例正在上升。2014 年的数据显示,在美国新增的非法移民中,有三分之二是签证逾期而居留下来的。然而,尽管 20 多年来国会一直在施加压力,政府在阻止签证逾期逗留方面只取得了有限的进展,连简单而明显的措施(比如,通过电子邮件通知

---

[1] Amy B. Wang, "Drug-Smuggling Tunnel to Mexico Found under Abandoned KFC in Arizona", *Washington Post*, August 24, 2018; Monte Reel, "Underworld: How the Sinaloa Drug Cartel Digs Its Tunnels", *The New Yorker*, August 3, 2015.
[2] U. S. Immigration and Customs Enforcement Fiscal Year 2019 Enforcement and Removal Operations Report, U. S. Immigration and Customs Enforcement (ICE), U. S. Department of Homeland Security (DHS), 2019, p. 30, Table 3 "FY 2018-FY 2019 ICE Removals by Country of Citizenship".

在美国的签证持有人,并警告他们逾期居留的后果)都没有采取过。① 专门针对签证逾期滞留者的执法行动也很少,但实际上与在边境上进一步加强边防相比,阻止滞留的潜在执法收益似乎要大得多,而且成本也可能低得多。

---

① Edward Alden and Bernard L. Schwartz, "Faster, Safer, and Smarter: A Modern Visa System for the United States" (January 2012), Council on Foreign Relations, https://www. cfr. org/report/faster-safer-and-smarter-modern-visa-system-united-states, retrieved August 10, 2016.

第六章
卷土重来：美国种族主义回潮的中长期态势

　　回顾而言，特朗普当选和执政可谓当代美国种族主义回潮的重要动力。因此，尽管特朗普在2020年美国总统大选中争取连任失败，但并不意味着美国种族主义将就此退潮。事实上，相反的判断可能更为合理，即美国种族主义仍将持续，美国种族主义回潮的基本态势不仅不会被有效扭转，反而可能得到某种程度的强化，或至少会向长期化方向发展。一方面，特朗普尽管执政只有短短四年，但对美国政治、社会、种族生态产生了长期、深远甚至扭曲性的影响，短时间内难以逆转。例如，对亚裔所受待遇感到满意的美国人比例从2015年的77%降至2021年的46%，比2015年前的调查中的最低点即2001年（69%）低了23个百分点。① 又如，认为就业机会平等的人也创下2001年以来的最低点（40%）；而认为住房机会平等的人更是创下1989年以来的新低（55%）。② 另一方面，拜登执政后并未明显改善美国种族关系，其促进种族平等的政策远未达到预期。例如，拜登

---

① Justin McCarthy, "U. S. Satisfaction with Treatment of Asian People Tumbles" (July 29, 2021), Gallup, https://news.gallup.com/poll/352883/satisfaction-treatment-asian-people-tumbles.aspx, retrieved July 31, 2021.
② Lydia Saad, "Americans' Confidence in Racial Fairness Waning" (July 30, 2021), Gallup, https://news.gallup.com/poll/352832/americans-confidence-racial-fairness-waning.aspx, retrieved July 31, 2021.

总统上台后迅速中止了特朗普政府的诸多种族主义举措,如针对穆斯林的旅行禁令、恢复"抵美儿童暂缓遣返"计划等,但也引发了诸多系统性反应,如美墨边界的大量潜在非法移民的滞留及对美国难移民机构的收容压力等。① 又如,就拜登政府所面临的国内形势而言,由新冠肺炎疫情而加剧的经济重建任务更是重中之重,种族不平等在 2020 年大选后已经退居次要地位。② 更令人悲观的是,在疫情严重压缩拜登政府的政策空间的同时,围绕批判种族理论的半制度性抵抗及 2020 年人口普查新方法论的应用均表明,美国种族主义回潮的观念基础正得到进一步强化。因此,尽管拜登执政一年来遵循全政府方法,围绕促进种族平等出台了一系列政策,但由于相关政策举措与其在竞选期间宏大的承诺差距甚远,拜登促进种族平等的政策远未达到预期。所有这些都令人不得不怀疑,美国是否会"回到未来"——20 世纪 20 年代的美国本土主义会不会在 100 年之后卷土重来?尽管其形式可能发生重大变化。因为美国种族主义史是一部种族进步与种族主义同时发展的双重的、相互斗争的历史,但建构得如此完美的"标签"使简单的促进种族平等的政策设计明显难以成功,美国种族主义的回潮态势短期内难以有效逆转。或许伊布拉姆·肯迪是正确的,真正的反种族主义者也必须是反资本主义者。③

---

① Jordan Davidson, "After Denying Border Crisis, Biden Admin Says It Needs Thousands of Beds for Surge of Migrant Children" (March 2, 2021), The Federalist, https://thefederalist.com/2021/03/02/after-denying-border-crisis-biden-admin-says-it-needs-thousands-of-beds-for-surge-of-migrant-children/, retrieved March 3, 2021.
② Jennifer Agiesta, Tami Luhby, Grace Sparks, and Ryan Struyk, "More Latino Voters Support Trump in 2020 than 2016, but Young Americans Favor Biden, Early CNN Exit Polls Show" (November 5, 2020), CNN, https://edition.cnn.com/2020/11/03/politics/exit-polls-2020/index.html, retrieved November 8, 2020.
③ [美]伊布拉姆·肯迪:《天生的标签:美国种族主义思想的历史》,朱叶娜、高鑫译,社会科学文献出版社 2020 年版,第 10—13 页;Ibram Kendi, *How to Raise An Antiracist*, New York: Random House Inc., 2021.

第一节 "败而不输":后特朗普时期的美国种族主义回潮基础

从希望扭转美国种族主义回潮态势的角度,2020年总统大选结果是充满希望的,但寄希望拜登政府快速扭转美国种族主义的回潮态势,极可能是高度困难的。一方面,尽管特朗普仅执政一个任期,但美国种族主义的生存环境已经重大改变。就2020年大选结果而言,民主党人并没有赢得他们所希望的压倒性胜利,尽管其重建"蓝墙"的努力的确获得了回报。虽然投票率创下新高,但并未出现民主党人所预期的"蓝潮",而特朗普的支持者保持着"稳健"步伐。最具讽刺性的是,特朗普在2020年大选中赢得了更多的少数种族与族裔选票。① 相比之下,尽管民主党人试图激发新的选民,并得到少数种族与族裔选民的更多支持,但这一努力更多激发的却是白人选民。另一方面,特朗普执政时期已经通过各种手段使种族主义得以制度化,尤其是其对最高法院法官的任命,对美国移民与难民制度的改革,以及其对新冠肺炎疫情的不当应对和由此而来的社会心态转变等,都不是短期内能够改变的。例如,目前美国有85%的执业律师是白人,而在奥巴马政府时期,这一比例仅为58%。② 这意味着司法角度的种族公正、种族平等较此前更难实现。因此,拜登政府、民主党人及整个美国社会如果做不到与时俱进,就不可能予以有效扭转,甚至可能产生反向刺激,推动美国种族主义的持续回潮和扭曲,进而为

---

① David Marcus, "Trump Won Record Minority Support —Yet the Left Is Calling It 'Racism' " (November 6, 2020), New York Post, https://nypost.com/2020/11/06/trump-won-record-minority-support-yet-the-left-is-calling-it-racism/, retrieved November 8, 2020.
② Karl A. Racine and Miriam Aroni Krinsky, "How Joe Biden Can Root out Racism in Criminal Justice" (December 26, 2020), CNN, https://edition.cnn.com/2020/12/25/opinions/joe-biden-criminal-system-racism-racine-krinsky/index.html, retrieved December 28, 2020.

美国自身及整个国际社会带来更加意想不到的后果。

一、种族性选票的增长

尽管特朗普连任竞选失败,但2020年大选特别是其中所显示的种族性选票明显增长的态势,暗示着美国种族主义的强大基础。

第一,尽管与2016年相比,2020年竞选活动中对种族主义动员的使用明显下降,但出于对种族主义回潮的支持和反对,大量选民积极参加大选投票,试图影响美国种族主义的未来走势。正如有评论指出的,自1908年以来,选民们从来没有表现出他们在2020年总统选举中表现出的那种警惕性;①这种警惕性使继续推高和防止种族主义回潮两个阵营的选民都被动员了起来。尽管各族裔投票率的准确数据尚未公布,但参加2020年大选投票的选民数量大增,从侧面印证了各族裔投票率的普遍增长。与2016年相比,参加2020年大选投票的选民数量增长了2 700万人,超过1.55亿人,同时创下了自1900年以来的最高投票率纪录,超过66%。这充分说明,整个美国社会已经认识到种族主义动员的危险性,所以必须积极参与投票,否则可能带来重大不利——如同特朗普在2016年当选一样。由此而来,在特定条件下,种族主义动员甚至可能克服其分裂可能,从而推动多种族社会的团结,如同2020年美国大选所证明的那样。②

第二,尽管特朗普最终败选,但其支持力量很大程度上仍在继续强化,其种族主义动员策略仍在持续发酵。事实上,无论是特朗普还是拜登,所得选票都远远高于2016年的两党总统候选人。相比2016年,特朗普多得了1 120万张选票,而拜登则比希拉里·克林顿多得了1 540万张选票。仅从竞争连任的总统角度看,特朗普在

---

① Muzamil Wasti, "America amid the Tumultuous 2020 Presidential Election" (November 3, 2020), Paradigm Shift, https://www.paradigmshift.com.pk/2020-us-presidential-election/, retrieved March 7, 2021.
② Johanna Birnir, *Ethnicity and Electoral Politics*, New York: Cambridge University Press, 2007, pp. 7-15.

2020年大选中所获得的选票创下了历史第三高的纪录,尽管他仍输掉了连任竞选。相比之下,奥巴马在2012年连任成功时,其选票甚至比2008年少了350万张。

第三,更为重要的是,特朗普所获得的少数种族和族裔选民的选票事实上比2016年有明显增长。总体而言,特朗普所获得的选票比2016年高出0.9个百分点。具体来说,55%的白人妇女投票支持特朗普,比2016年高出2个百分点;18%的非洲裔男性投票支持特朗普,比2016年高5个百分点;非洲裔女性投票支持特朗普的相比2016年翻了一番,从4%增长至8%;支持特朗普的拉丁裔男性也有明显增长,从2016年的32%增至2020年的36%;支持特朗普的拉丁裔女性则从2016年的25%增至2020年的28%。① 根据CNN的出口调查数据,相比2016年大选,特朗普在2020年大选中的得票率,除白人男性选民外均有所增长:非洲裔男性和女性均增长9个百分点,拉丁裔男性增长8个百分点,拉丁裔女性增长5个百分点,白人女性增长2个百分点,而白人男性减少了8个百分点。如果从种族和受教育程度看,特朗普在少数种族的得票率相比2016年大选全面上涨,有大学本科学位的少数种族和族裔选民增长了7个百分点,没有大学本科学位的少数种族和族裔选民更是增长了10个百分点。②

二、选举地理格局的固化

从更长期的美国政治发展看,种族主义回潮的政治基础已经较为牢固,尤其明显地体现在各种族与族裔已经形成了较为固定的人口地理格局;决定美国种族主义的未来走势的核心地带是郊区。

---

① "55 Percent of White Women, 18 Percent of Black Men Voted for Donald Trump: Exit Poll" (November 4, 2020), Essence, https://www.essence.com/news/politics/55-percent-white-women-trump-election-2020/, retrieved November 10, 2020.
② Zachary B. Wolf, Curt Merrill, and Daniel Wolfe, "How Voters Shifted during Four Years of Trump" (December 15, 2020), CNN, https://edition.cnn.com/interactive/2020/11/politics/election-analysis-exit-polls-2016-2020/, retrieved December 20, 2020.

一方面,美国政治极化导致郊区成为选举政治的焦点。尽管缺乏明确的郊区划分标准,但仍有多种尝试以考察美国的选举地理。美国疾控中心将美国划分为六类地区,即城市中心、中等城市、郊区、小城镇、微型城镇、农村。比较2016年和2020年的大选结果可以发现,除农村外的所有地区都更加支持民主党了:郊区对拜登的支持率上升了4.3个百分点;除农村地区外,拜登在中等城市、小城镇、微型城镇及城市中心的支持率都比2016年希拉里要高,分别高出3、2.7、0.7和0.5个百分点;特朗普在农村地区的支持率相比2016年增长约1个百分点(如图6-1所示)。

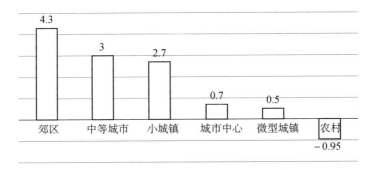

图6-1　民主、共和两党的支持率变化:2016年 vs. 2020年(单位:个百分点)

数据来源:Linda Poon, "How Suburbs Swung the 2020 Election" (November 18, 2020), Citylab Daily, https://www.bloomberg.com/news/newsletters/2020-11-18/citylab-daily-how-suburbs-swung-the-2020-election, retrieved March 4, 2021.

如前所述,依据美利坚大学美国社区研究项目的社区类型划分,特朗普在2016年获胜的关键即中部郊区县,在2020年大选中帮助拜登赢得了大选。事实上,正是由于丢掉了高校县、远郊县和驻军县,特朗普才输掉了整个连任选举。高校县一向是年轻人的聚集地,尽管在2016年更支持特朗普;驻军县同样由于人口流动大且族裔混杂,因此其投票倾向也可能变化快。因此,真正导致特朗普在2020年大选中失败的是远郊县。相比于2016年,拜登在远郊县所获得的选票比希拉里高出约5个百分点,选票数量净增长约6个百分点;尽管特朗普仍以12个百分点的优势赢得远郊县,却是2000年以来共和党总统候选人在此类县中的最低纪录;而拜登获得此类县43.3%的选票,也创下民主党自2000年以来的最高纪录。其核心原因在于,远郊县居住着大量富裕且受过良好教育的白人,他们对特朗普的族裔动员策略高度反感。① 整体上看,特朗普赢得了15类县中的12类,且在部分县的获胜优势继续扩大。例如,在老龄农村县,特朗普的优势增加了1.6个百分点,达到56%;在福音教徒聚居县,增加了7个百分点,达到51%;在工人县的优势增加了7个百分点,达到47%;此外,特朗普在中部农村县、摩门教徒县、灰色美国县等的优势都超过20个百分点。相比之下,拜登在城市郊区和大城市县的优势都不到25%,而在高校县的优势不足10%(如图6-2所示)。这充分说明,农村仍坚定支持特朗普,而大城市及中近郊都是民主党的票仓,郊区才是决定选举结果的关键。

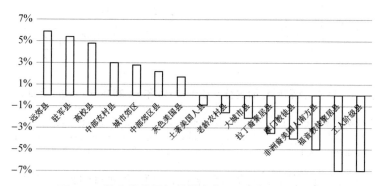

图6-2 民主党的县级优势变化:2016年 vs. 2020年

数据来源:Dante Chinni,"The 2020 Results:Where Biden and Trump Gained and Lost Voters"(November 9,2020),American Community Project,https://www.americancommunities.org/the-2020-results-where-biden-and-trump-gained-and-lost-voters/,retrieved January 4,2021。本图由笔者整理数据后制作。

---

① Dante Chinni,"Final Presidential Results Show Substantial Shifts in Exurbs,Hispanic Centers,and Military Posts"(December 21,2020),American Community Project,https://www.americancommunities.org/final-presidential-results-show-substantial-shifts-in-exurbs-hispanic-centers-and-military-posts/,retrieved January 4,2021.

另一方面,郊区成为决定美国种族主义的关键,其根本原因在于各种族和族裔的人口分布的密集度。为观察到底是什么因素推动美国选举政治的新的发展,美国彭博社(Bloomberg)依据人口稠密度建立了城市实验室(CityLab),并将435个国会众议院选区按人口密集度分为6类,包括人口最密集的市中心、人口密集的郊区(dense suburb)、城郊接合部(urban-suburban mix)、人口稀少的郊区(sparse suburb)、农村郊区接合部(rural-suburb mix)和人口最稀少的纯农村选区。数据显示,尽管存在例外,但美国政治总体上正为新的因素所塑造,郊区的选举重要性正日益上升。如图6-3所示,在34个市中心选区中,民主党仅2012年获得15个,其后历次选举都不到10个,2016年起一直是9个;同样,在70个纯农村选区中,民主党自2012年以来的历次选举中都仅获得30余个,在农村郊区接合部的114个选区中,也仅获得20余个。由此而来,自2012年以来的历次选举中,民主党在2018年中期选举和2020年大选中获得国会众议院多数席位,其关键在于人口密集的郊区、城郊接合部及人口稀少的郊区的席位增长。例如,与2016年大选相比,民主党在2018年中期选举中赢得的人口密集的郊区的席位增加了11个,城郊接合部的席位增加了16个,人口稀少的郊区的席位增加了14个。尽管2020年略有减少,但仍是郊区帮助民主党赢得了国会众议院的多数席位。换句话说,2018年中期选举中,民主党的收益中有75%来自郊区选区。[①] 由此可见,自2012年以来,人口密度越大的郊区,支持民主党的可能性就越高。事实上,特朗普在2020年大选中输掉了美国100个人口最多的县中的91个,比在2016年还多输了4个。

---

① Kendall Karson and Adam Kelsey, "Democrats Look to Texas Suburbs to Race a 'Roadmap' for Courting a Changing Electorate" (July 18, 2020), ABC News, https://abcnews.go.com/Politics/democrats-texas-suburbs-trace-roadmap-courting-changing-electorate/story?id=71841390, retrieved March 3, 2021.

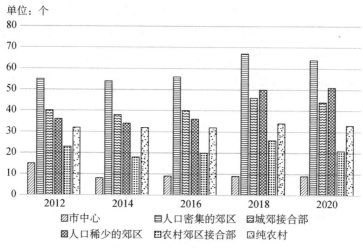

图 6-3　民主党获胜选区结构

资料来源：笔者结合彭博社城市实验室和美国国会选举历史数据制作；CityLab-Bloomberg, https://www.bloomberg.com/citylab; Elliott Morris, "US House Election Results from 1976 to 2018", https://elliottmorris.github.io/politicaldata/reference/house_results.html; "U. S. House Election Results 2020"（November 3, 2020）, New York Times, https://www.nytimes.com/interactive/2020/11/03/us/elections/results-house.html; all retrieved January 4, 2021.

三、结构性种族主义的强化

在表层的种族与族裔人口及选举政治之外，美国结构性种族主义根深蒂固，特朗普执政时期很大程度上使其进一步固化，从而为拜登政府扭转这一态势增添了更大难度。

第一，无论是在收入、教育还是其他社会层面，美国的种族主义事实上都在深化。例如，从各种族与族裔的家庭收入中位数的历史发展看，种族间贫富差距很大程度上拉大了。根据统计，2019 年美国家庭收入中位数为 68 703 美元，但各种族差距相当大。亚裔最高，达到 98 174 美元，白人也达到 76 057 美元，其他种族明显较低，拉丁裔为 56 113 美元，而非洲裔仅有 45 438 美元。从历史趋势看，老布什时期，非洲裔的家庭收入中位数相当于整个美国家庭收入中位数的 64.68%,白人的 57.67%;此后十余年间,非洲裔的家庭收入相对状况得到改善,但在特朗普时期出现了较明显的下滑。特朗普政府时期,非洲裔的家庭收入中位数相当于整个美国家庭收入中位数的 65.73%,相比奥巴马总统第二任期(68.86%)下降了三个百分点还多,相当于白人的 58.69%,也比奥巴马总统第二任期(59.17%)下降了 0.5 个百分点(如图 6-4 所示)。

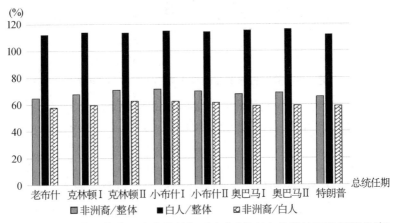

图 6-4 非洲裔家庭收入中位数的相对变化(从老布什总统至特朗普总统)

资料来源:笔者自制;"Median Household Income in the United States from 1990 to 2019 (in 2019 U. S. Dollars)" (September 2020), Statista, https://www.statista.com/statistics/200838/median-household-income-in-the-united-states/; "Median Income of Black Private Households in the United States from 1990 to 2019 (in 2019 U. S. Dollars)" (September 2020), Statista, https://www. statista. com/statistics/203295/median-income-of-black-households-in-the-us/; "Median Income of White, Non-Hispanic Private Households in the United States from 1990 to 2019 (in 2019 U. S. Dollars)" (September 2020), Statista, https://www. statista. com/statistics/203277/median-income-of-white-households-in-the-us/; "Median Income of Asian Private Households in the United States from 2002 to 2019 (in 2019 U. S. dollars)" (September 2020), Statista, https://www. statista. com/statistics/203297/median-income-of-asian-households-in-the-us/; "Median Income of Hispanic Private Households in the United States from 1990 to 2019 (in 2019 U. S. Dollars)" (September 2020), Statista, https://www. statista. com/statistics/203301/median-income-of-hispanic-households-in-the-us/; all retrieved March 1, 2021。

又如,尽管整体状况有所改善,但各种族的受教育机会及随之而来的受教育水平仍相距甚远。如图 6-5 所示,在 1997—2017 年

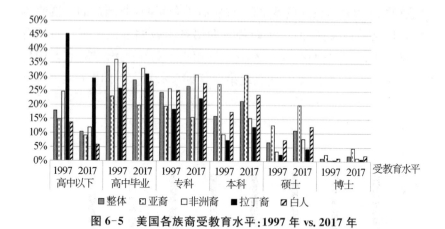

图 6-5 美国各族裔受教育水平：1997 年 vs. 2017 年

数据来源：U. S. Census Bureau, "Current Population Survey, 1997 and 2017", https://www.census.gov/programs-surveys/cps.html, retrieved August 10, 2020。本图由笔者整理数据所制。

20 年间，美国各族裔的受教育程度均有明显提升，但各族裔进步幅度不一。1997 年，非洲裔的高中及高中以下人口超过 60%，拉丁裔超过 70%，而白人仅有 49%，亚裔更是只有 38%；到 2017 年，非洲裔的高中及高中以下人口降到 45%，拉丁裔也降至 60%，同期，白人降至 33%，亚裔降至 29%。在这 20 年中，非洲裔在本科及以上学历中进步明显，其中，硕士学位人口占比增长了 1.28 倍，博士学位人口比例增长了 2.4 倍。尽管如此，非洲裔与白人相比的受教育水平仍在拉大，因为两者的基础相差太大。[①] 如果观察自 20 世纪 70 年代以来的发展趋势，尽管所有年龄段、所有族裔的儿童的学习进展都大幅提升，以及白人与非洲裔、拉丁裔儿童的成绩差距在 20 世纪 70 年代曾有缩小趋势，但自 20 世纪 80 年代后便陷入停滞。到 2012 年，白人与非洲裔、拉丁

---

① Janelle Jones, John Schmitt, and Valerie Wilson, "50 Years after the Kerner Commission: African Americans Are Better Off in Many Ways but Are Still Disadvantaged by Racial Inequality" (February 26, 2018), Economic Policy Institute, https://www.epi.org/publication/50-years-after-the-kerner-commission/, retrieved January 27, 2020.

裔儿童的成绩差异仍然相当大。① 而对不同族裔的学生的教育歧视仍然相当明显。例如,在 K-12 公立学校中,非洲裔学生因纪律问题而被退学的比例远远高于白人学生,大约相当于后者的 4 倍甚至更高。②

第二,2020 年新冠肺炎疫情的暴发,更是凸显了美国种族主义的顽固性。例如,新冠肺炎暴发后,各族裔的失业率都迅速上升,但种族不平等现象高度明显:2020 年 2 月,亚裔美国人失业率为 3%,白人为 3.1%,非洲裔为 6%;疫情期间,白人失业率峰值达到 14.2%,亚裔达到 15%,而非洲裔则升至 16.8%;到 2020 年 12 月,非洲裔的失业率仍高达 9.9%,白人回落至 6%,亚裔为 5.9%。③ 又如,新冠肺炎疫情期间,非洲裔感染新冠肺炎和因此死亡的比例都远远高于其他族裔,且得到救治的机会也要少得多;以每 10 万人计,非洲裔的新冠死亡率高达 150.2 人,而白人则为 120.9 人。④ 再如,由于新冠肺炎病毒首先在中国发现,因此亚裔很大程度上成了受害者;整个 2020 年,亚裔都不得不全面反抗美国内的歧视和偏见。⑤

第三,特朗普及其煽动下的种族主义势力仍有强大的反扑能力。尽管特朗普的连任选举失败显而易见,但特朗普本人及其支持者并

---

① "The Nation's Report Card: Trends in Academic Progress 2012" (June 2013), National Center for Education Statistics, https://nces.ed.gov/nationsreportcard/pubs/main2012/2013456.aspx, retrieved August 10, 2020.
② United States Government Accountability Office, "K-12 Education: Discipline Disparities for Black Students, Boys, and Students with Disabilities" (March 22, 2018), GAO-18-258, A Report to Congressional Requesters, https://www.gao.gov/products/gao-18-258, retrieved August 10, 2020.
③ "Unemployment Rates during the COVID-19 Pandemic: In Brief", *CRS Report*, R46554, Updated January 12, 2021, pp.8-9.
④ "Racial Inequality and Covid-19", Inequality.org, https://inequality.org/facts/racial-inequality/#racial-inequality-covid, retrieved March 1, 2021.
⑤ Alvin Patrick, "How Asian Americans Are Fighting Bias and Racism in 2020" (October 8, 2020), CBS News, https://www.cbsnews.com/news/asian-americans-bias-racism-2020/; Harmeet Kaur, "The History of Attacks against Asian Americans Is Complicated. Addressing It Will Be, Too" (March 4, 2021), CNN, https://edition.cnn.com/2021/03/04/us/asian-american-racism-violence-response-trnd/index.html; both retrieved March 10, 2021.

不接受这一现实，反而采取激烈的非民主手段试图对其加以改变。2021年1月6日，美国国会参众两院举行会议，对2020年大选结果进行认证。在特朗普的煽动下，其支持者在当天大规模冲击国会并与警察发生冲突，导致一人死亡，国会参众两院对2020年大选结果的认证被迫中断。尽管引发全球高度关注，在暴乱平息后国会重启对大选结果的认证时，超过100名共和党议员仍坚定支持特朗普。在2021年2月的保守派政治行动会议（CPAC）上，特朗普仍被认为是2024年的共和党总统候选人。① 所有这些都某种程度上表明，特朗普仍有着牢固的支持基础，其中相当重要的是种族主义力量，极可能在时机恰当时再度反扑。

四、美国种族主义回潮的阻遏力量

当然也应看到，遏制美国种族主义回潮的力量正在持续崛起，尽管实现全面逆转仍需积蓄力量。

第一，白人内部的反种族主义力量正在觉醒。很大程度上，特朗普在2020年大选中失败的原因仍在于白人。尽管特朗普所获得的白人选票相比2016年增长了1个百分点，但主要来自白人妇女，而白人男性选民的选票则大幅下降了：在接受过本专科及以上教育的白人男性中，特朗普所得选票相比2016年大选减少了11个百分点，在没有本专科学位的白人男性减少了6个百分点，有大学本科学位的白人女性减少了2个百分点。与此同时，拜登与希拉里相比在白人内部所获得的选票有了明显增长：就白人选票整体而言，希拉里在2016年大选获得37%，拜登获得了41%，增长了4个百分点；在接受过本专科及以上教育的白人男性中，拜登获得的选票相比希拉里增长了6个百分点（51%∶45%），尽管没有本专科学位的白人男性选票

---

① David Marcus, "CPAC Is Still Trump's, but Something Has Changed" (March 1, 2021), The Federalist, https://thefederalist.com/2021/03/01/cpac-is-still-trumps-but-something-has-changed/, retrieved March 3, 2021.

减少了3个百分点(29%:32%)。① 这一变化意味着,由于白人选民仍占据美国所有选民的主体,因此白人选票仍是决定性的。因此,如果说特朗普在2016年大选时不成比例地动员起白人工人的种族主义情绪的话,那么同样的种族主义动员逻辑在2020年大选中更多是动员了有更高受教育水平的白人选民的反种族主义情绪。

第二,尽管基础仍相当广泛,但经济仍是决定美国政治的前提,种族主义的发展也不能例外。

其一,2020年大选结果显示,特朗普所丧失的选票更多来自2016年他所动员出来的低收入选民。相比2016年大选,特朗普所赢得的家庭收入在5万美元以下的选民选票增加了约210万张,而拜登则增加了490万张;特朗普与希拉里均分了2016年的家庭年收入超过10万美元的选民选票,但在2020年大选中,特朗普多获得了好几百万张选票;但由于新冠肺炎疫情及经济困难,2016年家庭年收入在10万美元以上的有不少降至5万—10万美元水平,使家庭年收入在5万—10万美元的选民数量大幅增长,这些"新增"选票中有1 410万投票支持拜登,但只有520万投给特朗普。②

其二,民主党对更为富裕选区的掌握并赢得2020年大选,意味着反种族主义的力量仍然占据优势。在2020年大选中,特朗普赢得了全国83%的县(2 497个),但这些县的经济产出只占全美GDP的30%。尽管拜登只赢得了17%的县(477个),但这些县的GDP却占全美的71%。相比之下,2016年,特朗普在2 584个县获得胜利,其GDP仅占美国的36%;而希拉里赢得的472个县占全美GDP的64%。③ 彭

---

① Zachary B. Wolf, Curt Merrill, and Daniel Wolfe, "How Voters Shifted during Four Years of Trump" (December 15, 2020), CNN, https://edition.cnn.com/interactive/2020/11/politics/election-analysis-exit-polls-2016-2020/, retrieved December 20, 2020.
② Eric London, "2020 Election Results Explode the Identity Politics Narrative" (November 6, 2020), WSWS, https://www.wsws.org/en/articles/2020/11/06/pers-n06.html, retrieved November 8, 2020.
③ Niall MacCarthy, "Biden Voting Counties Equal 70 of America's Economy: What Does This Mean for the Nation's Political Economic Divide" (November 9, 2020), Brooking, https://www.brookings.edu/blog/the-avenue/2020/11/09/biden-voting-counties-equal-70-of-americas-economy-what-does-this-mean-for-the-nations-political-economic-divide/, retrieved January 4, 2021.

博社城市实验室数据也显示出相似的趋势。尽管很大程度上得益于白人"反攻"大都市,特朗普在大都市选区的选票有所增长,但民主党仍牢牢控制着人口密集的选区——包括大都市及郊区。仅从所赢得的选区数量看,拜登甚至不如特朗普(41%∶59%);但从选票数量看,拜登高出特朗普10个百分点(54%∶44%)。拜登赢得的大都市平均人口为130万人,是特朗普所赢得的大都市的4倍多,后者只有30万人。随着大都市的人口规模下降,拜登所获得的选票相应下降,而特朗普获得的选票则相应上升(如图6-6所示)。整体而言,拜登所赢得的大都市区都是人口高度密集的,这里的人口更加富裕、接受过更高层次的教育。由此而来的是,拜登赢得多数选票的大都市的人口占全美57%,经济产出占全美79%。①

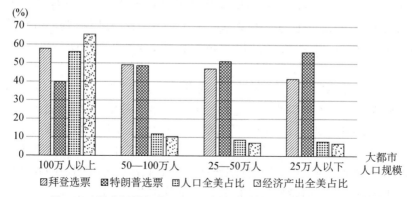

图6-6 拜登与特朗普于2020年大选中在大都市选区的表现

资料来源:Richard Florida,"How Metro Areas Voted in the 2020 Election"(December 4, 2020), CityLab Daily, https://www.bloomberg.com/news/features/2020-12-04/how-metro-areas-voted-in-the-2020-election, retrieved March 4, 2021。

其三,受过更高教育且更加富裕的社会阶层正日益转向自由主义,可能为抑制种族主义提供重要的经济基础。从受教育程度看,自

---

① Richard Florida, "How Metro Areas Voted in the 2020 Election" (December 4, 2020), CityLab Daily, https://www.bloomberg.com/news/features/2020-12-04/how-metro-areas-voted-in-the-2020-election, retrieved March 4, 2021.

1980年以来,越来越多的由拥有大学学历的专业人士聚集的县正从共和党转向民主党。根据《华尔街日报》对人口普查数据的分析,100个收入中位数最高的县以57%的选票支持拜登,而非特朗普。全美拥有大学学位最多的100个县84%的人投票给了拜登。① 而以华尔街为代表的高学历且更为富有的选民正日益从共和党转向民主党。据响应性政治研究中心(Center for Responsive Politics)的数据,在2020年大选中,华尔街直接为拜登的竞选捐款超过7 400万美元;相比之下,他们为特朗普捐献了1 800万美元,这一数字甚至低于2016年的2 000万美元。② 2012年,华尔街的选票有69%投向共和党,31%支持民主党;而到2016年,支持共和党的华尔街选民已经下降到50%,而支持民主党的上升至49%。③ 尽管2020年的细分投票数据尚不充分,但从大选整体结果看,上述趋势似乎得到某种程度的强化。

第三,美国社会内部对"冷内战"的警惕始终存在,各种制衡力量可能阻止美国种族主义的持续恶化。

其一,尽管对谁应该为"冷内战"的持续升温负责存在分歧,但更多的美国人担忧"冷内战"会变"热"上升成为真正的"内战"。自进入2019年起,有关"冷内战"升温的风险日益明显;CNN撰稿人卡尔·伯恩斯坦(Carl Bernstein)公开警告,美国正处于一场"冷内战",这场战争可能由于特朗普总统而升级。④ 在2020年大选前,民意调查显

---

① Aaron Zitner, "How the 2020 Election Deepened America's White-Collar/Blue-Collar Split" (November 24, 2020), Wall Street Journal, https://www.wsj.com/articles/how-the-2020-election-deepened-americas-white-collar-blue-collar-split-11606219208, retrieved January 4, 2021.
② Shane Devine, "America's Party Realignment: Radical Republicans, Corporate Democrats?" (February 16, 2021), American Consequences, https://americanconsequences.com/americas-party-realignment-shane-devin/, retrieved March 3, 2021.
③ Ibid.
④ Douglas Ernst, "CNN's Carl Bernstein: America's 'Cold Civil War' Almost 'to the Point of Ignition' due to Trump" (July 8, 2019), The Washington Times, https://www.washingtontimes.com/news/2019/jul/8/carl-bernstein-americas-cold-civil-war-almost-to-t/, retrieved July 14, 2019.

示,有超过半数(56%)的受访者相信,无论哪位候选人获胜,暴力冲突的风险都会上升。① 而2021年爱德曼信任度晴雨表(Edelman Trust Barometer)显示,美国人对政治和社会机构的信任度令人担忧,对"冷内战"的到来高度恐惧。受访者认为,无论是媒体记者,还是政府和商界领导人都在知道信息错误的情况下仍刻意误导公众,分别达到59%、57%和56%。②

其二,更年轻的选民尤其是Z一代选民有明显的反种族主义倾向。如前所述,2020年大选显示出Z一代选民的三个区别性特征:政治参与热情更高,远比更年长代际选民更加倾向自由主义,以及族裔间政治立场远不如更年长代际选民极化。政治极化已成为美国政治生活的常态,尤其是在更年长的代际人口中。

其三,自2008年以来,草根反对运动正从体制内和体制外两个方向推动着美国的政党政治发展,形成一种社会性"刹车"机制。与新任总统反对其前任的所有政策逻辑③一致,草根反对运动正日益成为在野党反对执政党的急先锋。尽管相互差异很大,但所有草根反对运动仍表现出四个共同特征。(1)绝大多数草根运动都源于在野党的基层人士对执政党或执政总统的反对。无论是奥巴马政府时期的茶党运动还是特朗普政府时期的抵抗运动,都是在两位总统就职后短短数周内迅速兴起的,并以反对在任总统为政治追求。(2)绝大多数草根反对运动都带有明显的自下而上特质,并不是由任何政

---

① Ledyard King, "'The Country's Lost Its Mind': Polls Warning of Civil War, Violence Shows Deep Partisan Chasm over Election" (October 7, 2020), USA Today, https://www.usatoday.com/story/news/politics/elections/2020/10/07/both-sides-worry-doubts-election-integrity-could-spark-violence/5880965002/, retrieved October 15, 2020.
② Jennifer Harper, "A 'Cold Civil War' Is Brewing in America" (January 21, 2021), The Washington Times, https://www.washingtontimes.com/news/2021/jan/21/inside-the-beltway-a-cold-civil-war-is-brewing-in-/, retrieved January 25, 2021.
③ 美国政治的传统逻辑之一是,如果与其前任不属于同一政党的话,继任总统极可能推翻前任总统的所有重大决策;其最明显的体现便是小布什总统上台后的所谓"ABC"(Anything But Clinton,除克林顿之外的一切)政策。

党自上而下地组织的。例如,茶党源于2008年金融危机后纳税人对救援行动的反对。① 而以"不可分割"(Indivisible)网络为代表的抵抗运动,其原始目的是鼓励并为地方性集体行动提供建议。(3)草根反对运动的地理覆盖范围相当广泛,无论是茶党还是"不可分割"网络都是全国性的。例如,"不可分割"网络配置了全美互动地图,所有地方性的抵抗团体均可注册。高峰时期,有多达6 000余个团体在"不可分割"网络上注册,实际开展活动的也有2 000—3 000个;相比之下,茶党运动在高峰时期的活跃团体仅有1 000多个。② (4)草根反对运动的影响力均在其针对对象下台后甚至执政后期就快速衰退,无论是茶党运动还是"不可分割"网络都面临严峻的可持续挑战。当然,也应看到的是,两党的草根运动仍存在重大差异,但其对执政党的社会性制衡,某种程度上有助于缓解美国的种族主义回潮。

第二节 "胜而不赢":拜登执政后的美国种族主义发展态势

面对严峻的种族主义回潮态势和深重的系统性种族主义,拜登在总统竞选期间发表"加强美国司法承诺的拜登计划",高调承诺将根除系统性种族主义,近期重点是预防犯罪、消除种族差异、为曾被监禁过的人员提供重返社会实现二次成功的机会等。③ 在入主白宫后,拜登总统展示出坚决的消除系统性种族主义的决心,其首份行政

---

① Ronald P. Formisano, *The Tea Party: A Brief History*, Baltimore: Johns Hopkins University Press, 2012, p. 1.
② Theda Skocpol and Caroline Tervo, "How Indivisible's National Advocates and Grassroots Volunteers Have Pulled Apart—And What Could Happen Instead" (February 4, 2021), The American Prospect, https://prospect.org/politics/resistance-disconnect-indivisible-national-local-activists/, retrieved February 14, 2021.
③ Justin Gomez, "Trump vs. Biden on the Issues: Racial Justice" (September 29, 2020), ABC News, https://abcnews.go.com/Politics/trump-biden-issues-racial-justice/story?id=73145335, retrieved January 2, 2021.

命令就致力于"促进种族平等"。该行政命令强调,由于美国法律和公共政策、公私机构等存在的系统性种族主义,美国公民和社区往往无法获得平等机会,进而也无法实现成功发展,因此需要促进种族平等,特别是支持弱势社区。① 尽管拜登政府尝试通过全政府方法促进种族平等,但一年来的效果明显不佳;更为严峻的是,拜登促进种族平等的政策空间和认知环境都呈恶化态势:一方面,疫情反复使既有的个体性和系统性种族主义均得到强化,特别是种族间的不平等因疫情而变得更加严重;另一方面,来自"白人至上主义"的抵抗变得更加强有力和系统化,拜登总统执政以来围绕批判种族理论(critical race theory,CRT)的全国性争论乃至半制度化的抵抗运动,以及2020年全国人口普查中新方法的采用,都强化了种族主义回潮的思想和认知基础。就此而言,尽管目标宏大,但拜登政府消除系统性种族主义的努力极可能是"不可能的使命"。

一、全政府方法与种族平等促进政策

基于其竞选承诺和入主白宫后签署的第一份行政命令,拜登在执政第一年内发展出相对系统的促进种族平等的政策举措;通过将此类政策举措纳入更为宏观的"重建以更好"(Build Back Better)议程并成为后者的第四支柱,②拜登政府的确实现了政策设计上的全政府方法,并试图通过预算调整使其得以真正落实。尽管如此,由于竞选承诺兑现有限、公众认知相对消极等原因,拜登政府第一年促进种族平等的政策效果明显不佳。

---

① Executive Office of the President (EOP), "Executive Order 13985 of January 20, 2021: Advancing Racial Equity and Support for Underserved Communities Through the Federal Government", *Federal Register*, 2021, Vol. 86, No. 14, pp. 7009-7013.
② Barbara Sprunt, "Biden Details Proposal to Advance Race Equity in America" (July 28, 2020), NPR, https://www.npr.org/2020/07/28/896132054/biden-details-proposal-to-advance-racial-equity-in-america; "The Biden Plan to Build Back Better by Advancing Racial Equity across the American Economy", Biden Harris Democrats, https://joebiden.com/racial-economic-equity/; both retrieved November 24, 2020.

促进种族平等被拜登政府视作高度优先事项,并尝试通过全政府方法将种族平等嵌入几乎所有政策领域,从而推动全面的平等议程。① 纵观其执政第一年的努力,围绕种族平等的政策举措的确涵盖近乎所有领域,仅总统发布的行政命令就至少有 16 项——占 2021 年所有行政命令(77 项)的近 21%。具体而言,拜登政府的政策努力大致可分为如下五个方面。

第一,基于历史累积性不平等而来的倾斜性/非对称性机会平等政策。种族主义在美国根深蒂固,已形成不同种族/族裔间的难以扭转的不平等;因此,只有采取不对等的政策才可能打破历史形成的不平等,或者说通过差异性的机会平等政策以实现种族间平等。这是拜登总统以全政府方法促进种族平等最核心的举措,也被视作最为"大胆"的举措。②

首先,通过政策倾斜改善此前处于弱势地位的少数种族小型企业的处境,从而实现对少数种族的帮扶。2021 年 6 月 1 日,在塔尔萨种族大屠杀(Tulsa Race Massacre)100 周年纪念时,拜登总统提出一项计划,虑及美国联邦政府每年高达 6 500 亿美元的政府采购额,要求各联邦机构在此后直到 2025 年的政府采购中,将与弱势小型企业——它们绝大多数都是由非洲裔、拉丁裔、亚裔等少数族裔所拥有——的合同额增加 50%;这意味着,在未来五年内,弱势小型企业将额外获得 1 000 亿美元的合同。③ 这被视作拜登第一任期内最为

---

① "The Biden Harris Administration Immediate Priorities", The White House, https://www.whitehouse.gov/priorities/, retrieved January 4, 2022.
② Jason Dick and Evan Campbell, "Joe Biden's Bold Moves on Race Relations"(April 14, 2021), Roll Call, https://www.rollcall.com/podcasts/political-theater/joe-bidens-bold-moves-on-race-relations/, retrieved April 20, 2021.
③ "Fact Sheet: Biden-Harris Administration Announces Reforms to Increase Equity and Level the Playing Field for Underserved Small Business Owners"(December 2, 2021), The White House, https://www.whitehouse.gov/briefing-room/statements-releases/2021/12/02/fact-sheet-biden-harris-administration-announces-reforms-to-increase-equity-and-level-the-playing-field-for-underserved-small-business-owners/, retrieved January 4, 2022.

重大的缓解种族间财富不平等的政策举措。

其次，全面评估少数族裔所面临的住房歧视。拜登总统在2021年1月26日发布一项总统备忘录，要求审查美国住房市场中存在的种族歧视问题。该备忘录强调，在20世纪中，美国联邦、州及地方政府系统性地执行歧视性住房政策，导致非洲裔、拉丁裔、亚太裔及土著难以积累财富；因此，必须对美国住房市场的种族歧视法则和实践加以梳理。① 根据该备忘录，美国住房与城市发展部（Department of Housing and Urban Development, HUD）于2021年6月发布一项临时条例，要求完成对公平住房问题的评估，并确定相关优先事项和目标，以便采取具体政策行动。② 尽管这一举措意义深远，但迄今为止仍更多停留在政策评估层面。

再次，重点强调支持非洲裔历史知名高校的教育平等。根据白宫数据，拜登政府在2021年共计向非洲裔历史知名高校投资68亿美元，包括来自"美国救援计划"（American Rescue Plan）的37亿美元，美国教育部减债支持26亿美元，以及支持学术能力和财政稳定的5亿美元。而根据"重建以更好"议程，非洲裔历史知名高校还将获得100亿美元的资助。与此相应，拜登政府也计划增加主要接受者为非洲裔和其他少数族裔学生的联邦佩尔助学金（Pell Grant）金额。③ 此外，为促进少数族裔教育，拜登总统于2021年9月和10月

---

① "Memorandum on Redressing Our Nation's and the Federal Government's History of Discriminatory Housing Practices and Policies" (January 6, 2021), The White House, https://www.whitehouse.gov/briefing-room/presidential-actions/2021/01/26/memorandum-on-redressing-our-nations-and-the-federal-governments-history-of-discriminatory-housing-practices-and-policies/, retrieved January 31, 2021.
② Housing and Urban Development Department (HUD), "Restoring Affirmatively Furthering Fair Housing Definitions and Certifications", Federal Register, 2021, Vol. 86, No. 110, pp. 30779–30793.
③ "Fact Sheet: The Biden-Harris Administration's Historic Investments and Support for Historically Black Colleges and Universities" (December 17, 2021), The White House, https://www.whitehouse.gov/briefing-room/statements-releases/2021/12/17/fact-sheet-the-biden-%e2%81%a0harris-administrations-historic-investments-and-support-for-historically-black-colleges-and-universities/, retrieved January 4, 2022.

先后发布四项行政命令,建立了四个促进少数族裔教育平等、卓越和经济机会的白宫倡议,分别涉及非洲裔、亚裔、土著及拉丁裔等。

最后,确保缩小种族差距的基础设施投资公平。与经济不平等相联系,种族不平等还体现为不同的种族聚居区相互间的基础设施差距极大。拜登在竞选时期就提出要为有色人种提供更好的基础设施,并于2021年11月15日将国会两院通过的《基础设施投资与就业法案》(Infrastructure Investment and Jobs Act)签署成为公法(No. 117-58)。尽管该法案涉及面极广,但整体上为促进种族平等而设计了倾斜性政策,如为少数种族和弱势社区增加投资、提供补贴或提高优先等级,改善少数种族和弱势社区的外部互联互通,消除交通中的各类歧视性举措,等等。①

第二,旨在消除因工作收入差异而来的就业平等政策,主要包括两个方面。一是就业机会平等。拜登总统在2021年6月发布《联邦劳动力的多样性、平等、包容和可及性》行政命令,要求联邦机构采取系统性方法,通过审查服务不足社区的成员特别是少数族裔在就业和专业发展中所面临的障碍,提高少数族裔的就业机会平等。② 二是工会组织和谈判的机会平等。拜登在2021年4月发布一项行政命令,要求建立白宫工人组织与赋权工作组,旨在改进联邦政府政策以赋权工人,这对少数族裔而言更为重要。③ 在2021年9月8日(劳动节)讲话中,拜登总统强调,独立和民主响应的工会是民主的重要堡垒;工会是多种族组织,围绕成员的共同利益而成立,并赋予其可对抗大公司、华尔街的政治和经济力量。因此,拜登政府希望扶持种

---

① The 117th Congress (2021-2022), "H. R. 3684-Infrastructure Investment and Jobs Act" (November 15, 2021), Congress. Gov, https://www.congress.gov/bill/117th-congress/house-bill/3684/actions, retrieved January 4, 2022.
② Executive Office of the President (EOP), "Executive Order 14035 of June 25, 2021: Diversity, Equity, Inclusion, and Accessibility in the Federal Workforce," *Federal Register*, 2021, Vol. 86, No. 123, pp. 34593-34603.
③ Executive Office of the President (EOP), " Executive Order 14025 of April 26, 2021: Worker Organizing and Empowerment", *Federal Register*, 2021, Vol. 86, No. 81, pp. 22829-22832.

族多样化的工会,以提高少数族裔讨价还价的能力。①

第三,旨在大力消除个体性种族主义的司法平等政策。尽管个体性种族主义已经不合时宜,但在司法系统仍有明显体现,诸多执法实践中充斥着种族歧视。拜登政府强调要采取强力行动,改革美国司法系统并确保所有人的司法公正。这是一个宏大的系统工程,波及诸如罚款、不合宪执法、改革联邦执法实践、消除审判中的种族不平等、支持社区暴力干预(Community Violence Intervention, CVI)计划、支持释放人员重返社会努力,等等。需要指出的是,这既是拜登竞选时围绕种族平等的承诺中最为重要的部分,也是其执政后兑现率最低的部分。

第四,对亚裔美国人、土著夏威夷人及太平洋岛民强化包容性、提高归属感和扩大机会的政策。拜登政府于2021年5月发布行政命令,提出涉亚裔美国人、土著夏威夷人和太平洋岛民的白宫倡议。因为这一群体是当前美国人口中增长最快的,但长期的系统性种族主义却使他们难以获得公平公正的待遇,新冠肺炎疫情更使亚裔遭受的区别对待明显上升。该倡议的核心目的是纠正既有历史的不公正,使这一群体能够为美国发展贡献更大力量。② 同时,为应对因疫情而高涨的主要针对亚裔的个体性种族主义,拜登还于2021年5月20日将国会通过的《新冠肺炎疫情仇恨犯罪法案》(COVID-19 Hate Crimes Act)签署成为公法(No. 117-13),以缓解因疫情而推高的种族性仇恨犯罪。③

---

① "Remarks by President Biden in Honor of Labor Unions" (September 8, 2021), The White House, https://www.whitehouse.gov/briefing-room/speeches-remarks/2021/09/08/remarks-by-president-biden-in-honor-of-labor-unions/, retrieved October 5, 2021.
② Executive Office of the President (EOP), "Executive Order 14031 of May 28, 2021: Advancing Equity, Justice, and Opportunity for Asian Americans, Native Hawaiians, and Pacific Islanders", *Federal Register*, 2021, Vol. 86, No. 105, pp. 29675-29681.
③ The 117th Congress (2021-2022), "S. 937-COVID-19 Hate Crimes Act" (May 20, 2021), Congress. Gov, https://www.congress.gov/bill/117th-congress/senate-bill/937/text, retrieved May 30, 2021.

第五,缓解疫情冲击的《美国救援计划》。由于新冠肺炎疫情对不同种族家庭冲击差异巨大,《美国救援计划》为中低收入家庭提供直接的现金补助——每人1 400美元,这意味着4人的中低收入家庭将获得额外的5 600美元收入;该计划还包括延长失业保险,增加补充营养援助计划(Supplemental Nutrition Assistance Program, SNAP)金额,提高儿童税收减免额、收入税收减免额等。① 这些举措对缓解因疫情加剧的种族不平等有较为明显的作用。白宫认为,《美国救援计划》使非洲裔儿童贫困率下降了30.2%,而补充营养援助计划则使受益人口增加了15%。②

在上述复杂且全面的政策举措之外,拜登政府于2021年4月递交的2022年政府预算,也将种族平等置于高度优先地位。预算请求报告明确指出,"现在是美国应对系统性种族主义并确保美国承诺最终全面向所有而非部分美国人开放的时候了";在22个部门或机构的预算请求中涉及促进种族平等,其中有17个部门或机构要求增加预算或设置新的部门以促进种族平等,新增预算请求达2 000亿美元。③ 但由于疫情持续导致的财政困难,拜登政府促进种族平等的新增预算请求并未得到普遍支持。

尽管涉及诸多政策领域并很大程度上贯彻了全政府方法,但如果与其在竞选时期的承诺相比,拜登政府的承诺兑现率相对较低,这也注定其促进种族平等政策效果不佳。根据拜登竞选战略,其促进

---

① "American Rescue Plan" (March 2021), The White House, https://www.whitehouse.gov/wp-content/uploads/2021/03/American-Rescue-Plan-Fact-Sheet.pdf, retrieved April 4, 2021.
② "Fact Sheet: The Biden-Harris Administration Advances Equity and Opportunity for Black People and Communities Across the Country" (December 17, 2021), The White House, https://www.whitehouse.gov/briefing-room/statements-releases/2021/12/17/fact-sheet-the-biden-harris-administration-advances-equity-and-opportunity-for-black-people-and-communities-across-the-country-2/, retrieved January 4, 2022.
③ Jim Saksa, "Trump's Budget Didn't Mention Race. Biden's Budget Aims to Undo Systemic Racism" (April 9, 2021), Roll Call, https://www.rollcall.com/2021/04/09/trumps-budget-didnt-mention-race-bidens-budget-aims-to-undo-systemic-racism/, retrieved April 15, 2021.

种族平等的举措涵盖如下 13 个领域：通过一项新的"小型企业机会方案"(Small Business Opportunity Plan)刺激公私投资；改革机遇区(Opportunity Zones)以兑现承诺；通过历史性承诺实现联邦采购平等；确保住房计划有利于有色种族；实现教育机会平等；提高有色种族家庭的退休保障和金融资产；确保有色种族的薪资平等；确保基础设施和清洁能源投资公平；支持二次经济成功机会；加强美联储对种族经济差距的关注；促进所有联邦机构关键职位领导的多样性；建立 21 世纪的医护基础设施；解决长期存在的农业不平等问题。① 稍做对比可以发现，拜登政府仍有大量规划尚未落实，或已经不再可能落实。例如，为主要是少数族裔拥有的小型企业提供更多机会的设想，其主要有两个基础：一是民主党参议员查克·舒默(Chuck Schumer，弗吉尼亚州)于 2020 年 7 月提出的《就业与邻居法案》(Jobs and Neighborhood Investment Act)，如该法案被通过，可为少数族裔小型企业动员 500 亿美元资本，但该法案甚至没有通过小组委员会讨论；二是为针对少数族裔社区的各类贷款项目提供支持，使少数族裔小型企业可获得 1 000 亿美元的低息商业贷款，但该设想在拜登执政后从未提及。又如，为促进少数族裔学生的教育机会平等，拜登设想当选后提供学生债务减免，最重要的是为家庭年收入在 12.5 万美元以下的学生减免学费，这意味着 91% 的非洲裔家庭、88% 的拉丁裔家庭和 91% 的土著家庭将会受益。这一设想迄今尚未提上议事日程。此外，诸如机遇基金(Opportunity Funds)、联邦机构领导层多样化、少数族裔首套住房购买税收减免、提高少数族裔家庭退休保障等竞选承诺在很大程度上都未得到落实。

正是由于其承诺很大程度上未得到有效落实，拜登政府促进种族平等的政策举措并未得到公众普遍认可。例如，根据盖洛普于

---

① "The Biden Plan to Build Back Better by Advancing Racial Equity across the American Economy", Biden Harris Democrats, https://joebiden.com/racial-economic-equity/, retrieved November 24, 2021.

2021年7月的一项民意调查,美国人对白人与非洲裔关系的认知创下自2001年以来的最低纪录:只有42%的美国人认为关系"良好",57%认为关系"糟糕";事实上,自2016年起,这一认知便持续降低,更是与2001—2013年均高于60%的历史表现形成鲜明对比。① 与此相应,认为非洲裔面临普遍的种族歧视的比例也达到自2001年以来的最高水平(64%)。② 很显然,拜登执政一年来并未展示出有效扭转特朗普当选所触发的美国种族主义当代回潮进程的重大潜力,尽管其当选被认为是自富兰克林·罗斯福时代以来最重要的胜利。③ 更为严峻的是,无论是从政策空间还是从认知基础看,拜登政府促进种族平等的政策有效落实并扭转种族主义回潮态势的可能性都明显不高。

二、疫情持续与政策空间压缩

导致拜登政府促进种族平等政策进展不大且未来仍难有优异表现的现实原因在于,新冠肺炎疫情的持续使拜登政府的政策空间遭到重大压缩。疫情持续一方面使针对亚裔和非洲裔的个体性种族主义——主要表现为个体态度、仇恨行为等显性方面——居高不下,另一方面也因经济困难而加剧了既有的系统性种族主义——主要体现在社会阶层、制度安排等隐性方面,尤其是如收入、就业、教育、住房等方面。政策空间明显缩小,使拜登促进种族平等政策难有现实和预期的成效。

---

① Megan Brenan, "Ratings of Black-White Relations at New Low" (July 21, 2021), Gallup, https://news.gallup.com/poll/352457/ratings-black-white-relations-new-low.aspx, retrieved July 31, 2021.
② Jeffrey M. Jones and Camille Lloyd, "Larger Majority Says Racism against Black People Widespread" (July 23, 2021), Gallup, https://news.gallup.com/poll/352544/larger-majority-says-racism-against-black-people-widespread.aspx, retrieved July 31, 2021.
③ Paul Bledsoe, "Biden's Defeat of Trump Is the Most Important Win since FDR" (November 7, 2020), MSN News, https://www.msn.com/en-us/news/politics/bidens-defeat-of-trump-is-the-most-important-win-since-fdr/ar-BB1aN3q9, retrieved November 10, 2021.

尽管受变种病毒持续出现的影响，但根本上仍是美国政府疫情防控不力，导致美国成为疫情重灾区，对拜登政府的几乎所有施政努力都产生了消极影响。如果仅考察疫情防控成效，拜登政府执政表现甚至不如特朗普政府：从确诊病例数量增长看，仅 2021 年 5—7 月有较明显缓解，到 2021 年 8—9 月再度快速蔓延；而在"奥密克戎"（Omicron）变种病毒出现后，美国新冠肺炎确诊人数于 2021 年 12 月起持续创下新的纪录，到 2022 年 1 月初甚至创下每日新增确诊病例超过 90 万的新高。① 正是由于在疫情防控上表现不佳，美国内对拜登政府应对疫情的看法日渐消极。例如，2021 年 4 月，认可拜登政府疫情防控做法的公众比例明显高于反对者，分别为 62% 和 30%；但到 12 月，持认可态度和反对态度的人数基本持平，均在 48% 左右。② 与此相应，美国公众对拜登执政表现的看法也在 2021 年 8 月首次由正转负。由于疫情防控失败，拜登政府促进种族平等的政策也很难再被认可，因为疫情的反复和持续很大程度上使美国个体性和系统性种族主义都变得更加严重。

第一，由于病毒首先在中国被发现和报告，因此新冠肺炎疫情的暴发和持续对刺激美国内的亚裔歧视有直接影响。从数据上看，根据美国联邦调查局（FBI）于 2021 年 10 月公布的数据，在 2020 年中针对亚裔的种族性仇恨犯罪相比 2019 年增长了 73%，而美国种族性仇恨犯罪的整体增长率仅为 13%。③ 另一项数据显示，2020 年 3 月 19 日—12 月 31 日，针对亚裔的歧视事件达到 2 808 起，其中 90.3%

---

① "Trends in Number of COVID-19 Cases and Deaths in the US Reported to CDC, by State/Territory", Centers for Disease Control and Prevention (CDC), https://covid.cdc.gov/covid-data-tracker/#trends_dailycases, retrieved January 9, 2022.
② "President Biden and the Biden Administration", PollingReport.com, https://www.pollingreport.com/biden_adm.htm, retrieved January 9, 2022.
③ Sakshi Venkatraman, "Anti-Asian Hate Crimes Rose 73% Last Year, Updated FBI Data Says" (October 26, 2021), NBC News, https://www.nbcnews.com/news/asian-america/anti-asian-hate-crimes-rose-73-last-year-updated-fbi-data-says-rcna3741, retrieved November 1, 2021.

是出于种族主义动机,而"病毒最早在中国发现"与此密切相关。① 其中,华裔所遭受的种族主义歧视是所有亚裔中最为严重的,占所有报告事件的42%。② 从认知上看,根据皮尤研究中心2021年4月的一项调查,自新冠肺炎疫情暴发以来,有81%的亚裔成年人表示,针对亚裔的暴力活动上升了;而所有美国人中,有56%的持这一观点。在导致歧视亚裔的原因中,20%的人认为是特朗普毫无根据地将疫情归因于中国或错误地将其描述为"中国病毒",16%的人认为是种族主义,15%的认为是疫情。这意味着,在歧视亚裔的诱因中,"中国""疫情"和"种族主义"三者加起来超过50%。③ 需要指出的是,美国司法部于2018年11月启动的"中国行动计划"(China Initiative)也助长了美国国内对亚裔美国人的种族偏见,并导致2019—2020年针对亚裔美国人的暴力事件上升71%。④

第二,尽管相关数据并不系统且不够及时,但拜登执政后,因疫情持续而来的针对除亚裔外其他少数族裔的个体性种族歧视有增无减,最明显的体现是在2020年5月后高涨的"黑人的命也是命"(BLM)全国性抗议活动及警察介入、白人反抗议等互动上。根据武装冲突地点与事件数据项目(Armed Conflict Location & Event Data Project, ACLED)的分析,在非洲裔乔治·弗洛伊德被杀害后

---

① Elizabeth Tran and Joseph DeFreitas, "School Take on Asian Hate" (December 17, 2021), Mane Street Mirror, https://manestreetmirror.com/9696/news/school-take-on-asian-hate/, retrieved January 9, 2022.
② Matthew K. Chin, et al., "Asian American Subgroups and the COVID-19 Experience: What We Know and Still Don't Know" (May 24, 2021), Health Affairs, https://www.healthaffairs.org/do/10.1377/hblog20210519.651079/full/, retrieved January 9, 2022.
③ Neil G. Guiz, Khadijah Edwards, and Mark Hugo Lopez, "One-Third of Asian Americans Fear Threats, Physical Attacks and Most Say Violence against Them Is Rising" (April 21, 2021), Pew Research Center, https://www.pewresearch.org/fact-tank/2021/04/21/one-third-of-asian-americans-fear-threats-physical-attacks-and-most-say-violence-against-them-is-rising/, retrieved January 9, 2022.
④《2021年12月15日外交部发言人赵立坚主持例行记者会》,2021年12月15日,外交部网站,https://www.fmprc.gov.cn/web/fyrbt_673021/202112/t20211215_10470135.shtml,最后浏览日期:2023年10月31日。

的一年内,美国共计发生 1.1 万起 BLM 抗议活动。尽管绝大多数(94％)抗议活动是和平的,但仍可从美国执法部门及社会对待 BLM 抗议的态度中看到明显的种族歧视,因为抗议者往往面临警察不成比例的打击和白人极右势力的暴力阻碍或反抗议。首先,在所有 BLM 抗议活动中,仅 6％诱发了暴力或与警察产生冲突,其中部分还是由于白人极右翼分子的暴力阻止所引发的;相比之下,所有涉及极右翼的抗议活动中,有 14％诱发了暴力或与警察产生冲突。其次,相对其他各类抗议活动,警察介入 BLM 抗议的概率是介入其他各类抗议活动的 2 倍(52％:26％),在介入后采取重装武力对抗的概率也是针对其他各类抗议活动的 1.85 倍(37％:20％)。再次,BLM 抗议活动往往遭遇白人反抗议的对抗或阻挠,且经常会有极右翼团体参与;一旦极右翼团体参与,BLM 抗议活动最终诱发暴力对抗的概率便会大大增加,73％的 BLM 抗议活动遭遇过汽车冲撞。① 最后,有至少 34 个州出台了各种类型的"反抗议"法案,限制人们——主要是少数族裔——参与 BLM 抗议活动的权利,同时为开车冲撞 BLM 抗议活动的驾驶员——主要是白人极端分子——提供更大法律保护。尽管其借口是应对暴力抗议活动,但在这些出台相关法律的州里,有 97％的抗议活动都是和平的。② 由此可见,尽管疫情有拉大社交距离的效果,但并未影响美国社会内部个体性种族主义的发展。

第三,疫情防控中的种族不平等,使美国系统性种族主义进一步暴露。截至 2022 年 1 月 8 日,美国疾控中心数据显示,在 4 618 万个确诊病例中,有 66％的可获得其种族/族裔信息。尽管从绝对数量上看,白人以 1 698 万例高居榜首,拉丁裔 730 万例位居其次,非洲裔

---

① "A Year of Racial Justice Protests: Key Trends in Demonstrations Supporting the BLM Move-ment" (May 25, 2021), ACLED, https://acleddata.com/2021/05/25/a-year-of-racial-justice-protests-key-trends-in-demonstrations-supporting-the-blm-movement/, retrieved June 1, 2021.
② "Fact Sheet: Anti-Protest Legislation and Demonstration Activity in the US" (April 30, 2021), ACLED, https://acleddata.com/2021/04/30/fact-sheet-anti-protest-legislation-and-demonstration-activity-in-the-us/, retrieved June 1, 2021.

370万例,而亚裔仅98万例。但如果从比例角度看,情况完全不同:白人占全美人口的比例为60.11%,但占所有确诊病例的比例为55.6%;相比之下,拉丁裔的全美人口比例和确诊人口比例分别为18.45%和23.9%,非洲裔分别为12.54%和12.1%,亚裔分别为5.76%和3.2%。换句话说,就同一种族/族裔的相对感染率(占确诊人口比例与占总人口比例的比率)而言,亚裔最低为55.56%,白人92.5%,非洲裔96.5%,拉丁裔最高129.54%。而就死亡情况看,绝对数量仍是白人最高(37.7万人),拉丁裔(10.3万人)次之,非洲裔(8.1万人)居第三,亚裔(2.1万人)最少;但同一种族/族裔的相对死亡率却是非洲裔最高(107.65%),其次是白人(103.64%),拉丁裔(92.14%)居第三,亚裔(60.76%)仍是最低的。①

美国疾控中心对2020年3月1日—2021年11月6日有族裔信息的病例的统计分析,进一步暴露了美国系统性种族主义的根深蒂固。分析表明,除亚裔外,非洲裔、拉丁裔和土著的确诊率、就医率和死亡率均明显高于白人(如表6-1所示)。不同族裔人口感染新冠肺炎、因新冠肺炎死亡的差异,反映的是美国系统性种族主义的现实:亚裔感染率和死亡率均最低,很大程度上与其经济成就、文化传

表6-1 疫情应对中的美国系统性种族主义

是白人的倍数	土著	亚裔	非洲裔	拉丁裔
确诊率	1.6	0.6	1.0	1.6
就医率	3.3	0.8	2.6	2.5
死亡率	2.2	0.9	1.9	2.1

资料来源:"Risk for COVID-19 Infection, Hospitalization, and Death by Race/Ethnicity" (November 22, 2021), Centers for Disease Control and Prevention (CDC), https://www.cdc.gov/coronavirus/2019-ncov/covid-data/investigations-discovery/hospitalization-death-by-race-ethnicity.html, retrieved December 1, 2021.

---

① "Demographic Trends of COVID-19 Cases and Deaths in the US Reported to CDC" (update January 8, 2022), Centers for Disease Control and Prevention (CDC), https://covid.cdc.gov/covid-data-tracker/#demographics, retrieved January 9, 2022.

统、更注重个体防护等密切相关;白人感染率低但死亡率高,说明其经济水平更高却不注重个体防护;非洲裔和拉丁裔的感染率、死亡率均相对较高,很大程度上与其族裔整体性的社会经济地位相关。

第四,疫情对不同族裔的经济冲击存在明显差异,进一步放大了美国系统性种族主义。疫情远非一场公共卫生危机,更是一场经济危机。在疫情暴发后,各国经济均遭受重大冲击。在美国国内,不同族裔抵抗疫情冲击的能力存在重大差异。根据一项研究,疫情导致美国商业活跃度在2020年2—4月大挫22%,其中非洲裔商业活跃度下降41%,拉丁裔下降32%,亚裔下降26%。① 而根据美国人口普查局的数据,由于疫情暴发和持续,2020年美国家庭收入中位数相比2019年下降了2.9%;但不同族裔家庭下降幅度明显不一:非洲裔下降幅度最小,为0.3个百分点;白人和非洲裔下降幅度相同,均为2.6个百分点;亚裔降幅最大为4.5个百分点。非洲裔家庭收入降幅最小,并非其受疫情影响最小,而是因其家庭收入最低,仅相当于亚裔的48.3%、白人的64.4%和拉丁裔的82.9%;亚裔降幅最大,从另一个侧面反映了疫情使针对亚裔的种族歧视上升的事实。② 与疫情对全球可持续发展的冲击相似,疫情也使美国贫困发生率略有回升:2020年在上一年基础上增长了近1个百分点(10.5%:11.4%);这意味着,疫情使326万人返贫。类似地,不同族裔因疫情返贫的情况差异明显:拉丁裔贫困发生率从2019年的15.7%上升至2020年的17%,增长1.3个百分点,共计86.4万人;白人贫困发生率从7.3%升至8.2%,增长了0.9个百分点,共计179万人;非洲裔贫困发生率从18.8%升至19.5%,增长0.8个百分点,共计40万人;亚裔情况最好,贫困发生率从7.3%升至8.1%,增长0.8个百分

---

① Robert W. Fairlie, "The Impact of COVID-19 on Small Business Owners: The First Three Months after Social-Distancing Restrictions", NBER Working Paper, 2020, No. 27462, pp. 6-7.
② Emily A. Shrider, et al., *Income and Poverty in the United States: 2020*, *Current Population Reports*, Washington, D. C. : U. S. Census Bureau, 2021, p. 3.

点,共计16.5万人。① 更进一步地,如果考察各族裔贫困发生率与其在整个美国人口中占比的关系可以发现,2020年,仅白人的贫困发生率低于1,其他所有少数族裔的贫困发生率均高于1。换句话说,疫情对少数族裔的冲击明显更大。

第五,疫情持续还加剧了美国既已严重的系统性种族不平等,尤其明显的是教育、就业和住房等。首先,疫情对不同族裔的教育机会产生了重大冲击。例如,2020年8月—2021年3月,有27.6%的非洲裔家庭不得不借钱度日,因此也不得不大幅削减教育开支;在借钱度日的非洲裔家庭中,有43.9%的家庭取消了中学后教育计划,另有12.9%的家庭减少了上课次数;相比之下,同期只有6.4%的白人家庭借钱度日,其中取消中学后教育计划的只有29.1%、减少上课次数的只有10.1%。② 其次,疫情也使不同族裔面临不同的就业困难。从年度趋势看,疫情导致2020年的美国失业率比2019年增长了一倍多(7.8%:3.7%)。但各族裔的失业率及其增长差异明显:非洲裔失业率一向是最高的,2020年达到11.4%,在2019年(6%)的基础上增长了5.4个百分点;拉丁裔和亚裔的增长幅度均高于非洲裔,分别增长了6个百分点和5.9个百分点,达到10.3%和8.6%;而白人失业率增长幅度也达到4个百分点,为7.3%,是所有族裔中受疫情影响最小的。③ 进入2021年后,美国经济开始复苏,全美失业率大幅下降,至2021年12月,不同性别的失业率变化为:男性失业率从一年前的6.7%降至3.9%,降幅达41.8%;女性失业率从6.3%降至3.5%,降幅达44.4%。尽管如此,不同族裔仍存在较明显差异。在

---

① Emily A. Shrider, et al., *Income and Poverty in the United States: 2020*, Current Population Reports, Washington, D. C.: U. S. Census Bureau, 2021, p. 53.
② Christian E. Weller and Richard Figueroa, "Wealth Matters: The Black-White Wealth Gap before and during the Pandemic" (July 28, 2021), Center for American Progress, https://www.americanprogress.org/article/wealth-matters-black-white-wealth-gap-pandemic/, retrieved August 5, 2021.
③ "Current Population Survey: Unemployment", U. S. Bureau of Labor Statistics, https://www.bls.gov/data/#unemployment, retrieved January 9, 2022.

男性中,非洲裔失业率降幅仅为 34.9%,而亚裔最低仅 25.5%——某种程度上印证了疫情与亚裔歧视间的关联;女性中,非洲裔失业率降幅仅 25.6%,其余族裔均在 46% 以上。① 最后,疫情进一步凸显了美国长期以来的住房不平等。例如,从住房拥有的稳定性上看,2020 年第一季度至 2021 年第三季度,美国所有族裔家庭的住房所有权起伏不大——振幅为 2.6 个百分点,但非洲裔和拉丁裔却明显不够稳定,其振幅分别达到 3.3 个和 3.1 个百分点,白人和亚裔均为 2.3 个百分点。② 当然,非洲裔、拉丁裔因疫情而拖欠房贷的比例也远远高于白人和亚裔。

三、抵抗运动与认知环境恶化

导致拜登种族平等政策落实一年效果不佳且未来预期难言乐观的更深层原因,在于持续恶化的认知环境,或者说特朗普所启动的美国种族主义回潮的认知基础仍在持续巩固。这一发展主要体现为两个方面:一是围绕批判种族理论的全国性争论,以及共和党借此推动的半制度化抵抗运动;二是特朗普政府时期促成的 2020 年美国人口普查的方法论变更。这两个方面的发展很大程度上正推动特朗普政府时期美国种族主义回潮的诸多思想和观念成为法律乃至技术,从而为拜登消除系统性种族主义的努力设置了更长期的认知障碍。

批判种族理论是美国学术界理解美国系统性种族主义的一个相对较新的框架,试图解释美国种族主义的存在及其形式。回顾而言,20 世纪五六十年代民权运动所取得的进步,只是从形式上保证了所有族裔的平等权利。随着大量律师、活动家及学者日益认识到既有进步更多是象征性的,批判种族理论自 20 世纪 70 年代中期逐渐兴

---

① "Current Population Survey: Unemployment", U. S. Bureau of Labor Statistics, https://www.bls.gov/data/#unemployment, retrieved January 9, 2022.
② Housing Vacancies and Homeownership, "Table 16: Homeownership Rates by Race and Ethnicity of Householder 1994 to Present", U. S. Census Bureau, https://www.census.gov/housing/hvs/data/histtabs.html, retrieved January 9, 2022.

起。批判种族理论的兴起首先源于对美国司法系统中的种族主义实践的理解,其最初的创立者德里克·贝尔(Derrick Bell)、阿兰·弗里曼(Alan Freeman)和理查德·德尔加多(Richard Delgado)等都是法学教授;因此,批判种族理论也建立在批判法律理论(critical legal theory,CLT)的基础上。同时,女性主义也是批判种族理论的重要思想渊源,因为前者强调,权力与社会角色建构密切相关,而很大程度上不可见的模式、习惯等整体则塑造了包括父权在内的各类统治。①

作为批判理论的一个分支,批判种族理论与女性主义、性别理论、拉丁裔理论等一样,都聚焦群体性的身份认同。该理论认为,种族主义不仅仅是个人的偏见和偏执,或者说不只是个体性的;相反,它是社会结构的系统性特征。换句话说,种族主义是基于种族的系统性压迫体系,可通过非人化的系统而非个人言语行为来实现。② 这意味着,种族主义是偏见加权力的组合:白人至上主义不再被界定为"不同种族拥有不同的特征、能力或素质,特别是以此为基础判断其优劣差异";相反,白人至上主义只是意味着成为白人多数中的一员。③ 这是因为压迫者与被压迫者的关系居于批判种族理论的核心。其中,是否发生实际的种族歧视行为并不重要,重要的是两个群体的权力动态。在提出之初,批判种族理论基于如下假设:种族主义是普遍现象而非反常现象;种族主义服务于重要目的;种族是社会思想和关系的产物,在必要时得以发明、操纵或消亡;④交叉性,即没有人的身份是单一的,每个人都有潜在相互冲突、重叠的身份。⑤ 爱德华多·博

---

① Richard Delgado and Jean Stefancic, *Critical Race Theory: An Introduction*, New York: New York University Press, 2001, p.5.
② Beverly Daniel Tatum, *Why Are All the Black Kids Sitting Together in the Cafeteria? And Other Conversations about Race*, New York: Basic Books, 2017, pp.80-90.
③ Jemar Tisby, *The Color of Compromise: The Truth about the American Church's Complicity in Racism*, Grand Rapids, MI: Zondervan, 2019, p.16.
④ Ibid., p.7.
⑤ Ibid., p.9.

尼拉-席尔瓦(Eduardo Bonilla-Silva)于2015年将其发展为五项原则:种族主义是嵌入社会结构的,是种普遍现象而非反常现象;种族主义拥有物质基础,或者说是被利益所掩盖的;种族主义随时间而发展演变,或者说它是社会建构的;种族主义往往具有某种"合理性",始终存在支持和反对的证据;种族主义有其当代基础,白人事实上是民权立法的接受者。①

尽管指出了美国系统性种族主义的实质,但作为一种理论框架,批判种族理论本身就有缺陷。如同右翼智库美国传统基金会(Heritage Foundation)所强调的,批判种族理论可谓批判理论的"儿子"甚至是"孙辈",因其事实上是批判法学理论的分支;正是由于这一理论渊源,批判种族理论存在明显"缺陷":采用将社会区分为压迫者和被压迫者的社会分析方法;强调话语与权力的关系,进而是种不健康的尼采式相对主义;强调被压迫者的文化信仰源于压迫者,进而教育而非革命才是出路;由此而来的是,批判往往缺乏反思,且用压迫者-被压迫者关系替代所有权力体系。② 总结起来,对批判种族理论的批评主要集中于以下三个方面。其一,批判种族理论强调种族主义的不可见性,为少数族裔的权利主张提供"空白支票"。由于种族主义是系统性的、不可见的,因此可以在不出示任何确凿证据的情况下,断言美国人是种族主义者。这样,白人的内疚和非洲裔的受害都将是永久性的,不存在悔改、治愈或改善的机会。其二,在道德"空白支票"的支撑下,歉意可使暴力变得正当。在系统性种族主义背景下,任何反抗行动都源于可被称作"觉醒"(wokeness)的新型政治道德,但那不过是批判种族理论所催生的畸形话语。③ 因此,批判种族理论往往使

---

① Eduardo Bonilla-Silva, "More than Prejudice: Restatement, Reflections, and New Directions in Critical Race Theory," *Sociology of Race and Ethnicity*, 2015, Vol. 1, No. 1, p. 74.
② Jonathan Butcher and Mike Gonzalez, "Critical Race Theory, the New Intolerance, and Its Grip on America," *Backgrounder*, 2020, No. 3567, pp. 1-2.
③ Zach Goldberg, "How the Media Led the Great Racial Awakening" (August 2020), Tablet, https://www.tabletmag.com/sections/news/articles/media-great-racial-awakening, retrieved January 9, 2022.

用"具有异国风情"的术语,重塑"种族主义"内涵并使"反叙事"变得比系统性种族主义本身更加重要。① 其三,批判种族理论将自身标榜为"社会卫道士",从而形成一种"反向迫害"。由于批判种族理论自认为代表社会正义,因此声称有权对种族"仇恨言论"展开审查,并对反对者施以道德打压,进而形成一种"取消文化"(cancel culture)。②

需要强调的是,作为一种理论分析框架,批判种族理论诞生的头30余年里并未走出象牙塔。该理论逐渐从校园走向社会并成为全美争论焦点,大致经历了如下三个阶段。第一阶段是奥巴马执政时期,奥巴马当选特别是成功连任,刺激白人种族主义情绪明显反弹,其后果是对非洲裔及其他少数族裔的司法歧视日益明显,并为批判种族理论走出校园、影响全美奠定了基础。第二阶段是特朗普执政前三年里的种族主义回潮态势,使批判种族理论进一步获得社会影响力。到2018年,美国最大的两个教师工会都支持BLM抗议组织;而全国教育学会(National Education Association)还专门呼吁在中小学校使用BLM课程资料,③包括洛杉矶和华盛顿特区在内的20个大学区都支持BLM课程。④ 根据一项调查,到2020年6月,81%的教师、校长和学区领导都支持BLM抗议运动。⑤ 第三阶段是

---

① James A. Lindsay, "Social Justice Usage" (November 14, 2020), New Discourses, https://newdiscourses.com/tftw-black-lives-matter/, retrieved January 9, 2022.
② Peter Kurti, "Cancelling the Culture: Critical Theory and the Chasm of Incoherence" (May 2021), The Center for Independent Studies, Analysis Paper, https://www.cis.org.au/app/uploads/2021/06/ap22.pdf, retrieved February 28, 2023.
③ "AFT Resolution: Confronting Racism and in Support of Black Lives" (2020), American Federation of Teachers, https://www.aft.org/resolution/confronting-racism-and-support-black-lives; "Black Lives Matter at School: Resources", National Education Association, https://neaedjustice.org/black-lives-matter-school-resources/, both retrieved December 30, 2021.
④ Coshandra Dillard, "Black Lives Matter Week of Action" (December 4, 2018), Learning for Justice, https://www.learningforjustice.org/magazine/black-lives-matter-week-of-action, retrieved December 30, 2021.
⑤ Holly Kurtz, "Educators Support Black Lives Matter, but Still Want Police in Schools, Survey Shows" (June 25, 2020), Education Week, https://www.edweek.org/ew/articles/2020/06/25/educators-support-black-lives-matter-but-still.html, retrieved December 30, 2021.

特朗普为应对连任选举和 BLM 抗议双重压力,试图采取措施限制批判种族理论的扩散。随着因弗洛伊德遭暴力执法死亡而来的全国性抗议浪潮,批判种族理论的扩散速度明显加快。为对抗这一态势,特朗普先于 2020 年 9 月建立了所谓"1776 委员会"(1776 Commission)以便在中小学开展"爱国主义教育",后于同月 22 日发布《对抗种族与性别成见》(Combating Race and Sex Stereotyping)行政命令。① 特朗普政府的制度性举措为批判种族理论在拜登执政后迅速成为全国性争论焦点奠定了重要基础。

与其对促进种族平等的承诺相一致,拜登总统对批判种族理论持认同态度,并倾向于支持在中小学讲授系统性种族主义。需要指出的是,尽管批判种族理论产生后对大学教育、学术争论等产生了广泛影响,但对中小学教育的影响直到特朗普执政后期才开始凸显。反对者认为,在中小学教授批判种族理论,可能削弱个人自由主义价值和美国建国理想;而叙事故事、个人经历等批判种族理论所强调的内容,一旦取代基于事实的教学,可能产生重大的误导作用。② 这也正是特朗普出台前述政策举措的重要原因。拜登执政后支持批判种族理论的举措主要表现为两个方面:一方面,为对抗特朗普的"1776 委员会",拜登总统将《纽约时报》下设的"1619 项目"发展为政府性的"1619 委员会"以推广批判种族理论;另一方面,根据拜登执政后首份行政命令要求,美国教育部于 2021 年 4 月 19 日发布一项文件,提出美国历史和公民教育的诸多优先,第一项优先便是"将种族、族裔、文化和语言多样性视角融入教学之中"。③

---

① Executive Office of the President (EOP), "Executive Order 13950 of September 22, 2020: Combating Race and Sex Stereotyping", *Federal Register*, 2020, Vol. 85, No. 188, pp. 60683-60689.
② Laurence Parker and David O. Stovall, "Actions Following Words: Critical Race Theory Connects to Critical Pedagogy", *Educational Philosophy and Theory*, 2004, Vol. 36, No. 2, pp. 167-182; Gloria Ladson-Billings, "Just What Is Critical Race Theory and What Is It Doing in a Nice Field Like Education?", *Qualitative Studies in Education*, 1998, Vol. 11, No. 1, pp. 7-24.
③ Education Department, "Proposed Priorities-American History and Civics Education," *Federal Register*, 2021, Vol. 86, No. 73, p. 20349.

拜登政府的上述举动迅速引发全国性争论，并推动自 2008 年奥巴马当选以来美国政治中草根反对运动的新发展。如果与自 2008 年以来的草根反对运动——典型是奥巴马时期的茶党运动和特朗普时期的抵抗运动——相比较，来自共和党的围绕批判种族理论的反对运动呈现两大特征：一是大规模的草根抗议活动，二是州和联邦议会的立法抗议活动。如果这是拜登政府时期的草根反对运动的话，那么其以地方和立法为核心的半制度化特征正日益明显。

尽管与 BLM 抗议活动相形见绌，但围绕批判种族理论的示威抗议仍引人注目。根据 ACLED 数据，围绕批判种族理论的抗议活动首次出现在 2020 年 10 月 30 日，但直到 2021 年 5 月前都相对较少；截至 2021 年 12 月，与批判种族理论相关的示威抗议活动共计 129 次，其中 2021 年 5—7 月共计 84 次，其他所有月份均低于 10 次。在所有示威活动中，有 27 次支持在中小学开展批判种族理论教学，其余 102 次均持反对态度。示威活动分布于全美 28 个州，其中 16 个州出现过支持批判种族理论的示威。①

与示威抗议相比，围绕批判种族理论的争论更为重要的特征是州级政府和议会以及联邦议会的立法性抗议或抵制。随着拜登支持批判种族理论教学的政策举措出台，州级政府和议会的反对声音迅速增长。到 2021 年 6 月，有 16 个州提出反对在中小学讲授结构性种族主义的议案，其中 5 个州已批准相关议案为法律。② 此后，不仅州一级甚至联邦议会也都出现了抵制批判种族理论的声音。截至 2020 年 12 月底，美国联邦参众两院共提出了 11 项禁止批判种族理

---

① 笔者根据 ACLED 数据库(https://acleddata.com/)数据计算得出。
② Lauren Camera, "What Is Critical Race Theory and Why Are People So Upset about It?" (June 1, 2021), US News, https://www.usnews.com/news/national-news/articles/what-is-critical-race-theory-and-why-are-people-so-upset-about-it; Barbara Sprunt, "The Brewing Political Battle Over Critical Race Theory" (June 2, 2021), NPR, https://www.npr.org/2021/06/02/1001055828/the-brewing-political-battle-over-critical-race-theory; Faith Karimi, "What Critical Race Theory Is—And Isn't" (May 10, 2021), CNN, https://www.cnn.com/2020/10/01/us/critical-race-theory-explainer-trnd/index.html; all retrieved January 4, 2022.

论进入中小学教育的立法提案,尽管没有任何一项得到两院通过;而在州层面,立法抵抗变得更加普遍——共计 35 个州提出了 76 项相似议案,其中,16 个州通过了 21 项议案,有 10 个州的 11 项议案被州长签署成为法律,另有 5 个州的立法抵抗被否决或无限期停滞。① 而在更低的校区层面,尽管校董会更多是志愿性质的,但批判种族理论却成为校董会改选的重要工具,使诸多并不持立场的志愿者落选。总之,在从校董会直到联邦议会的各个层次上,共和党所发动的抵抗活动声势浩大,似乎正推动"文化战争"和草根反对运动朝向新阶段发展,尽管其实质是美国种族主义回潮的思想和认知基础的巩固。②

如果说对批判种族理论的抵制强化了美国种族主义回潮的认知基础的话,那么 2020 年美国人口普查的方法论变化,在认知基础之外还添加了技术手段。美国人口统计自 1997 年以来开始询问两个独立的问题,一是种族,二是血统。由于拉丁裔是血统标准,可以是任何种族,由此而来的人口数量可能大于实际数量,特别是随着种族间通婚现象日益普遍。为尽可能确保数据精确,美国人口普查局自 2015 年起优化人口普查方法,并采用新的多样性指标来考察美国人口变化。根据美国人口普查局的方法论说明,多样性衡量包括三项指标:一是多样性指标,指在特定人口中任意两个人不属于同一种族/族裔的可能性,分值为 0—1,得分越低说明种族/族裔结构越单一,得分越高说明多样性越高;二是主导地位排名,即在特定地区内前三大种族/族裔的比重;三是分散度得分,即在前三大种族之外的所有族裔占特定地区总人口的比例。根据这一新的方法论,美国人口结构多样化被非常生动地展现出来。例如,与 2010 年相比,2020 年人口普查显示,美国人口多样性从 54.9% 增至 61.1%,增幅

---

① Christorper Rufo, "CRT Legislation Tracker", https://christopherrufo.com/crt-tracker/, retrieved January 9, 2022.
② Trip Gabriel and Dana Goldstein, "Disputing Racism's Reach, Republicans Rattle American Schools" (June 1, 2021), New York Times, https://www.nytimes.com/2021/06/01/us/politics/critical-race-theory.html, retrieved September 30, 2021.

达到 11.29%;前三大族裔即白人、拉丁裔和非洲裔所占比重分别为 57.8%、18.7% 和 12.1%;其余族裔共计 11.4%(分散度得分)。① 但需要指出的是,尽管新的方法论可更准确地反映人口结构变化态势,但极大地放大了白人种族的危机感,并鼓励少数族裔主张自身权利,由此而来的后果极可能加剧白人与少数族裔的种族间对抗,助推美国种族主义的回潮态势。

---

① Erica Jensen, et al., "Measuring Racial and Ethnic Diversity for the 2020 Census" (August 4, 2021), Census Bureau, https://www.census.gov/newsroom/blogs/random-samplings/2021/08/measuring-racial-ethnic-diversity-2020-census.html; Eric Jensen, "The Chance That Two People Chosen at Random Are of Different Race or Ethnicity Groups Has Increased since 2010" (August 12, 2021), Census Bureau, https://www.census.gov/library/stories/2021/08/2020-united-states-population-more-racially-ethnically-diverse-than-2010.html; both retrieved August 30, 2021.

主要参考文献

一、中文著作

1. [德]尤尔根·哈贝马斯:《包容他者》,曹卫东译,上海人民出版社2002年版。
2. [美]保罗·芬德利:《美国亲以色列势力内幕》,武秉仁、戴克伟译,中国对外翻译出版公司1990年版。
3. [美]保罗·肯尼迪:《大国的兴衰——1500—2000年的经济变迁与军事冲突》,王保存等译,求实出版社1988年版。
4. [美]本尼迪克特·安德森:《想象的共同体:民族主义的起源与散布》,吴叡人译,上海人民出版社2003年版。
5. [美]彼得·I. 博斯科:《美国人眼中的第一次世界大战》,孙宝寅译,当代中国出版社2006年版。
6. [美]彼得·J. 卡赞斯坦、罗伯特·O. 基欧汉:《世界政治中的反美主义》,朱世龙、刘利琼译,中国人民大学出版社2012年版。
7. [美]加里·纳什等:《美国人民:创建一个国家和一种社会》(第6版·上卷 1492—1877年),刘德斌主译,北京大学出版社2008年版。
8. [美]孔秉德、尹晓煌:《美籍华人与中美关系》,余宁平等译,新华出版社2004年。

9. [美]麦礼谦:《从华侨到华人——二十世纪美国华人社会发展史》,生活·读书·新知三联书店(香港)1992年版。
10. [美]诺姆·乔姆斯基:《新自由主义和全球秩序》,徐海铭、季海宏译,江苏人民出版社2000年版。
11. [美]塞缪尔·亨廷顿:《我们是谁?——美国国家特性面临的挑战》,程克雄译,新华出版社2005年版。
12. [美]斯蒂芬·施密特、马克·谢利、芭芭拉·巴迪斯:《美国政府与政治》,梅然译,北京大学出版社2005年版。
13. [美]托马斯·索威尔:《美国种族简史》,沈宗美译,中信出版社2015年版。
14. [美]约翰·J.米尔斯海默、斯蒂芬·M.沃尔特:《以色列游说集团与美国对外政策》,王传兴译,上海人民出版社2009年版。
15. [美]约瑟夫·S.奈:《美国注定领导世界?——美国权力性质的变迁》,刘华译,中国人民大学出版社2012年版。
16. [美]兹比格涅夫·布热津斯基:《战略远见:美国与全球权力危机》,洪漫、于卉芹、何卫宁译,新华出版社2012年版。
17. [英]埃里·凯杜里:《民族主义》,张明明译,中央编译出版社2002年版。
18. [英]安东尼·吉登斯:《民族-国家与暴力》,胡宗泽、赵力涛译,生活·读书·新知三联书店1998年版。
19. 陈致远:《多元文化的现代美国》,四川人民出版社2003年版。
20. 邓蜀生:《美国与移民——历史·现实·未来》,重庆出版社1990年版。
21. 黄兆群:《美国的民族、种族和同性恋——关于美国社会的历史透视》,东方出版社2007年版。
22. 李伟建等:《以色列与美国关系研究》,时事出版社2006年版。
23. 梁茂信:《美国移民政策研究》,东北师范大学出版社1996年版。
24. 马莉:《美国穆斯林移民——文化传统与社会适应》,中央民族大学出版社 2011 年版。
25. 钱皓:《美国西裔移民研究——古巴、墨西哥移民历程及双重认同》,中国社会科学出版社 2002 年版。
26. 施琳:《美国族裔概论》,中央民族大学出版社 2006 年版。
27. 石毅:《从家长制到自由放任:美国政府种族政策研究》,中国社会科学出版社 2007 年版。
28. 孙逊:《美国华侨华人与台湾当局侨务政策》,九州出版社 2012 年版。
29. 吴前进:《国家关系中的华侨华人和华族》,新华出版社 2003 年版。
30. 薛涌:《右翼帝国的生成——总统大选与美国政治的走向》,广西师范大学出版社 2004 年版。
31. 张庆松:《美国百年排华内幕》,上海人民出版社 1998 年版。
32. 张爽:《美国民族主义——影响国家安全战略的思想根源》,世界知识出版社 2006 年版。
33. 赵可金:《营造未来——美国国会游说的制度解读》,复旦大学出版社 2005 年版。
34. 周琪:《意识形态与美国外交》,上海人民出版社 2006 年版。

二、英 文 著 作

1. Andrew Hacker, *Two Nations: Black and White, Separate, Hostile, Unequal*, New York: Macmillan, 1992.
2. Andrew J. Bacevich, *The New American Militarism: How Americans Are Seduced by War*, Oxford: Oxford University Press, 2005.
3. Aram Roston, *The Man Who Pushed America to War: The Extraordinary Life, Adventures, and Obsessions of Ahmad Chalabi*, New York: Nation Books, 2008.

4. Arnold Dashefsky and Ira M. Sheskin, eds., *American Jewish Year Book*, 2018, Dordrecht: Springer, 2018.
5. Arthur M. Schlesinger, Jr., *The Disuniting of America: Reflections on a Multicultural Society*, New York: W. W. Norton & Co., 1992.
6. Audrey Smedley and Brian D. Smedley, *Race in North America: Origin and Evolution of a Worldview*, 4th edn., Philadelphia: Westview Press, 2012.
7. Brenda G. Plummer, *Rising Wind: Black Americans and U.S. Foreign Affairs, 1935–1960*, Chapel Hill: University of North Carolina Press, 1996.
8. Christopher Rudolph, *National Security and Immigration: Policy Development in the United States and Western Europe Since 1945*, California: Stanford University Press, 2006.
9. Colin Woodard, *American Nations: A History of the Eleven Rival Cultures in North America*, New York: Penguin Books, 2011.
10. Dane A. Morrison, ed., *American Indian Studies: An Interdisciplinary Approach to Contemporary Issues*, New York: Peter Lang Inc., 1997.
11. David Fitzgerald, *A Nation of Emigrants: How Mexico Manages Its Migration*, Berkeley: University of California Press, 2008.
12. David Heer, *Immigration in America's Future: Social Science Findings and Policy Debate*, Colorado: Routledge, 1996.
13. David R. Mayhew, *Electoral Realignments: A Critique of an American Genre*, New Haven: Yale University Press, 2004.
14. David R. Roediger, *The Wages of Whiteness: Race and the Making of the American Working Class*, New York: Verso,

1991.

15. Don T. Nakanishi, and James S. Lai, *Asian American Politics: Law, Participation, and Policy*, London and New York: Rowman & Littlefield, 2003.
16. Edmund S. Morgan, *American Slavery, American Freedom: The Ordeal of Colonial Virginia*, New York: W. W. Norton & Co., 2003.
17. Eric Alterman, *Who Speaks for America?: Why Democracy Matters in Foreign Policy*, Ithaca: Cornell University Press, 1998.
18. Everett Garll Ladd and Karlyn H. Bowman, *What's Wrong: A Survey of American Satisfaction and Complaint*, Washington, D. C.: American Enterprise Institute for Public Policy Research, 1998.
19. Fareed Zakaria, *The Post-American World: And the Rise of the Rest*, London: Penguin books, 2009.
20. Francis P. Prucha, ed., *Documents of United States Indian Policy*, Lincoln, NE: University of Nebraska Press, 1990.
21. George Yancey, *Who Is White? Latinos, Asians, and the New Black/Nonblack Divide*, Boulder, Colo.: Lynne Rienner, 2004.
22. Gordon Chang, ed., *Asian Americans and Politics*, Stanford: Stanford University Press, 2001.
23. Graham T. Allison and Gregory Treverton, eds., *Rethinking America's Security: Beyond Cold War to New World Order*, New York: W. W. Norton & Co., 1992.
24. Gwendolyn M. Hall, *Slavery and African Ethnicities in the Americas: Restoring the Links*, Chapel Hill: University of North Carolina Press, 2005.

25. Ida B. Wells Barnett, *Southern Horrors: Lynch Law in All Its Phases*, New York: Create Space Independent Publishing Platform, 2011.
26. Jack Tager, *Boston Riots, Three Centuries of Urban Violence*, Boston: Northeastern University Press, 2001.
27. James P. Smith and Barry Edmonston, eds., *The New Americans: Economic, Demographic and Fiscal Effects of Immigration*, Washington, DC: National Academy Press, 1997.
28. Janice J. Terry, *U.S. Foreign Policy in the Middle East: The Role of Lobbies and Special Interest Groups*, Ann Arbor: Pluto Press, 2005.
29. Jill Lepore, *The Name of War: King Philip's War and the Origins of American Identity*, New York: Knopf, 1998.
30. Joel Garreau, *The Nine Nations of North America*, Boston: Houghton Mifflin Company, 1981.
31. John J. Mearsheimer and Stephen M. Walt, *The Israel Lobby and U.S. Foreign Policy*, New York: Farrar, Straus and Giroux, 2007.
32. John V. H. Dippel, *Race to the Frontier: "White Flight" and Westward Expansion*, New York: Algora Publishing, 2005.
33. Jon Sterngass, *Filipino Americans*, New York: Infobase Publishing, 2006.
34. June Edmunds and Bryan S. Turner, *Generations, Culture and Society*, Buckingham: Open University Press, 2002.
35. Kenneth R. Philp, *Termination Revisited: American Indians on the Trail to Self-Determination, 1933–1953*, Nebraska: University of Nebraska Press, 1999.
36. Kevin P. Phillips, *The Emerging Republican Majority*,

updated edition, Princeton: Princeton University Press, 2015.
37. Khalil Gibran Muhammad, *The Condemnation of Blackness: Race, Crime, and the Making of Modern Urban America*, Cambridge: Harvard University Press, 2010.
38. Khalil Marrar, *The Arab Lobby and US Foreign Policy—The Two-State Solution*, New York: Routledge, 2009.
39. Kishore Mahbubani, *The New Asian Hemisphere: The Irresistible Shift of Global Power to the East*, New York: Public Affairs, 2008.
40. Kitty Calavita, *Inside the State: The Bracero program, Immigration, and the I. N. S.*, New York: Routledge, 1992.
41. Lavina Dhingra Shankar and Rajini Srikanth, eds., *In A Part, Yet Apart: South Asians in Asian America*, Philadelphia: Temple University Press, 1998.
42. Leonard Dinner Stein and David Reamers, *Ethnic Americans: A History of Immigration and Assimilation*, New York: Harper & Row, 1982.
43. Leonard Zeskind, *Blood and Politics: The History of the White Nationalist Movement from the Margins to the Mainstream*, New York: Rarrar, Straus and Giroux, 2009.
44. Lerone Bennett, Jr., *Before the Mayflower: A History of Black America*, New York: Penguin Books, 1988.
45. Leslie H. Gelb, *Power Rules: How Common Sense Can Rescue American Foreign Policy*, New York: Harper Collins, 2009.
46. Lewis R. Gordon, *Bad Faith and Antiblack Racism*, Amherst: Humanity Books, 1995.
47. Lon Kurashige, *Two Faces of Exclusion: The Untold History of Anti-Asian Racism in the United States*, Chapel Hill: University of

North Carolina Press, 2016.
48. Michèle Lamont, ed., *The Cultural Territories of Race: Black and White Boundaries*, Chicago: University of Chicago Press, 1999.
49. Mae M. Ngai, *Impossible Subjects: Illegal Aliens and the Making of Modern America*, Princeton: Princeton University Press, 2014.
50. Maria Cristina Garcia, *Havana USA: Cuban Exiles and Cuban Americans in South Florida, 1959 – 1994*, Los Angeles: University of California Press, 1996.
51. Martin Bernal, *Black Athena: The Afrosaic Roots of Classical Civilization, The Fabrication of Ancient Greece 1785 – 1985*, Vol. 1, New York: Rutgers University Press, 1987.
52. Mary Dudziak, *Cold War Civil Rights: Race and the Image of American Democracy*, Princeton: Princeton University Press, 2000.
53. Matt Grossmann and David A. Hopkins, *Asymmetric Politics: Ideological Republicans and Group Interest Democrats*, New York: Oxford University Press, 2016.
54. Matthew Karp, *This Vast Southern Empire: Slaveholders at the Helm of American Foreign Policy*, Cambridge: Harvard University Press, 2016.
55. Michael A. Gomez, *Exchanging Our Country Marks: The Transformation of African Identities in the Colonial and Antebellum South*, Chapel Hill: University of North Carolina Press, 1998.
56. Michael Kazin, *The Populist Persuasion: An American History*, New York: Basic Books, 1995.
57. Michael Levin, *Why Race Matters: Race Differences and What They Mean*, California: Praeger Publishers, 1997.

58. Michael Omi and Howard Winant, *Racial Formation in the United States from the 1960s to the 1980s*, New York: Routledge, 1986.
59. Milton M. Gordon, *Assimilation in American Life: The Role of Race, Religion & National Origins*, New York: Oxford University Press, 1964.
60. Min Zhou and James V. Gatewood, eds., *Contemporary Asian America: A Multidisciplinary Reader*, New York and London: New York University Press, 2000.
61. Mohammed E. Ahrari, ed., *Ethnic Groups and U.S. Foreign Policy*, Westport, CT: Greenwood Press, 1987.
62. Moon Kie Jung, *Beneath the Surface of White Supremacy: Denaturalizing U.S. Racism, Past and Present*, Stanford: Stanford University Press, 2015.
63. Nikhil Pal Singh, *Race and America's Long War*, California: University of California Press, 2017.
64. Oscar Handlin, *Boston's Immigrants, 1790-1880*, 50th Anniversary edition, Cambridge: Harvard University Press, 1991.
65. Paul Y. Watanabe, *Ethnic Groups, Congress, and American Foreign Policy: The Politics of the Turkish Arms Embargo*, Greenwood: Westport CT, 1984.
66. Pei-te Lien, *Margaret Conway, and Janelle Wong, The Politics of Asian Americans: Diversity and Community*, New York: Routledge, 2004.
67. Peter J. Duignan and L. H. Gann, *The Spanish Speakers in the United States*, New York: University Press of American, 1998.
68. Philip J. Deloria, *Playing Indian*, Yale: Yale University Press, 1998.
69. Ralph Keyes, *The Post-Truth Era: Dishonesty and Deception in*

Contemporary Life, New York: St. Martin's Press, 2004.
70. Francis Paul Prucha, ed., *Americanizing the American Indians: Writings by the "Friends of the Indian" 1880–1900*, Harvard: Harvard University Press, 1973.
71. Richard A. Viguerie, *The Establishment vs. the People: Is a New Populist Revolt on the Way?*, Washington, DC: Regnery/Gateway, 1983.
72. Robert C. Wood, *Suburbia: Its People and Their Politics*, Boston: Houghton Mifflin, 1958.
73. Robert D. Putnam, *Bowling Alone: The Collapse and Revival of American Community*, New York: Simon and Schuster, 2000.
74. Robert Divine, *American Immigration Policy, 1924–1952*, New York: Ad Capo Press, 1972.
75. Robert J. Lieber, *Power and Willpower in the American Future: Why the United States Is Not Destined to Decline*, New York: Cambridge University Press, 2012.
76. Robert J. Gordon, *The Rise and Fall of American Growth: The U.S. Standard of Living since the Civil War*, Princeton: Princeton University Press, 2016.
77. Robin DiAngelo, *White Fragility: Why It's So Hard for White People to Talk about Racism*, Boston: Beacon Press, 2018.
78. Roger Daniels, *Asian America: Chinese and Japanese in the United States since 1850*, Seatlle: University of Washington Press, 1988.
79. Roger Daniels, *Guarding the Golden Door: American Immigration Policy and Immigrants since 1882*, New York: Hill and Wang, 2004.
80. Ronald Inglehart, *Cultural Shift in Advanced Industrial Societies*, Princeton: Princeton University Press, 1990.

81. Ronald Takaki, *Double Victory: A Multicultural History of America in World War II*, Boston: Little Brown, 2000.
82. Ronald Takaki, *Strangers from a Different Shore: A History of Asian Americans*, Boston: Little Brown, 1989.
83. Roopali Mukherjee, Sarah Banet-Weiser, and Herman Gray, eds., *Racism Postrace*, Durham and London: Duke University Press, 2019.
84. Sarah Jaffe, *Necessary Trouble: American in Revolt*, New York: Nation Books, 2016.
85. Sheldon Krimsky and Kathleen Sloan, eds., *Race and the Genetic Revolution: Science, Myth, and Culture*, New York: Columbia University Press, 2011.
86. Stella M. Rouse and Ashley D. Ross, *The Politics of Millennials: Political Beliefs and Policy Preferences of America's Most Diverse Generation*, Ann Arbor: University of Michigan Press, 2018.
87. Stephen G. Brooks and William C. Wohlforth, *World Out of Balance: International Relations and the Challenge of American Primacy*, Princeton: Princeton University Press, 2008.
88. Steve Kornacki, *The Red and the Blue: The 1990s and the Birth of Political Tribalism*, New York: Harper Collins, 2018.
89. Teresa Williams-Leon and Cynthia L. Nakashima, eds., *The Sum of Our Parts: Mixed Heritage Asian Americans*, Philadelphia: Temple University Press, 2001.
90. Thomas Ambrosio, ed., *Ethnic Identity Groups and U.S. Foreign Policy*, Westport, CT: Praeger Publishers, 2002.
91. Thomas Borstelmann, *The Cold War and the Color Line: American Race Relations in the Global Arena*, Cambridge: Harvard University Press, 2001.

92. Thomas D. Boswell and James R. Curtis, *The Cuban-American Experience: Culture, Images, and Perspectives*, Totowa, New Jersey: Rowman & Allanheld Publishers, 1983.
93. Thomas E. Mann and Norman J. Ornstein, *It's Even Worse than It Looks: How the American Constitutional System Collided with the New Politics of Extremism*, New York: Basic Books, 2013.
94. Thomas F. Gossett, *Race: The History of an Idea*, Dallas: Southern University Press, 1963.
95. Tom Engelhardt, *The United States of Fear*, Chicago: Haymarket Books, 2011.
96. Tony Smith, *Foreign Attachments: The Power of Ethnic Groups in the Making of American Foreign Policy*, Cambridge, MA: Harvard University Press, 2000.
97. Walter D. Burnham, *Critical Elections and the Mainsprings of American Politics*, New York: W. W. Norton & Co., 1980.
98. William G. Roy, *Making Societies: The Historical Construction of Our World*, California: Pine Forge Press, 2001.
99. William H. Tucker, *The Funding of Scientific Racism: Wickliffe Draper and the Pioneer Fund*, Chicago: University of Illinois Press, 2002.
100. William J. Wilson, *The Bridge over the Racial Divide: Rising Inequality and Coalition Politics*, California: University of California Press, 1999.
101. Yen Le Espiritu, *Asian American Panethnicity: Bridging Institutions and Identities*, Philadelphia: Temple University Press, 1992.
102. Yossi Shain, *Marketing the American Creed Abroad: US Diasporas and Homelands*, Cambridge: Cambridge University Press, 1999.

后 记

特朗普上台后，美国种族主义回潮态势明显。就我而言，对种族主义研究既陌生又熟悉。陌生的是，我个人几乎从未真正研究过种族主义；熟悉的是，在过去十余年里围绕美国政治文化展开的研究中，种族/族裔问题始终是其中的重要方面。出于学术好奇，我于2017年尝试申请了国家哲学社会科学基金项目并获得支持，本书正是该项目的具体体现。

如果没有领导、老师和朋友们的长期支持和帮助，本课题的研究和书稿撰写的难度将无可估量。复旦大学特别是美国研究中心、云南大学特别是国际关系研究院的领导和老师们，对本课题研究和本书出版可谓至关重要。无论是在上海还是云南，领导和同事们所营造的研究氛围都相当宽松和宝贵。尽管我已不在复旦大学美国研究中心工作，但本书仍被列入美研中心的重要学术品牌丛书——"21世纪的美国与世界"丛书，实为殊荣。复旦大学图书馆及美国研究中心图书馆、云南大学图书馆都拥有相当丰富的图书资料，对于研究完成可谓基础中的基础。

学术前辈的提携和帮助是我这一生最为宝贵的财富，尤其需要感谢的是复旦大学的朱明权教授、吴心伯教授、陈志敏教授、韦宗友教授，中国人民大学的时殷弘教授、李巍教授、刁大明副教授，云南大学的李晨阳研究员、卢光盛教授、张永宏教授、周建新教授，中国社会科学院民族学与人类学研究所周少青研究员,等等。正是他们的教导、指导和帮助,使我有勇气在学术研究这条道路上坚持下来。

也需要感谢我的同事和朋友们,与他们的对话往往令人深受启发。由于人数众多,在此就不一一列举。复旦大学出版社的孙程姣老师、邬红伟老师和刘畅老师对作品和编校质量的极高要求令人佩服。

家人的支持永远是最为宝贵的。在本课题研究期间,父亲因病故去,母亲身体日衰,倍感孝学难兼;好在有先生和女儿的陪伴,仍使这条道路并不孤独。

鉴于笔者知识结构、学科背景等原因,完成课题本身的难度超出我最初的想象。这也是本书目前仍存在诸多缺陷的原因,特别是更多停留在现象描述和政治学分析的层次上。尽管才疏学浅难免存在纰漏甚至错误,但还愿与各位分享这份收获,也期待方家不吝指正!

潘亚玲
2021年10月于云南大学东陆园

图书在版编目(CIP)数据

卷土重来:21世纪美国种族主义回潮研究/潘亚玲著.—上海:复旦大学出版社,2024.1
(21世纪的美国与世界)
ISBN 978-7-309-16999-7

Ⅰ.①卷… Ⅱ.①潘… Ⅲ.①种族主义-社会思潮-研究-美国 Ⅳ.①D771.21

中国国家版本馆 CIP 数据核字(2023)第 244585 号

卷土重来:21世纪美国种族主义回潮研究
JUANTU-CHONGLAI:21 SHIJI MEIGUO ZHONGZUZHUYI HUICHAO YANJIU
潘亚玲 著
责任编辑/刘 畅

复旦大学出版社有限公司出版发行
上海市国权路 579 号 邮编:200433
网址: fupnet@ fudanpress.com   http://www.fudanpress.com
门市零售:86-21-65102580   团体订购:86-21-65104505
出版部电话:86-21-65642845
常熟市华顺印刷有限公司

开本 890 毫米×1240 毫米 1/32 印张 11.25 字数 282 千字
2024 年 1 月第 1 版
2024 年 1 月第 1 版第 1 次印刷

ISBN 978-7-309-16999-7/D·1182
定价:58.00 元

如有印装质量问题,请向复旦大学出版社有限公司出版部调换。
版权所有 侵权必究